U0924757

普通高等院校规划教材

文献信息检索理论、方法和案例分析

主　编　何晓萍
副主编　胡翀慧　张　彧
参　编　梁红妮　魏元珍　胡德华
主　审　欧阳伟

机 械 工 业 出 版 社

本书从理论上系统阐述了数字信息资源检索原理、信息检索方法和信息检索技术；根据信息资源有效使用的时效性，叙述了常用资源平台检索工具的使用方法和技巧；从多元化服务功能着手，结合具体案例，满足读者索取信息、获得知识的个性化需求。

分析、比较和判断检索收集到的大量文献信息，快速锁定特定学科领域具有高影响力的论文；以二次文献作为入口，满足学科整体的需求；以高质量的一次文献，满足纵深研究的需要。可见，科学获取、合理利用文献信息，是开展教学与科学研究的关键。

本书适合作为普通高等院校教学用书，也适合工程技术人员作为参考用书。

图书在版编目（CIP）数据

文献信息检索理论、方法和案例分析/何晓萍主编．—北京：机械工业出版社，2014.9（2025.1重印）

普通高等院校规划教材

ISBN 978-7-111-47594-1

Ⅰ.①文… Ⅱ.①何… Ⅲ.①情报检索—高等学校—教材 Ⅳ.①G252.7

中国版本图书馆CIP数据核字（2014）第180890号

机械工业出版社（北京市百万庄大街22号　邮政编码100037）

策划编辑：王海峰　责任编辑：王海峰

版式设计：赵颖喆　责任校对：赵　蕊

封面设计：路恩中　责任印制：张　博

北京雁林吉兆印刷有限公司印刷

2025年1月第1版第8次印刷

184mm×260mm · 19.5印张 · 470千字

标准书号：ISBN 978-7-111-47594-1

定价：49.00元

凡购本书，如有缺页、倒页、脱页，由本社发行部调换

电话服务

服务咨询热线：010-88379833

读者购书热线：010-88379649

网络服务

机 工 官 网：www.cmpbook.com

机 工 官 博：weibo.com/cmp1952

教育服务网：www.cmpedu.com

金 书 网：www.golden-book.com

前　言

美国资源委员会对科学研究的定义是：科学研究工作是科学领域中的检索和应用，包括对已有知识的整理、统计以及对数据的搜集、编辑和分析研究工作。伴随着信息技术的不断发展，人们对信息资源的需求日益增长，需要及时了解各学科领域出现的新问题、新观点，以确定自己的研究起点和研究目标，进行有价值的科学研究，因此文献信息检索是科学研究的必备技能和基础环节。

如何快速锁定特定学科领域高影响力的论文，对收集到的大量文献信息进行分析、比较和判断，从而发现和论定具有科学性、先进性和创造性的选题？在科研过程中，又如何合理利用文献，以二次文献作为入口，满足学科整体的需求，以获取有用的高质量的全文文献，来满足纵深的研究需要？可见，科学获取、合理利用文献信息，是开展科学研究的关键。

本书以“极端气象条件下金属矿山尾矿库防灾技术研究”科研课题（2012BAK09B04），开展系列信息服务的案例分析为主线，系统地阐述了文献信息检索理论、方法和案例分析。

全书共有10章，分别由信息检索基础知识、常用数据库检索和文献信息、开发与利用三大部分组成。其中，1～3章为信息检索基础知识部分，从理论上系统论述了适应现代网络环境下的信息检索基础知识、计算机文献信息检索和网络信息检索技术，阐述了文献类型、文献信息检索途径和信息检索语言，为文献信息检索做了理论铺垫，常用检索技术、搜索引擎、移动图书馆、文献管理软件等可以帮助用户深入掌握网络信息检索技术，为文献检索奠定了理论基础；4～8章为常用数据库检索部分，集期刊、学位论文、会议文献、专利与标准、电子图书、网络资源等多种类型的常用文献数据库为一体，系统地介绍了常用数据库和相关网络信息资源的最新版检索技术和检索指南，根据文献资源具有时效性的特点，结合检索案例分析，有利于帮助用户了解和利用本学科最新版的文献信息资源，提高检索技能；9～10章为文献信息开发与利用部分，从定题服务、学科服务、科研产出、科技查新等多元化服务，到科研评价的方法和文献管理工具的了解和掌握、学术论文和学位论文的撰写等，凸显了个性化信息服务的特色，有助于培养学生、教学和科研工作者掌握信息开发与利用的主要方法和技巧，提高学习与工作的效率，有利于指导用户对数字化信息资源的整合及个性化应用，培养用户的创新意识、分析问题和解决问题的能力、独立从事科研与技术工作的能力。

本书由工作在本科生、研究生“文献检索与利用”等课程教学、数字文献资源建设、文献资源技术支持和管理及学科多元化服务一线的教师和学科馆员，结合多年积累的工作经验精心编写而成。本书由何晓萍教授担任主编，胡翀慧、张彧担任副主编，梁红妮、魏元珍、胡德华参加编写；何晓萍负责大纲的编写和全书的统稿工作，张彧负责本书的PPT制作。本书由教授级高级工程师欧阳伟担任主审。

本书编写人员负责的章节为：何晓萍（第1章、第2章）；张彧（第3章3.1～3.6节）；胡翀慧（第4章、第5章、第7章）；魏元珍（第3章3.7节，第6章6.2、6.3节，

第8章8.1节，第9章9.4节）；胡德华（第6章6.1、6.4节，第8章8.2、8.3节）；梁红妮（第9章9.1、9.2、9.3、9.5节，第10章）。

网络信息资源与信息检索技术发展迅猛，限于编者的学识水平，书中疏漏和不足之处在所难免，敬请学术界同仁和读者批评指正。

编　者

目　录

第1章　信息检索基础知识

1.1　信息、知识与文献

顾名思义，信息是音信、消息的意思。而本质上，信息是客观事物的存在方式和运动状态的反映。中国大百科全书定义，信息是关于事物运动的状态和规律的表征，也是关于事物运动的知识。它用符号、信号或消息所包含的内容，来消除对客观事物认识的不确定性。

知识是人类认识的成果和结晶，是人类在认识和改造世界的社会实践中获得的对事物本质的认识，即指人们对某个事物的熟悉程度。分为陈述性知识、程序性知识、显性知识和隐性知识。它可能包括事实、信息、描述或在教育和实践中获得的技能，也可能是关于理论的或关于实践的。

文献是记录有知识和信息的一切载体，即将知识和信息用文字、符号、图像、音频、视频等记录在一定的物质载体上的结合体。文献由四个基本要素组成：所记录的知识和信息（即文献的内容）；用于记录知识和信息的物质载体；记录知识和信息的符号；记录的方式或手段。

1.2　文献信息类型

文献信息的类型可以按文献信息的物质载体形式划分、按文献信息的加工程度划分、按文献信息的表现形式划分、按文献信息的著录方式划分等，来揭示不同文献信息源的特点与表现形式。

1.2.1　按文献信息的物质载体形式划分

按文献信息的物质载体形式（即按信息存储载体的物质形态）划分，有印刷型文献、缩微型文献、声像型文献、电子型文献。

1. 印刷型文献

以纸张为存储载体的印刷型文献，是一种历史悠久的传统文献形式，是文献信息传递的主要载体。其优点是便于阅读和流通，不需要特殊设备，传递知识方便、灵活；缺点是存储密度低，占用储藏空间多，不易管理和保存等。

2. 缩微型文献

缩微型文献是以感光材料为载体，以照相为记录手段而形成的一种文献形式，如缩微胶卷、缩微平片、缩微卡片等。缩微型文献的优点是体积小、信息密度高、轻便、易于传递、容易保存。但阅读需要有较复杂的阅读设备来支持，目前较少使用。

3. 声像型文献

声像型文献是通过特定设备，使用声、光、磁、电等技术将信息转换为声音、图像、影视和动画等形式，给人以直观形象感受的知识载体，也称为视听资料，如唱片、录音带、录像带、CD、VCD、DVD等。声像型文献提供的形象、声音逼真，宜于记载难以用文字表达和描绘的形象资料和音频资料。

4. 电子型文献

电子型文献是以计算机处理技术为核心，把原有的论文、照片、录音和图像等非数字信息，运用数字化技术处理后存储在一定的介质上，成为计算机可以读取、检索的数字信息。有电子图书、电子杂志、电子报纸、联机数据库、光盘数据库、网络数据库等。具有存储密度高、存储速度快、信息处理方便等特点。

1.2.2　按文献信息的加工程度划分

按文献信息的加工程度（即按信息的加工深度和结构等级）划分，可分为一次文献、二次文献、三次文献。

1. 一次文献

一次文献通常是指原始文献，即以作者的研究成果为基本素材而创作（或撰写）的原始制作。包括期刊论文、学术论文、学位论文、科技报告、会议论文、专利说明书、技术标准等公开发表的文献。具有内容新颖丰富，叙述具体详尽，参考价值大等特点。一次文献是最基本的信息源，是文献信息检索和利用的主要对象。

2. 二次文献

二次文献是按照特定目的，对一定范围或学科领域的一次文献进行鉴别、筛选、分析、归纳和加工整理后所得产物，是便于管理和利用一次文献的工具性文献。一般包括目录、题录、索引、文摘等，它以不同的深度揭示单篇文献的外部特征和内容特征，为查找一次文献提供线索，帮助人们在较少时间内获得较多的文献信息。二次文献是一次文献的集中提炼和有序化，它是文献信息检索的工具。

3. 三次文献

三次文献是利用二次文献提供的线索，选用一次文献的内容，经过综合、分析和评述后形成的参考性文献。可分为综述研究类和参考工具类两种类型。前者如动态综述、学科总结、专题述评、进展报告等；后者如年鉴、手册、大全、词典、百科全书等。三次文献源具有系统性、综合性、知识性和概括性等特点。三次文献是一次文献内容的高度浓缩，是研究以往文献内容的重要信息源。

1.2.3　按文献信息的表现形式划分

根据文献信息的表现形式不同，文献可分为以下类型：图书、期刊、会议文献、学位论文、报纸、科技报告、专利文献、标准文献、政府出版物、档案文献和产品资料。

1. 图书

图书是论述或介绍某一学科或领域知识的出版物。主要包括学术专著、参考工具书、教科书等。联合国教科文组织规定，50页以上的印刷品称为图书。图书所论述的内容一般比较系统、全面、成熟、可靠，参考图书资料有助于人们对范围较广的问题获得一般的知识，或对陌生的问题获得初步的了解。但图书编辑出版的周期较长，内容更新慢。

2. 期刊

期刊又称连续出版物，正式刊物持有国家新闻出版总署批准的国内统一连续出版物号。《中国图书馆图书分类法·期刊分类表》将期刊分为五个基本部类，在基本部类中，又分为若干大类。期刊按内容可分为一般期刊、学术期刊、行业期刊、检索期刊四大类。按学术地位可分为核心期刊和非核心期刊两大类。核心期刊是指在某一学科领域（或若干领域）中最能反映该学科的学术水平，信息量大，利用率高，受到普遍重视的权威性期刊。国内主要运用文献计量学的方法，以及通过专家咨询等途径进行核心期刊的测定。非核心期刊经过努力，可以跻身于核心期刊之列；核心期刊如故步自封，也会被淘汰。

期刊出版周期短，内容较新颖丰富，学术性强，能迅速反映国内外的各种学科专业的水平和动向，是人们寻找研究上的新发现、新思想、新见解、新问题的首要信息源。

3. 会议文献

会议文献是国内外学术团体举行的专业会议上发表的论文与报告。会议文献的特点是传递情报比较及时，内容新颖，专业性和针对性强，种类繁多，出版形式多样。它是科技文献的重要组成部分，一般是经过挑选的，质量较高，能及时反映科学技术中的新发现、新成果、新成就以及学科发展趋向，是一种重要的情报源。

会议文献可分为会前文献、会中文献和会后文献三种。①会前文献包括征文启事、会议通知书、会议日程表、预印本和会前论文摘要等。②会议期间的会议文献有开幕词、讲话或报告、讨论记录、会议决议和闭幕词等。③会后文献有会议录、汇编、论文集、报告、学术讨论会报告、会议专刊等。其中会议录是会后将论文、报告及讨论记录整理汇编而公开出版或发表的文献。

为更好地利用会议文献，一些国家出版有各种会议文献检索工具或建立数据库，如美国出版的《科技会议录索引》，中国出版的《国内学术会议文献通报》及其数据库等。

4. 学位论文

学位论文是高等院校的毕业生和科研机构的研究生为获得各级学位所撰写的论文，通常采用学士、硕士和博士三级学位制。学士论文是攻读学士学位的本科生所撰写的学位论文，应具有专门的知识和技能，具有从事科学技术研究或担负专门技术工作的初步能力；硕士论文是攻读硕士学位的研究生所撰写的学位论文，应在导师指导下，研究生本人独立完成，论文具有自己的新见解，有一定的工作量；博士论文是攻读博士学位的研究生所撰写的学位论文，论题前沿、研究专深，见解独到，是一本自成体系的著作。

由于学位论文具有选题新颖，理论性、系统性较强，阐述详细；参考文献多、全面，有助于对相关文献进行追踪检索的特点，读者对电子论文全文的需求呈上升趋势。目前，常用的学位论文数据库有，中文：清华学位论文全文数据库（CNKI）、万方学位论文全文数据库、中美百万册数字图书项目、国家科技图书文献中心的学位论文库；英文：PQDT 博硕士论文数据库。

5. 报纸

报纸是以刊载新闻和时事评论为主的定期向公众发行的印刷出版物。作为大众传播的重要载体，具有反映和引导社会舆论的功能。关于报纸的职能，从不同角度，会得出不同的看法。法国新闻学者贝尔纳·瓦耶纳关于报纸职能的概括，可以被各方面接受：主要的报道职能，随之而来的辩论职能（即传播观点的职能），附带的娱乐职能。

由于报纸所特有的时事性、普及性、大众型，且和社会生活息息相关，所以它拥有最广大的读者。而且不受时域限制、便于阅读，对于阅读或理解能力较低的人，也可相应多耗时间，吸收报纸文章的信息。其缺点是知识不系统，学习分布零乱。即使是网上版报纸的传阅力较传统印刷品报纸强，但受截稿及出版因素影响，不能提供最新资讯以及即时更正信息。

6. 科技报告

科技报告又称研究报告、报告文献。是在科研活动的各个阶段，由科技人员按照有关规定和格式撰写的，以积累、传播和交流为目的，能完整而真实地反映其所从事科研活动的技术内容和经验的特种文献。每份报告自成一册，通常载有主持单位、报告撰写者、密级、报告号、研究项目号和合同号等。按内容可分为报告书、论文、通报、札记、技术译文、备忘录、特种出版物。大多与政府的研究活动、国防及尖端科技领域有关，发表及时，课题专深，内容新颖、成熟，数据完整，且注重报道进行中的科研工作，是一种重要的信息源。

7. 专利文献

专利文献是专利申请人向专利局递交的有关发明目的、构成和效果的技术性法律文件，经专利局审核后，各国专利局的正式出版物。如专利说明书、专利公报、专利文摘、专利索引、专利分类表等。

专利文献具有技术性、新颖性、独创性、实用性、具有法律效力等特征。其作用是：对专利申请进行专利性检索；启迪发明创造思路；可以了解该领域的最新动态；有利于技术转让；有利于企业的技术开发；有利于引进国外先进技术和设备；作为专利诉讼的有力依据；是重要的技术经济情报来源。

目前，中国专利检索系统有国家知识产权局专利检索系统、中国专利信息中心专利检索系统、万方专利技术数据库等。欧洲专利检索系统有 esp@ cenet 网站、世界专利数据库、EP 专利数据库。美国专利检索系统有美国专利商标局专利检索系统、授权专利（Issued Patent）检索、申请公布（Published Application）检索。

8. 标准文献

标准文献是技术标准、技术规范和技术规则等文献的总称，具有法律效应和时效性，约束力强，是科研生产活动的重要依据和信息来源。一个国家的标准文献反映该国的生产工艺水平和技术经济政策，而国际现行标准则代表了当前世界水平。各国标准有效期不同，ISO 国际标准化组织的标准每 5 年复审一次，平均标龄为 4. 92 年。我国国家标准有效期一般为 5 年。

9. 政府出版物

政府出版物是政府用以发布政令和体现其思想、意志、行为的物质载体，同时也是政府的思想、意志、行为产生社会效应的主要传播媒介。由政府机构制作出版或由政府编辑、由政府指定出版商出版的文献。目前各国对政府出版物尚无一致定义。大致可分为两类：一类是行政性文件，包括会议记录、司法资料、条约、决议、规章制度以及调查统计资料等；另一类是科技性文献，包括研究报告、科普资料、技术政策文件等。

政府出版物数量巨大，内容广泛，出版迅速，资料可靠，是重要的信息源。由于政府出版物与其他类型文献有一定重复，如图书、报告、会议录等多种形式，因此，可根据具体情况按具体出版形式加以识别。

10. 档案文献和产品资料

国家和地方各级机关、企事业单位、社会团体等在进行日常工作时所产生的，并经立卷、归档的各种资料，如电文、会议记录、报表、文件原稿、人事材料等。档案一般为内部使用，不公开发行，有些有密级限制，因此在参考文献和检索工具中极少使用。

产品资料一般是指产品样本，即产品说明书。好的产品说明书含有丰富的内容，包括产品规格、产品特点、产品专利号等多种对生产有用的信息。

1.2.4 按文献信息的著录方式划分

根据用户对文献局部信息需求的不同，记录文献信息知识的著录格式也不同。通常，按文献信息的著录方式划分，可分为目录、题录、文摘、索引。

1. 目录

目录又称书目，是以一个完整出版物（一本书、一种报纸或一本期刊等）为单位，对出版物外表特征进行著录，如出版物名称、著者、出版项（出版者、出版地等），没有具体内容。目录作为一种联系文献与需求者之间的媒介或纽带，以最大限度满足人们的书目情报需求为目的对文献信息进行科学的揭示和有效的报道，并且不受时间和空间的限制。如图书目次是揭示和报道图书的工具，馆藏目录是揭示图书馆各自收藏书刊资料的目录。图书馆中最常用的有分类目录、书名目录、著者目录和主题目录。联合目录是汇总若干图书馆或其他收藏单位收藏的书刊资料编制的目录。可了解馆际之间图书引荐情况，达到资源共享、互通有无。

2. 题录

题录是用来描述某一文献的外部特征并由一组著录项目构成的一条文献记录，利用它可以准确地鉴别一种出版社或其中的一部分。题录通常以一个内容上独立的文献单元（如一篇文献，一本书）为基本著录单位。著录项目包括题名、著者、出处等外部特征，不揭示文献内容特征。将一系列题录有序排列，即构成“目录”或“文献通报”。借助于题录可查找最新的相关文献线索，如题名中与主题相符的相关文献；著者项中是学科带头人发表的相关文献；从出处中筛选具有学术权威刊物的相关文献。

3. 文摘

文摘是检索刊物中描述文献内容特征和外部特征的条目，包括文献提要和题录部分的题名、著者、出处等，是对文献内容作实质性描述的文献条目。有报道性、指示性、报道-指示性三种文摘类型。文摘条目及文摘杂志具有报道、检索、参考和交流等功能，是开展信息交流的重要手段。其主要作用有：①通报最新科学文献；②节省阅读时间；③引导检索原文；④能够获取因语言障碍无法得到的文献信息。

4. 索引

索引是将图书、期刊等文献中的论文按内容进行分类标引或主题标引后，严密组织编排，以题录的形式注明论文出处。它是以一种完整出版物中的某一知识单元为著录对象，每一条著录项就是一条题录（可混称索引为题录）。

索引还有另一个含义，指某种检索途径，如主题索引、著者索引、分子式索引等索引是揭示文献内容出处，提供文献查考线索的工具书。按照索引款目的标目，可分为题名索引、著者索引、语词索引、主题索引、分类索引、引文索引、文献序号索引和代码索引等。按照索引收录文献的类别，可分为书后索引、期刊索引、报纸索引、专利索引、标准索引等。按照索引的载体形式可分为卡片式索引、附录式索引、单卷式索引和期刊式索引（即索引期刊）等。

所有索引款目实现有序化编排。将文献中的一些检索标识（如人名、题名、分类号、主题词等）分别摘录出来，并注明它们所在的位置（如题录号、文摘号等），再按一定的规则排列和组织，一般只起指引特定信息内容及其存储地址的作用。其本质特征是只揭示内容出处或文献线索，并不直接提供事实、资料本身。

数据库中，索引是一个单独的、物理的数据库结构，它是某个表中一列或若干列值的集合和相应的指向表中物理标识这些值的数据页的逻辑指针清单。数据库使用索引的方式与使用书籍中的索引的方式很相似，搜索索引以找到特定值，然后顺指针找到包含该值的行。主要功能是为人们准确、迅速地获得文献资料提供线索性指引。常见的索引主要有报刊论文资料索引、文集篇目索引、语词索引、文句索引、关键词索引、专名索引、主题索引等。

1.3 信息检索途径

根据文献信息资源的外部特征和内部特征，可确定文献信息检索途径，即检索点或检索入口。文献信息资源的外部特征一般由作者项、题名项、出处项组成。责任者（著者、译者、编者等）形成著者途径；题名（书名、刊名等）形成题名途径；ISSN 号、ISBN 号、专利号等形成号码途径；引用文献形成引文途径。文献信息资源的内容特征主要有学科属性形成的分类途径和分析构成文献信息内容要素的主题途径。而主题途径中运用较广的有主题词途径和关键词途径两种。常用的文献信息检索途径有著者途径、题名途径、号码途径、引文途径、分类途径、主题途径等。

1.3.1 著者途径

利用检索系统中著者、编者、译者、专利权人、机关团体及机构名称等字段进行检索的途径统称为著者途径。从著者途径入口，查找已知著者、译者、编者的学科代表作，可以系统地发现和掌握该学科的研究和发展，了解某一作者的最新论著。同时，通过对作者的文献信息检索结果，可以链接相同学科的作者，进一步深入、系统地浏览、搜索相关文献信息。

1.3.2 题名途径

检索系统提供按题名字段检索的途径。通过书名、刊名、文献篇名等题名途径入口，模糊或精确地查找与题名的主题相关的文献信息。同时，也可以链接检索结果中的参考文献题名，从中浏览筛选相关文献信息。

1.3.3 号码途径

从号码途径入口，查找已知专用号码和专用符号代码，直接或间接（利用代码索引）检索相关文献信息。专用号码如报告号、专利号、合同号、标准号、国际标准书、刊号（ISBN 号、ISSN 号）等；专用符号代码如元素符号、分子式、结构式等。

1.3.4 引文途径

文献所附参考文献或引用文献，是文献的外表特征之一。利用这种引文而编制的索引系统，称为引文索引系统。提供从被引论文去检索引用论文的一种途径，称为引文途径。

由于文献之间引用与被引用的关系可视为文献内容之间具有联系的特性。换言之，两篇文献发生引用关系，那么它们在主题上就是相关的。引文途径检索，通过对一般文献最后部分附有的参考文献或引用文献链接的追溯查找，或利用引文索引系统的文献检索，其结果更具有科学性和拓展性。

1.3.5 分类途径

分类途径是以知识体系为中心按学科分类体系来编排检索文献的途径，因此，比较能体现学科系统性，反映学科与事物的隶属、派生与平行的关系，有利于从学科所属范围来查找文献资料，并且可以起到“触类旁通”的作用，是提高文献检索查全率的有效途径。但不便于交叉学科或科目名称属性不明的文献信息检索。

从分类途经检索文献资料，主要是利用分类目录和分类索引。目前，我国通用的分类法主要有《中国图书馆分类法》，简称《中图法》；《中国科学院图书馆图书分类法》，简称《科图法》。其中《中图法》是国家推荐统一使用的分类法，使用范围最广泛。

1.3.6 主题途径

主题途径是指用户通过反映文献资料内容的主题词或关键词来检索文献。由于主题法能集中反映一个主题的各方面文献资料，因而便于读者对某一问题、某一事物和对象作全面系统的专题性研究。通过主题目录或索引实施检索，即可查到同一主题的各方面文献资料，获得的信息专指性强，达到精确检索的效果，是提高文献检索查准率的有效途径。

但是，主题途径检索的结果查全率较低。而且，主题词一般是以规范化的词汇来表达文献内容的主题，因此，主题途径对用户的检索知识要求较高。

1.4 信息检索语言

检索语言（Retrieval Language）是描述检索系统文献特征并表达用户信息提问的一种专门语言。它能使文献存储者和检索者达到共同理解，实现存取统一。其实质是表达文献主题的一系列概念标识。文献检索包括存储和检索两个部分。存储是指编制检索工具和建立检索系统；检索则是利用这些检索工具和检索系统来查找所需的文献，连接文献存储和检索这两个密切相关过程的正是检索语言。检索语言作为标引和检索之间的约定语言，是沟通文献存储和检索两个过程、标引人员和检索人员双方思想的桥梁。

1.4.1 检索语言的类型

检索语言就其组配方式来划分，可分为先组式检索语言和后组式检索语言；就其表达文献特征来划分，可分为描述文献外表特征的检索语言和描述文献内容特征的检索语言。描述文献外表特征的检索语言，最常用的有引文语言、题名（书名、刊名、文献篇名等）、著者、文献号码（索书号、ISSN 号、专利号、报告号等）。描述文献内容特征的检索语言，包括体系分类语言、关键词语言、单元词语言、标题词语言、叙词语言等。其类型如图 1-1 所示。

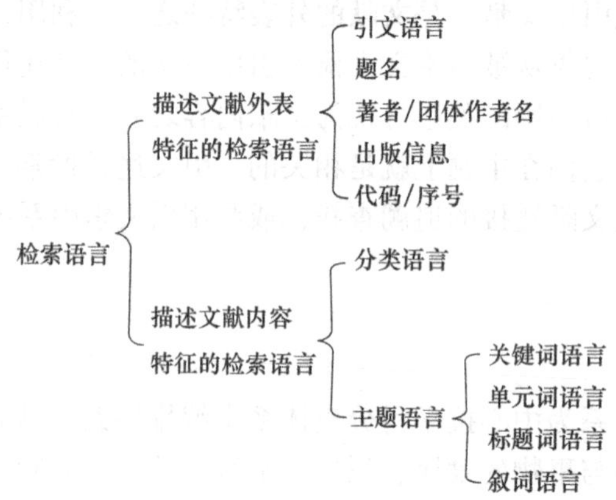

图 1-1　检索语言类型

检索语言的种类虽然很多，但是在常用的检索工具中所使用的检索语言，主要是体系分类语言、受控语言、自然语言。不同的检索语言构成不同的标识和索引系统，以提供不同的检索点和检索途径。

1.4.2　体系分类语言及词表

分类是区别事物及其相互关系的一种思想方法，是人们思维活动中的一种本能。体系分类是一种直接体现知识分类的等级概念的标识系统。每个类目都用分类号做标识，每个分类号都是表达特定知识概念的词汇，即体系分类语言的语词。分类号的作用，表示类目在分类体系中的位置，表示类目的排列顺序。

1. 体系分类法的特点

体系分类法是将文献根据其所属的学科内容分门别类地系统化组织的一种方法。它以学科门类为基础，根据文献的内部和某些外部特征，运用概念划分的原则，按知识门类的逻辑次序由总体到分支、由一般到具体、由简单到复杂进行层层划分，逐级展开。一个大类或上位类每划分一次便产生许多子类目，所有不同级别的子类目向上层层隶属，向下级级派生，从而形成了一个严格有序的、直线性知识门类等级体系。它以学科的衍生、发展为基础进行分类，较好地体现了学科的系统性，反映了事物的隶属、平行、派生关系，有利于人们从专业、学科的角度检索文献。

体系分类法由于可以直接体现知识分类的要求，把众多的文献强制性地按照特定的分类体系予以组织，提供从学科分类检索文献的途径，具有直线性序列特点和较强的系统性，从而为文献的分类组成、编排存储和类目扩展等发挥了独特的功能。故便于检全某一学科、某一专业的文献，又可以根据课题的需要扩大或缩小检索范围。因此，对于系统掌握和利用一个学科或专业范围的知识来说，它是方便和有效的。

但是，体系分类法采用从上位类到下位类逐级展开细分而形成的纵向线性关系，难以反映当代科学技术交叉渗透而出现的多元知识空间，不适于标引和检索主题因素复杂的多维概念问题；再者，由于科学技术日新月异的动态，体系分类法的类目设置总是落后于科学技术的发展，难以检索出边缘学科、新兴学科的内容。

2.《中国图书馆图书分类法》（第五版）

简称《中图法》，由分类表、辅助表、使用手册三大部分构成。分类表是类分文献和组织文献的依据，由编制说明、基本大类、简表、详表、通用复分表等几部分组成。

（1）编制说明　内容包括分类表的编制经过，依据的编制原则，部类及大类的设置和排列次序的理由，对各种分类问题的处理方法、使用方法等。其功能是帮助用户对分类表形成一个系统而全面的认识。

（2）基本大类　《中图法》采用五分法，将人类全部知识划分为马克思主义、列宁主义、毛泽东思想，哲学，社会科学，自然科学，综合性图书。在此基础上，遵循从一般到具体、从简单到复杂、从低级到高级，以及学科之间的内在联系，排列成 22 大类，详见表 1-1。

（3）简表　它是展现分类骨架的基本类目表，也是一种过渡表。通过简表能够比较迅速地掌握整个分类表的总体内容及列类的分布状态，详见表 1-2。简表功能在于：其一，在查表时由简表入手，再转查详表，掌握分类体系的脉络，加快掌握并熟练地使用整个分类表的过程；其二，简表可作为简略分类表使用。

（4）详表　又称主表，即分类表的正文。详表由类号、类目、注释组成。类号使用不同的字号和字体表示相互隶属或并列关系；类目采用不同字号、字体和齐行、缩行表示类目之间的隶属、等级、并列的关系。详表是用来分类标引检索文献的依据。

（5）通用复分表　它包括总论复分表、世界地区表、中国地区表、国际时代表、中国时代表、中国民族表、世界种族表、通用时间地点与环境人员表。其中前 6 种是供分类法各类通用的复分表。

表 1-1　基本大类

A 马克思主义、列宁主义、毛泽东思想、邓小平理论	N 自然科学总论
B 哲学、宗教	O 数理科学和化学
C 社会科学总论	P 天文学、地球科学
D 政治、法律	Q 生物科学
E 军事	R 医药、卫生
F 经济	S 农业科学
G 文化、科学、教育、体育	T 工业技术
H 语言、文字	U 交通运输
I 文学	V 航空、航天
J 艺术	X 环境科学、安全科学
K 历史、地理	Z 综合性图书

表 1-2　简表

A　马克思主义、列宁主义、毛泽东思想、邓小平理论	A7　马克思、恩格斯、列宁、斯大林、毛泽东、邓小平生平和传记	B2　中国哲学
A1　马克思、恩格斯著作		B3　亚洲哲学
A2　列宁著作	A8　马克思主义、列宁主义、毛泽东思想、邓小平理论的学习和研究	B4　非洲哲学
A3　斯大林著作		B5　欧洲哲学
A4　毛泽东著作		B6　大洋洲哲学
A49　邓小平著作		B7　美洲哲学
A5　马克思、恩格斯、列宁、斯大林、毛泽东、邓小平著作汇编		B80　思维科学
	B　哲学、宗教	B81　逻辑学（伦理学）
	B0　哲学理论	B82　伦理学（道德哲学）
	B1　世界哲学	B83　美学

（续）

B84 心理学
B9 宗教

C 社会科学总论
C0 社会科学理论与方法论
C1 社会科学概况、现状、进展
C2 社会科学机构、团体、会议
C3 社会科学研究方法
C4 社会科学教育与普及
C5 社会科学丛书、文集、连续性出版物
C6 社会科学参考工具书
[C7] 社会科学文献检索工具书
C79 非书资料、视听资料
C8 统计学
C91 社会学
C92 人口学
C93 管理学
[C94] 系统科学
C95 民族学、文化人类学
C96 人才学
C97 劳动科学

D 政治、法律
D0 政治学、政治理论
D1 国际共产主义运动
D2 中国共产党
D33/37 各国共产党
D4 工人、农民、青年、妇女运动与组织
D5 世界政治
D6 中国政治
D73/77 各国政治
D8 外交、国际关系
D9 法律
DF 法律

E 军事
E0 军事理论
E1 世界军事
E2 中国军事
E3/7 各国军事
E8 战略学、战役学、战术学
E9 军事技术
E99 军事地形学、军事地理学

F 经济
F0 经济学
F1 世界各国经济概况、经济史、经济地理
F2 经济管理
F3 农业经济
F4 工业经济
F49 信息产业经济
F5 交通运输经济
F59 旅游经济
F6 邮电通信经济
F7 贸易经济
F8 财政、金融

G 文化、科学、教育、体育
G0 文化理论
G1 世界各国文化与文化事业
G2 信息与知识传播
G3 科学、科学研究
G4 教育
G8 体育

H 语言、文字
H0 语言学
H1 汉语
H2 中国少数民族语言
H3 常用外国语
H4 汉藏语系
H5 阿尔泰语系（突厥-蒙古-通古斯语系）
H61 南亚语系（澳斯特罗-亚细亚语系）
H62 南印语系（达罗毗荼语系、德拉维达语系）
H63 南岛语系（马来亚-玻利尼西亚语系）
H64 东北亚诸语言
H65 高加索语系（伊比利亚-高加索语系）
H66 乌拉尔语系（芬兰-乌戈尔语系）
H67 闪-含语系（阿非罗-亚细亚语系）
H7 印欧语系
H81 非洲诸语言
H83 美洲诸语言
H84 大洋洲诸语言
H9 国际辅助语

I 文学
I0 文学理论
I1 世界文学
I2 中国文学
I3/7 各国文学

J 艺术
J0 艺术理论
J1 世界各国艺术概况
J19 专题艺术与现代边缘艺术
J2 绘画
J29 书法、篆刻
J3 雕刻
J4 摄影艺术
J5 工艺美术
[J59] 建筑艺术
J6 音乐
J7 舞蹈
J8 喜剧、曲艺、杂技艺术
J9 电影、电视艺术

K 历史、地理
K0 史学理论
K1 世界史
K2 中国史
K3 亚洲史
K4 非洲史
K5 欧洲史
K6 大洋洲史
K7 美洲史
K81 传记
K85 文物考古
K89 风俗习惯
K9 地理

N 自然科学总论
N0 自然科学理论与方法论
N1 自然科学概论、现状、进展
N2 自然科学机构、团体、会议
N3 自然科学研究方法
N4 自然科学教育与普及
N5 自然科学丛书、文集、连续性出版物
N6 自然科学参考工具书
[N7] 自然科学文献检索工具
N79 非书资料、视听资料
N8 自然科学调查、考察
N91 自然研究、自然历史
N93 非线性科学
N94 系统科学
[N99] 情报学、情报工作

O 数理科学和化学
O1 数学

（续）

O3　力学 O4　物理学 O6　化学 O7　晶体学 P　天文学、地球科学 P1　天文学 P2　测绘学 P3　地球物理学 P4　大气科学（气象学） P5　地质学 P7　海洋学 P9　自然地理学 Q　生物科学 Q1　普通生物学 Q2　细胞生物学 Q3　遗传学 Q4　生理学 Q5　生物化学 Q6　生物物理学 Q7　分子生物学 Q81　生物工程学（生物技术） [Q89]　环境生物学 Q91　古生物学 Q93　微生物学 Q94　植物学 Q95　动物性 Q96　昆虫学 Q98　人类学 R　医药、卫生 R1　预防医学、卫生学 R2　中国医学 R3　基础医学 R4　临床医学 R5　内科学 R6　外科学	R71　妇产科学 R72　儿科学 R73　肿瘤学 R74　神经病学与精神病学 R75　皮肤病学与性病学 R76　耳鼻咽喉科学 R77　眼科学 R78　口腔科学 R79　外国民族医学 R8　特种医学 R9　药学 S　农业科学 S1　农业基础科学 S2　农业工程 S3　农学（农艺学） S4　植物保护 S5　农作物 S6　园艺 S7　林业 S8　畜牧、动物医学、狩猎、蚕、蜂 S9　水产、渔业 T　工业技术 TB　一般工业技术 TD　矿业工程 TE　石油、天然气工业 TF　冶金工业 TG　金属学与金属工艺 TH　机械、仪表工业 TJ　武器工业 TK　能源与动力工程 TL　原子能技术 TM　电工技术 TN　电子技术、通信技术 TP　自动化技术、计算技术 TQ　化学工业	TS　轻工业、手工业、生活服务业 TU　建筑科学 TV　水利工程 U　交通运输 U1　综合运输 U2　铁路运输 U4　公路运输 U6　水路运输 [U8]　航空运输 V　航空、航天 V1　航空、航天技术的研究与探索 V2　航空 V4　航天（宇宙航行） [V7]　航空、航天医学 X　环境科学、安全科学 X1　环境科学基础理论 X2　社会与环境 X3　环境保护管理 X4　灾害及其防治 X5　环境污染及其防治 X7　行业污染、废物处理与综合利用 X8　环境质量评价与环境监测 X9　安全科学 Z　综合性图书 Z1　丛书 Z2　百科全书、类书 Z3　辞典 Z4　论文集、全集、选集、杂著 Z5　年鉴、年刊 Z6　期刊、连续性出版物 Z8　图书报刊目录、文摘、索引

1.4.3　受控语言和自然语言

受控语言是一种规范化的人工语言，包括具有较强族性检索功能的分类语言和具有较强特性检索功能的主题语言，适应“提问—检索”模式检索。传统的受控语言存在标引难度大、速度慢、词汇更新滞后、对标引和检索人员要求过高等弊端。

自然语言通常是指一种不断演化的“人造”语言，适合广大用户群“浏览—查询”模式的检索。随着计算机检索技术的发展，自然语言能满足广大用户对检索系统便捷性的需求，在网络世界中拥有广阔的发展前景。

在文献检索过程中，检索语言、检索标识、检索途径及检索工具的辅助索引之间的关系是密不可分的，如图 1-2 所示。

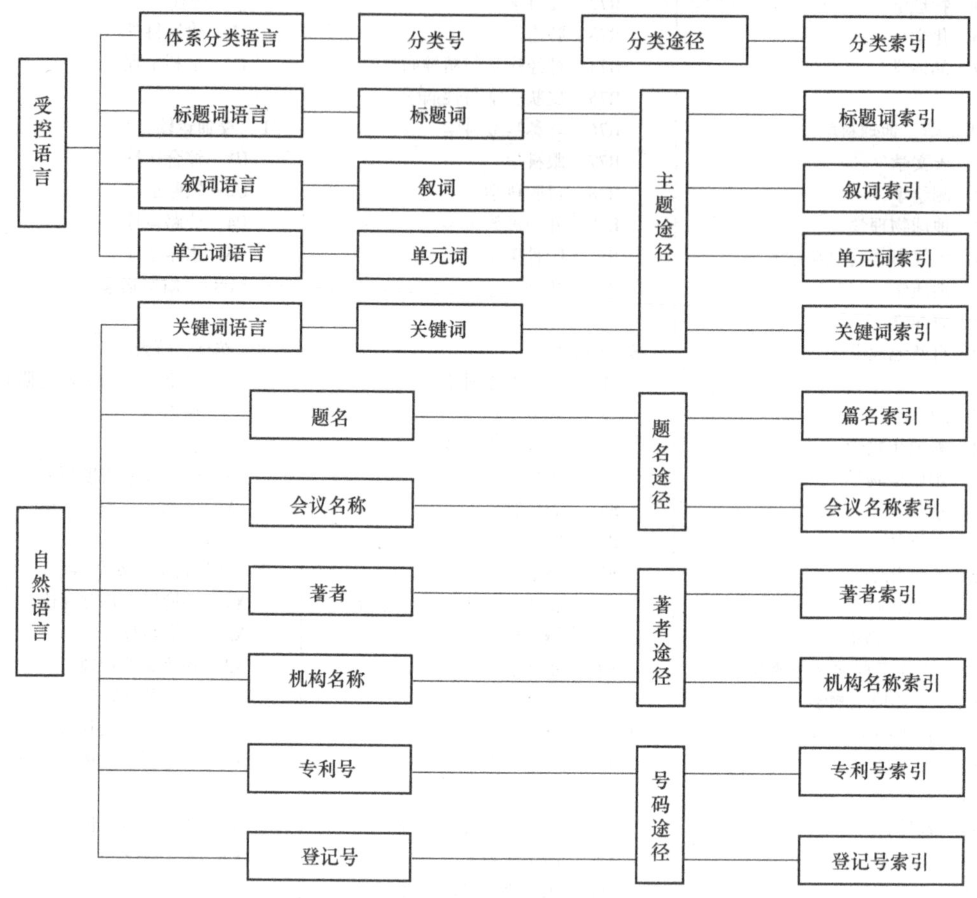

图 1-2　检索语言、检索标识、检索途径及检索工具的辅助索引之间的关系

1.5　常用检索技术及其实现

文献检索系统均具备了诸如布尔逻辑检索、截词检索、位置检索等检索功能。常用的算符（operator）即组配符，有布尔逻辑算符、截词符、位置算符和检索字段符，用于连接检索词构成检索式。

1.5.1　布尔逻辑组配检索

布尔逻辑组配检索是计算机检索的基本技术。指的是利用标准的布尔逻辑关系词来限定检索词之间的逻辑关系的检索技术。主要的布尔逻辑关系词有三种：逻辑与（AND）、逻辑或（OR）、逻辑非（NOT）。

布尔逻辑关系词的优先级，依次为 NOT、AND 和 OR；改变优先级的方法是使用括号（ ），括号内的逻辑式最优先执行。

（1）逻辑与（逻辑乘）　一般用关系词 AND 或符号“ * ”表示。若用 AND 连接检索词 A 和检索词 B，则检索式为 A AND B（或 A * B），表示系统检索同时包含检索词 A 和检索词 B 的信息集合，即当逻辑与所连接的两个检索词必须同时出现在结果中，才满足检索条件。

例如，检索式：矿山 AND 排土场 AND 泥石流 AND 预警。

分析：检得结果中，同时包含“矿山”“排土场”“泥石流”和“预警”的信息集合。

例如，检索式：computer AND software。

分析：检得结果中，必须同时包含 computer 和 software。

例如，检索式：聚乙烯 * 复合材料 * 制备。

分析：检得结果中，必须同时包含“聚乙烯”“复合材料”和“制备”检索词。

可见，逻辑与是具有概念交叉和限定关系的一种组配。其功能是用来缩小文献检索范围，提高查准率。

（2）逻辑或（逻辑加）　一般用关系词 OR 或符号“ + ”表示，若用 OR 连接检索词 A 和检索词 B，则检索式为 A OR B（或 A + B）。表示系统查找含有检索词 A 或检索词 B 的所有信息，即当逻辑或所连接的两个检索词中任意一个出现在结果中，就满足检索条件。

例如，检索式：尾矿坝 OR 尾矿场 OR 尾矿池 OR 尾矿库。

分析：检索结果中，包括“尾矿坝”或“尾矿场”或“尾矿池”或“尾矿库”出现的所有文献。

例如，检索式：自行车 + 单车 + 脚踏车。

分析：检索结果中，包括“自行车”或“单车”或“脚踏车”出现的所有文献。

例如，检索式：金融危机 OR 金融风暴。

分析：检索结果中，包括“金融危机”或“金融风暴”出现的所有文献。

可见，逻辑或是具有概念并列关系的一种组配。其功能是用来扩大文献检索范围，提高查全率。

（3）逻辑非（逻辑减）　一般用关系词 not 或符号“ - ”表示，若用 NOT 连接检索词 A 和检索词 B，则检索式为 A NOT B（或 A - B）。表示系统查找检索词 A 中排除检索词 B 的所有信息，即逻辑非所连接的两个检索词，应从第一个概念中排除第二个概念为其检索结果。

例如，检索式：有色金属 NOT 半金属。

分析：检索结果是从有色金属的概念中排除半金属概念的文献信息。

例如，检索式：beverage NOT alcohol。

分析：检索结果是从饮料概念中排除酒精、乙醇概念的文献信息。

例如，检索式：高等教育 - 成人教育。

分析：检索结果是从高等教育概念中排除成人教育概念的文献信息。

可见，逻辑非是具有概念排除关系的一种组配。其功能是用来缩小文献检索范围，提高查准率。

布尔逻辑组配检索，若用 A 和 B 表示两个检索词，则表示布尔逻辑关系词的逻辑组配关系图，如图 1-3 所示，其命中结果部分为灰色覆盖部分。

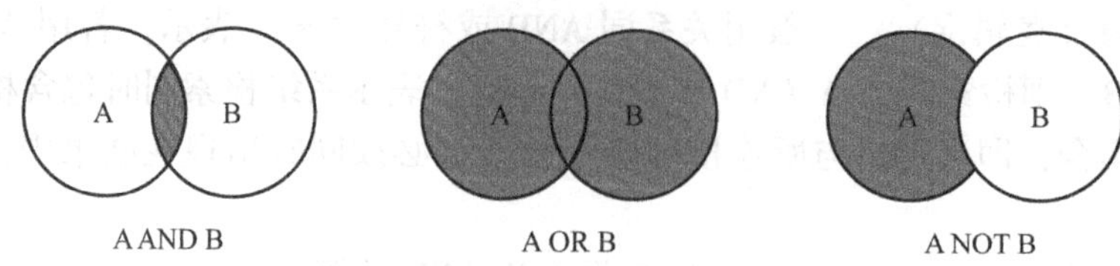

图 1-3 布尔逻辑关系词的逻辑组配关系图

1. 5. 2 截词检索

所谓截词检索，是指在检索式中用专门的截词符号（如“?”、“＊”或“!”）表示检索词的某一部分允许有一定的词形变化，因此检索词的不变部分加上由截词符号所代表的任何变化形式所构成的词汇都是合法检索词。

例如，“comput＊”的检索结果可变化有 comput、computer、computing、computers、computerization 等合法检索词。

截词检索的作用是对检索词进行截词处理，解决一个检索词的单、复数问题，不同词性的问题以及英美词汇拼写差异的问题等。按截断部位可分为右截词、中间截词、左截词；按截断的字符数量可分为有限截词、无限截词。

1. 右截词（后端截词、前端一致）

允许检索词尾部有若干变化形式，例如，“edit＊”就检出包含 edit、editing、edition、editor、editorial、editorialist、editorialize、editorship、editorially 等词汇的结果。

2. 中间截词

允许检索词中间有若干变化形式，例如，“wom＊n”就可以同时检索到含有 woman 和 women 的结果；例如，“defen＊e”就可以同时检索到 defence 和 defense 的结果。

3. 左截词（前端截词、后端一致）

允许检索词的前端有若干变化形式，例如，“＊magnetic”就能检得包含 magnetic、electromagnetic、paramagnetic、thermomagnetic 等词汇的结果。

4. 有限截词

指限制被截断的字符数量。将 n 个截词符“?”放在检索词的词干或词尾可能变化的位置上，若在词尾，在 n 个“?”的后空一格再加一个“?”，n 个“?”表示截词的位数为 0 ~ n 个字符，最后一个“?”表示停止符。

例如，“stud???? ”表示在词尾上有 0 ~ 3 个可变字符，则检出有 study、studies、studied 等词的记录。又如，“wom? n”表示在词干中有 1 个可变字符，则检出有 woman、women 等词的记录。

5. 无限截词

指不限制被截断的字符数量。在检索词干后加 1 个“?”或“＊”，表示该词词尾允许变化的字符数不受任何限制。

例如：“comput?（或 comput＊）”，则可检出有 computer、computing、computers、computering、computerization 等词的记录。

由上可知，截词检索是隐含的布尔逻辑或的检索，其功能是能够防止漏检，提高查全率。

1.5.3　位置检索

位置检索（邻近检索），主要是词位限定检索，通过检索式中的专门符号（位置算符）来规定检索词在结果中的相对位置，主要用于词组检索和短语检索。

常用的位置算符有（W）、(*n*W)、(N)、(*n*N)。

1.（W）算符

（W）是 with 的缩写，它表示在此算符两侧的检索词必须严格按输入时的前后顺序出现在记录中，在两词之间不允许插入其他词或字母，只可有空格或一个标点符号。

例如：tailing（W）pond

检索命中的记录中将有“tailing pond”或“tailing-pond”形式。

例如：x（W）ray

检索命中的记录中将有“x ray”或“x-ray”等形式。

2.（*n*W）算符

表示该算符两侧检索词的词序不变，但允许两词中间最多可插入 *n* 个其他检索词。

例如：tailing（2W）dam

可检索出“tailing dam”“tailing of dam”“tailing of the dam”等词组。

例如：金属矿山（5W）防灾技术

可检索出“金属矿山滑坡防灾技术”、“金属矿山泥石流防灾技术”、“金属矿山滑坡泥石流防灾技术”、“金属矿山边坡排土场防灾技术”等词组。

3.（N）算符

N 是 near 的缩写，它表示其两侧的检索词的词序可以颠倒，但在两词之间不能插入任何其他词。

例如：environment（N）protection

可检索出 environment protection 和 protection environment 两个词组。

4.（*n*N）算符

表示在两个检索词之间最多允许插入 *n* 个其他检索词，两个检索词的词序可以颠倒。

例如：environment（2N）protection

可检索出 environment protection、protection of the environment、protection of water environment、protection of forest environment 等词组或短语。

例如：智能机器人（3N）控制

可能检出“智能机器人控制”“控制算法对智能机器人”等词组或短语。

上述位置算符按照限制程度的大小排序为 W，*n*W，N，*n*N。

1.5.4　字段限定检索

字段限定符（标识符），通常是两个左右缩写的字母，代表在数据库中的记录字段。如：

SU = 主题	TI = 题名	KY = 关键词	AB = 文摘
AU = 著者	AF = 机构	SO = 文献来源	RF = 参考文献
YE = 出版年	SN = ISSN	IB = ISBN……	

限定检索字段的作用，是限制检索词在数据库记录中出现的字段位置。检索时，机器只对限定字段进行运算。运用好字段限定检索技术，是提高检索效率的有利措施。

例如，检索式：SU = 尾矿库 * AB = 极端气象，其运算结果是“尾矿库”在主题中并且“极端气象”在文摘中的相关文献才被命中。

常用字段限制范围的大小顺序是题名 < 关键词 < 摘要 < 全文。

不同的检索系统（数据库），字段限定符不尽完全相同。例如，中国期刊网 CNKI，数据库专业检索的可检索字段及代码显示为：SU = 主题，TI = 题名，KY = 关键词，AB = 摘要，FT = 全文，AU = 作者，FI = 第一作者，AF = 作者单位，JN = 期刊名称，RF = 参考文献，RT = 更新时间，YE = 期刊年，FU = 基金，CLC = 中图分类号，SN = ISSN，CN = CN 号，CF = 被引频次，SI = SCI 收录刊，EI = EI 收录刊，HX = 核心期刊。

《美国工程索引》（简称《EI》）高级检索中的检索字段、适用范围（数据库）及代码，见表 1-3；其中相关数据库及数据库代码见表 1-4。

表 1-3 《EI》检索字段、适用范围及代码

《EI》 Expert search SEARCH CODES	
Field < th` scope = " col" >	Code
Abstract (c, i, n, pc, cm, cb, el, ep, g, f, u, e)	AB
Accession number (c, i, n, pc, el, ep, g, f)	AN
Affiliation/Assignee (c, i, n, pc, cm, el, ep, g, f, u, e)	AF
All fields (c, i, n, pc, cm, cb, el, g, f, u, e)	ALL
Astronomical indexing (i)	AI
Author/Inventor (c, i, n, pc, el, ep, g, f, u, e, pa)	AU
Availability (n, cb, f)	AV
CAS registry number (cm, cb, el, ep)	CR
Chemical Acronyms (cb)	CE
Chemical indexing (i)	CI
Chemicals (cb)	CM
Classification code (c, i, cm, el, ep, g, f)	CL
CODEN (c, i, pc, cm, cb, f)	CN
Companies (pc, cb)	CP
Conference code (c, pc, el, f)	CC
Conference information (c, i, el, f)	CF
Contract number (n)	CT
Controlled term (c, i, n, pc, cm, cb, el, ep, g, f, pa)	CV
Controlled term as a product (el, ep)	CVP
Controlled term as a reagent (el, ep)	CVA
Controlled term with no role (el, ep)	CVN
Country of application (c, pc)	PU
Country of origin (c, i, n, cm, cb, el, g, f, u, e)	CO

（续）

《EI》　Expert search　SEARCH CODES

Field <th` scope = "col" >	Code
Derwent accession number（ep）	AJ
Derwent IPC（ep）	DPID
Discipline（i）	DI
DOI（c，i，pc，cm，el，g）	DOI
Document type（c，i，n，pc，cm，cb，el，g，f）	DT
ECLA code（e）	PEC
Ei main heading（c）	MH
Industrial Sectors（cb）	GD
Int. patent classification（ep，u，e）	PID
ISBN（c，i，pc，cb，el，g，f，pa）	BN
ISSN（c，i，pc，cm，cb，el，g，f）	SN
Issue（c，i，pc，cm，el，g，f）	SU
Language（c，i，n，pc，cm，cb，el，ep，g，f）	LA
Linked term（el，ep）	LT
Major term（el，ep）	CVM
Major term as a product（el，ep）	CVMP
Major term as a reagent（el，ep）	CVMA
Major term with no role（el，ep）	CVMN
Material identity number（i）	MI
Monitoring agency（n）	AG
Notes（n）	NT
Numerical indexing（i）	NI
Original classification code（i）	OC
Patent application country（ep，u，e）	PCO
Patent application date（c，n，pc，ep，u，e）	PA
Patent application number（ep，u，e）	PAM
Patent attorney name（u，e）	PAN
Patent authority code（ep，u，e）	PAC
Patent citation（u，e）	PCI
Patent Country（ep）	PC
Patent examiner（u，e）	PE
Patent filing date（u，e）	PFD
Patent issue date（c，n，pc，u，e）	PI
Patent number（c，pc，ep，u，e）	PM
Patent priority information（ep，u，e）	PRN

（续）

《EI》 Expert search SEARCH CODES

Field < th` scope = " col" >	Code
Priority country（ep）	PRC
Priority date（ep）	PRD
Publication date（u，e）	PD
Publication year（el，f）	YR
Publisher（c，i，pc，cm，el，g，f，pa）	PN
Regional terms（g）	RGI
Report number（n，f）	RN
Role（el，ep）	RO
SIC Codes（cb）	IC
Source（el）	SO
Source title（c，i，pc，cm，cb，el，g，f）	ST
Subject/Title/Abstract（c，i，n，pc，cm，cb，el，ep，g，f，u，e，pa）	KY
Title（c，i，n，pc，cm，cb，el，ep，g，f，u，e，pa）	TI
Treatment type（c，i，pc）	TR
Uncontrolled term（c，i，n，pc，g，f）	FL
US classification（u）	PUC
Volume（c，i，pc，cm，el，g，f）	VO

表 1-4　相关数据库及数据库代码

数据库名称	数据库代码
Compendex（核心期刊）	c
Inspec（科学文摘）	i
NTIS（美国-国家技术信息服务）	n
PaperChem（造纸化学文摘）	pc
Chimica（化学）	cm
CBNB（化工商业新闻信息）	cb
EnCompassLIT（计算机外文数据库）	el
EnCompassPAT（石油、化工、天然气及能源工业等相关专利摘要的专利数据库）	ep
GEOBASE（地学数据库、地区库）	g
GeoRef（地质文献数据库）	f
US Patents（美国专利）	u
EP Patents（EP 专利）	e
Referex（电子书）	pa

第2章　计算机文献信息检索

2.1　计算机检索系统

计算机检索系统由硬件、软件和机读数据库组成。硬件部分，是系统采用的各种硬设备的总称；软件部分，是信息检索系统有关的程序和各种文件资料的总称，包括系统软件和应用软件；数据库则是在计算机上按一定方式合理存放的相互关联的数据的集合。计算机检索系统是利用一定的设备和方法从书本、胶卷、磁带、光盘、网络等载体上的文献、事实或数值记录等信息集合中查找所需信息的系统，具有存储和检索两种基本功能。

2.1.1　检索系统组织

检索系统的组织主要包括四个部分：检索界面模块，接受用户检索要求，分一般检索界面和高级检索界面；检索策略模块，将用户输入的检索要求编制成计算机可执行的规范化检索式；检索执行模块，利用检索式检索索引数据库，并保证检索的速度和准确性；检索结果组织模块，对检中记录的整理组织。

数据库由文档、记录、字段组成，是有序的文献信息集合。每篇文献都要经过加工，把文献的特征描述下来，成为一条著录款目，也称一条记录。将一条条著录款目或记录按一定顺序编排起来，组织成一个检索系统。

（1）字段（Field）　书目数据库中基本的信息单位著录项目，在数据库中称作字段。它是文献著录加工的最基本单元，描述的是文献外部特征和内容特征。字段包括文摘字段、题名字段、著者字段等。每一字段均有其标识符，可作为检索字段。

（2）记录（Record）　在数据库中的一篇文献称为一条记录，它是由若干个不同的著录单元（即字段）组成的。在数据库中每一条记录都有一个记录号，唯一地标识这条记录。

（3）文档（File）　由某一类型的若干条记录组成的信息集合称为文档。它是数据库的基本形式，包括顺排文档和倒排文档。

1）顺排文档是指文档中的记录按序存放，记录的存取按物理顺序进行。书目数据库中的主文档通常是顺排文档，主文档与手工检索工具中的正文部分相对应，是数据库的主体。

2）倒排文档是将每篇文献记录中的标识（如文献的主题词、题名、著者等）抽取出来，同时记录下该检索标识出现过的文献记录号，然后再按序组织起来成为可以用作索引的文档，这种倒排文档也称索引文档。

数据库是计算机信息检索系统的组成部分。不同的数据库，存储不同的主题内容、不同的时间范围和信息类型以及不同的标引方式，提供不同的检索范围和检索途径。

2.1.2　检索系统功能

文献检索系统按其功能可分为目录检索系统、文献检索系统、事实检索系统。

1. 目录检索系统

目录（Catalog）是对图书、期刊等出版物外表特征的揭示和报道，是按某种顺序编列的文献清单。在信息检索中，目录主要用于查找所需文献的收藏单位（即馆藏信息）。

目录检索系统主要有馆藏目录、联合目录、出版社目录、国家书目、联机公共检索目录（OPAC）等。

2. 文献检索系统

文献检索系统又称文献型数据库，主要以文献形式存储在相关计算机存储设备上，内容包括一次文献和二次文献。目前文献型数据库约占全部数据库的70% ~80%，主要有全文型数据库、文摘型数据库和题录型数据库。

（1）全文型数据库　存储一次文献的数据库称为全文型数据库，用户可直接检索出相关文献的全文信息或相关文献的线索，具有内容详尽、检索便捷、后处理能力强等特点。随着计算机存储技术的发展，全文数据库代表着信息检索数据库的发展方向。其中常用的全文型文献检索系统有中国知网、万方数据、维普资讯、Elsevier、Springer、PQDD、AIP/APS等。

（2）文摘型数据库　文摘揭示了单篇文献的外部特征和内容特征，可用于查找最新的文献线索，又可用于了解文献的主要内容。文摘型数据库是存储二次文献的检索数据库，其主要内容包括文献的题名、作者、出处、关键词、文摘等。

文摘型数据库的功能在于提供给用户相关主题的文献信息描述，用户从中筛选出有用的知识或数据，并可根据其指引去寻找有关的一次文献。其中著名的文摘型文献检索系统有《工程索引》（EI COMPENDEX）、《科学引文索引》（SCI）、《科技会议录索引》（CPCI-S原ISTP）、《科学文摘》（INSPEC）等。

（3）题录型数据库　题录是对单篇文献外表特征的揭示和报道，由作者项、篇名项、出处项构成，作为常用的检索工具，主要用于查找最新的相关文献线索。

题录型数据库作为检索数据库，存储某个领域文献的题录，包括文献的题名、作者、出处、主题词等。由于电子资源数字化技术的迅速发展和用户对知识的整体化、个性化需求，题录型数据库的内容日趋与文摘型数据库相融合，其功能也体现在文摘型数据库之中。

3. 事实检索系统

事实检索系统包括数值、事实、概念等数据库。其中，数值数据库具有明确的学科特性，提供查找各种有关科学数据，如物理常数、科学实验数据、分子式等。事实数据库提供各种有利用价值的事实查询，如产品数据库、指南数据库、资源数据库等，其记录主要是指关于一些机构、公司、企业、名人、结构、主要产品及其产量、价格、规格型号等信息的简单描述，通过这些数据库可以查到公司或机构的地址、产品目录、研究项目及名人简历等信息。如中国知网、万方数据知识服务平台、国泰安金融研究数据库、Primal解剖学系列数据库等数据库。概念数据库存储各种名词术语或语言资料，如大不列颠百科全书数据库、JCR期刊引文分析报告、中国资讯行数据库等。

目录检索系统、文献检索系统和事实检索系统的检索功能分析比较见表2-1。

表 2-1　检索系统功能分析比较

系统类别	已知条件	检索性质	检索工具	检索结果
目录检索	期刊刊名 图书名称	确定性检索	馆藏目录 （联机公共检索目录 OPAC）	收藏单位 （收藏地）
文献检索	课题	相关性检索	题录、文摘及全文数据库	文献线索
事实检索	事实、数据	确定性检索	词典、年鉴及相应的数据库 （源数据库）	事实、数据

2.2　计算机文献信息检索

2.2.1　计算机文献信息检索原理

信息检索，广义的概念包括两个方面：其一，将信息按一定的方式组织存储起来（存储过程）；其二，根据信息用户的需要找出有关信息（检索过程）。狭义的“信息检索”，是指根据信息用户的需要，从信息资源的集合中查找所需文献或查找所需文献中包含的信息内容的过程。

计算机文献信息检索的基本原理就是将用户个人问题和知识的需求集合与检索系统中的信息集合进行匹配和选择，输出两者相符或部分相符的文献信息。

2.2.2　计算机文献检索形式

计算机文献检索包括菜单检索、命令检索和超文本检索三种形式。在不同的数据库体系和网络信息中其表现形式和要求各有不同，具体检索方式可参见相关章节的检索指南。

1）菜单检索（Menu Search）是一种方便、易掌握的检索方式。用户只要根据菜单的指引，通过确定适当的选项和功能键，便能一步步地完成检索。如中文数据库的基本检索和高级检索均属于菜单检索形式。其特点是操作简单明了，但检索步骤多，检索时间较长，检索功能、精度不如命令检索。

2）命令检索（Command Search）是使用一些特定的操作命令（包括指令和检索式）来实施检索。如中文数据库的专业检索（专家检索）属于命令检索方式。命令检索可以精确地表达检索提问，灵活地进行各种方案的检索比较，简捷、快速得到比较理想的检索结果，但对用户有所要求。提示：不同的检索系统均有不同的检索命令方式。

3）超文本是一种非结构化文档，超文本检索（Hypertext Search）是一种基于知识单元的新型信息组织结构与揭示方式，主要是借助超文本技术，依赖“结点”和“链”来实现信息检索，具有检索界面生动、信息表达和交互方式丰富，检索便捷、时效的特点，一般适用于信息的浏览和导航，可提供灰色文献的检索。Internet 上的 WWW 检索便是典型例子，万维网是一个透过网络存取的互连超文件（Interlinked Hypertext Document）系统。

2.2.3　数据库检索方式

信息检索系统（数据库）一般设置浏览和检索两种方法来获取相关文献。浏览方法获取相关文献的方式有按书刊名浏览检索、按书刊名字母浏览检索、按书刊主题浏览检索。检索方法获取相关文献的方式有基本检索、高级检索和专业检索。其中，基本检索与高级检索为菜单式检索形式，专业检索（专家检索）为命令式检索形式。

1. 基本检索

基本检索也称为快速检索、初级检索和简单检索，为系统默认检索方式。通常数据库仅提供一个检索行，检索行的检索词可以是单词、词组或用检索符链接的多个词（组）。该方法的特点是方便、快捷、效率高，适用于初级用户或构建比较简单的检索式。但查询结果有很大的冗余，要在检索结果中进行二次检索才能提高查准率。所谓二次检索，就是在前一次检索结果基础上的再次检索，这样可逐步缩小检索范围，提高查准率。

2. 高级检索

高级检索通常有多个检索行，可增可减。横向为同字段检索，纵向可作异字段检索。检索行之间的逻辑关系一般默认为逻辑与，可用下拉菜单选定其他逻辑功能。系统提供丰富的可检字段和限定检索范围的条件，能进行快速有效的组合检索，检索结果命中率较高，具有查询结果冗余少和查准率高等特点，适合于多条件的复杂检索。

3. 专业检索

专业检索也称专家检索，系统通常只提供一个检索窗口，使用检索系统认同的运算符和检索词构造具有完整逻辑关系的复合检索式进行检索。由于确定多个检索词且构建较为复杂的检索式，因此可以获得较高的查全率和查准率。适合于熟悉多系统检索命令并有检索经验的用户，更适用于图书情报专业人员查新、信息分析等工作。

不同数据库的专家检索所有检索字段标识符以及构造复合检索式的语法均不同，应注意查看其系统提供的检索方法说明。

4. 浏览检索

出版物浏览通常有按输入题名、按题名的字母顺序、按学科主题三种方式。书刊文献以书本模式展现，真实写照、图文并茂，阅读舒适，适用于用户习惯性阅读方式。浏览检索主要用于查找本学科最近发表的文献，了解最新学科信息动态，展现期刊导航功能。

2.3 文献信息检索方法

文献信息检索方法是为实现检索目标所采用的具体操作方法和手段的总称，通常有常规法、引文法和综合法等。要提高检索的效率与质量，在检索过程中应根据检索系统的功能和检索者的实际需求，灵活运用各种检索方法，以达到满意的检索效果。

2.3.1 常规法

常规法是直接利用检索系统（数据库）查找文献信息的方法。它是文献检索中最常用的一种方法，又分为顺查法、倒查法和抽查法。

1）顺查法是按照时间的顺序，由远及近地利用检索系统进行文献信息检索的方法。一般用于重大课题和各学科发展史以及新兴学科等方面的研究课题的系统检索。例如，已知某课题的起始年代，现在需要了解其发展的全过程，就可以用顺查法从最初的年代开始，逐渐向近期查找。

2）倒查法是由近及远，从新到旧，逆着时间的顺序利用检索工具进行文献检索的方法。目的是了解学科发展最新动态，获取近期发表的最新文献信息。它是一般科研人员最常用的方法。在确认某项成果是否创新时，也适合用倒查法。

3）抽查法是指针对项目的特点，选择有关该项目的文献信息最可能出现或最多出现的时间段，利用检索工具进行重点检索的方法。这种方法多用于针对某一学科内的主题课题和重点时间段进行专题调查报告检索。

2.3.2　引文法

根据文献后所列的参考文献，其主题与该文献主题相关联的特征，且依据文献之间的引证和被引证关系的引文索引，揭示了文献之间存在的某种内在联系。引文法具有追溯检索法和引文索引法两种方式。

1）追溯检索法。利用原始文献所附的参考文献追溯检索。即从已知文献后附有的参考文献入手，追查原文，再以此原文后所附的参考文献逐一查找，一直到获得满意结果。该方法能借助于已知原文追查到一些相关文献，但不够系统，易出现误检和漏检。

2）引文索引法。利用引用和被引用的关系建立的引文检索系统进行追溯查找。即利用引文索引，从被引论文开始查找引用它的全部论文的情况，通过此方法可得到与来源文献同一主题的一批相关文献。目前常用的引文检索系统有科学引文索引（SCI）、社会科学引文索引（SSCI）、中国科学引文数据库（CSCD）等。

2.3.3　综合法

综合法又称为循环法，是将上述两种方法交替使用的一种综合方法。既要利用检索工具进行常规检索，又要利用文献后所附的参考文献进行追溯引文检索，分期分段地交替使用这两种方法，以期取长补短，相互配合，获得更好的检索结果。综合法兼有常规法和引文法的优点，可以查得较为全面而准确的文献，是实际中采用较多的方法。

2.4　文献信息检索步骤

2.4.1　分析检索课题，确定检索需求

分析检索课题的检索需求，主要包括所需信息的类型、语种、数量、学科范围、时间范围等。检索信息的类型根据用户需求，有一般课题检索和研究课题检索。研究课题通常是学术水平较高、专业较深的课题，主要包括撰写综述或研究报告、撰写研究报告或学术论文、做新技术新理论的动态研究、做同类研究项目比较（查新）等。而一般课题通常是学习型课题检索。

对一般检索课题要有比较全面的了解，明确课题所包含的信息内容、性质、水平等情况，分析研究课题的主题内容及所属学科和时间范围。

以“极端气象条件下尾矿库防灾技术研究”（study of disaster prevention technique for tailings dam under extreme weather）课题为例，分析主题内容涉及学科的类目和类目名称主要有：TF 冶金工业；TP 自动化技术、计算技术；TV 水利工程；X4 灾害及其防治。

检索时间范围选择，一般自然科学的课题选择 3～5 年，社会科学的课题选择 5～8 年，具体按检索课题的时效性要求而定。例题属于自然科学的检索课题，其时间范围设置为 2008—2013 年。

2.4.2 选择文献检索工具，确认检索字段

正确选择与选题相关的数据库是检索成功的基础。所选数据库应具备学科专业对口、覆盖文献面广、报道及时、揭示文献内容准确、具有一定深度并检索功能完善等特点。通常，一般课题的检索可以选择覆盖本学科内容的综合数据库，而查找研究课题的学术信息则更适合选用本学科专业数据库，或综合库和专业库相结合，尽量做到查找文献信息全而准。

以“极端气象条件下尾矿库防灾技术研究”（study of disaster prevention technique for tailings dam under extreme weather）为例，在本校文献资源平台上，涉及本学科文献检索范围的数据库主要有中文科技期刊数据库、中国期刊网全文数据库、数字化期刊全文数据库、中国专利数据库、中国科技成果数据库、学位论文全文数据库、学术会议论文全文数据库、INSPEC、EI、SciSearch Cited Reference Science Database、Dissertation Abstracts Online、USPTO、EspaceNet、WIPO/PCT、CA、SCIE、Conference Proceedings Citation Index-Science、Elsevier、Springer、PQDD、ASCE、Academic Source Premier、AIP/APS 等。

上例文献检索范围，涉及期刊数据库、专利数据库、科技成果数据库、学位论文数据库、学术会议论文数据库等多种类型。值得注意的是，各种专业数据库收录文献的学科范围和文献类型也各不相同，需要结合检索课题的具体要求进行综合考虑。

检索字段也称检索入口，通常数据库所有字段均可作为检索入口。其中作者、作者单位、ISSN、发表时间、分类号等为揭示单篇文献外部特征的检索字段；而主题、题名、关键词、摘要、全文等字段，则是揭示单篇文献内部特征的检索字段。

检索课题一般选择“主题”“摘要”“关键词”等检索字段；当检索密切相关文献时，可选择“标题”字段检索；当命中结果过少时，可选择“主题”或“摘要”字段检索。

2.4.3 确定检索词，编制检索式

检索词是表达信息需求和检索课题内容的基本单元，也是与系统中有关数据库进行匹配运算的基本单元。选择合适的检索词是提高检全率、检准率的关键环节，直接影响检索效果。

文献的关键词是最常用的检索词，选择时要注意：应覆盖检索主题；寻找常用同义词；词的全称、简称及缩写；必要时应向上下位类词扩检；合理使用词组或短语；规范词的利用。

同时，应充分利用词表、辞海、术语标准、词典等工具书，以及从已检出的文献中，复核、筛选、补充、精炼检索用词。

选择检索词的原则是：①选择规范词；②尽量使用标识码或代码；③注意选用国外惯用的技术术语；④避免使用低频词或高频词；⑤同义词尽量选全。

例如，对“极端气象条件下尾矿库防灾技术研究”（study of disaster prevention technique for tailings dam under extreme weather）课题，选择检索词。首先考虑选择研究课题的关键词，同时采用概念提取和扩展方法及汉语词语切分方法来确定研究课题的检索词，如尾矿库/尾

砂库/尾砂坝/尾矿坝/尾矿场、小流域、气象、预报、水位、泄流、坝体、渗流、三维/3d、监测/测量、警报/预警、模型/建模。

说明："尾矿库/尾砂库/尾砂坝/尾矿坝/尾矿场"为研究主体，扩展词"小流域"，"极端气象"概念提取为"气象预报"，"防灾"指尾矿库灾害实体"水位、泄流、坝体、渗流"，"在线监测技术"的概念可扩展为"三维的（监测、测量、警报、预警）"，"模型、建模"为研究内容。

检索式由检索词和检索符号组成，是检索策略的具体表现。编制检索式是将各检索单元或检索词之间用逻辑算符、位置算符、截词、优先符等系统规定的组配符连接起来，确定检索词之间的关系，准确地表达课题需求的内容，以保证和提高检索的查全率和查准率。

例如，"极端气象条件下尾矿库防灾技术研究"课题的检索式为：

CS1：（尾矿库 + 尾砂库 + 尾砂坝 + 尾矿坝 + 尾矿场 + 小流域）AND 气象 AND 预报 AND（模型 OR 建模）。

CS2：（尾矿库 + 尾砂库 + 尾砂坝 + 尾矿坝 + 尾矿场 + 小流域）AND 水位 AND（泄流 OR 坝体 OR 渗流）AND（模型 OR 建模）。

编制检索式的核心是编制一个既能表达检索课题需求，又能为计算机识别的检索式。其质量直接影响检索的结果。在确定检索词、编制检索式的过程中需要注意如下事项：

1）检索词尽可能使用词或词组，然后用布尔逻辑运算符将检索词连接起来，切忌将整个题名输入到检索框中。

例如，"适应极端条件的尾矿库在线监测技术研究"课题。

检索式：气象 * 预报 *（尾矿库 + 尾砂库 + 尾砂坝 + 尾矿坝 + 尾矿场 + 小流域）* 三维 *（监测 + 测量 + 警报 + 预警） （合适）

（尾矿库 + 尾砂库 + 尾砂坝 + 尾矿坝 + 尾矿场 + 小流域）* 三维 *（监测 + 测量 + 警报 + 预警） （合适）

尾矿库在线监测技术 （不太合适）

适应极端条件的尾矿库在线监测技术研究 （不合适）

2）要提炼关键的、核心的词作为检索词，去掉"意义太泛"或"可有可无"的词。

例如，"金属矿山尾矿库安全实时评估与预警体系研究"课题。

分析：关键词 1：尾矿库——研究对象。

关键词 2：安全——研究目的。

关键词 3：实时评估——研究主题。

关键词 4：预警体系——研究主题。

对其关键词可采用概念提取并扩展同义词，而意义太泛的词"研究"不应作为检索词。

3）避免使用"的、地、得、着、了、过"等无意义的虚词或禁用词。若一些固定表达的检索词中包括了禁用词，这时可用"" 将其引起来，如刊物名称"journal of advanced material"。

4）在编制检索式之前，一定要弄清所使用数据库的检索功能和所采用的操作算符，这样才能有效地进行信息的检索。

几乎所有的检索系统都支持" "、布尔逻辑、截词和字段检索，但使用的截词和字段表示方法不尽相同，或各自有一些特殊的检索技术。如通配符和位置算符的符号及意义分别见表2-2、表2-3。

表 2-2 通配符符号及意义

符号	意义
*	零个或多个字符 gene * gene，genetics，generation
$	零或一个字符 colo $ r color，colour
?	只代表一个字符 en? oblast entoblast，endoblast

表 2-3 位置算符符号及意义

符号	意义
NEAR/x	NEAR 代表所链接的两个词之间的词语数量小于或等于 x，默认的使用 Near 的缺省值是 15 Example：canine NEAR/10 virus canine NEAR virus
SAME	只在地址字段中进行检索，同时要求两个词是在同一个地址字段中 Example：yale SAME hosp
主题检索：TS =（cat SAME mouse）与 TS =（cat AND mouse）将得到相同的结果	

5）对研究课题的检索均需制订检索策略，它是对整个检索过程的谋划和指导。

例如，为实现“适应极端条件的尾矿库在线监测技术研究”课题的检索目标而制订的计划或方案，即检索策略为：

CS1：（尾矿库 OR 尾砂库 OR 尾砂坝 OR 尾矿坝 OR 尾矿场 OR 小流域）AND 气象 AND 预报 AND（模型 OR 建模）。

CS2：（尾矿库 OR 尾砂库 OR 尾砂坝 OR 尾矿坝 OR 尾矿场）AND 水位 AND（泄流 OR 坝体 OR 渗流）AND（模型 OR 建模）。

CS3：（尾矿库 OR 尾砂库 OR 尾砂坝 OR 尾矿坝 OR 尾矿场）AND 三维 OR（监测 OR 测量 OR 警报 OR 预警）。

CS4：（尾矿库 OR 尾砂库 OR 尾砂坝 OR 尾矿坝 OR 尾矿场 OR 小流域）AND 气象 AND 预报。

CS5：（尾矿库 OR 尾砂库 OR 尾砂坝 OR 尾矿坝 OR 尾矿场）AND 水位 AND（模型 OR 建模）。

2.4.4 实施课题检索，调整检索策略

检索式提交后，系统给出检出文献的篇数，一般很难一次性获得理想的检索结果，需要在课题检索过程中不断地修订检索式、调整检索范围，优化检索策略。文献检索过程就是不断调整检索策略的过程。

若检索结果相关性不大，则需要重新分析课题，选择检索系统，列出检索词……

若检索结果过多，则要缩小检索范围。其主要措施有：在检索式中，增加逻辑“与”，附加新的检索条件，进行概念限制；使用短语检索，即使用双引号进行精确检索；使用一些专指度较强词汇和专业术语；限定字段、时间、网域、语言（文字）、分类等。

若检索结果过少，则要扩大检索范围。其主要措施有：在布尔检索式中，增加布尔“或”，减少“与”；采用上位词检索，扩大概念范围；选用宽泛一点的字段，如全文。

2.4.5　输出检索结果，获取所需信息

借助于对检索结果的排序、显示、浏览、输出等功能，不断地优化检索策略，获取所需信息。

1. 检索结果的排序

检索结果可以按相关性或出版时间两种方式排序。“相关性”排序，其检索结果按检索词频的高低排序，文献内包含词频高的排在先，依次降序；“出版时间”排序，其检索结果按出版物的公开出版时间以近至远地排序，近期的文献排在前，依次降序。

2. 检索结果标记与显示

检索结果较多时，一般采用分页显示检索结果。可在需要的记录前做标记，以便导出检索结果进行浏览、鉴别、再优化。

显示有文摘、详细记录、显示浏览、全文等格式，在边阅读边筛选的过程中，用户可以根据具体的广度和深度的需求而选定。

检索系统均具备“电子邮件、打印、下载、存储”等输出方式，用户可根据需求和学习环境而选择其中的输出格式。

2.5　检索效果评价

利用检索系统进行检索服务时所获得的有效结果为信息检索效果。信息检索效果评价的主要参数有查全率、查准率、漏检率、误检率、新颖率、检索速度等，其中查全率和查准率是两个最主要也是最常用的指标。

2.5.1　信息检索效果评价的参数

（1）查全率（Recall Ratio）　查全率为检索结果中的相关记录数与数据库中总的相关记录数的比值，是衡量信息检索系统检出相关文献成功度的一项指标，即检出的相关文献与全部相关文献的百分比。它反映该系统文献库中实有的相关文献量在多大程度上被检索出来。

$$查全率(R)=(检出的相关文献数/系统中相关文献总数)\times 100\%$$

（2）查准率（Pertinency Ratio）　查准率为检索结果中相关记录数与检索结果总数的比值，是衡量信息检索系统检出文献准确度的尺度。它反映每次从该系统文献库中实际检出的全部文献中有多少是相关的。

$$查准率(P)=(检出的相关文献数/输出的文献总数)\times 100\%$$

（3）漏检率（Omission Ratio）　漏检率是指未查出的相关文献数与检出文献总数之比。它是查全率的误差，是衡量系统漏检相关文献的指标。

$$漏检率(O)=(未查出的相关文献数/检出文献总数)\times 100\%$$

(4) 误检率 (Noise Ratio) 误检率为查出的非相关文献数与检出文献总数之比。它是查准率的误差，是衡量系统误检出不相关文献的程度指标。

$$误检率(N) = (查出的非相关文献数/检出文献总数) \times 100\%$$

2.5.2 调整查全率和查准率的措施

1. 提高查全率的方法

1) 增加同义词或近义词，并用逻辑“或”连接运算。
2) 减少使用逻辑“与”、逻辑“非”运算符。
3) 检索式中多用截词符或通配符。
4) 选择较大的检索范围的字段 (如篇名→关键词→摘要→全文)。
5) 使用上位词 (如载人航天飞机→航天飞机→飞行器)。
6) 采用分类途径检索。
7) 减少检索系统的限定条件等。

2. 提高查准率的方法

1) 利用逻辑“非”排除无关概念，利用逻辑“与”缩小检索范围。
2) 减少逻辑“或”运算符，减少同义词与同族相关词。
3) 调整位置算符，由松变严。
4) 选择较小的检索范围的字段 (如全文→摘要→关键词→篇名)。
5) 提高检索词的专指度，使用精确检索。
6) 采用主题途径检索。
7) 加大检索系统的限定条件。

提高检索效果，关键是在了解和掌握本学科数据库的基础上，优选检索系统及数据库；检索过程中，掌握系统检索技术，不断优化检索策略与步骤、优化检索提问、逐渐逼近目标等。

2.6 检索结果著录格式

著录格式是著录项目在条目中的排列顺序及其表达方式，一般有哈佛体系、美国心理学会体系、温哥华体系等不同的著录体系。

2.6.1 著录中的文献类别代码

不同的文献类型和电子文献载体有着各自的标志代码。以温哥华体系作为著录体系，常用的文献类别代码，见表 2-4。

表 2-4 文献类别代码

文献类型	标志代码	文献类型	标志代码	文献类型	标志代码
普通图书	M	报纸	N	报告	R
会议录	C	期刊	J	标准	S
汇编	G	学位论文	D	专利	P

（续）

文献类型	标志代码	电子文献载体	标志代码	电子文献载体	标志代码
数据库	DB	磁带	MP	连机网络	OL
计算机程序	CP	磁盘	DK		
电子公告	EB	光盘	CD		

2.6.2　常用文献著录格式

1. 图书著录格式

主要责任者．题名：其他题名信息[文献类型标志]．版本．出版地：出版者，出版年．

[1]刘双魁．信息检索与利用[M]．南京：东南大学出版社，2010.

2. 学位论文著录格式

主要责任者．题名[文献类型标志]．出版地：出版者，出版年．

[1]王飞跃．基于不确定性理论的尾矿坝稳定性分析及综合评价研究[D]．长沙：中南大学，2009.

3. 期刊著录格式

作者．题名[文献类型标志]．刊名，年，卷（期）：页码．

[1]梁少刚．计算机网络病毒的危害与防治技术[J]．科技视界，2012，(13)：166-167.

4. 报告著录格式

主要责任者．题名[文献类型标志]．报告地：报告会主办单位，年份．

[1]Roland Clift. 工业生态学在环境政策与企业战略中的应用[R]．北京：清华大学，2012.

5. 专利著录格式

专利申请者或所有者．专利题名：专利国别，专利号[文献类型标志]．公告日期或公开日期．

[1]北京矿咨信矿业技术研究有限公司．尾矿库安全监测预警系统：中国，200810226395.1[P]. 2009-05-27.

6. 会议论文著录格式

文献主要责任者．文献题名[文献类型标志]//专著主要责任者．专著题名：其他题名信息．出版地：出版者，出版年．

[1]周奇，海川，田茂举．小流域洪水预警预报思路初探[C]//第 27 届中国气象学会年会雷达技术开发与应用分会场论文集．北京：[出版者不详]，2010.

7. 成果著录格式

完成单位或完成人．成果名称[文献类型标志]．成果公布日期．

[1]河北省气象局．河北省致灾暴雨预警方法研究[科技成果]. 2012.

8. 标准著录格式

发布单位名称．标准号标准名称[文献类型标志]．出版地：出版者，发布日期．

[1]国家质检总局．GB/T 3792.2—2006 普通图书著录规则 [S]．北京：中国标准出版社，2006-06-30.

9. 报纸著录格式

主要责任者. 题名[文献类型标志]. 报纸名称，出版日期（版次).

[1]刘霞. 科学家将从外太空测量海水盐度[N]. 科技日报，2011-06-13（002).

10. 网络信息著录格式

主要责任者. 题名：其他题名信息[文献类型/文献载体标志].（更新或修改日期)[引用日期]. 获取和访问路径.

[1]安全生产监督管理局. 关于印发全国尾矿库专项整治行动2011年工作总结和2012年重点工作安排的通知[EB/OL].(2012-06-28)[2013-12-9]. http://guoqing. china. com. cn/zwxx/2012-07/05/content_25824427. htm

第3章　网络信息检索技术

3.1　搜索引擎

3.1.1　搜索引擎概述

搜索引擎（Search Engine）是指根据一定的策略、运用特定的计算机程序从互联网上搜集信息，在对信息进行组织和处理后，为用户提供检索服务，将用户检索相关的信息展示给用户的系统。

搜索引擎包括全文索引、目录索引、元搜索引擎、垂直搜索引擎、集合式搜索引擎、门户搜索引擎与免费链接列表等。全世界最大的搜索引擎，有百度搜索、谷歌搜索、搜狗搜索、迅雷搜索、雅虎搜索等，百度和谷歌等是搜索引擎的代表。

3.1.2　搜索引擎工作原理

现代的搜索引擎一般都采用如下三段式的工作流程：

1. 抓取网页

由于网络带宽和效率等方面的原因，独立的搜索引擎一般都使用网页抓取程序（Spider，蜘蛛）来预先搜集好网页。这些 Spider 顺着网页中的超链接连续地抓取网页。被抓取的网页被称之为网页快照。由于互联网中超链接的应用很普遍，理论上，从一定范围的网页出发，就能搜集到绝大多数的网页。

搜索引擎的自动信息搜集功能分两种，一种是定期搜索，即每隔一段时间（如 Google 一般是 28 天），搜索引擎主动派出“蜘蛛”程序，对一定 IP 地址范围内的互联网网站进行检索，一旦发现新的网站，它会自动提取网站的信息和网址加入自己的数据库；另一种是提交网站搜索，即网站拥有者主动向搜索引擎提交网址，它在一定时间内（2 天到数月不等）定向向你的网站派出“蜘蛛”程序，扫描你的网站并将有关信息存入数据库，以备用户查询。

2. 处理网页

搜索引擎抓到网页后，还要做大量的预处理工作，才能提供检索服务。其中，最重要的就是提取关键词，建立索引文件。其他还包括去除重复网页、分析超链接、计算网页的重要度、建立倒排文档等。

3. 提供检索服务

用户输入关键词进行检索，搜索引擎从索引数据库中找到匹配该关键词的网页；为了用户便于判断，除了网页标题和 URL 外，还会提供一段来自网页的摘要以及其他信息。

3.1.3 搜索引擎的分类

1. 全文搜索引擎

全文搜索引擎是名副其实的搜索引擎，国外代表有 Google，国内则有著名的百度搜索。它们从互联网提取各个网站的信息（以网页文字为主），建立起数据库，并能检索与用户查询条件相匹配的记录，按一定的排列顺序返回结果。

根据搜索结果来源的不同，全文搜索引擎可分为两类，一类是拥有自己的网页抓取程序，能自建网页数据库，搜索结果直接从自身的数据库中调用，称之为独立搜索引擎，典型的如 Google 和百度；另一类则是租用其他搜索引擎的数据库，并按自定的格式排列搜索结果，如著名的国外搜索引擎 Lycos。

2. 元搜索引擎

元搜索引擎（Meta Search Engine）将多个搜索引擎集成在一起，提供一个统一的检索界面，在接受用户查询请求后，同时在多个搜索引擎上搜索，在经过聚合、去重等处理之后将结果返回给用户。元搜索引擎本身并没有存放网页信息的数据库，因而，严格意义上来讲，它只能算是一种用户代理，而不是真正的搜索引擎。多数元搜索引擎在处理其他的搜索引擎返回结果时，只提取出每个搜索引擎的结果中考前的条目，然后将这些条目合并在一起返回给用户，因此最后结果的数量可能会远少于直接在一个搜索引擎上进行查找所得到的数量。著名的元搜索引擎有 Ixquick、Dogpile、Mamma 等。

元搜索引擎类型有多种。按搜索方式可分并行式搜索引擎和串行式搜索引擎；按运行方式可分为在线搜索引擎和桌面搜索引擎；按功能划分可分为多线索式搜索引擎和 All-in-One 式搜索引擎等。元搜索引擎在结果列表的排序、呈现方式等方面也有着很大的差异，有的直接按来源排列；有的则按自定的规则重新排列组合；有的按文字、图片、视频等媒体类型分列展示；有的提供聚类链接（如时间、语种、媒体类型等）。

元搜索引擎与 Dialog 联机检索中的跨文档检索 OneSearch 非常类似，其最大优点就是省时，可一次输入同时搜索多个搜索引擎。另外，由于检索的是多个数据库，其查全率和查准率也有所提高。

3. 网络资源目录

与搜索引擎相类似，有一种称为网络资源目录（Web Directory）的目录型网络检索工具，一般简称为网络目录，又称分类站点目录、专题目录或主题指南、站点导航系统等。它是由网络开发者搜集网络资源后，以某种分类法进行组织整理，并与检索法集成在一起的信息查询方式。网络资源目录虽然有搜索功能，但严格意义上不能称为真正的搜索引擎，只是提供按目录分类的网站链接列表而已，用户在查询信息时，可选择关键词搜索，也可按分类目录逐层查找。最具代表性的网络资源目录莫过于早期大名鼎鼎的 Yahoo 和新浪分类目录，以及现在流行的 hao123（百度）、265 导航（Google）、hao360（奇虎）、114 啦等。

搜索引擎目录是一类特殊的网络资源目录，它是专门收集搜索引擎的目录，即检索工具的检索工具。它将主要的搜索引擎集中罗列起来，并按类型或按检索问题等编排组织成目录，将用户导引到相应的工具去检索，以克服用户面对众多的搜索引擎的无所适从。

3.1.4 搜索引擎使用指南

1. 常规检索功能

大多数搜索引擎能够提供常规数据库的检索功能，如布尔逻辑检索、词组检索、截词检索、字段检索、限制检索和位置检索等，但并非每一种搜索引擎都能提供全部的检索功能，同时，每一种检索功能在不同搜索引擎中的表现也不完全一致。几乎所有的搜索引擎都支持布尔逻辑检索和词组检索，只有少数搜索引擎支持位置检索。

(1) 布尔逻辑检索　与数据库检索相比，在搜索引擎中，布尔运算符 AND、OR、NOT 的功能表现不同。首先，受支持的程度不同，有“完全支持”“高级检索完全支持”和“部分支持”等；其次，提供运算的方式不同，大部分搜索引擎采用常规的命令驱动方式，即直接用布尔运算符 AND、OR、NOT 或符号“ ”、“|”、“-”进行运算，有的则采用菜单驱动方式。

(2) 词组检索　词组检索是将一个词组或短语（通常用半角双引号" "括起）当做一个独立运算单元进行严格匹配，以提高检索的精度和准确度，这也是一般数据库检索中常用的方法。几乎所有的搜索引擎都支持词组检索，且采用双引号，但在 Google 等搜索引擎中，除了用双引号外，还使用了短横线“-”来代表词组，如 digital-library-definition。两者的区别在于，以“-”表示的词组不区分大小写。百度还支持书名号《》的短语检索。

(3) 截词检索　截词运算符有左截词、右截词、中间截词等多种形式，但目前大多数搜索引擎只提供右截词检索，常用的截词符是星号 *。例如，comput * 相当于 computer、comptuting、computerized、computerized、computerization 等。

(4) 字段检索　字段检索和限制检索常结合使用，字段检索属于限制检索的一种。在搜索引擎中，字段检索大多表现为限制前缀符的形式，如“intitle:”表示在标题中检索，“inurl:”表示在 URL 中检索等。作为网络检索工具，搜索引擎提供了许多带有典型网络检索特征的字段限制类型，如国别 location:、网站 site：等。这些字段限制功能限定了检索词在数据库记录中出现的区域。适当使用字段限制检索可以用来控制检索结果的相关性，提高检索效果。

(5) 位置检索　所谓位置检索就是通过位置运算符来表达检索词之间前后位置关系或间隔距离的一种限定范围的检索。能提供位置检索功能的搜索引擎不多，即使支持位置检索，其位置运算符也不全，如 AltaVista，而它目前所能提供的位置运算符也只有一种，即相邻位置运算符（Near）。

2. 特殊检索功能

除上述几种常见的检索功能外，搜索引擎还提供了一些具有网络特征的检索功能。

(1) 文档类型检索　许多搜索引擎支持文档类型限定检索“filetype:”，这些类型包括 Office、Lotus、PostScript、Flash 和 text 等。如“金属矿山尾矿库 filetype：doc”表示检索金属矿山尾矿库方面的 word 文档。

(2) 检索词提示　一些搜索引擎会根据您的输入内容，在搜索框下方实时展示最符合的提示词。一些中文搜索引擎，如百度搜索，还支持拼音输入、错别字修正等功能。

(3) 自然语言检索　这是指直接使用自然语言中的字、词或句子组成提问式进行检索。例如，可用“What is nuclear technology?”或“Who is Thomas Alva?”这样的自然语句表达式充当检索提问式。自然语言检索使得检索式的组成不再依赖于专门的检索语言，使检索变得简单而直接，特别适合于不熟悉检索语言的一般用户。大多数著名的搜索引擎，如Google、百度、Altarista、Excite 等都在某种程度上支持自然语言检索。

(4) 多语种检索　提供多语种的检索环境供用户选择，系统按用户指定的语种检索并输出结果。有的搜索引擎提供多达 30 个语种的选择，此功能尤其适合于不同国家的用户检索不同语种的网络资源。

3. 使用技巧

虽然搜索引擎的使用很简单，但有时检索结果却不尽如人意。通过一些检索技巧，可有效提高检索效果。以下一些技巧以国内流行的搜索引擎 Google、百度为例，其他的搜索引擎请查看它们的在线帮助。

高级搜索可以支持更多的功能，包括新手更易使用的菜单驱动的字段限定、语种限定、文档限定等，可以定制结果排序或显示方式等。

合理使用限定检索，以使结果更加精确。事实上，只要语法正确，可以构造很复杂的检索策略。例如，“allintitle：金属矿山尾矿库-废水 site：baidu. com filetype：pdf”，表示在 baidu. com 网站检索标题为“金属矿山尾矿库方面，排除废水”的 pdf 文档。

一些搜索引擎支持二次检索，即在上次的检索结果中进行再次检索。Google 的使用方法是在检索结果页面底部单击“在结果中搜索”。

注意搜索引擎的语法说明，有些搜索引擎的布尔运算符 AND、OR、NOT 是大小写敏感的，使用“+”“-”“*”等运算符时也要注意与前后单词之间有无空格，双引号要使用半角符号" " 而非全角符号“ ”等。例如，fish + and chips 表示将停滞词“and”（注意 + 前面有一个空格而后面没有空格）作为一个词与 fish、chips 共同进行检索；digital-library 表示一个短语“digital library”，而 digital-library 则表示检索 digital 但不含 library。

3.1.5　常用搜索引擎

1. 常用中外全文搜索引擎

(1) Google（谷歌）　http：//www. google. com. hk，界面如图 3-1 所示。

图 3-1　谷歌界面

Google 是目前全世界搜索市场份额最大、网页最多的搜索引擎。利用 Google 可以容易地检索网络上的网页、图像、论坛、新闻和 Open Directory 提供的经过人工整理后的网页目录。Google 还提供网页快照、拼写检查、检索词提示等许多特性和学术搜索、专利搜索、行情搜索、地图搜索等专业搜索功能。

（2）Baidu（百度）　http：//www. baidu. com，界面如图 3-2 所示。

图 3-2　百度界面

百度是中国互联网用户最常用的搜索引擎之一，主要提供中文信息检索，并且为门户站点提供搜索结果服务，搜索范围涵盖了中国、新加坡等华语地区以及北美、欧洲的部分站点。每天完成上亿次搜索，也是全球最大的中文搜索引擎，可查询数十亿中文网页。

（3）360 搜索$^{+}$　http：//www. so. com，界面如图 3-3 所示。

图 3-3　360 搜索$^{+}$界面

2012 年 8 月，奇虎“360 搜索$^{+}$”正式上线。由于奇虎 360 基于 PC 及手机的系列安全软件在中国国内的市场占用率优势，“360 搜索$^{+}$”短期内即迅速得到推广，一年后，该搜索引擎在国内的市场占有率已达 18. 3%，位居第二。360 搜索继续沿用绿色，主打安全，它首创良医搜索、推广全赔、搜索全赔等搜索安全产品。目前支持包含网页、新闻、问答、视频、图片、音乐、地图、良医、雷电、百科、购物等多项搜索产品。360 搜索是基于机器学习技术的第三代搜索引擎——PeopleRank，具备“自学习、自进化”能力，能发现用户最需要的搜索结果，屏蔽垃圾信息。

（4）搜狗　http：//www. sogou. com，界面如图 3-4 所示。

图 3-4　搜狗界面

搜狗是搜狐公司于2004年8月3日推出的全球首个第三代互动式中文搜索引擎，收录超过100亿中文网页，每日网页更新达5亿。搜狗以一种人工智能的新算法，分析和理解用户可能的查询意图，对不同的搜索结果进行分类，对相同的搜索结果进行聚类，在用户查询和搜索引擎返回结果的人机交互过程中，引导用户更快速准确地定位自己所关注的内容。该技术全面应用到了搜狗网页搜索、音乐搜索、图片搜索、新闻搜索、地图搜索等服务中，帮助用户快速找到所需的搜索结果。搜狗的垂直搜索也各有特色：音乐搜索的歌曲和歌词数据覆盖率首屈一指，图片搜索拥有独特的组图浏览功能，新闻搜索及时反映互联网热点事件，地图搜索具有全国无缝漫游功能。

（5）Bing（必应）　http：//bing. com. cn，界面如图3-5所示。

图3-5　必应界面

2009年6月1日，微软新搜索引擎Bing（必应）中文版上线。必应提供了六个功能：页面搜索、图片搜索、视频搜索、地图搜索、资讯搜索以及排行榜。

（6）Yahoo!（雅虎）　http：//www. yahoo. com，界面如图3-6所示。

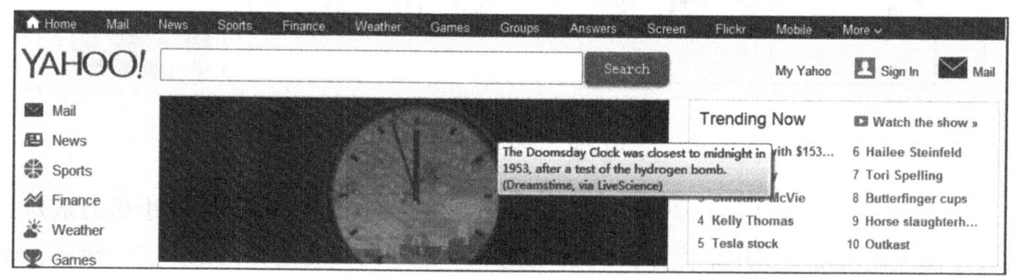

图3-6　雅虎界面

Yahoo!是互联网上最早出现的搜索引擎，其全球性搜索技术（YST，Yahoo! Search Technology）是一个涵盖全球120多亿网页（其中雅虎中国为12亿）的强大数据库，拥有数十项技术专利、精准运算能力，支持38种语言，近10000台服务器，服务全球50%以上互联网用户的搜索需求。

（7）Excite　http：//www. excite. com，界面如图3-7所示。

图3-7　Excite界面

这是一个功能很全面的搜索引擎，主要由Excite Search、Excite Citynet、Excite Live和

Excite Reference 组成。其中，Excite Search 用于主题（关键）词检索；Excite Citynet 用于查看美国城市的信息；Excite Live 提供新闻、电视节目、天气等各种信息；Excite Reference 提供黄页、寻人、电子邮件、地图、共享软件和字典等服务。

（8）Yandex http：//www. yandex. com，界面如图3-8所示。

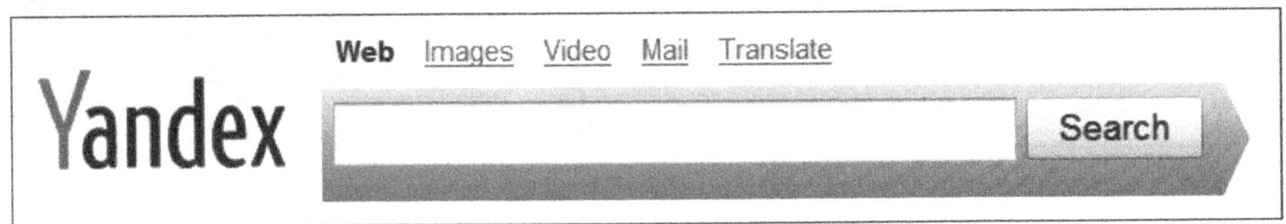

图3-8 Yandex界面

Yandex（俄语：Яндекс，NASDAQ：YNDX）是一家俄罗斯互联网企业，旗下的搜索引擎在俄国内拥有超64%的市场占有率，Yandex也由此与百度、NAVER一同跻身非英语国家的主流搜索引擎行列。Yandex同时也提供其他的一系列互联网产品和服务。数据显示，Yandex是目前世界第五大搜索引擎：在2012年4月，平均每日的搜索量超过1.5亿次；同年5月，每日访客（包括搜索以外的业务）超过2550万。

（9）其他外文搜索引擎

1）HotBot，http：//www. hotbot. com。

2）Lycos，http：//www. lycos. com。

3）Ask Jeeves，http：//www. askjeeves. com。

4）LookSmart，http：//www. looksmart. com。

2. 常用元搜索引擎

（1）Clusty http：//www. clusty. com，界面如图3-9所示。

图3-9 Clusty界面

Clusty将用户搜索的关键词到各大搜索引擎查询，然后比较返回的结果，根据比较排名生成一个列表。这样的“元搜索”方式可以帮助将最好的搜索结果提升到页面上部而将搜索引擎的垃圾搜索结果调整到底部去。Clusty不但能够根据搜索的关键字进行Tag匹配，按搜索引擎索引，按域名分类等功能，同时在搜索结果列表中可以选择页面内预览的功能。

（2）Dogpile http：//www. dogpile. com，界面如图3-10所示。

图 3-10　Dogpile 界面

Dogpile 是最早、最受欢迎的多元搜索引擎之一，支持因特网上约 25 个比较有名的搜索工具。Dogpile 界面提供简单和高级检索，支持逻辑运算符 AND、OR 和 NOT，括号（），支持 +（包含）、-（排除）和" "（短语）。检索结果返回速度较快，与一般搜索引擎差不多。但由于 Dogpile 不对查询结果进行集成处理，因此 Dogpile 的查准率在很大程度上依赖于它所提交的搜索引擎的查准率。

（3）MetaCrawler　http：//www. metacrawler. com，界面如图 3-11 所示。

图 3-11　MetaCrawler 界面

MetaCrawler 支持调用 12 个独立搜索引擎，提供涵盖近 20 个主题的目录检索服务。其检索特性非常丰富，包括常规检索、高级检索、定制检索、国家或地区的资源检索等检索服务模式。其中，高级检索模式可实现搜索引擎的选择调用，基于域名、地区或国家的检索结果过滤，最长检索时间设置，每页可显示的和允许每个搜索引擎返回的检索结果数量的设定，设定检索结果排序依据（包括相关度、域名、源搜索引擎）等。

（4）Mamma　http：//www. mamma. com，界面如图 3-12 所示。

图 3-12　Mamma 界面

Mamma 于 1996 年面世，自称为“搜索引擎之母”的并行元搜索引擎，可同时调用 7 个最常用的独立搜索引擎，并且可查询网上商店、新闻、股票指数、图像和声音文件等资源。其特点是检索界面友好，检索选项丰富，主要包括可控制调用的独立搜索引擎、选择使用短语检索功能、设定检索时间、设定每页可显示记录数等。另外，Mamma 支持常用检索语法在不同搜索引擎中的转换，还提供了专门检索页面文件标题的特殊检索服务，以及通过 E-mail 传输检索结果的特色功能。检索结果以相关性排序，内容包括网页名称、URL、文摘、源搜索引擎。

（5）Ixquick　http：//www. ixquick. com，界面如图 3-13 所示。

图 3-13　Ixquick 界面

Ixquick 元搜索引擎可以搜索包括中、日、韩文在内的 18 种语言。使用布尔逻辑、词组、通配符和字段搜索等强大的搜索功能，使得 Ixquick 的搜索结果更全面，也更精确。Ixquick 将用户的查询透明地发送到特定的搜索引擎，并将查询转换成每个搜索引擎所需的语法，也可将已经浏览过的或拒绝过的结果过滤掉以节约用户的时间。

（6）其他常用元搜索引擎

1）ZapMeta，http：//www. zapmeta. com。

2）Kartoo，http：//www. kartoo. com。

3）SurfWax，http：//www. surfwax. com。

4）Yurnet，http：//www. yurnet. com。

3. 常用网络资源目录

（1）Google 265 导航　http：//www. 265. com，界面如图 3-14 所示。

265 上网导航是中国最早的网址导航网站之一，创始人为被广大站长尊称为个人网站教父的蔡文胜。265 上网导航提供网址导航、综合搜索、手机导航、网站联盟等多元化服务。

（2）百度网站导航　http：//site. baidu. com，界面如图 3-15 所示。

百度网站是一个类似于图书馆分类方式的主题目录。百度网站导航也采用主题分类的方法，人工维护、更新，及时为用户推荐最优秀的网络资源，目前百度网站导航总共分为 5 个大类，70 多个子类目。

（3）hao123 导航　http：//www. hao123. com，界面如图 3-16 所示。

hao123 在国内算得上家喻户晓，它是百度旗下的一个上网导航（Directindustry Web Guide）网页，及时收录包括音乐、视频、小说、游戏等热门分类的网站，为上网用户提供网上导航服务。当前互联网大部分的上网导航站点沿袭了 hao123 的特点，hao123 已经成为公认行业标准。

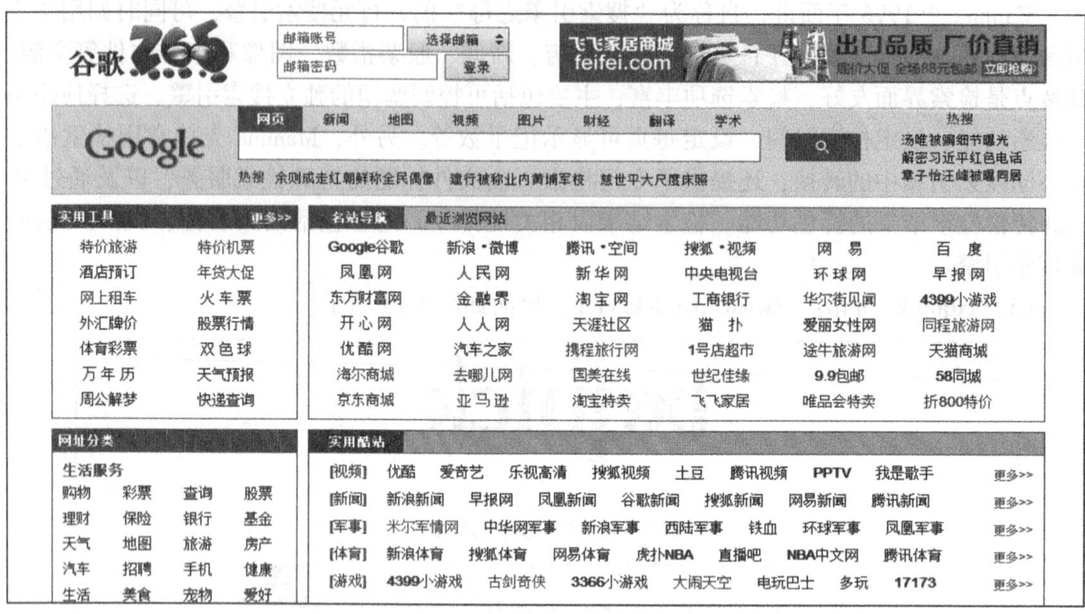

图 3-14　Google 265 导航界面

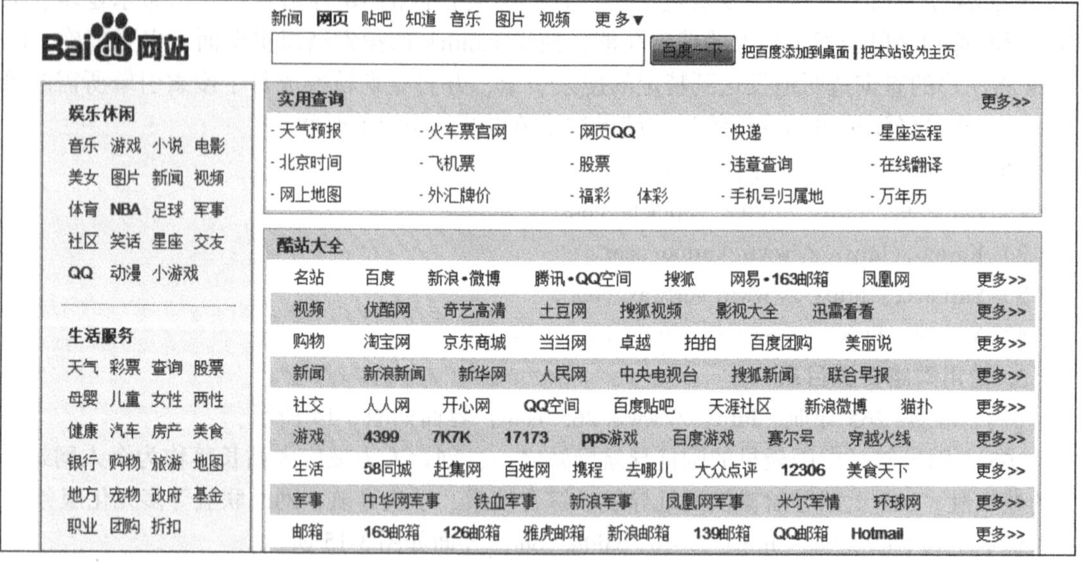

图 3-15　百度网站导航界面

（4）其他常用网络资源目录

1）360 导航，http：//hao. 360. cn。

2）搜狗导航，http：//123. sogou. com。

3）2345 导航，http：//www. 2345. com。

4）114 啦，http：//www. 114la. com。

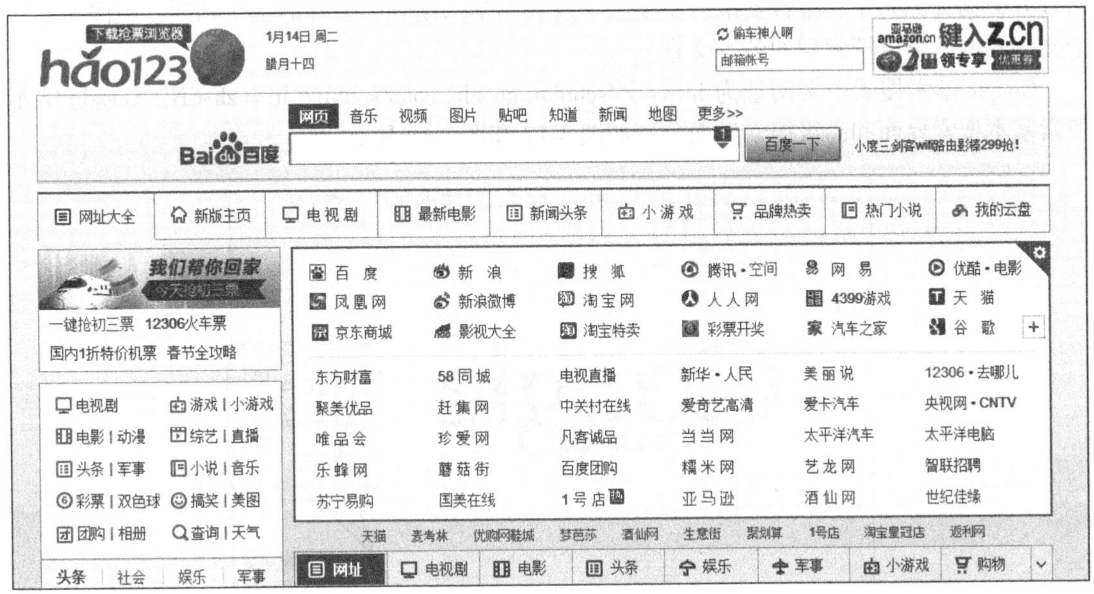

图 3-16　hao123 导航界面

3.2　Google 学术搜索

3.2.1　学术搜索概述

Google 学术搜索（Google Scholar）作为 Google 搜索服务产品的一部分，由于其使用的简易性和检索结果全面性，近年来受到国内外学术界的广泛关注，熟练掌握 Google 学术搜索的使用方法和技能对教学、科研工作者是十分必要的。

Google 学术搜索是一项免费服务，它从一个位置搜索来自众多学科和来源的资料，如学术著作出版商、专业性社团、预印本、各大学及其他学术组织的经同行评论的文章、论文、图书、摘要和文章。目前，Google 学术搜索可搜索到用英语、法语、德语、西班牙语、葡萄牙语、中文（简/繁体）、日语等语言撰写的文章。

Google 学术搜索具有以下几个特点：

1）相关性。与 Google 网页搜索一样，Google 学术搜索根据相关性对搜索结果进行排序，最相关的信息显示在页面上方。这一排序同时考虑到每篇文章的全文内容、作者、发表该文章的刊物，以及该文章被其他学术著作引用的次数等要素。

2）全文搜索。在可能的情况下，Google 会搜索全文，而不仅仅是摘要部分，给予用户对学术内容最为全面深入的搜索，与此同时也加强了搜索结果的相关性。

3）非在线文章搜索。Google 学术搜索涵盖了各方面的学术著作，包括还没有在线发布的学术研究结果。Google 学术搜索通过提供这些引用信息使搜索者了解到重要的未在线论文和书籍。

Google 学术搜索扩展至中文学术文献领域，在索引中涵盖了来自多方面的信息，来源包括万方数据资源系统、维普资讯、主要大学发表的学术期刊、公开的学术期刊、中国大学的论文以及网上可以搜索到的各类文章。

Google 学术搜索中文网址为 http://scholar. google. com/schhp? hl = zh-CN。Google 学术搜索基本搜索界面和高级搜索界面分别如图 3-17 和图 3-18 所示。

图 3-17　Google 学术搜索基本搜索界面

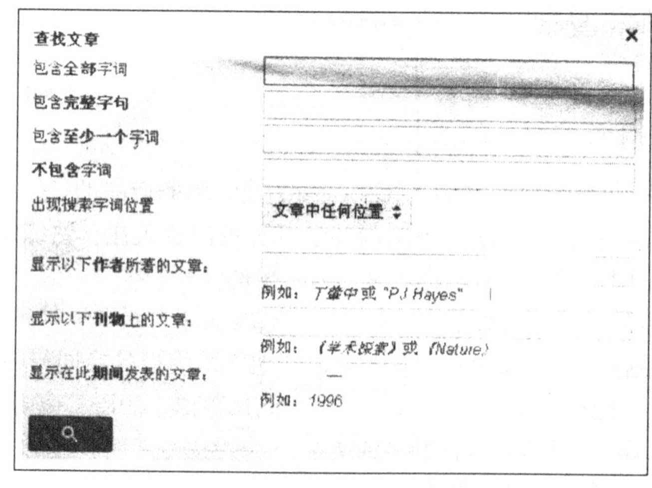

图 3-18　Google 学术搜索高级搜索界面

3. 2. 2　Google 学术搜索使用指南

1. 检索方法

通过添加优化搜索字词的“操作符”，可以提高在 Google 学术搜索上进行搜索的准确性和有效性。一般情况下，可以直接在 Google 学术搜索的搜索框中添加操作符。

（1）基本操作符　Google 学术搜索支持多数 Google 网页搜索中的高级操作符，如：

1）“ + ”操作符。确保您的搜索结果中包括 Google 学术搜索技术通常忽略的普通字词、字母或数字，如 [+ de knuth]。

2）“-”操作符。排除所有包括搜索字词的结果，如［Flowers-作者：Flowers］。

3）短语搜索。只返回包括这一确切短语的结果，如［“苹果梨”］。

4）“OR”操作符。返回包括搜索字词之一的结果，如［股票看涨期权 OR 看跌期权］。

5）“标题:”操作符。如［标题：mars］得到的结果只包括文件名中的搜索字词。

（2）作者搜索　作者搜索是找到某篇特定文章最有效的方式之一。如果知道要查找的文章作者，只需将其姓氏添加到搜索字词中。

例如，搜索［friedman regression］会返回以 regression 为主题的，由名为 Friedman 的人撰写的文章。如果想搜索某位作者的全名或姓氏及首字母，则要输入加引号的姓名：［“jh friedman”］。

如果某个词既是人名也是普通名词，最好使用“作者:”操作符。该操作符只影响到紧挨其后的搜索字词，因此“作者:”和搜索字词之间不能有空格。

例如，［作者：flowers］会返回由名为 Flowers 的人撰写的文章，而［flowers-作者：flowers］会返回关于花的文章，而忽略由名为 Flowers 的人撰写的文章。

可以使用将作者全名加引号的操作符，来进一步缩小搜索范围，但尽量使用首字母而不要使用全名，因为 Google 学术搜索编入索引的某些来源仅提供首字母。

（3）出版物限制　出版物限制搜索只返回来自特定出版物、针对特定字词的搜索结果，该选项只适用于高级学术搜索页。

注意：出版物限制搜索可能并不完整。Google 学术搜索从许多来源收集书目数据，包括从文字和引言中自动提取，信息可能不完整甚至不准确。例如，许多预印本没有介绍文章是在哪里（甚至是否）最终出版。另外，一本杂志名称可能会用多种方式进行拼写（如 Journal of Biological Chemistry（《生化杂志》）经常被简写为 J Biol Chem），因此为了得到完整的搜索结果，需要对同一出版物多尝试几种拼写方法。

（4）日期限制　该选项只出现在“高级学术搜索”页中。例如，想要搜索从 2004 年陆续出版的超导薄膜方面的文章，在包含字词框中输入［超导薄膜］，在日期的第 1 个框中输入［2004］。

注意：有些网站资源没有标注出版日期，而日期限制搜索是无法搜索 Google 学术搜索不能辨别出版日期的文章的。

2. 检索结果显示

Google 学术搜索的每一个搜索结果都代表一组学术研究成果，其中可能包含一篇或多篇相关文章甚至是同一篇文章的多个版本。例如，某项搜索结果可以包含与一项研究成果相关的一组文章，其中有文章的预印版本、学术会议上宣读的版本、期刊上发表的版本以及编入选集的版本等。将这些文章组合在一起，可以更为准确地衡量研究工作的影响力，并且更好地展现某一领域内的各项研究成果。

每一搜索结果都提供了文章标题、作者以及出版信息等编目信息。一组编目数据，都与整组文章相关联，Google 会推举最具代表性的一篇。这些编目数据来自于该组文章中的信息以及其他学术著作对这些文章的引用情况。Google 学术搜索结果界面如图 3-19 所示。

3. 使用技巧及注意事项

（1）通过“近期文章”跟踪某一特定论题的最新研究进展　在任一搜索结果页，单击右边的“近期文章”链接，即可显示与该搜索话题相关的最新研究进展。这部分结果根据

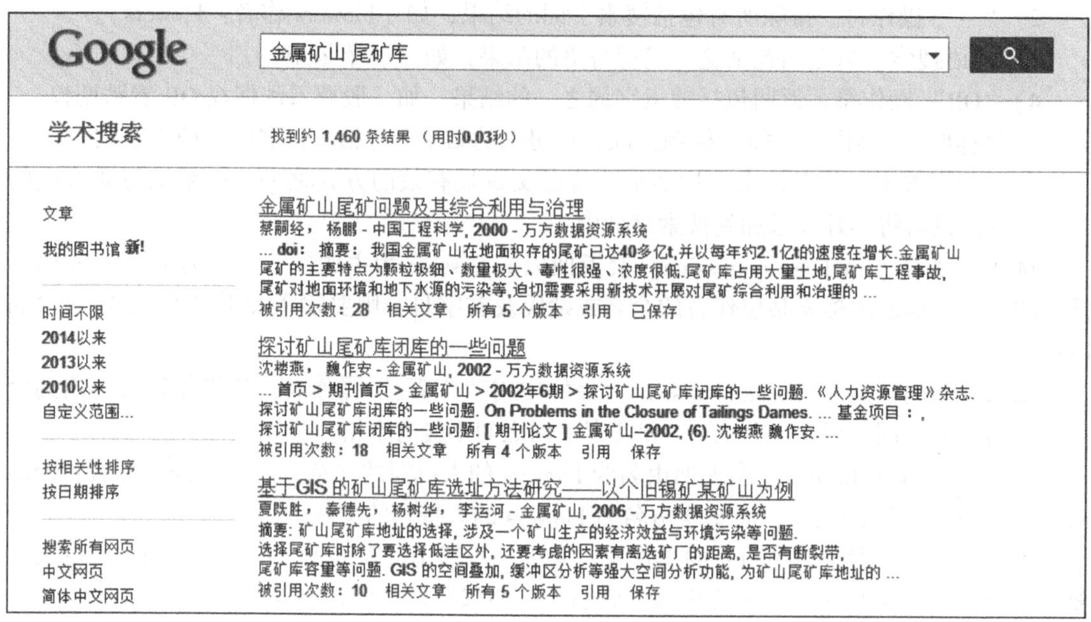

图 3-19 Google 学术搜索结果界面

其他相关因素排名，可帮助我们更快找到较新的研究发现。

（2）通过“相关文章”扩展检索结果 Google 学术搜索试图对每个搜索结果都找到一些相关文章，单击搜索结果旁边的“相关文章”链接，就可以看到这些文章的列表。列表中相关文章的排名主要依据的是这些文章与原始结果的相似程度，但也考虑每篇论文的相关性。

（3）理解“引用”标记含义 有些文章会有［引用］标记，表示这是其他学术文章提到的文章，但是 Google 未能找到在线文献（包括纸质或电子的）。大量学术文献仍未在线显示，在这些论文在线可用前，仅有“引用”结果仍可帮助研究人员找到尽可能多的相关信息。

（4）如何阅读或下载文献的全文 Google 与图书馆合作，确定它们订阅了哪些电子版的杂志及报纸，然后与其中可以访问的文章建立链接。一般情况下，通过 IP 地址，Google 可以得知检索者是哪个图书馆的会员，并在搜索结果中提供针对这些资料的链接，如图 3-20 所示。

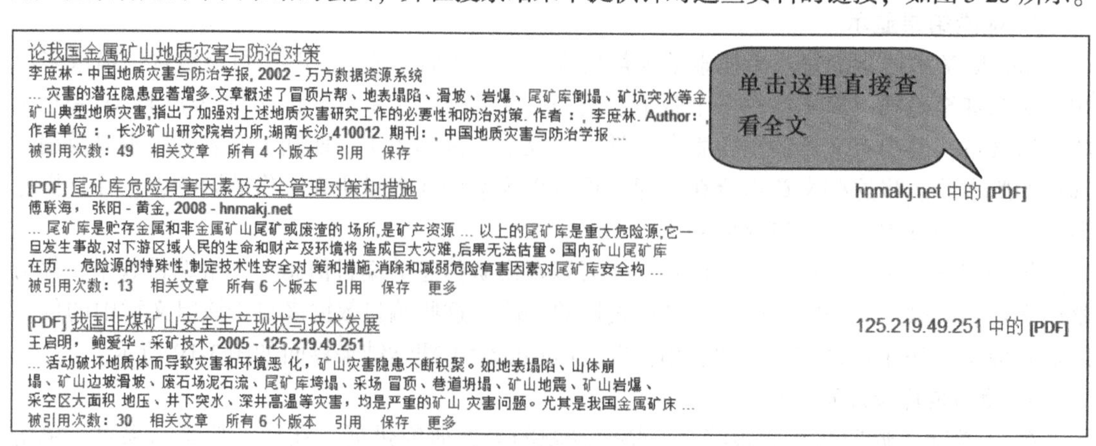

图 3-20 Google 学术搜索全文链接

在图书馆已加入Google“图书馆链接”计划的情况下，只需在大学校园网内，或者在家使用校内的HTTP代理服务器，或者登录校园VPN（虚拟专用网络），访问Google学术搜索，这些链接就会自动出现。或者在Google学术搜索“使用偏好”页面中的“图书馆链接”部分输入您所属图书馆的名称并单击“保存首选项”，也可以使链接出现（但可能需要验证身份，才能访问这些资源）。

3.3　网络百科

3.3.1　Wiki

Wiki一词来源于夏威夷语的“wee kee wee kee”，原本是“快点”的意思，在这里，Wiki指的是一种超文本系统，该系统支持面向社群的协作式写作，同时也包括一组支持这种写作的辅助工具，因而可以帮助人们在一个社群内共享某领域的知识。

1. Wiki的特点

（1）使用方便　Wiki使用简单的格式标记来取代HTML的复杂格式标记，通过简单标记，直接以关键字名来建立链接，因而能快速创建、存取、更改超文本页面。

（2）有组织　同页面的内容一样，整个超文本的组织结构也是可以修改的，系统内的多个内容重复的页面可以汇聚于其中的某个，相应的其链接结构也随之改变。

（3）可增长　页面的链接目标可以尚未存在，通过单击链接，可以创建这些页面，从而使系统得到增长。

（4）开放性　社群的成员可以任意创建、修改、删除页面，系统内页面的变动可以被访问者观察到。

2. Wiki的版本控制

Wiki设计的理念往往较倾向「要修正错误很容易」，而不是「要犯错很难」。因此Wiki是高度开放并提供方法来验证近来页面的更动是否正当。几乎每个Wiki最主要的方法都是提供「最近更改」页面。这个页面还可以有更进一步的功能：只显示大变动，只显示某段时间内的变动，提供某一个版本的页面，提供比较功能等。为了避免遗漏，某些Wiki还有监视功能，让个别使用者能监视某些特定页面的变动。

3. Wiki的技术和规范

Wiki是任何人都可以编辑的网页。只要单击页面的编辑按钮就可以编辑页面。为了维持网站的正确性，Wiki在技术上和运行规则上作了一些规范，做到既持面向大众公开参与的原则又尽量降低众多参与者带来的风险。这些技术和规范包括：

（1）保留网页每一次更动的版本　即使参与者将整个页面删掉，管理者也会很方便地从记录中恢复最正确的页面版本。

（2）页面锁定　一些主要页面可以用锁定技术将内容锁定，外人就不可再编辑了。

（3）版本对比　Wiki站点的每个页面都有更新纪录，任意两个版本之间都可以进行对比，Wiki会自动找出它们的差别。

（4）更新描述　你在更新一个页面的时候可以在描述栏中写上几句话，如你更新内容的依据、或是跟管理员的对话等，这样，管理员就知道你更新页面的情况。

（5）IP 禁止　尽管 Wiki 倡导“人之初，性本善”，人人都可参与，但破坏者、恶作剧者总是存在的，Wiki 有纪录和封存 IP 的功能。

（6）Sand Box（沙箱）测试　一般的 Wiki 都建有一个 Sand Box 的页面，这个页面就是让初次参与的人先到 Sand Box 页面做随意测试。

（7）编辑规则　任何一个开放的 Wiki 都有一个编辑规则，上面写明大家建设维护 Wiki 站点的规则。

3.3.2　维基百科（Wikipedia）

维基百科（Wikipedia）由来自全世界的自愿者协同写作，是一个多语言、内容开放的网络百科全书计划。英文的“Wikipedia”是“wiki”（一种可供协作的网站类型）和“encyclopedia”的结合词。截至 2013 年，维基百科一共有 285 种语言版本，其中英语、德语、法语和荷兰语这四个语言版本已经有超过 100 万篇条目，而意大利语、波兰语、西班牙语、俄语、日语和葡萄牙语这六个语言版本也超过 70 万篇条目。

中文维基百科是维基百科协作计划的中文版本，2002 年 10 月正式成立，由非营利组织——维基媒体基金会负责维持，截至 2010 年 6 月，中文维基百科已拥有 31 万条条目，累计编辑次数达 1.3 亿次。此外还设有其他独立运作的中文方言或版本，包括闽南语维基百科、粤语维基百科、文言文维基百科、吴语维基百科、闽东语维基百科、赣语维基百科及客家语维基百科等。

中文维基百科的网址为 http：//zh.wikipedia.org，界面如图 3-21 所示。

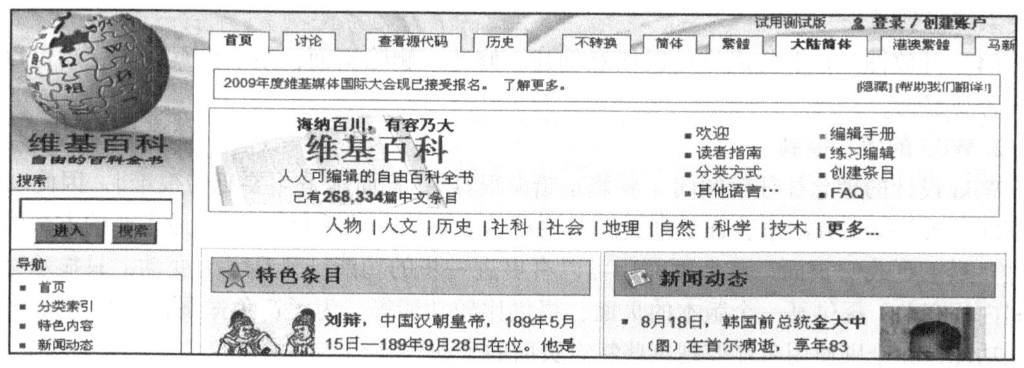

图 3-21　中文维基百科界面

（1）基本语法结构　维基百科的基本语法结构见表 3-1。

表 3-1　维基百科的基本语法结构

类　型	Wiki 语法	效果或说明
粗体和斜体	''　斜体''	*斜体*(每边 2 个半角单引号)
	'''　粗体'''	**粗体**(每边 3 个半角单引号)
	'''''　粗斜体'''''	***粗斜体***(每边 2 + 3 = 5 个半角单引号)
标题和子标题	= = 最高级标题 = =	(2 个等号)
	= = = 子标题 = = =	(3 个等号)
	= = = = 再低一级标题 = = = =	(4 个等号)

（续）

类　型	Wiki 语法	效果或说明
内部链接	[[链接条目]]	内部链接
	[[链接条目｜链接别名]]	附有描述的内部链接
外部链接	http：//www. wikipedia. org	外部链接
	[http：//www. wikipedia. org 维基百科]	附加描述的外部链接
	[[fr：Page en français]]	通往法语维基百科的跨语言链接（出现在“其他语言”处）
	[[Category：例子]]	将条目加入到“例子”分类
修饰符	－－－－	水平线
缩进	本行为左对齐 ：本行为缩进	本行为左对齐 　　本行为缩进
项目列表	*项目 A *项目 B **项目 C *项目 D	● 项目 A ● 项目 B 　● 项目 C ● 项目 D
数字列表	#项目 A #项目 B #项目 C. 1 #项目 D	1. 项目 A 2. 项目 B 　1. 项目 C 3. 项目 D
图片说明	[[Image：File. jpg｜文字]] [[Image：File. jpg｜frame｜文字]] [[Image：File. jpg｜thumb｜文字]]	有文字说明的图像 带有图释的图像，并且右对齐 缩略图
下载链接	[[Media：File. ogg]]	下载链接
签名	{{Name}}	加入“Name”模板
	－－～～～	签名（链接到您的用户页）
	－－～～～～	带有时间戳的签名
重定向	#REDIRECT [[其他条目]]	把页面重定向至其他条目

（2）基本的书写规范

1）尽可能地将条目作为首段首句的主语，如''' 海森堡测不准原理'''，在［［量子物理学］］……

2）不要在标题中加方括号做链接。

3）中文段落中，注意全半角符号，对于非语法结构的字符，应当使用全角字符，如在文中请使用全角的标点符号（“”‘’，、：；．。?!）而不是半角（""''，:；．?!），但引用的西文中的标点使用半角标点。

4）日期一般应使公元纪年，年份时请在年份后加上“年”字，避免与其他数字混淆。公元前应该在年份前加“前”字。例如，［［386 年］］、［［前 537 年］］、［［10 月 10 日］］。为避免与公元 1 世纪年份混淆，1978 年不应简写为“78 年”或者“七八年”。年代段仅用全角连接号“－”。

5）度量衡一般应采用国际单位制。

6）数字、小数点、正负号、千位符及百分号一般使用半角符号，如 123，456.78、-7.5%。

7）当更新一个页面的时，请在描述栏中写上几句话，如注明修改的原因等，以便管理员了解操作者更新页面的情况。

（3）最重要的行为规范　任何人进行 Wiki 撰写，都应遵守以下规范：

1）避免偏颇：任何条目请以中性的观点来写，公平、同情地表述一个主题的不同观点。

2）不要侵犯著作权：维基百科是一部在 GNU 自由文档许可证下发布的自由的百科全书。

3）维基百科是一部百科全书：我们做的事就是写百科全书，仅此而已。

4）尊重其他参与者：维基百科的参与者来自许多不同的国家、地区及文化，并有广为不同的立场及观点。尊重他人是维基有效协作建筑一部百科全书的关键。

3.3.3　其他常用百科

（1）百度百科　http：//baike.baidu.com，界面如图 3-22 所示。

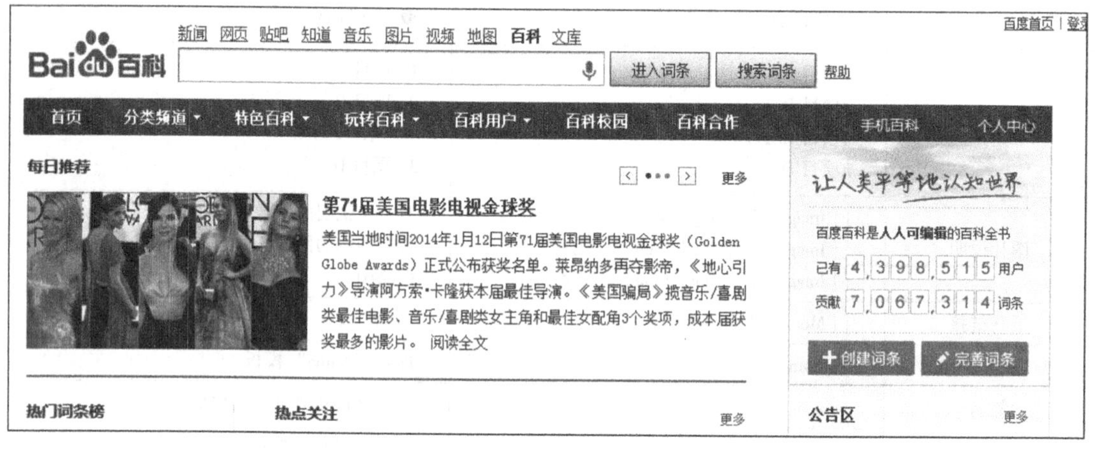

图 3-22　百度百科界面

百度百科是百度公司推出的一部内容开放、自由的网络百科全书，其测试版于 2006 年 4 月 20 日上线，正式版在 2008 年 4 月 21 日发布。百度百科旨在创造一个涵盖各领域知识的中文信息收集平台。百度百科强调用户的参与和奉献精神，充分调动互联网用户的力量，汇聚上亿用户的头脑智慧，积极进行交流和分享。同时，百度百科实现与百度搜索、百度知道的结合，从不同的层次上满足用户对信息的需求。

（2）MBA 智库百科　http：//wiki.mbalib.com，界面如图 3-23 所示。

MBA 智库百科是一部内容开放的经济管理百科全书，创办于 2006 年。MBA 智库网站是经济、管理行业的综合服务商，是从事企业管理工作人员专业媒体集合平台。主要为中国各企业管理人员和各大院校的企业管理学生提供管理资讯及技术服务。

MBA 智库百科是人人可以参与编写的百科全书，其目标是专注于经济管理领域知识的创建。MBA 智库百科的内容可以被复制、修改和再发布。MBA 智库百科上的文章以此来始终保持自由。

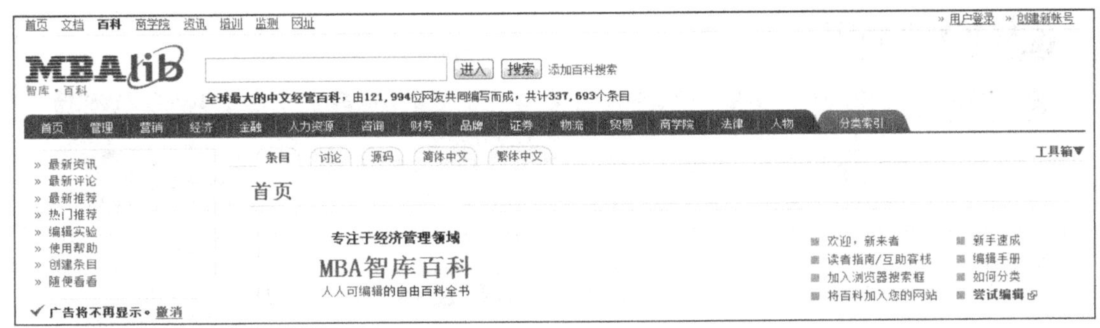

图 3-23　MBA 智库百科界面

（3）互动百科　http：//www. hudong. com，界面如图 3-24 所示。

图 3-24　互动百科界面

互动百科，原称互动维客，是一部由全体网民共同撰写的网络百科全书。互动百科以词条为核心，与图片、文章等其他产品共同构筑一个完整的知识搜索体系。每个人都可以自由访问并参与撰写和编辑，分享及奉献自己的知识，让知识在一定的技术规则和文化脉络下得以不断组合和拓展。截至 2013 年 1 月，互动百科词条超过 700 万条、5 万个分类、68 亿文字、721 万张图片。

（4）知网学术百科　http：//wiki. cnki. com. cn，界面如图 3-25 所示。

知网学术百科（Cnkipedia）目前已有近 1500 多万词条，内容来源于正规出版的 2000 余部字典、辞典、百科全书、图录表谱等，全部词条均由该领域的权威专家撰写，每个条目都有明确的来源和出处。年更新条目将达 100 万以上。有桌面客户端可以下载使用知网百科。

（5）360 百科　http：//baike. so. com，界面如图 3-26 所示。

360 百科是专业的中文百科，是 360 搜索的重要组成部分。秉承“让求知更简单”的理念，其测试版于 2013 年 1 月 5 日上线，内容涵盖了所有知识领域。360 百科的宗旨是帮助用户更加及时、便捷地获得最为准确、权威的信息，并且通过和 360 搜索的结合以及与专业网站的合作给予用户最全面的服务。

（6）SOSO 百科　http：//baike. soso. com，界面如图 3-27 所示。

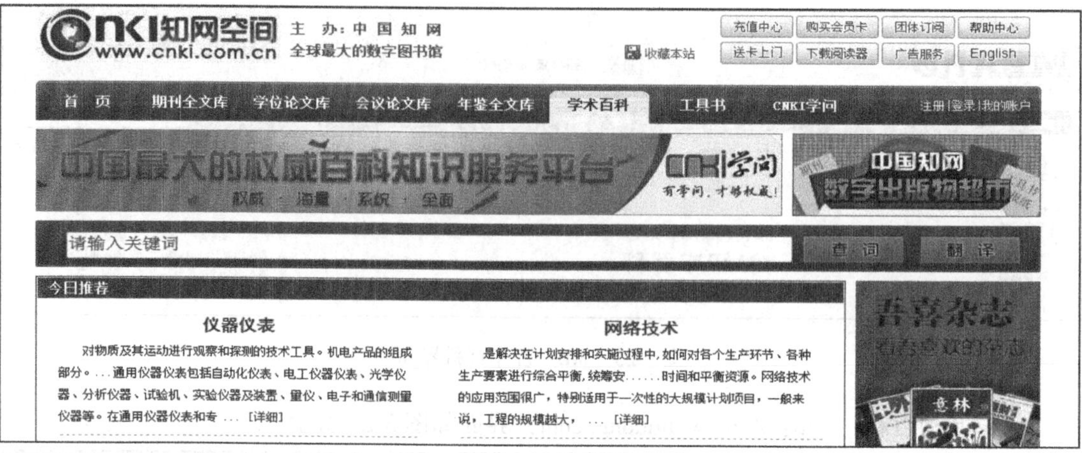

图 3-25　知网学术百科界面

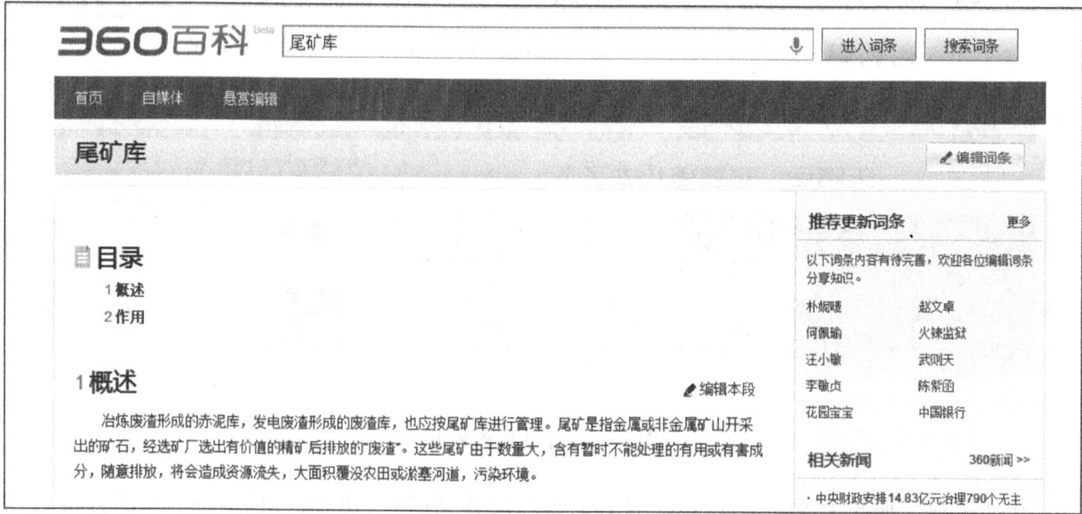

图 3-26　360 百科界面

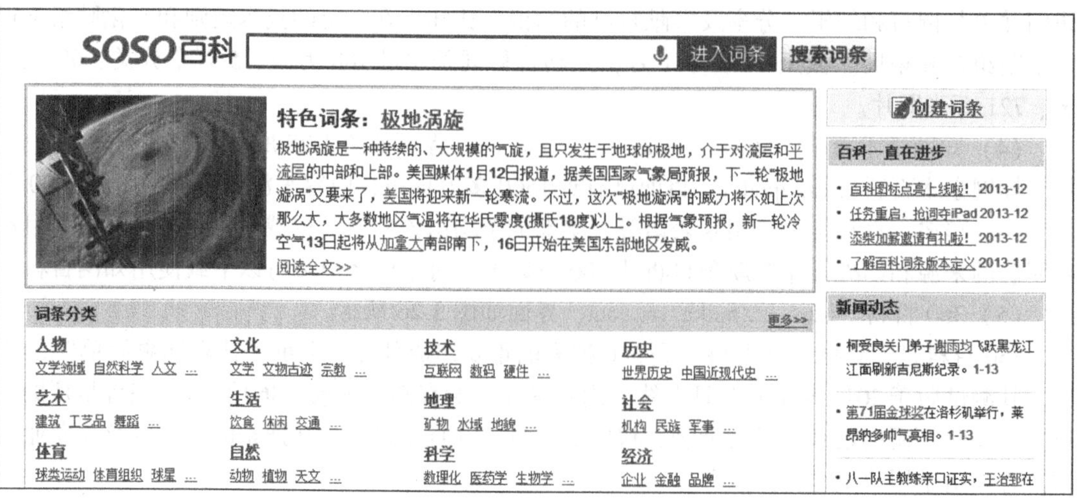

图 3-27　SOSO 百科界面

SOSO百科，也称搜搜百科，是腾讯旗下的一个产品，为广大用户提供了一部自由、开放、共享的百科全书。旨在创造一个涵盖所有知识领域，服务于全部互联网用户的高质量内容平台。通过与搜索引擎及其他内容型平台的结合，满足互联网用户的不同层次的信息需求。

3.4　文档分享

3.4.1　文档分享概述

1. 文档分享与文档分享平台

所谓文档分享，简言之，就是用户之间各类文档的交换分享。在线文档分享，国外有的称之为社会出版网站（Social Publishing Site）、社会文档分享（Social Document Sharing）。

国内比较典型的平台有豆丁网、百度文库、道客巴巴、MBA智库文档、新浪爱问共享资料、360个人图书馆等在线文档分享平台。

2. 文档分享的特点

文档分享具有以下特点：

（1）免费在线浏览　一般来说，文档分享平台对于互联网用户都是免费开放浏览阅读功能的，但不同平台对于阅读的权限却不尽相同，有的可以全文免费阅读，有的提供前若干页预览。使用在线网页预览，用户不需要安装特定文档的客户端软件即可阅读。

（2）注册用户上传与下载　出于对知识版权的保护，各文档分享平台都要求注册用户才能上传文档，而下载一般也要求具有注册账户。根据文档分享提供者对于文档的下载权限，可以设置用户免费下载或使用积分下载。

（3）用户积分制　目前大多数分档分享平台都基于积分制，有的通过注册、上传、标注、文档被下载等活动可以赚取积分，有的则需要真实的货币充值。

（4）仅支持常用文档类型　一般来说，平台仅支持常用文档类型，如纯文本（txt）、PDF（pdf）、Word（doc，docx，wps）、Excel（xls，xlsx，et）、PPT（ppt，pptx，pps，pot，dps）、Visio（vsd）、图片（bmp，jgp，gif）等，对于文档的大小也有规定。

（5）知识产权避险　为了规避知识产权纠纷，各文档分享平台都会要求提供者对于上传的文档具有知识产权，将平台面临的知识产权的侵权责任风险降到最小，同时要求分享下载者不得随意扩散分发。

3.4.2　常用文档分享平台

（1）豆丁网　http：//www. docin. com，界面如图3-28所示。

豆丁网（Docin）创立于2007年，是全球C2C文档销售与分享社区。豆丁允许用户上传包括 . pdf，. doc，. ppt，. txt在内的数十种格式的文档文件，并以Flash Player的形式在网页中直接展示给读者。网站拥有分类广泛的实用文档、出版物、行业研究报告以及数千位行业名人贡献的专业文件，各类读物总数超过一亿篇。

豆丁网鼓励原创、鼓励分享、尊重和维护上传者的权益。在豆丁网不仅可以分享文档，还可通过豆丁发表到不同博客、论坛以及各种平台上，进行广泛传播，同时还可以以非常环

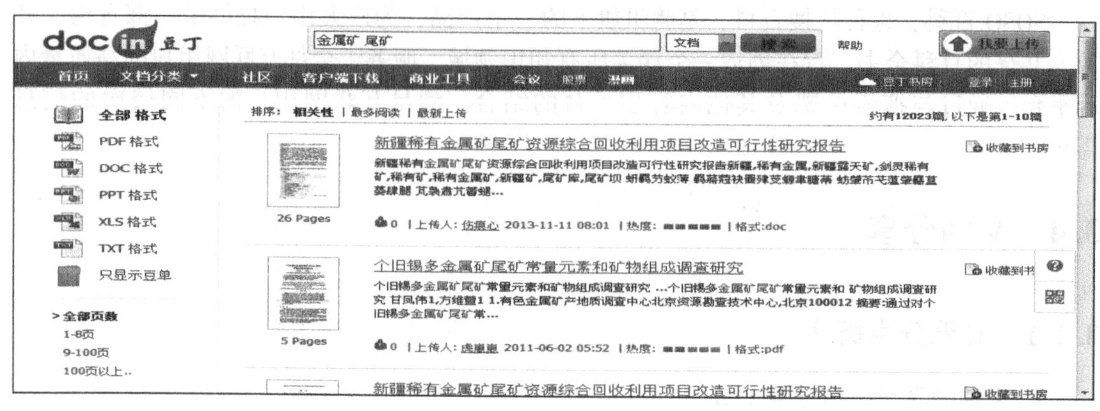

图 3-28　豆丁网界面

保的方式、低廉的价格看到热门书刊、杂志以及各类专业文献。

（2）百度文库　http：//wenku. baidu. com，界面如图 3-29 所示。

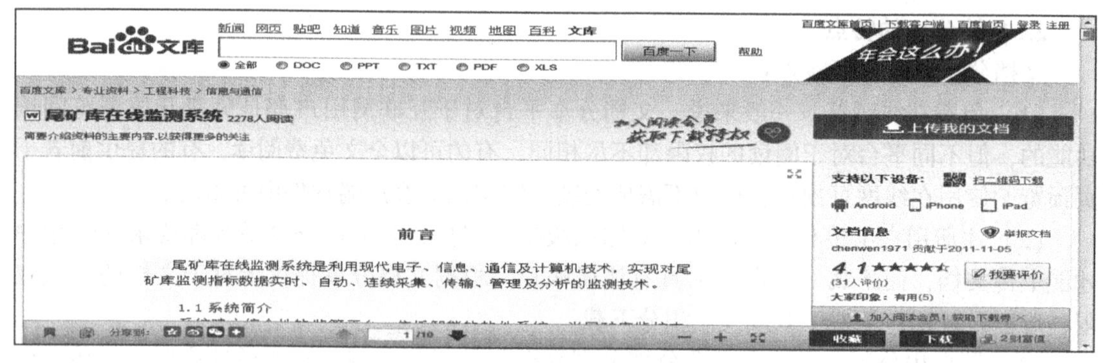

图 3-29　百度文库界面

百度文库是百度发布的供网友在线分享文档的平台。百度文库的文档由百度用户上传，需要经过百度的审核才能发布，百度自身不编辑或修改用户上传的文档内容。网友可以在线阅读和下载这些文档。百度文库的文档包括教学资料、考试题库、专业资料、公文写作、法律文件、文学小说、漫画游戏等多个领域的资料。百度用户上传文档可以得到一定的积分，下载有标价的文档则需要消耗积分。当前平台支持主流的文件格式。截至 2013 年 10 月，文库文档数量已有 8 千多万篇。

为方便用户在使用时更快更好地找到自己想看和喜欢看的文档，百度文库提供“文档专辑”功能，二级和二级以上用户可以把文档按照某个主题集合成一个专辑，也就是创建文辑，其他用户可以收藏文档专辑。

（3）道客巴巴　http：//www. doc88. com，界面如图 3-30 所示。

道客巴巴（doc88. com）是一个专注于电子文档的在线分享平台，用户在此平台上不但可以自由交换文档，还可以分享最新的行业资讯。用户可上传的文档包括：电子图书；学术论文；培训资料、课件、讲义等；市场调查报告、市场分析数据；各类书稿、文稿等；各类翻译作品、文献等；个人创意、策划。

道客巴巴制订了严格的文档审核策略，以保证文档来源的合法性，对有可能引起知识产

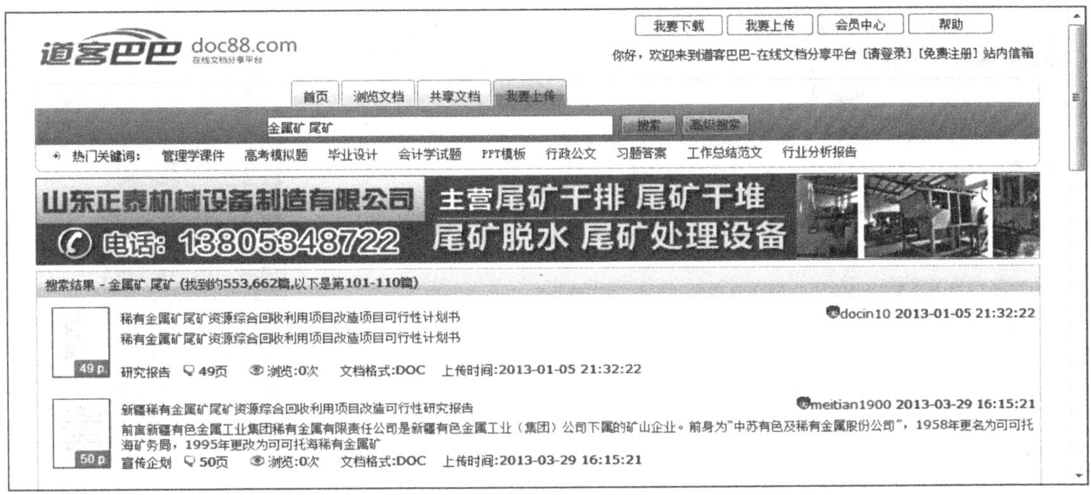

图 3-30　道客巴巴界面

权纠纷的文档，网站不予收录。同时，道客巴巴采用了行业领先的文档加密及保护技术，最大程度上保证用户上传的文档的版权不被非法侵犯。

(4) MBA 智库文档　http://doc.mbalib.com，界面如图 3-31 所示。

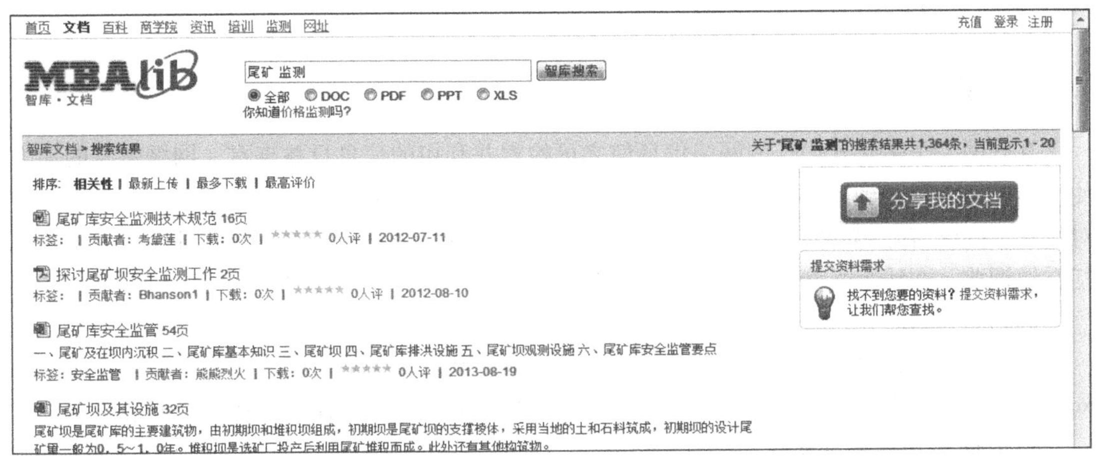

图 3-31　MBA 智库文档界面

MBA 智库文档比较专注于管理类文档资源。MBA 智库支持对 Office 文档（包括 Word、Excel、Powerpoint）、Adobe PDF 文档、RTF 文档进行全文搜索。用户在分享自己文档的同时，有权力对自己的文档进行标价。当其他用户下载文档时，将会付出等额于标价的财富值转入分享者的财富值账户。免费文档被下载，也将获得系统奖励财富值。并且上传后的文档不能自己删除。用户需要注意是，只有 MBA 智库文档的用户才能下载文档。

(5) 新浪爱问共享资料　http://ishare.iask.sina.com.cn，界面如图 3-32 所示。

新浪爱问共享资料是新浪旗下的在线资料分享站，免费高速上传、下载各类资源，内容涉及教育资源、专业资料、IT 资料、娱乐生活、经济管理、办公文书、游戏资料等。

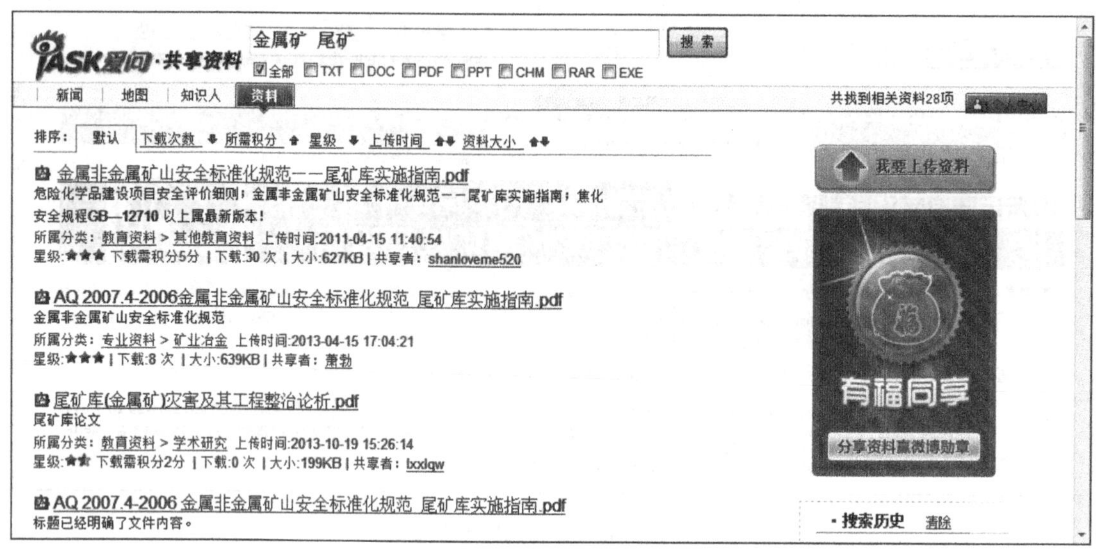

图 3-32　新浪爱问共享资料界面

3.5　在线翻译

3.5.1　在线翻译概述

互联网上呈爆炸式增长的网络信息使之可检索并利用的信息日益丰富，网络带宽的加大使之能够直接登录到国外的网站，迅速及时地查找到国内外最新的信息资料。近几年来，针对用户上网语言障碍的问题，互联网上涌现了一些免费在线翻译工具。在线翻译工具主要包括在线词典、在线短文翻译和在线网页翻译三种。

1. 在线词典

在线词典有很多，包括专业性的词典、普通词典和百科全书类的词典等。在线词典是在网上通过浏览器来访问的，而且在线动态实时更新，所以更具方便、快捷、全面等特点。

2. 在线短文翻译工具

在线短文翻译工具是基于机器翻译技术的一种翻译辅助工具。虽然人类对机器翻译系统的研究已经持续了近 50 年，但是这类翻译工具的译文质量还无法完全满足人们的要求，然而机器翻译系统的确在许多领域大大减轻了人工翻译的工作量，为用户带来了方便。

3. 在线网页翻译工具

在线网页翻译工具，就是通过输入源语种网页的 URL，就可直接浏览翻译成目标语言的网页，而且页面保持原有的设计风格。这类工具的实用性要高于在线短文翻译工具，虽然产生的译文质量一般较差，但是对于只想浏览网页主要内容的用户来说，基本已经够用了。

尽管在线翻译工具具有速度快、可以提高人们工作效率等优点，但由于目前在线翻译工具的人工智能还不够高，机器译文与专业人工翻译的译文还有较大差距，所以切切不可将机器翻译的结果直接作为科研论文的外文译件，只能作为译文参考。

3.5.2　常用的在线翻译工具

1. 在线词典、在线短文翻译工具

（1）海词（Dict. cn）　http：//dict. cn，界面如图 3-33 所示。

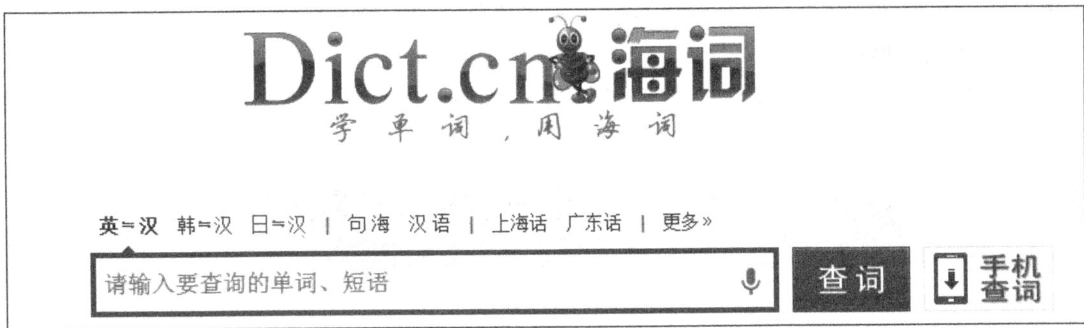

图 3-33　海词界面

Dict. cn（海词，又名海词在线）为流行于中国大陆的汉英英汉词典，提供并且搜集英语单词，以便用户随时查阅。此外，Dict. cn 还提供了在线划词、每日口语等功能，并且含有强大的 API 接口。

（2）爱词霸（Icibi. com）　http：//www. iciba. com，界面如图 3-34 所示。

图 3-34　爱词霸界面

爱词霸创建于 2005 年，原名为“词霸在线”，经多次改版后，推出本地在线版本，后改名为爱词霸。爱词霸拥有多个专业词库，并拥有词霸沙龙、在线翻译、每日一句以及英语学习天地等子项目。

（3）CNKI 翻译助手　http：//dict. cnki. net，界面如图 3-35 所示。

图 3-35　CNKI 翻译助手界面

不同于一般的英汉互译工具，CNKI 翻译助手是以 CNKI 总库所有文献数据为依据，不仅提供英汉词语、短语的翻译检索，还可以提供句子的翻译检索。CNKI 翻译助手汇集 CNKI 系列数据库中挖掘整理出的 800 余万常用词汇、专业术语、成语、俚语、固定用法、词组等中英文词条以及 1500 余万双语例句、500 余万双语文摘，形成海量中英在线词典和双语平行语料库。数据实时更新，内容涵盖自然科学和社会科学的各个领域。

2. 在线网页翻译工具

为了展示不同的在线翻译工具的功能，以下均以同一外文网页为例截图演示。原外文网站的主页如图 3-36 所示。

图 3-36　原外文网站的主页

（1）Google 在线翻译　http：//translate. google. com. hk，界面如图 3-37 所示。

图 3-37　Google 在线翻译网页后的界面

谷歌翻译是一款强大的在线翻译工具。它将数十亿不同语言词库的文本内容通过计算机技术处理，并且应用统计学的学习技术构建的翻译模型文本，提供实时语言翻译。可以翻译一个词、一段话、一篇文章，甚至可以对整个网页直接翻译和互译。目前谷歌翻译中文版已经可以支持全球 20 多种语言的互译。

（2）有道在线翻译　http：//fanyi. youdao. com，界面如图 3-38 所示。

有道在线翻译是有道（网易旗下网站）提供的免费在线翻译服务，可以进行中文对英文、英文对中文的短文互译和全文翻译，支持中英文自动检测。

（3）Bing 在线翻译　http：//www. bing. com/translator，界面如图 3-39 所示。

图 3-38　有道在线翻译网页后的界面

图 3-39　Bing 在线翻译网页后的界面

Microsoft Translator 是一项免费的在线语言翻译服务，可以翻译文本和网页，支持阿拉伯语、中文、荷兰语、英语、法语、德语、意大利语、日语、波兰语、葡萄牙语、俄语、西班牙语等多种语言之间的互译。它还提供一个免费的翻译和语言检测 API。

（4）WorldLingo 在线翻译　http：//www. worldlingo. com，界面如图 3-40 所示。

图 3-40　WordLingo 在线翻译网页后的界面

WorldLingo 网站支持英、法、德、俄、日、韩、荷兰、西班牙、意大利、葡萄牙等多种语言之间的在线互译，而且提供“专业文档翻译”，可将文档和 Web 站点译为 40 多种语言的文字。“电子邮件翻译”：即时发送并接收经翻译的电子邮件，支持 10 种世界上最通用的语言。“Web 站点本地化”为用户提供 Web 站点的 HTML 文档、文本和图像的专业质量翻译，有“Web 站点自动翻译”及“专业人工翻译”等功能。

3.6 移动图书馆

3.6.1 移动图书馆概述

1. 移动图书馆产生的背景

据中国互联网络信息中心（CNNIC）发布的第33次《中国互联网络发展状况统计报告》显示，截至2013年12月，我国网民规模达6.18亿，手机网民规模达5亿，占总网民数的81.0%。手机网民数量继续稳居第一大上网终端地位。

随着GPRS、3G、4G和Wi-Fi等无线网络技术的发展和智能手机、IPAD等移动终端的广泛使用，人们的阅读方式与资源获取途径发生了巨大的变化，移动阅读改变了人们的生活，同时也改变了图书馆的服务模式和手段，移动图书馆服务得到快速发展。

2. 移动图书馆的发展历程

移动图书馆英文表述为Mobile Library，最初的含义是指图书馆利用汽车等交通工具，把图书馆的借阅服务推送到没有图书馆的地区，以方便读者就近借阅。也可将之称为“流动图书馆”“图书馆服务车”或“汽车图书馆”。

随着笔记本电脑、iPad、eBook、MP4等掌上移动设备的普及，实体的流动图书馆逐渐转变成为用户将数字资源下载到移动设备上进行阅读和使用的一种服务方式，此时的流动图书馆也可称之为“掌上图书馆”。

此后，无线网络技术和智能手机蓬勃发展，且在图书馆领域也得到了广泛利用，很多学者将之称为“手机图书馆”。但是“手机图书馆”的概念还是不够全面，它不能涵盖诸如PAD、Kindle等移动终端的使用，故“移动图书馆”的说法更为贴切和全面，更被业界接受。

3. 移动图书馆的服务内容

一般来说，移动图书馆的服务内容主要有以下三个方面。

（1）信息发布与交互服务　图书馆利用移动图书馆平台向读者发布相关信息，并为读者提供交互服务。主要有以下形式：

1）通知公告类服务。将新闻、讲座、展览、新书通报等内容发送给读者，主要由短信方式实现。

2）指南类服务。在移动图书馆的WAP网站上提供一些指南类页面，如办证流程、入馆须知、阅览室分布、馆情介绍、联系方式等，以供读者在线查阅。

3）互动交流类服务。读者通过短信或博客、论坛、微博、空间、读者留言等方式，发布意见或建议、书刊推荐、书评等。

4）客户端服务。它是图书馆为读者提供的个性化服务之一，该功能是基于本地手机客户端的应用，也称为APP应用。读者在使用时，需下载软件到手机上，再进行功能操作。

（2）移动OPAC　将“联机公共目录查询系统（OPAC）”移植到移动图书馆上称之为移动OPAC。主要内容包括：

1）注册与维护。主要功能是个人账户信息的注册与维护，如修改基本信息、修改密码、绑定手机号、绑定借阅证等。

2）书目查询和预借。用户可通过移动图书馆平台，检索和查询自己所需的图书，对已经借出的图书进行预约登记等。

3）提醒和续借。主要包括外借图书的逾期提醒和图书归还后的预约提取通知等服务。

4）事务处理类服务。主要指通过手机进行图书馆事务的处理，如采编、书目清点、系统维护、跟踪服务等工作。

(3) 移动数字资源服务　移动数字资源服务是指读者通过智能手机、eBook、无线上网本等便携式移动设备，使用网络即可自由访问图书馆的数字资源，并且可以在线阅读和下载。

读者主要是通过手机的上网功能，登录访问移动图书馆网站，可以进行数字资源的一站式检索、在线浏览、下载阅读、馆际互借等，还可以在线观看、浏览、下载多媒体资源。这些数字资源和多媒体资源包括电子期刊、电子杂志、电子报纸、电子图书、电影、电视、视频、音乐、随书光盘、网上报告厅、网络课堂、在线讲座等。

4. 移动图书馆的特点

(1) 实时性和移动性　移动图书馆打破了传统图书馆和数字图书馆在地域及时间上的服务限制，任何人在任何时间、任何地点（Anyone，Anytime，Anywhere）都可通过移动终端轻而易举获得图书馆的信息资源。

(2) 交互性　交互性主要体现在两个方面：一方面，用户或读者通过手机短信的形式，向图书馆业务部门进行参考咨询，工作人员与之答疑解惑进行实时交流；另一方面，体现在移动图书馆提供了馆藏书目的自主查询、预约、续借等服务，方便了读者随时随处随地与图书馆交流。

(3) 便捷性　移动图书馆集 OPAC 系统、一站式检索系统、文献传递系统、数字资源等为一体，读者只需在移动终端上网，即可轻松地实现图书馆各种资源的获取，既方便又快捷；同时，作为终端载体的手机、iPad 等有体积小、重量轻的特点，方便携带。

(4) 主动性和个性化　用户接受信息和知识，由以前的被动接受，转变成现在的自主服务。用户可以根据自己的需求，对感兴趣的信息进行个性化订制。

3.6.2　移动图书馆使用指南

下面以某大学移动图书馆为例进行介绍，以方便用户直观地了解移动图书馆的使用方法。

1. Web 方式与客户端方式

大学移动图书馆目前提供浏览器方式与客户端 APP 方式。

用手机扫描图 3-41 所示的二维码（http://waplib.ncu.edu.cn），进入 Web 方式移动图书馆主页，如图 3-43a 所示。

用手机扫描图 3-42 所示的二维码（http://m.5read.com/appdown.html），生成如图 3-43b所示的页面，选择下载相应操作系统的应用程序，安装后打开的主界面如图 3-43c 所示。

由于 Web 方式与客户端方式两者在功能上相似，只是展现形式不太相同，下面仅以 Web 方式简单介绍移动图书馆的使用方法。

图 3-41　Web 首页链接二维码

图 3-42　客户端下载链接二维码

a)

b)

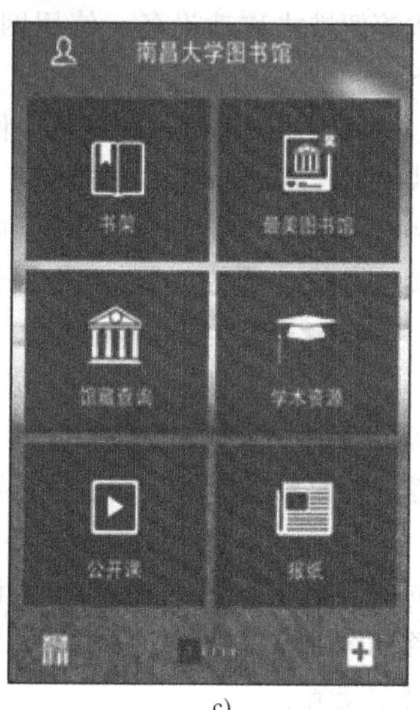

c)

图 3-43　移动图书馆首页

a）Web 首页　b）客户端下载页面　c）客户端首页

2. 极速版与炫彩版

在移动图书馆主页下面有两个页面显示风格可选：一是极速版，就是以文字描述与文字链接为主要风格的主页；二是炫彩版，即用丰富的图片与色彩效果装饰后的移动图书馆主页。

在网络状况不太良好或需要节省通信流量时，可选择极速版，而在使用 Wi-Fi 共享等网络状况比较良好时，可选择炫彩版。

3. 注册与登录

虽然不用登录（即匿名）也能使用移动图书馆进行检索，但有许多功能需要用户登录后才能完成，如在线阅读或下载原文，文献传递，订阅刊物和新闻，查询个人图书馆借阅详情，发表书评等。

登录移动图书馆步骤分解如图 3-44 所示。

第一步：进入打开浏览器，输入网址：waplib. ncu. edu. cn，或者扫描图 3-41 所示的二维码，进入移动图书馆首页，单击页面导航栏右上方的“我的订阅”。

第二步：单击“点击登录”。

第三步：输入借阅账号和密码，单击“登录”，即可进入移动图书馆。

注意：移动图书馆的账号与图书馆的借阅证账号（一卡通号码）一致。

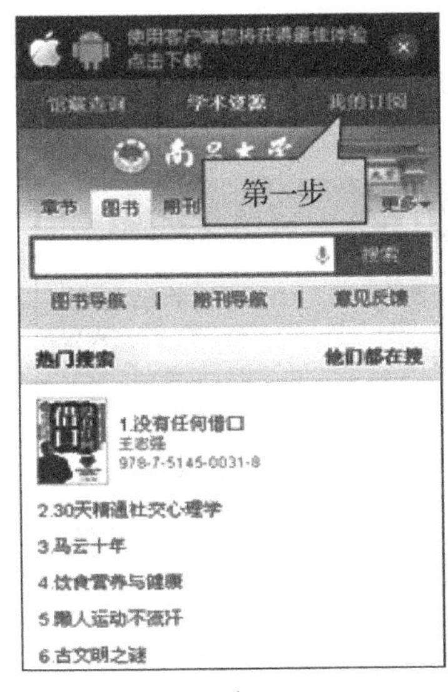

a)

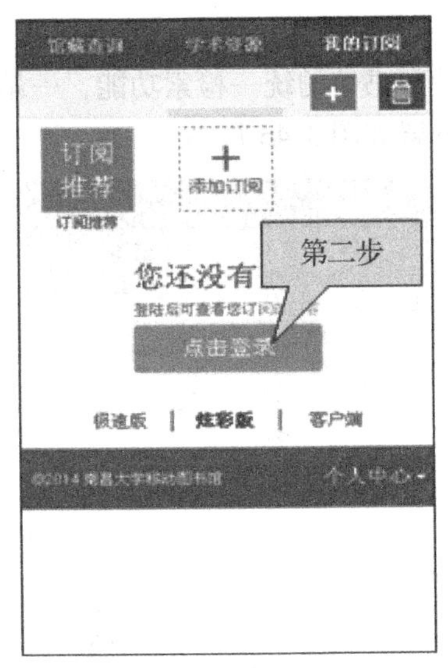

b)

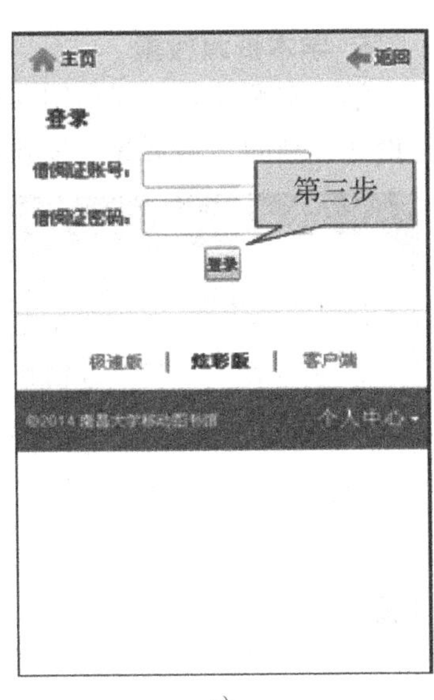

c)

图 3-44　登录移动图书馆步骤分解

a）单击“我的订阅”　b）单击“点击登录”　c）输入账号密码后登录

4. 馆藏书目查询

这个功能是查询图书馆的馆藏书目及其复本借阅状态。步骤分解如图 3-45 所示。

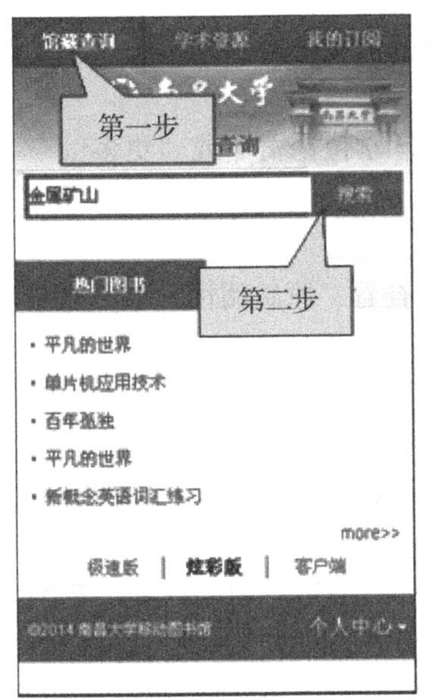

a)

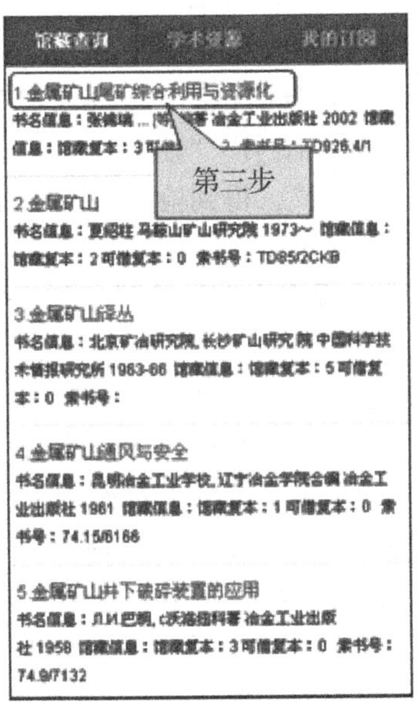

b)

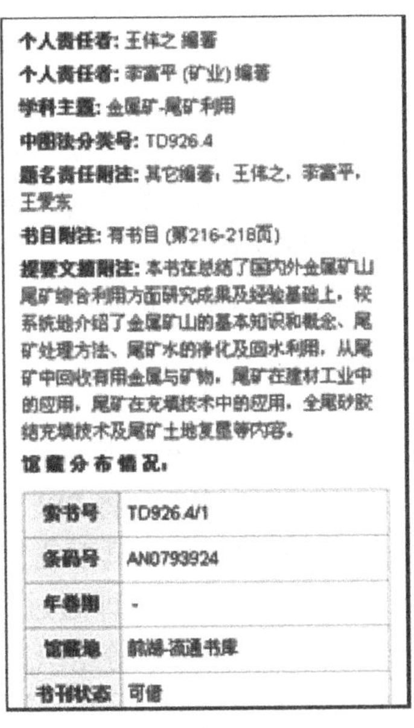

c)

图 3-45　馆藏书目查询步骤分解

a）馆藏查询主页　b）结果列表　c）详细馆藏信息

第一步：单击首页导航栏“馆藏查询”，打开馆藏书目查询页面。

第二步：输入想要查询的图书，单击“搜索”。

第三步：在检索结果页面单击图书标题，查看书目详细信息及馆藏借阅状态。

5. 学术资源检索

学术资源检索，即利用移动图书馆的统一检索功能，一站式检索图书、期刊、报纸、学位论文、新闻、网页等。步骤分解如图 3-46 所示。

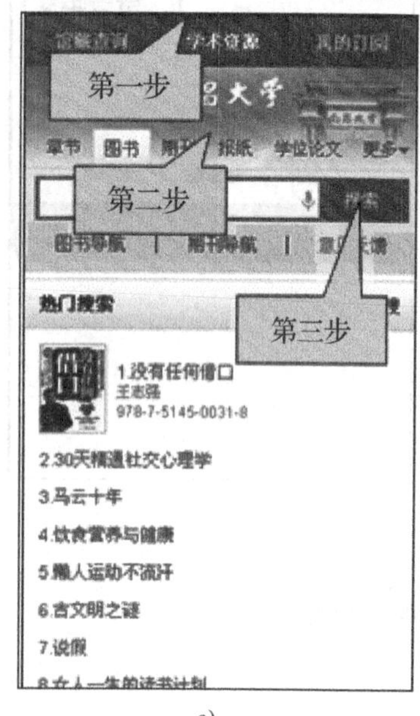

a)

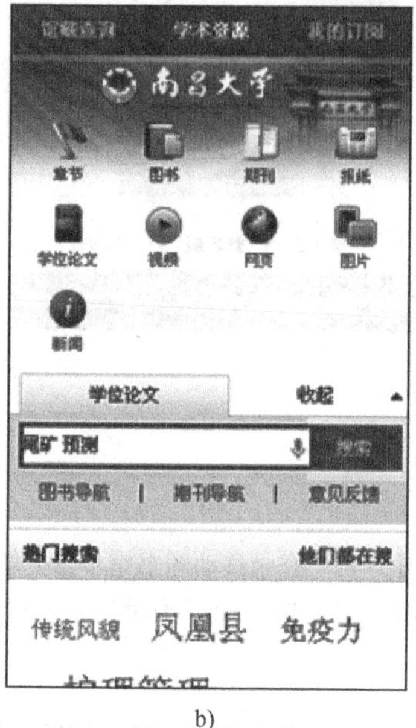

b)

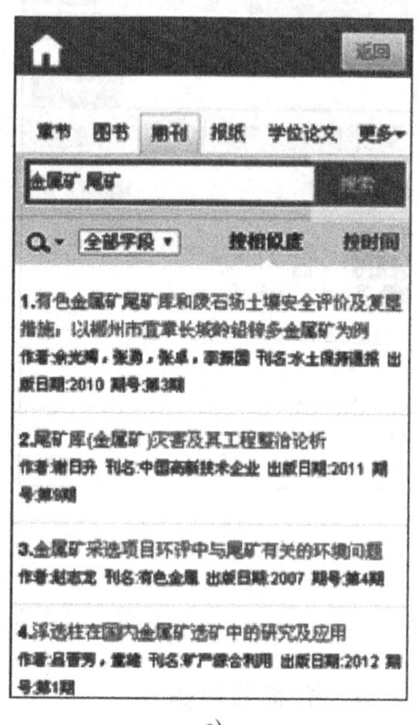

c)

图 3-46 学术资源检索步骤分解

a）首页单击“学术资源” b）“其他”的选项 c）检索结果页面

第一步：在移动图书馆首页，单击导航栏的“学术资源”。

第二步：在检索载体类型上选择“图书”“期刊”“报纸”“学位论文”或“更多”。

第三步：输入检索词，单击“搜索”，得到检索结果页面。

6. 获取全文

单击检索结果页面条目后，会出现多个获取途径，如文字查看、原版阅读、PDF 查看、文献传递等。

（1）文字查看 即全文本方式查看原文，如图 3-47c 所示。

（2）原版查看 即通过图片方式，展示原文原貌，如图 3-47d 所示。

（3）PDF 查看 将 PDF 格式的原文下载到手机终端上，需要相应的阅读器才能打开，可通过手机助手等工具下载 PDF 阅读器，如图 3-47e 所示。

（4）文献传递 即通过江西省高校数字图书馆、昌北高校图书馆联盟、深圳文献港、数字图书馆共享联盟等组织提供的文献传递服务，将原文文献用附件的方式传送至你注册的邮箱中，如图 3-47f 所示。文献传递请求一般会在 1 ~ 2 日内得到回复，有时甚至会在几分钟内就能收到邮件，收到的邮件内容如图 3-48 所示。

7. 我的订阅

类似于 RSS 功能，可快速阅读已订阅的刊物、新闻等。步骤分解如图 3-49 所示。

第一步：单击导航栏中“我的订阅”，进入我的订阅首页，如图 3-44b 所示。

第二步：单击“ + ”添加订阅，进入内容中心，可以选择书籍、视频、新闻等多种类型，如图 3-49a 所示。

a)　b)　c)

d)　e)　f)

图 3-47　获取全文的各种途径

a）文献详细信息　b）单击“文字查看”　c）文献的文字全文　d）原版查看（图像）　e）PDF 查看　f）文献传递

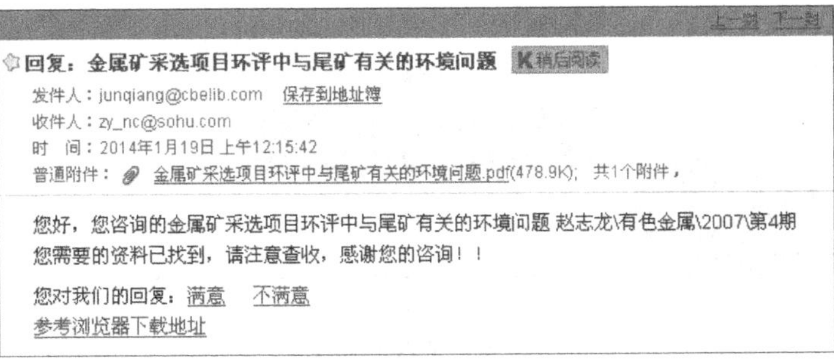

图 3-48　文献传递成功后收到的邮件

第三步：显示一个频道后，单击右上方的“订阅”，即可完成订阅功能。

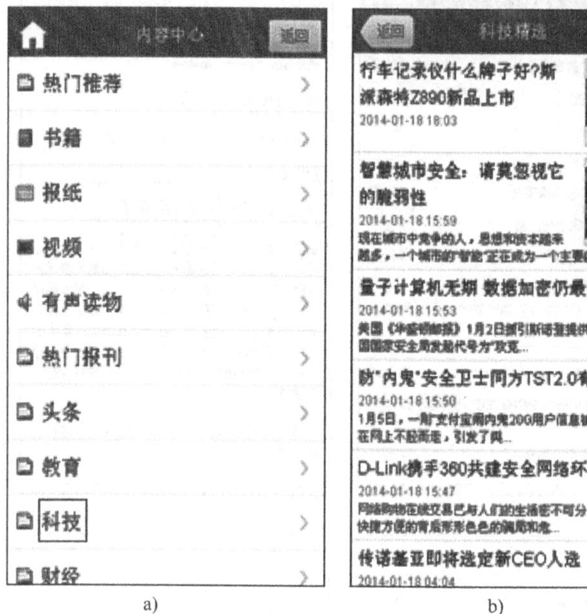

a)　　b)　　c)

图 3-49　我的订阅步骤分解

a）内容中心　b）选择订阅的对象　c）订阅成功

8. 个人中心

此功能主要是提供个性化服务，如“我的收藏”“我的评论”“检索历史”“个人信息”以及“续借”等。

下面以设置检索历史为例，说明操作方法，步骤分解如图 3-50 所示。

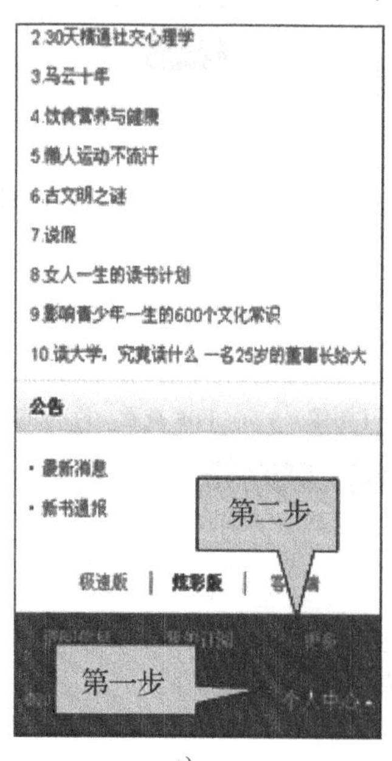

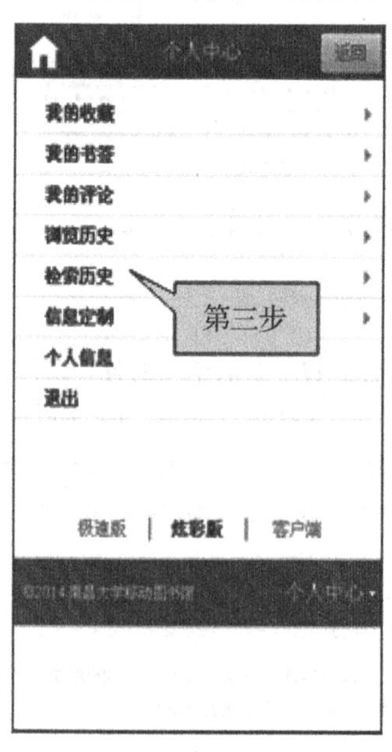

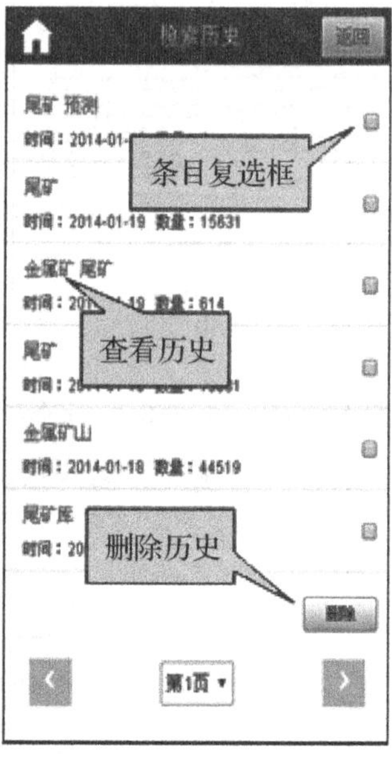

a)　　b)　　c)

图 3-50　个人中心设置

a）单击“个人中心”　b）选择功能　c）保存的检索历史

第一步：单击首页底部导航“个人中心”，进入个人中心页面，如图 3-50a 所示。

第二步：单击“更多”，出现图 3-50b 所示页面。

第三步：单击“检索历史”，出现图 3-50c 所示页面。

在检索历史列表中，单击条目，可以重新检索，也可以勾选条目右边的复选框，然后单击“删除”按钮，即可删除以前的检索历史。

3.7　文献管理软件

3.7.1　文献管理软件定义及主要功能

文献管理软件是记录、组织、调阅引用文献的计算机程序，一旦引用文献被记录，就可以重复多次地生成文献引用目录。文献管理软件集文献的检索、收集、整理以及导入、导出功能于一体，帮助用户高效管理和快速生成参考文献。文献管理软件还具有建立目录、搜索、排序、连接文件、查找重复记录、引用、笔记等功能。常用的文献管理软件有 EndNote 和 NoteExpress。

3.7.2　EndNote

EndNote 是 Thomson 公司的产品，是当前主流的文献管理软件。EndNote 通过将不同来源的文献信息下载到本地，建立本地文献库，从而实现对文献信息的管理和使用。通过与 Microsoft Word 相嵌合，为论文、报告中参考文献的引入提供方便。

1. EndNote 界面（图 3-51）

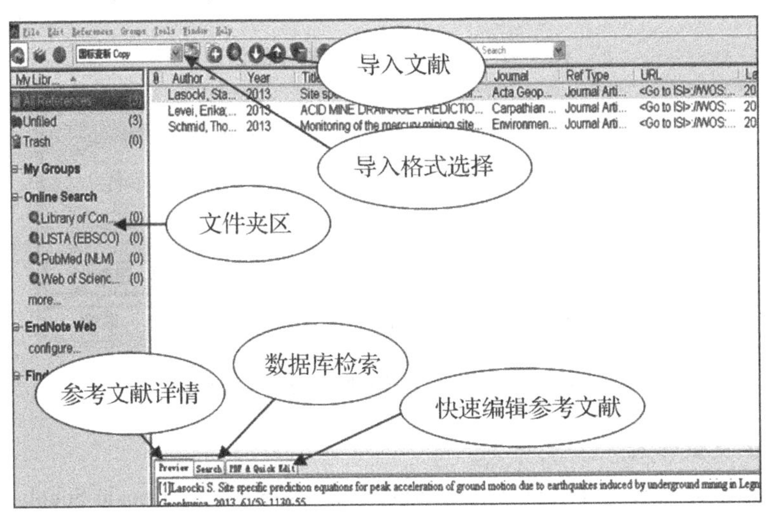

图 3-51　EndNote 界面

2. EndNote 主要功能

（1）收集文献　通过建立 Library，存放收集到的文献的 PDF 全文、图片、表格等资料。另一种方式是导入文献，可通过数据库检索结果导入、搜索引擎导入、直接从 EndNote 远程连接导入和手工导入。

（2）管理文献　可个性化添加文献相关信息，如 PDF、图片等，并可对文献进行编辑、检索、分组、查重、共享等操作。

（3）学习文献　通过个人文献库，可做学习笔记、分析文献、发现文献的关联，供进一步研究使用。

（4）利用文献　可方便地使用期刊模板撰写论文和投稿；按照期刊要求的格式，方便地插入参考文献，并自动生成参考文献列表。可以按课题建立自己的数据库，调阅 PDF 全文、图片、表格；撰写论文时，可以随时从 Word 文档中调阅、检索相关文献。不同的课题查新创建不同的数据库，并随时可以检索、更新、编辑；还可将不同课题的数据库与工作小组成员共享。

3. EndNote 文献数据库的建立

单击 File 命令中的 New 菜单，创建新的数据库，如图 3-52 所示，EndNote 文献数据库的命名及保存，如图 3-53 所示。

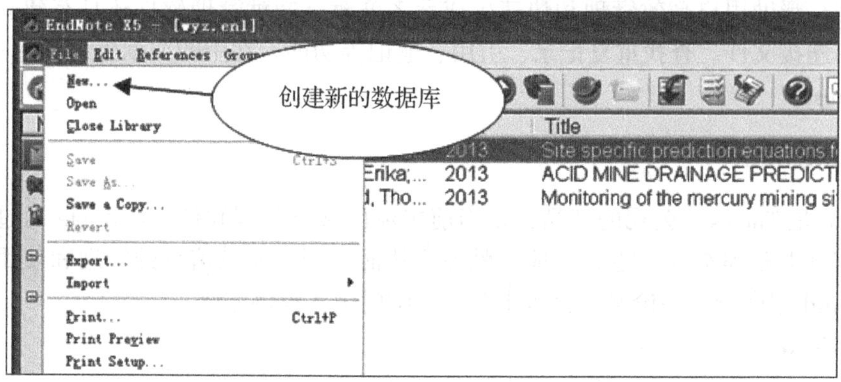

图 3-52　EndNote 文献数据库的创建

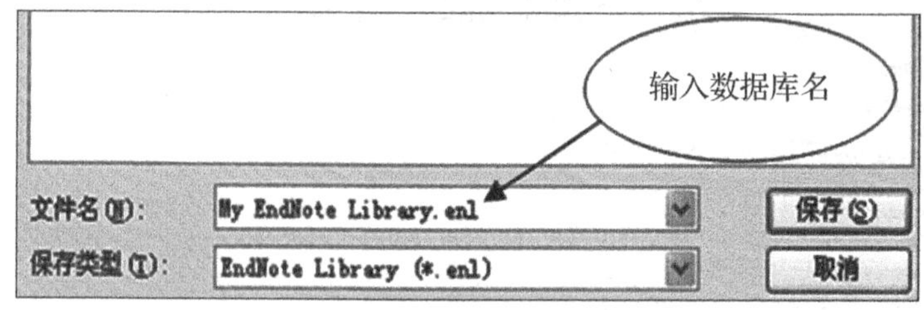

图 3-53　EndNote 文献数据库的命名及保存

4. EndNote 文献导入

（1）数据库检索导入　可以从 Web of Knowledge 检索平台、Google Scholar、EI、中国期刊网、维普数据库、万方数据库等数据库检索导入。文献导入时，要选择合适的文献过滤器和合适的语言。

举例如下：（检索界面如图 3-54 所示）

数据库：Web of Knowledge

检索式：tailing* and　（prediction or forecast or monitoring or monitor or surveillance or warning）

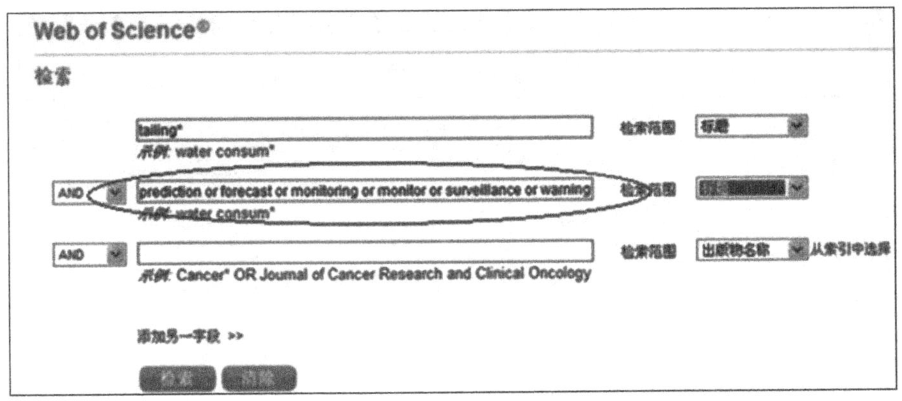

图 3-54　Web of Knowledge 检索界面

检索结果有 59 条，选中 5 条记录并保存为 EndNote 格式，如图 3-55 所示。

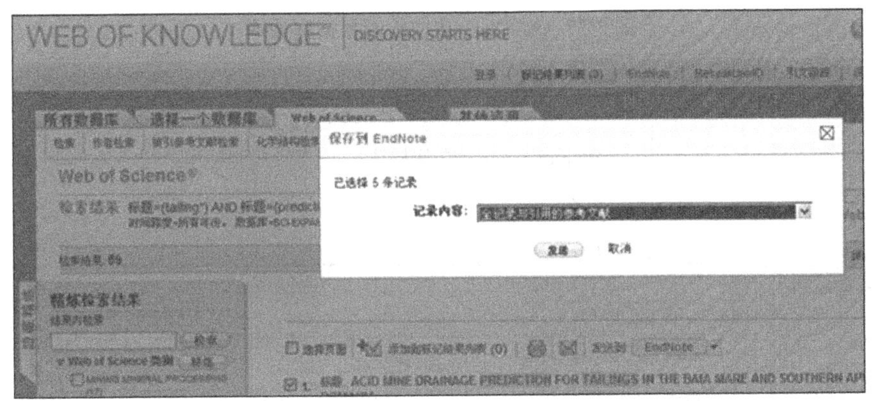

图 3-55　保存为 EndNote 格式

记录导入到 EndNote，如图 3-56 所示。

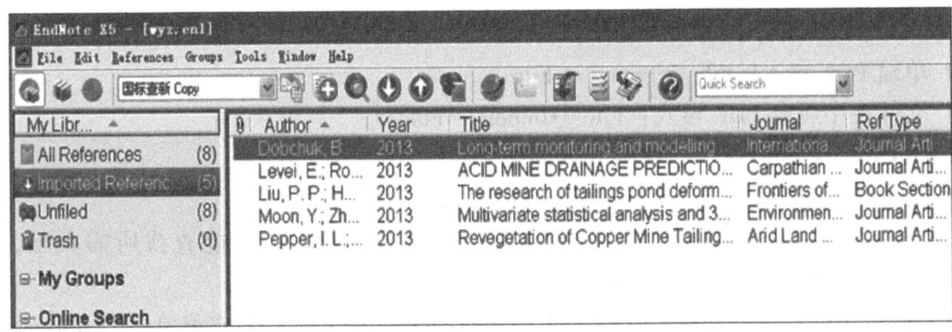

图 3-56　记录导入 EndNote

（2）EndNote 在线检索导入　EndNote 可以直接连接并检索 1218 个网络数据库，如图 3-57、图 3-58 所示。

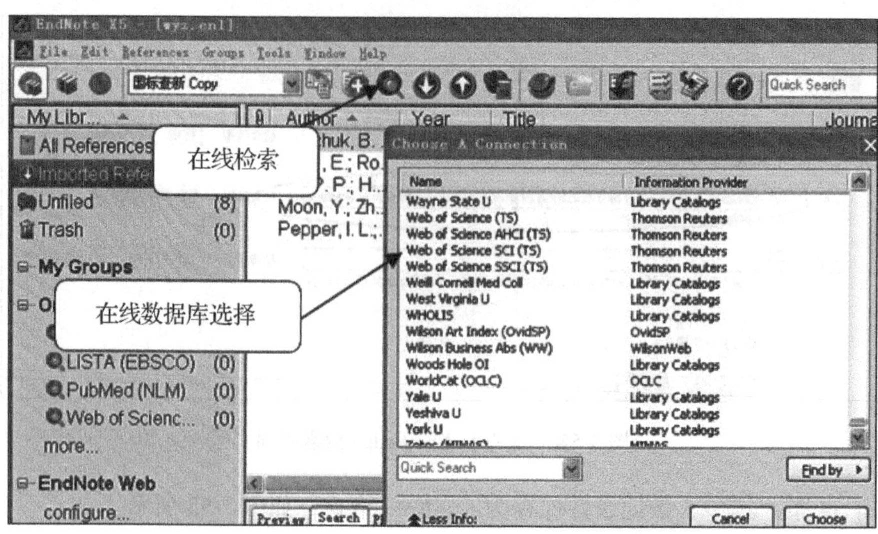

图 3-57　EndNote 在线检索数据库选择

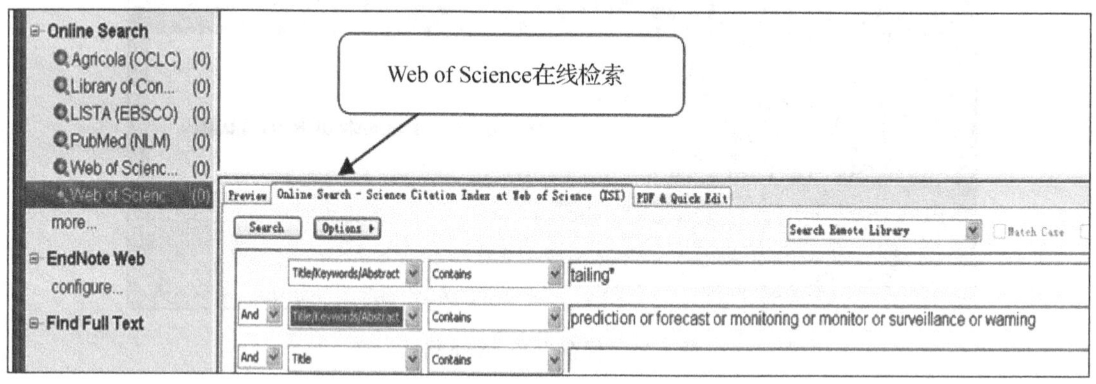

图 3-58　EndNote 的 Web of Science 在线检索

（3）已有 PDF 文献的导入

1）单篇 PDF 导入：File →Import →File。

2）文件夹中所有 PDF 导入：File →Import →Folder。

5. EndNote 文献管理

（1）排序　可以按照相应字段字母或数字的升序或降序排列。

（2）查找　当导入的文献达到一定数量时，需要使用查找功能查找所需文献，使用 Quick Search 检索框或 Search 卡片实现。

（3）去重　通过不同途径得到的文献会出现重复，单击窗口上方菜单栏中 References 选择 Find Duplicates，重复的记录就会高亮显示，选中要删除的文献，单击鼠标右键选择 Move References to Trash 按钮删除。

（4）分组　普通分组：单击 Groups 菜单中 Create Group；智能分组：单击 Groups 菜单中 Create Smart Group；从已有分组中创建逻辑分组：单击 Groups 菜单中 New Group From Groups。

（5）文献分析　单击菜单命令 Tools 中 Subject Bibliography，在出现的 Subject Fields 对话框中可选择作者、出版年、期刊等对当前 EndNote 库中参考文献进行分析统计。

（6）文献编排　边写边引：EndNote 提供用于 Microsoft Word 的插件，辅助完成文稿参考文献的引用插入、罗列以及格式编排，可实现一边撰写一边引用；模板写作：EndNote 提供了 190 多个用于学术期刊论文编排的 Microsoft Word 模板，用户只需在文档中指定位置填入相应的内容即可，如图 3-59 所示。

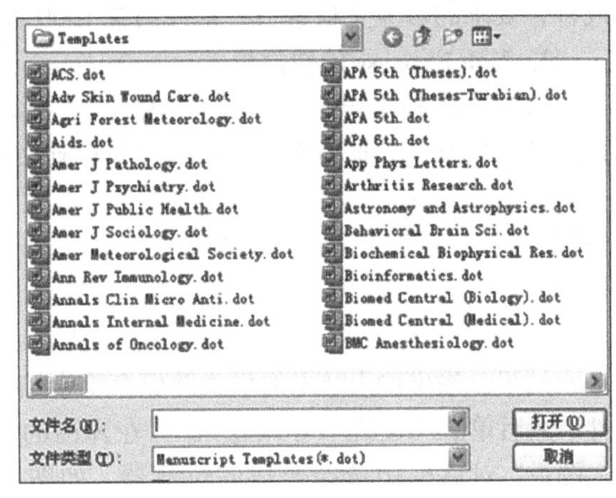

图 3-59　EndNote 模板选择

3.7.3　NoteExpress

NoteExpress 是由北京爱琴海软件公司开发的专业文献管理软件，提供了以文献的题录为核心的科研模式，先阅读题录、文摘后，读者再有针对性地下载有价值的全文。

1. NoteExpress 界面（图 3-60）

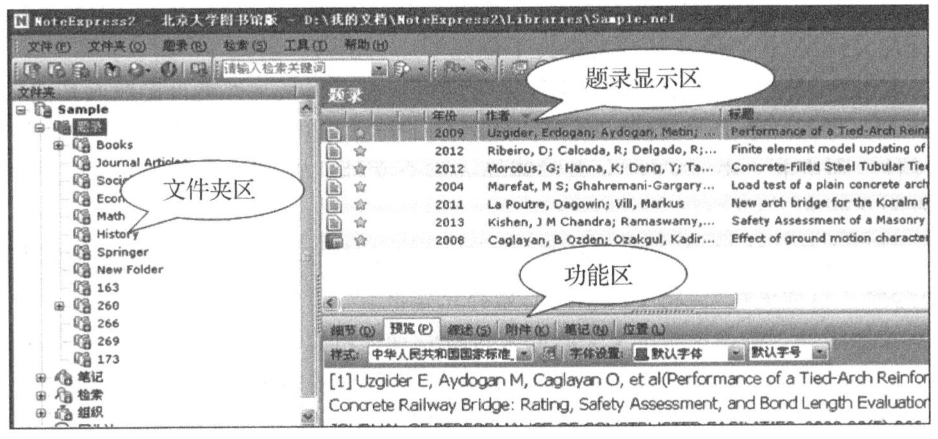

图 3-60　NoteExpress 界面

2. NoteExpress 的主要功能

（1）检索　支持数以百计的全球图书馆和电子数据库。

（2）管理　可以分门别类管理电子文献题录和全文，将不同学科的文献存入不同的文件夹中。

（3）分析　对检索结果进行多种统计分析，便于了解某领域里的重要专管、研究机构、研究热点等。

（4）发现　与文献相互关联的笔记功能，能随时记录阅读文献时的思考，方便以后查看和引用。

（5）写作　支持 Word 和 Latex，论文写作时可以随时引用保存的文献题录，并自动生成符合要求的参考文献索引。软件内置 1600 种国内外期刊和学位论文的格式定义。

3. NoteExpress 的数据导入

（1）在线检索导入　单击工具栏中的“检索→在线检索→选择在线数据库”，输入检索条件进行检索，勾选检索题录结果并保存到文件夹中。

（2）内嵌浏览器检索导入　单击工具栏中的“检索→在浏览器中检索”，再单击某浏览器进行检索。

（3）过滤器导入　在某数据库检索后，选择检索结果，输出检索结果的格式并保存检索结果文件。然后单击“文件→导入题录”，在弹出的“导入题录”对话框中选择合适的过滤器，如图 3-61 所示。

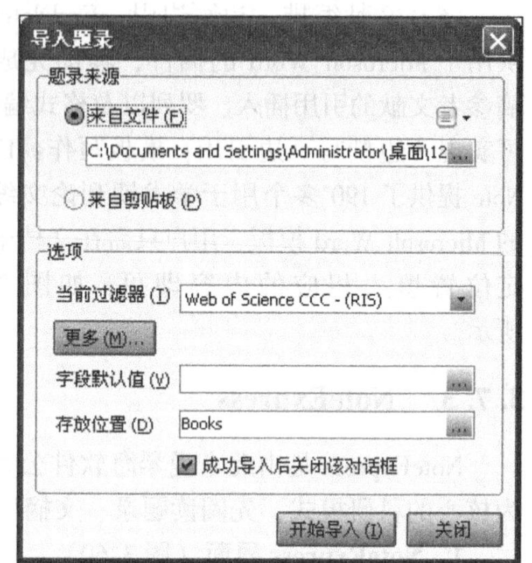

图 3-61　NoteExpress 过滤器选择

4. NoteExpress 的数据管理

（1）查重　通过不同来源获得的题录不可避免地存在着重复情况，单击工具栏中的“检索→查找重复记录”，重复题录会高亮显示，删除即可。

（2）虚拟文件夹　右击树形结构的“题录”，选择“添加文件夹”。若要在某个文件夹下创建子文件夹，右击该文件夹，选择“添加文件夹”即可；也可将某文件夹直接拖入其他文件夹。

（3）全文导入　单击“文件”菜单，然后从下拉菜单中选择“导入文件”，若需要导入单个文件，则单击“添加文件”；若需要导入多个文件，则单击“添加目录”，然后选择题录保存的文件夹。

（4）题录更新　选择需要更新的题录，单击“检索”菜单，从中选择“在线更新题录”，再选择“自动更新”，将不完整的信息补充完整。

（5）添加附件　将题录与全文关联起来进行管理。可以将各种类型的文件添加为附件，如 PDF、Word、CAJ、图片、Excel 等类型的文件。选中某条题录，单击“细节”旁边的“附件”按钮。也可通过鼠标直接拖拽的方式添加附件，将要添加的附件直接拖至附件下方空白处。

5. NoteExpress 笔记

科研心得、论文草稿等瞬间产生的隐性知识可以通过 NoteExpress 的笔记功能进行记录，并且可以与某个参考文献的题录链接起来，如图 3-62 所示。

（1）新建和添加笔记　有 4 种方式，单击主菜单上的“笔记”中“新建笔记”；在笔记列表上单击鼠标右键，再击“新建笔记”；在当前选中的题录上单击右键，再击“为题录新增笔记”；选中某条题录，单击“细节”旁边的“笔记”按钮，在其下方窗口内即可添加笔记。

（2）将笔记链接到题录　可以通过单击题录列表下方的“笔记”按钮查看当前题录所链接的笔记列表。其操作步骤是：在“笔记”或其下级文件夹下选中一条笔记；在选中的笔记上单击右键，在弹出的右键菜单上选择“关联到题录”；在弹出的题录列表中选择某条

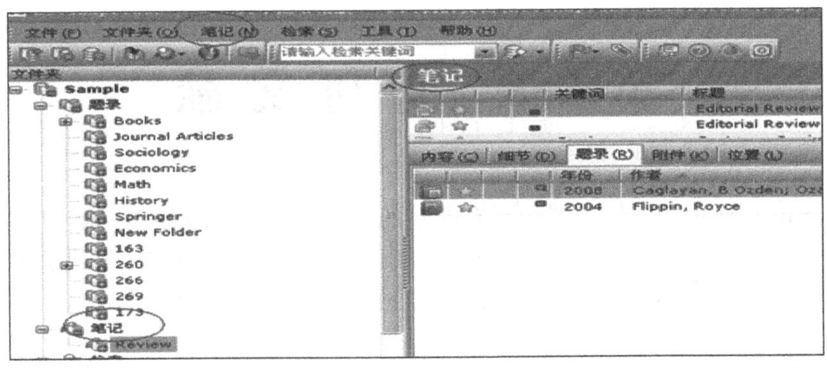

图 3-62　NoteExpress 笔记

题录；单击“确定”按钮，完成将笔记链接到题录的操作。

6. 参考文献题录的导出

先在题录列表界面中选中需要导出的题录，单击菜单“文件”中“导出题录”，选择导出题录数据的样式，即可导出所需题录。

3.7.4　EndNote 和 NoteExpress 比较

NoteExpress 具有而 Endnote 不支持的功能：①中文界面；支持在同一个参考文献数据库中建立目录，按照目录管理参考文献；②支持笔记功能；③可以将 NoteExpress 快捷方式做进鼠标右键快捷菜单中，可以随时将正在浏览的网页内容下载到本地，并放进“笔记”分类目录中进行管理；④提供相关检索历史保存功能；⑤支持在线联机检索中文维普、万方、CNKI 等中文数据库；⑥支持将 Word 格式的论文中的参考文献导入到 NoteExpress 文献库中。

但 NoteExpress 个人制作数据库过滤器时比 EndNote 复杂；且从数据库检索结果生成的数据格式是由 EndNote 软件开发者制订的，没有自己独立的数据格式，NoteEpress 软件在导入外文数据库检索结果时需要选择 EndNote 格式；NoteExpress 没有提供期刊投稿写作模板功能。

第4章　期刊文献

学术期刊论文是在某一学术课题具有的新的科学研究成果或创新见解和知识的科学记录，用以提供在学术刊物上发表的书面文件。期刊论文能客观、真实地反映学术领域的研究成果，但具有很强的时效性。下面介绍几个常用的中外文期刊文献数据库。

4.1　中国学术期刊网络出版总库（CAJD）

4.1.1　数据库简介

中国学术期刊网络出版总库（CAJD）是世界上最大的连续动态更新的中国学术期刊全文数据库，是“十一五”国家重大网络出版工程的子项目，是“中国国家知识资源数据库”（CNKI，又称中国知网）出版工程的重要组成部分。

中国学术期刊网络出版总库（CAJD）以学术、技术、政策指导、高等科普及教育类期刊为主，内容覆盖自然科学、工程技术、农业、哲学、医学、人文社会科学等各个领域。截至2012年10月，收录国内学术期刊7900多种，其中创刊至1993年3500余种，1994年至今7700余种，全文文献总量3500多万篇。

中国学术期刊网络出版总库收录自1915年至今出版的期刊，部分期刊回溯至创刊。其核心期刊收录率为96%；特色期刊（如农业、中医药等）收录率为100%；独家或唯一授权期刊共2300余种，约占我国学术期刊总量的34%。

其产品分为十大学科专辑：基础科学、工程科技Ⅰ、工程科技Ⅱ、农业科技、医药卫生科技、哲学与人文科学、社会科学Ⅰ、社会科学Ⅱ、信息科技、经济与管理科学。十大专辑下分为168个专题。

4.1.2　数据库检索指南

1. 数据库主页

访问网址为http：//www.cnki.net，中国知网检索首页如图4-1所示。

2. 数据库检索

中国学术期刊网络出版总库为用户提供期刊导航、初级检索、高级检索、专业检索、作者发文检索、科研基金检索、句子检索、来源期刊检索。下面分别进行介绍。

（1）期刊导航　期刊导航是通过期刊名称来检索浏览期刊论文的一种检索形式。在中国知网检索首页，单击检索文本框下方数据库列表中的“期刊”，进入检索页，如图4-2所示。

在右上角单击“期刊导航”，进入整刊检索，如图4-3所示。

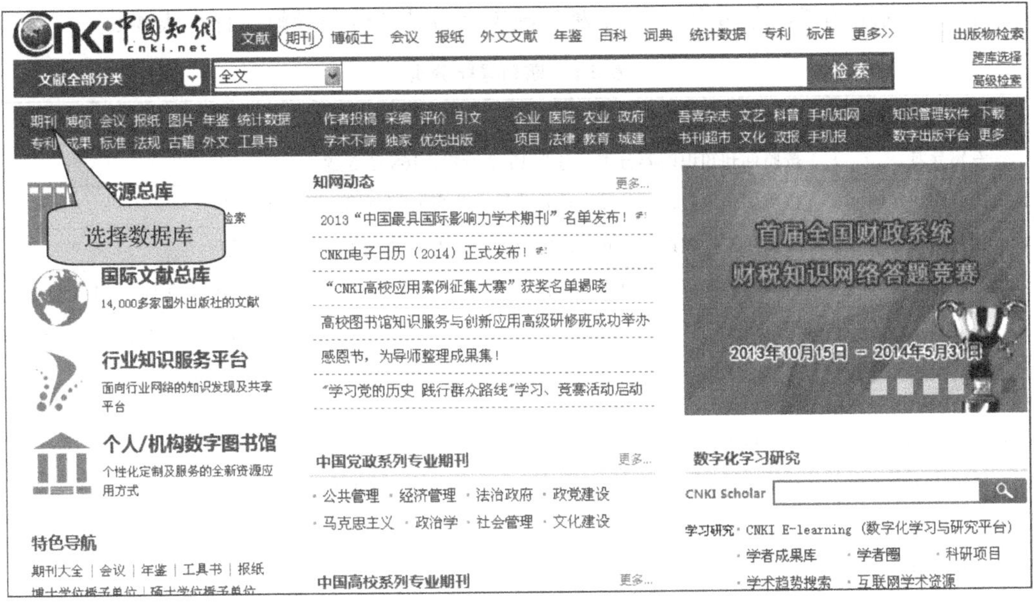

图 4-1　中国知网检索首页

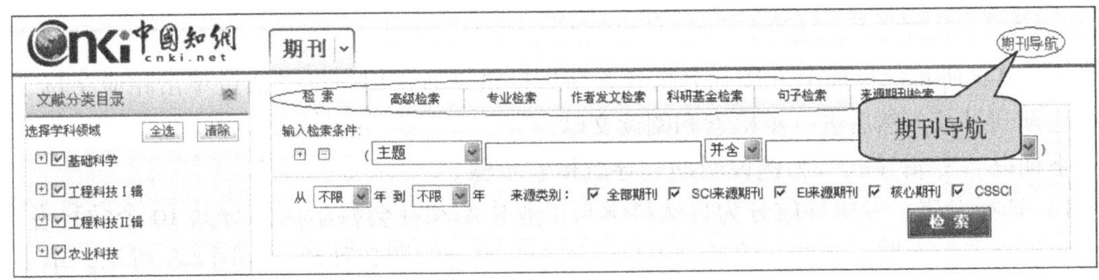

图 4-2　期刊检索页

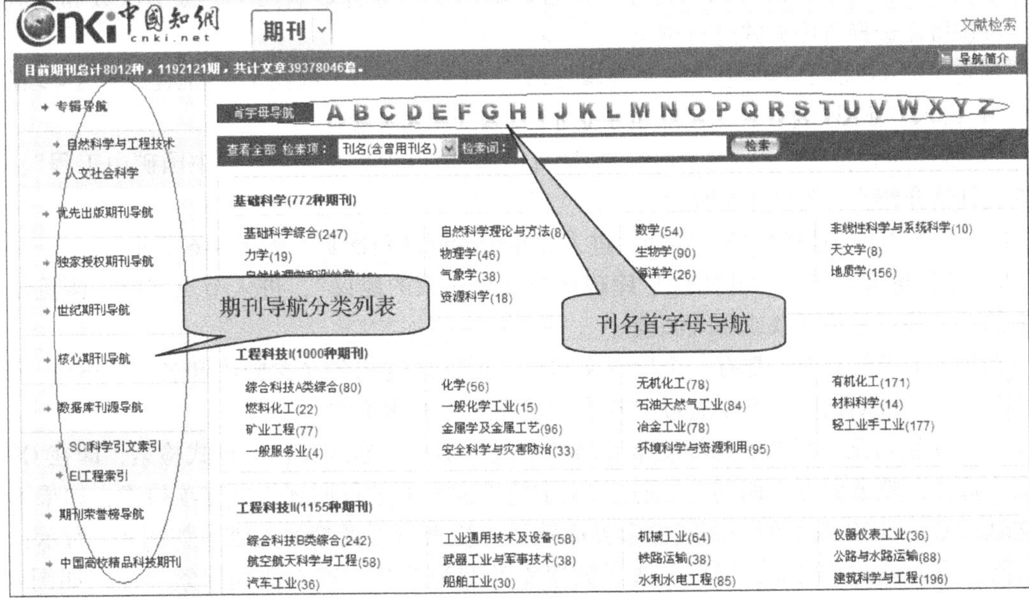

图 4-3　期刊导航页

在图 4-3 所示的界面左边提供了 12 种反映期刊特性的分类导航，详见表 4-1。

表 4-1　期刊导航分类

导航名称	导航介绍
专辑导航	按照期刊知识内容分类，分为 10 个专辑，168 个专题
优先出版期刊导航	按照优先出版期刊的知识内容分类，分为 10 个专辑，146 个专题
独家授权期刊导航	按照独家授权期刊的知识内容分类，分为 10 个专辑，157 个专题
世纪期刊导航	按期刊的知识内容分类，只包括 1994 年之前出版的期刊，分为 10 个专辑，164 个专题
核心期刊导航	按 2008 年版“中文核心期刊要目总览”核心期刊表分类，按知识内容分为 7 个专辑，126 个专题
数据库刊源导航	按期刊被国内外其他数据库收录情况分类
期刊荣誉榜导航	按期刊的获奖情况分类
中国高校精品科技期刊	2006 年获教育部“中国高校精品科技期刊奖”荣誉的期刊
刊期导航	按期刊的出版周期分类
出版地导航	按期刊的出版地分类
主办单位导航	按期刊的主办单位分类
发行系统导航	按期刊的发行方式分类

在图 4-3 所示的界面上方按刊名拼音首字母提供导航，用户可以通过单击相应字母，浏览相应期刊目录，然后进一步检索和阅读文献。

下面以“专辑导航”为例说明期刊导航检索步骤。

1）选择专辑。专辑导航分为自然科学与工业技术和社会科学两部分共 10 个学科专辑，各专辑下有若干专题，专题后的括号内显示该专题收录的期刊种数，如图 4-3 所示。单击所需专题，可浏览到该专题收录的所有期刊。这些期刊可以以图形方式、列表方式和详细方式三种形式显示，排序方式有默认排序、复合影响因子、综合影响因子、被引次数和期刊名称，可按所需选择排序方式进行浏览。

首先在图 4-3 所示界面中单击“专辑导航- > 自然科学与工程技术- > 工程科技 Ⅰ - > 矿业工程”，进入“矿业工程”专题下的期刊列表，如图 4-4 所示。

2）选择期刊。在图 4-4 中浏览并选择自己所关注的期刊，单击“中国矿山工程”，进入期刊详情介绍页，如图 4-5 所示。

3）浏览目次。选择年份、卷期，进入此年份卷期的目次页，如图 4-6 所示。

4）选择论文。单击“我国尾矿库现状及安全对策的建议”，进入节点文献，浏览论文详细信息，确定是否下载或在线阅读。

在每一个导航页面，都有一个检索文本框，可以通过刊名（含曾用刊名）、ISSN、刊号检索期刊，进入期刊后，可以通过“在本刊内检索”检索论文。

（2）初级检索。期刊的初级检索有两种形式，第一种形式又称一框式检索，即在 CNKI 首页中选择文献类型为“期刊”，通过首页中的检索界面进行期刊论文专项检索，如果不选择文献类型，CNKI 首页的一框式检索界面默认为检索所有类型的文献，如图 4-7 所示；另一种形式则是通过 CNKI 的首页，选择数据库类型为期刊，进入期刊检索界面，如图 4-8 所示。

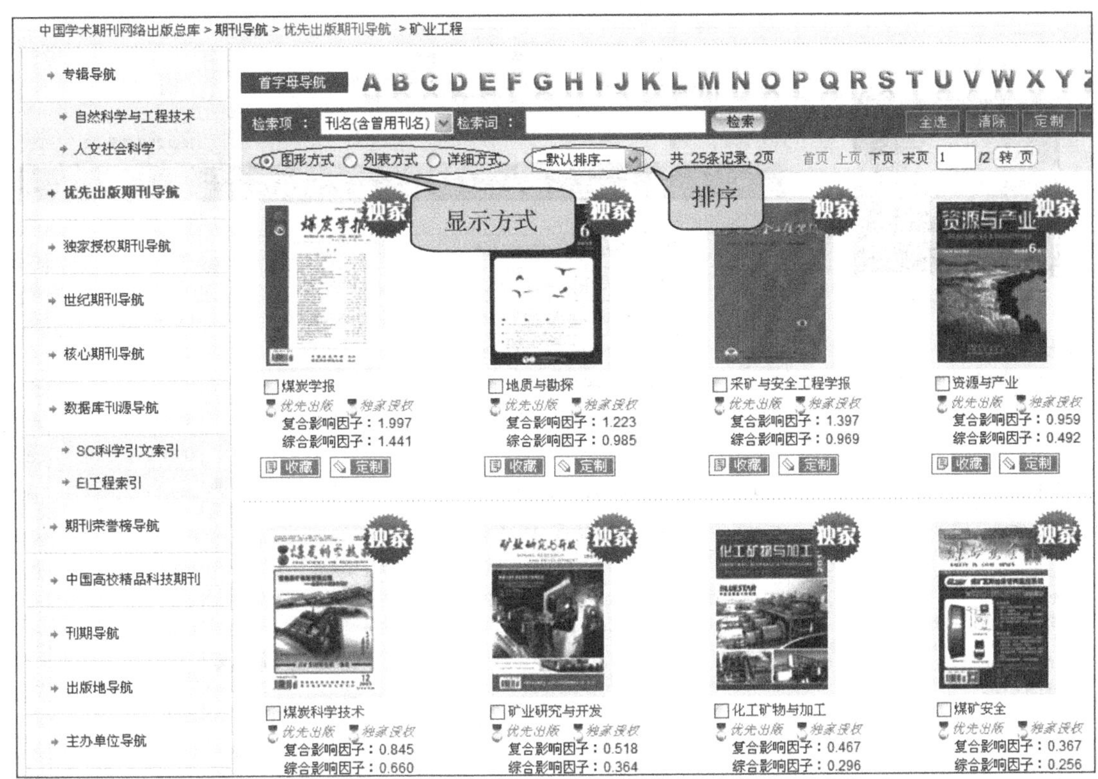

图 4-4 矿业工程期刊列表

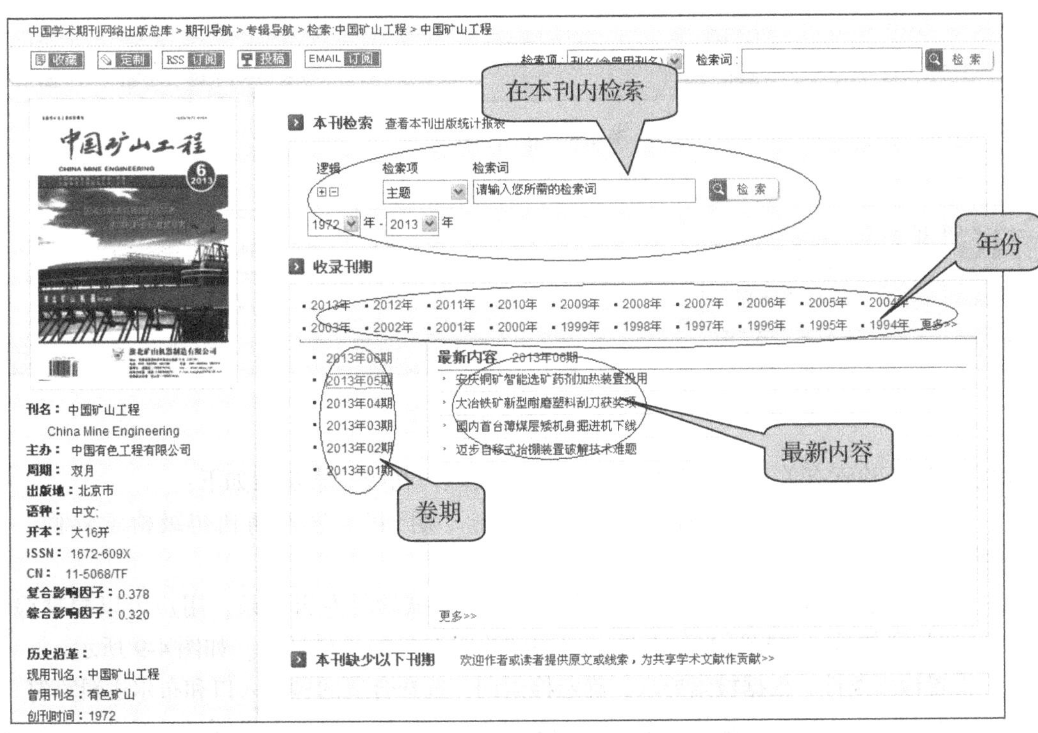

图 4-5 中国矿山工程期刊详情

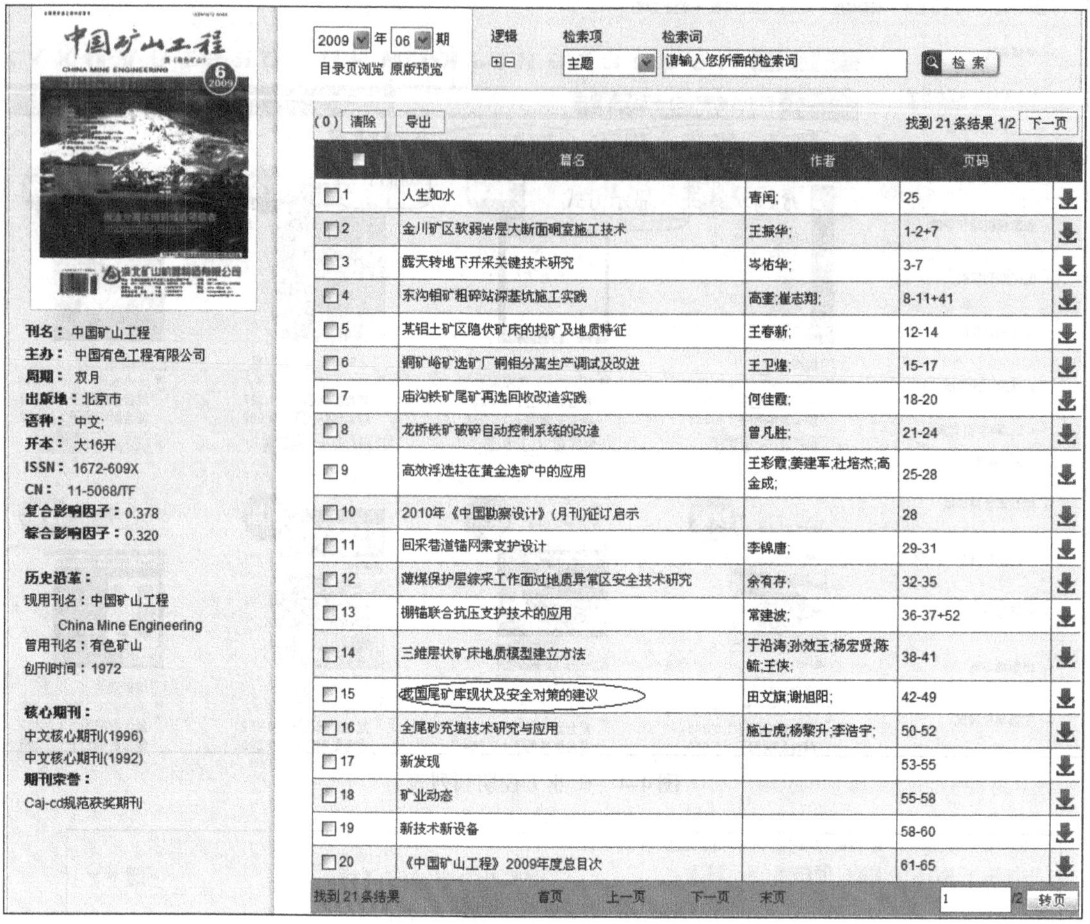

刊名：中国矿山工程
主办：中国有色工程有限公司
周期：双月
出版地：北京市
语种：中文;
开本：大16开
ISSN：1672-609X
CN：11-5068/TF
复合影响因子：0.378
综合影响因子：0.320

历史沿革：
现用刊名：中国矿山工程
China Mine Engineering
曾用刊名：有色矿山
创刊时间：1972

核心期刊：
中文核心期刊(1996)
中文核心期刊(1992)
期刊荣誉：
Caj-cd规范获奖期刊

2009 年 06 期　逻辑　检索项　检索词
目录页浏览　原版预览　主题　请输入您所需的检索词　检索

(0) 清除　导出　找到 21 条结果 1/2　下一页

	篇名	作者	页码
1	人生如水	青闻;	25
2	金川矿区软弱岩层大断面硐室施工技术	王振华;	1-2+7
3	露天转地下开采关键技术研究	岑佑华;	3-7
4	东沟钼矿粗碎站深基坑施工实践	高奎;崔志翔;	8-11+41
5	某铝土矿区隐伏矿床的找矿及地质特征	王春新;	12-14
6	铜矿峪矿选矿厂铜钼分离生产调试及改进	王卫煌;	15-17
7	庙沟铁矿尾矿再选回收改造实践	何佳霞;	18-20
8	龙桥铁矿破碎自动控制系统的改造	曾凡胜;	21-24
9	高效浮选柱在黄金选矿中的应用	王彩霞;姜建军;杜培杰;高金成;	25-28
10	2010年《中国勘察设计》(月刊)征订启示		28
11	回采巷道锚网索支护设计	李锦唐;	29-31
12	薄煤保护层综采工作面过地质异常区安全技术研究	余有存;	32-35
13	棚锚联合抗压支护技术的应用	常建波;	36-37+52
14	三维层状矿床地质模型建立方法	于沿涛;孙效玉;杨宏贤;陈毓;王侠;	38-41
15	我国尾矿库现状及安全对策的建议	田文旗;谢旭阳;	42-49
16	全尾砂充填技术研究与应用	施士虎;杨黎升;李浩宇;	50-52
17	新发现		53-55
18	矿业动态		55-58
19	新技术新设备		58-60
20	《中国矿山工程》2009年度总目次		61-65

找到 21 条结果　首页　上一页　下一页　末页　1 /2　转页

图 4-6　卷期目次页

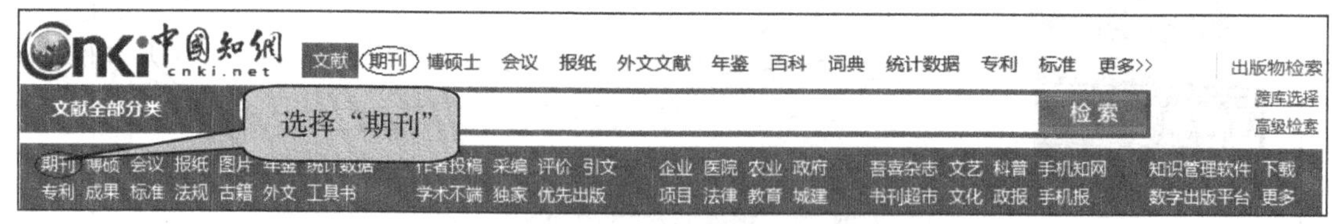

图 4-7　选择期刊数据库

检索实例：检索有关“尾矿库防灾模型”的文献。初级检索步骤如下：

1）进入数据库。在图 4-7 所示的界面中单击“期刊”，进入期刊初级检索界面，如图 4-8所示。系统默认为初级检索。

2）选择期刊专辑。在图 4-8 所示的界面左侧是文献学科专辑目录，用户可以根据检索课题所属的学科领域，选择适当的专辑，以限定检索对象的学科领域，如图 4-9 所示。

3）设置检索条件。根据检索要求，确定检索词，选择合适的检索入口和布尔逻辑算符。

检索词定为“尾矿库”及其近义词“小流域”；“防灾”及其近义词“灾害”；“模型”及其近义词“建模”。

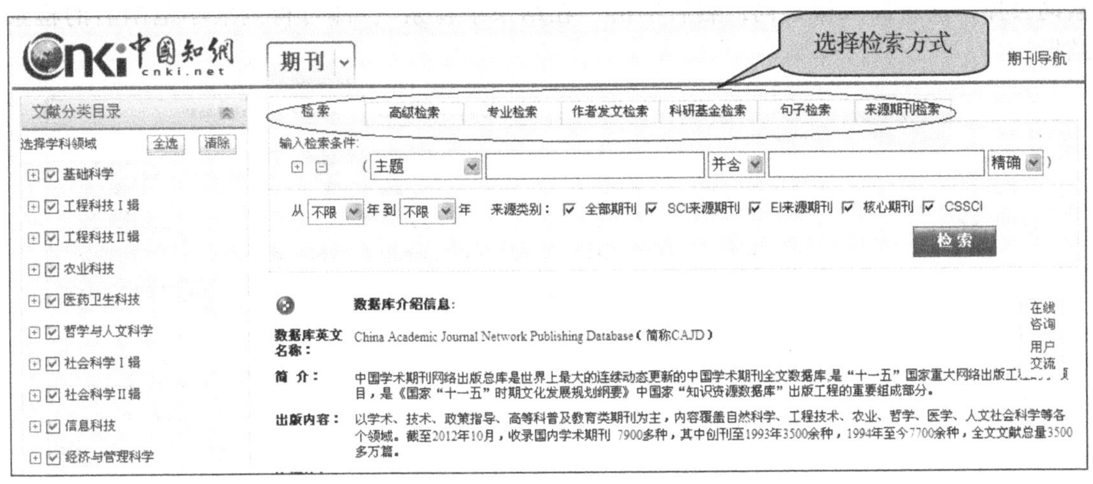

图 4-8　期刊初级检索界面

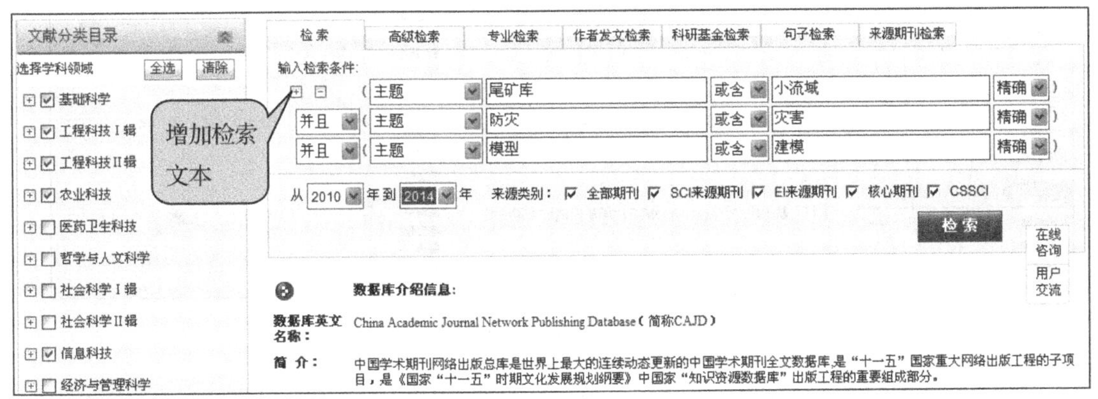

图 4-9　初级检索界面

CNKI 的检索入口有 14 个：主题、篇名、关键词、作者、单位、刊名、ISSN、CN、期、基金、摘要、全文、参考文献、中图分类号，这里全都选择主题入口。

逻辑词为并且（并含）、或者（或含）、不含。新版 CNKI 初级检索支持“多项双词逻辑组合检索”检索功能。“多项”是指同时可选择多个检索项；“双词”是指同时在一个检索项中可输入两个检索词，检索词之间可以进行三种逻辑运算（并含、或含、不含）。“尾矿库与小流域”“防灾与灾害”“模型或建模”之间用“或含”连接，三个主题之间用“并且”连接，检索文本框不够时单击加号增加，减号是减少检索文本框。

检索词之间一般有“模糊”和“精确”匹配。若要求检索结果专指度较高，则选择“精确”匹配；若检索结果要求较泛，则选择“模糊”匹配。

时间范围的选择，视学科的特点和检索目的而定。实例中选择 2010 年到 2014 年，来源类别选择全部期刊。

4）二次检索。检索条件设置完成，单击检索，得到检索结果（论文列表），如图 4-10 所示。

若检索结果范围过宽，则可进行二次检索，即在检索结果页中将检索文本框中原来的检索词去掉，重新加入检索词，然后单击“在结果中检索”，即可得到缩小范围后的检索结果。

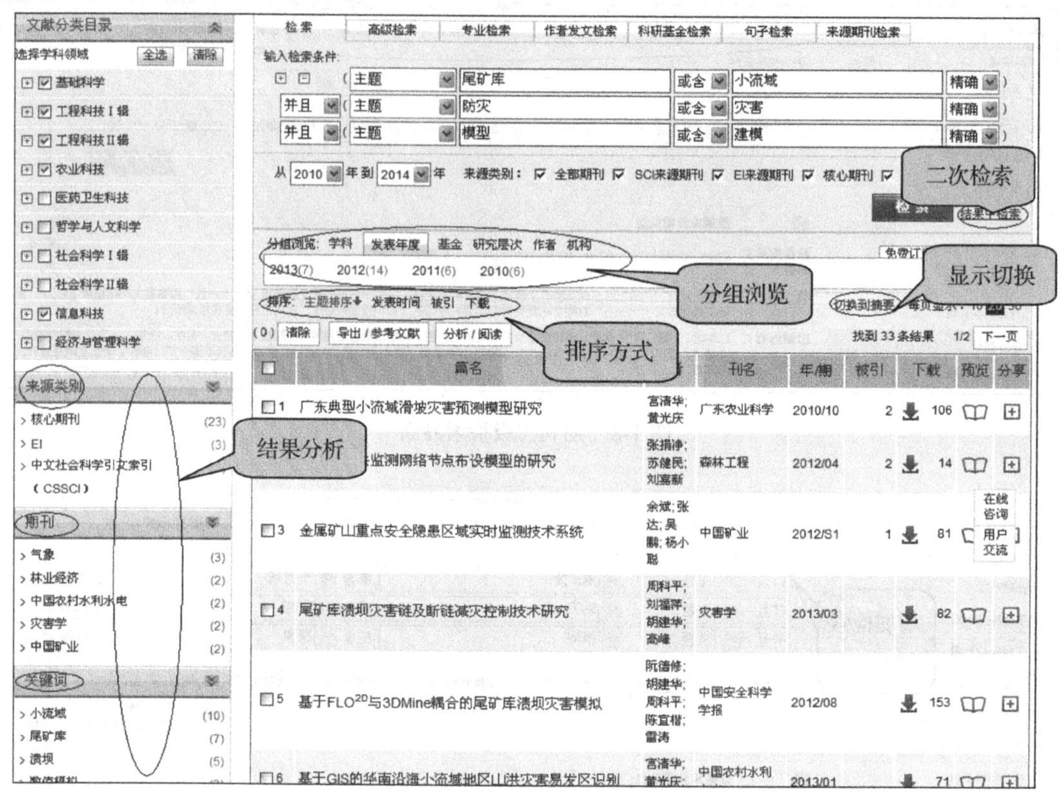

图 4-10　检索结果界面

5）检索结果浏览。CNKI 的检索结果以题录的形式存在，如图 4-10 所示，可以以摘要或列表两种形式显示，可以从以下角度对检索结果进行浏览：

① 按不同的排序（主题排序、发表时间排序、被引次数排序和下载次数排序）进行全部浏览。

② 从来源类别、期刊、关键词对结果进行分析浏览。

③ 从学科、发表年度、支持基金、研究层次、作者、机构进行分组浏览。

6）检索结果处理。

① 导出/参考文献。导出/参考文献，可以更好地对结果文献进行浏览分析，为所查课题进行资料积累。具体步骤为：

a. 选中一批相关性比较高的文献，标记记录，选择导出/参考文献，进入“文献管理中心_导出”页，如图 4-11 所示。

b. 在此页面单击“生成检索报告”可直接生成检索报告，也可重新选择标记，单击导出/参考文献，进入到文献输出页，如图 4-12 所示。

c. 可以选择不同的格式将文献复制、打印、导出为记事本或 Excel 或 Word 保存或定制到个人/机构馆。

中国知网 cnki.net　文献管理中心_导出

全部清除　导出/参考文献　定制　生成检索报告

条件：主题=尾矿库 or 主题 = 小流域 and 主题 = 防灾 or 主题 = 灾害 and 主题 = 模型 or 主题 = 建模 (精确匹配)

	题名	（第一）作者/主编	来源	发表时间	数据库	删除
1	广东典型小流域滑坡灾害预测模型研究	宫清华; 黄光庆	广东农业科学	2010-10-10	期刊	X
2	北京山区小流域土壤侵蚀模型	符素华; 张卫国; 刘宝元; 朱启疆; 吴敬东; 段淑怀; 李永贵	水土保持研究	2001-12-30	期刊	X
3	基于分布式水文模型的山洪灾害预警预报系统研究及应用	郭良; 唐学哲; 孔凡哲	中国水利	2007-07-30	期刊	X
4	基于社会科学统计程序(SPSS)回归性分析的尾矿库事故预测模型	王姝; 柴建设	中国安全科学学报	2008-12-15	期刊	X
5	尾矿坝溃坝模型研究及应用	袁兵; 王飞跃; 金永健; 赵望达	中国安全科学学报	2008-04-30	期刊	X

图 4-11　文献导出

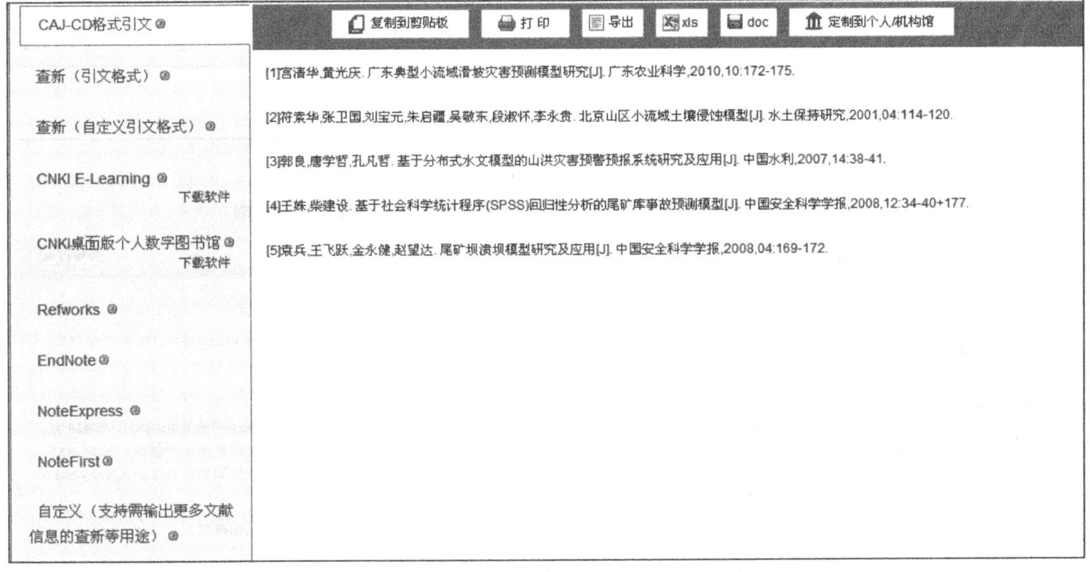

图 4-12　文献输出

② 分析/阅读。分析/阅读对检索结果进行单篇分析和在线阅读。具体操作步骤为：选中文献，标记文献，单击分析/阅读，进入分析界面，如图 4-13 所示；再选择单篇分别进行分析或在线全文阅读。

③ 下载全文或在线全文阅读。直接单击题录列表后的下载箭头进行全文下载，或单击预览的书本图标进行在线全文阅读，如图 4-14 所示。

④ 论文细览。单击论文篇名，直接进入节点文献界面，即文献详细信息界面，如图 4-15 所示。此界面除了能看到文摘主要信息如题名、作者、作者机构、摘要、关键词、被引频次、下载频次等外，还能查看到本文链接的文献网络图示、参考文献、相似文献、同行关注文献、相关作者文献、相关机构文献及文献分类导航，从而更好地了解文献。若有需要，则可以直接单击 CAJ 下载或 PDF 下载，将文献全文下载到本地。

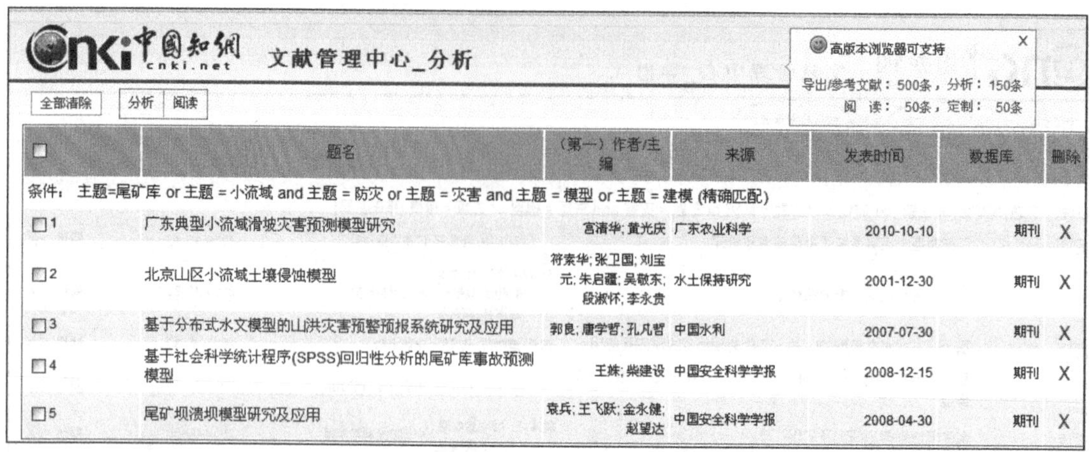

	题名	(第一) 作者/主编	来源	发表时间	数据库	删除
条件：主题=尾矿库 or 主题 = 小流域 and 主题 = 防灾 or 主题 = 灾害 and 主题 = 模型 or 主题 = 建模 (精确匹配)						
1	广东典型小流域滑坡灾害预测模型研究	宫清华; 黄光庆	广东农业科学	2010-10-10	期刊	X
2	北京山区小流域土壤侵蚀模型	符素华; 张卫国; 刘宝元; 朱启疆; 吴敬东; 段淑怀; 李永贵	水土保持研究	2001-12-30	期刊	X
3	基于分布式水文模型的山洪灾害预警预报系统研究及应用	郭良; 唐学哲; 孔凡哲	中国水利	2007-07-30	期刊	X
4	基于社会科学统计程序(SPSS)回归性分析的尾矿库事故预测模型	王姝; 柴建设	中国安全科学学报	2008-12-15	期刊	X
5	尾矿坝溃坝模型研究及应用	袁兵; 王飞跃; 金永健; 赵望达	中国安全科学学报	2008-04-30	期刊	X

图 4-13　文献分析

	篇名	作者	刊名	年/期	被引	下载	预览	分享
☑1	广东典型小流域滑坡灾害预测模型研究	宫清华; 黄光庆	广东农业科学	2010/10	2	106		

图 4-14　文献下载或预览

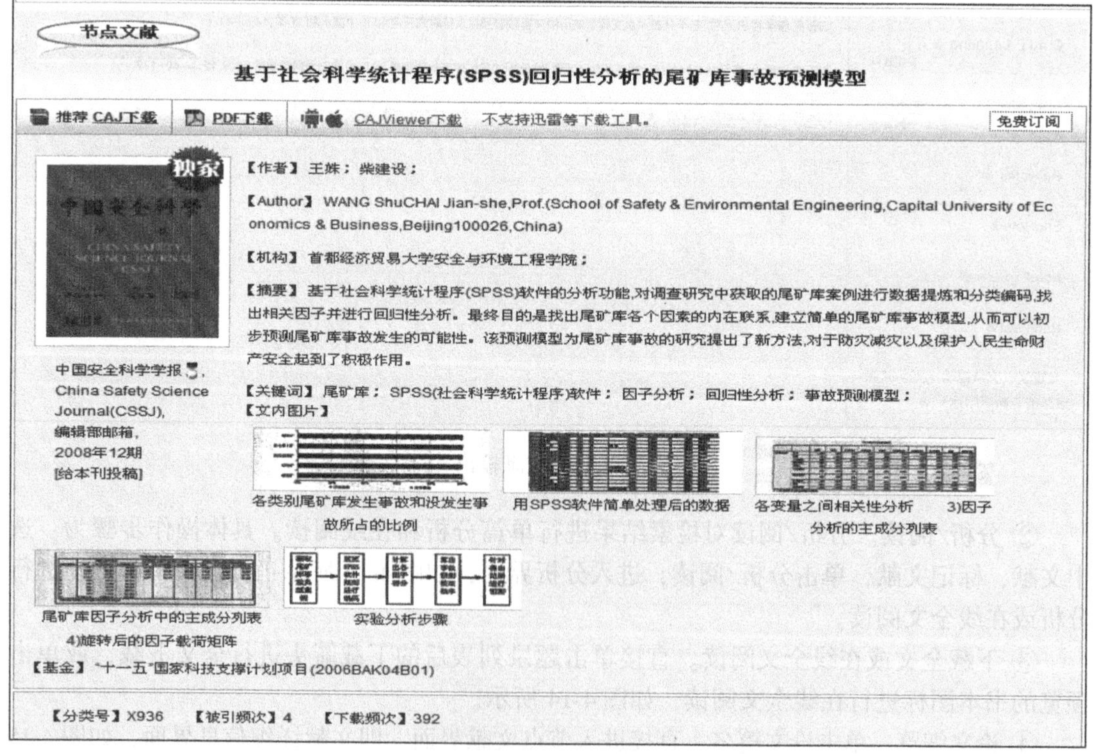

节点文献

基于社会科学统计程序(SPSS)回归性分析的尾矿库事故预测模型

推荐 CAJ下载　PDF下载　CAJViewer下载　不支持迅雷等下载工具。　免费订阅

【作者】王姝；柴建设；

【Author】WANG ShuCHAI Jian-she,Prof.(School of Safety & Environmental Engineering,Capital University of Economics & Business,Beijing100026,China)

【机构】首都经济贸易大学安全与环境工程学院；

【摘要】基于社会科学统计程序(SPSS)软件的分析功能,对调查研究中获取的尾矿库案例进行数据提炼和分类编码,找出相关因子并进行回归性分析。最终目的是找出尾矿库各个因素的内在联系,建立简单的尾矿库事故模型,从而可以初步预测尾矿库事故发生的可能性。该预测模型为尾矿库事故的研究提出了新方法,对于防灾减灾以及保护人民生命财产安全起到了积极作用。

中国安全科学学报，China Safety Science Journal(CSSJ)，编辑部邮箱，2008年12期　[给本刊投稿]

【关键词】尾矿库；SPSS(社会科学统计程序)软件；因子分析；回归性分析；事故预测模型；

【文内图片】

各类别尾矿库发生事故和没发生事故所占的比例　用SPSS软件简单处理后的数据　各变量之间相关性分析　3)因子分析的主成分列表　尾矿库因子分析中的主成分列表　4)旋转后的因子载荷矩阵　实验分析步骤

【基金】"十一五"国家科技支撑计划项目(2006BAK04B01)

【分类号】X936　【被引频次】4　【下载频次】392

图 4-15　节点文献

⑤ 下载文献的全文阅读。文献下载到本地后，要通过 CAJ 阅读器或 PDF 阅读器进行阅读，如图 4-16 所示。通过阅读器，不仅可以阅读文献，还可以通过阅读器上的工具栏，对文献内容进行转换、复制、粘贴，将其以 Word 文档的格式进行保存。

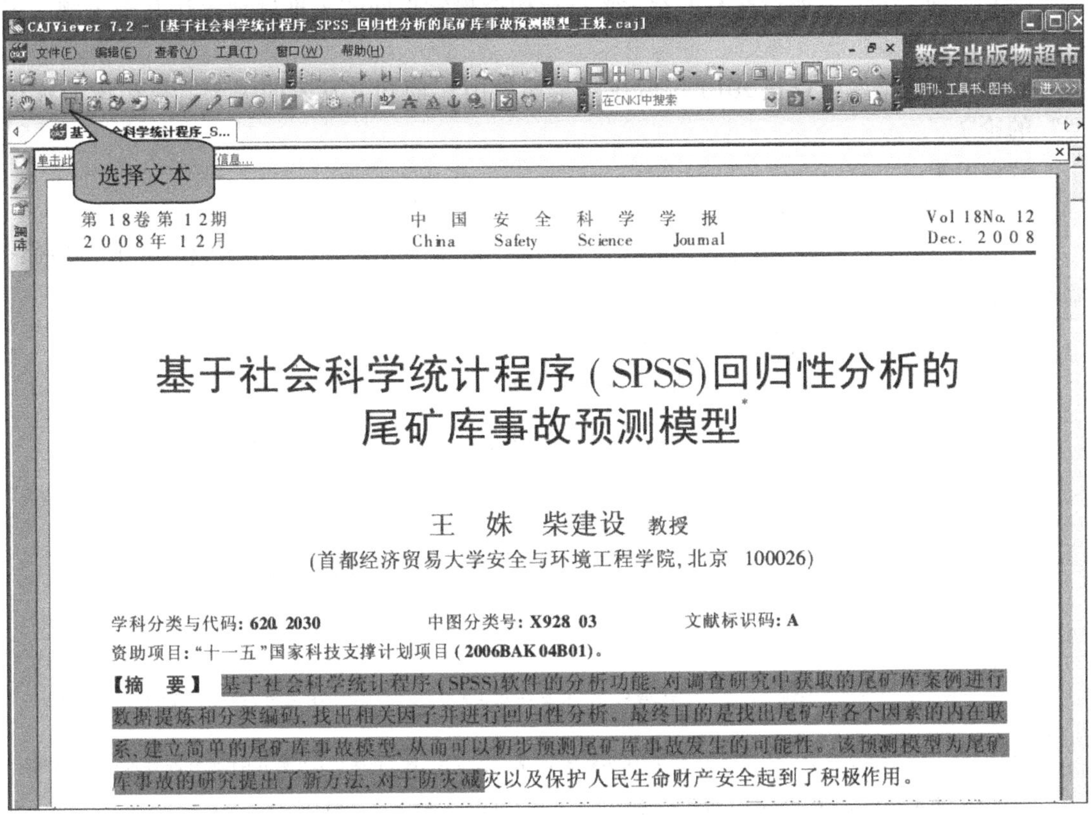

CAJViewer 7.2 - [基于社会科学统计程序_SPSS_回归性分析的尾矿库事故预测模型_王姝.caj]
文件(F) 编辑(E) 查看(V) 工具(T) 窗口(W) 帮助(H)
数字出版物超市
期刊、工具书、图书
进入>>
在CNKI中搜索
选择文本
第18卷第12期
2008年12月
中 国 安 全 科 学 学 报
China Safety Science Journal
Vol 18No. 12
Dec. 2008
基于社会科学统计程序(SPSS)回归性分析的
尾矿库事故预测模型*
王 姝 柴建设 教授
(首都经济贸易大学安全与环境工程学院,北京 100026)
学科分类与代码: 620.2030 中图分类号: X928.03 文献标识码: A
资助项目:"十一五"国家科技支撑计划项目(2006BAK04B01)。
【摘 要】基于社会科学统计程序(SPSS)软件的分析功能,对调查研究中获取的尾矿库案例进行数据提炼和分类编码,找出相关因子并进行回归性分析。最终目的是找出尾矿库各个因素的内在联系,建立简单的尾矿库事故模型,从而可以初步预测尾矿库事故发生的可能性。该预测模型为尾矿库事故的研究提出了新方法,对于防灾减灾以及保护人民生命财产安全起到了积极作用。

图4-16 通过CAJ阅读器阅读

(3) 高级检索 要提高检索精确度，用户可以选择高级检索，以期快速、准确地获得多个主题、多种条件限定的课题检索结果。

高级检索与初级检索相比，除了支持“多项双词逻辑组合检索”功能外，还支持“双词频控制”检索功能，即每个检索项中的两个检索词还可分别使用词频功能帮助优化检索结果，同时，限定范围也更加详细了，除时间和来源类别外，还可以限定期限、更新时间、来源期刊、支持基金、作者和作者单位。高级检索界面如图4-17所示。

文献分类目录
选择学科领域 全选 清除
基础科学
工程科技Ⅰ辑
工程科技Ⅱ辑
农业科技
医药卫生科技
哲学与人文科学
社会科学Ⅰ辑
社会科学Ⅱ辑
信息科技
经济与管理科学
检索 高级检索 专业检索 作者发文检索 科研基金检索 句子检索 来源期刊检索
输入检索条件：
主题 词频 并含 词频 精确
并且 篇名 词频 并含 词频 精确
并且 关键词 词频 并含 词频 精确
并且 摘要 词频 并含 词频 精确
从 不限 年 到 不限 年 指定期： 请输入 更新时间： 不限
来源期刊： 模糊
来源类别： 全部期刊 SCI来源期刊 EI来源期刊 核心期刊 CSSCI
支持基金： 输入基金名称 模糊
作者 输入作者姓名 精确 作者单位： 输入作者单位，全称、简称、曾用名 模糊
仅限优先出版论文 中英文扩展检索
检索

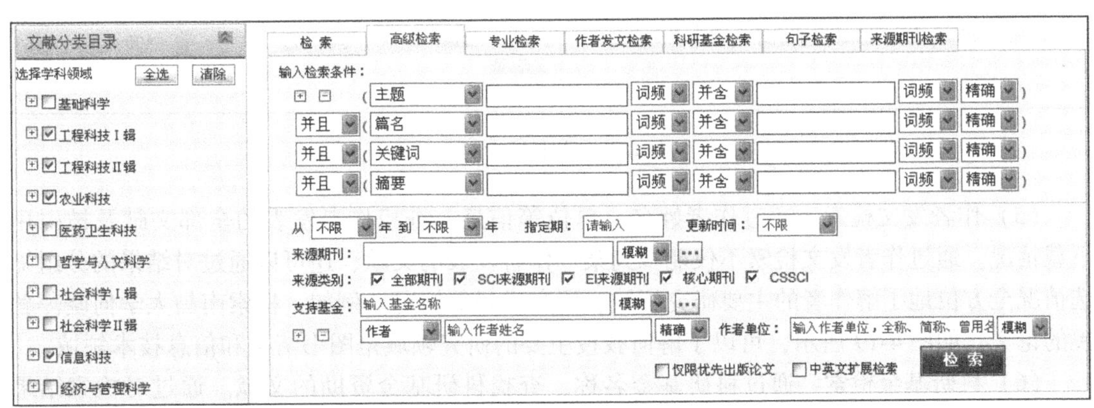

图4-17 高级检索界面

（4）专业检索　专业检索要求检索者自行构造检索提问式来准确地表达其多主题、多条件的检索要求。

例如，在数据库内查找 2010 年后在《金属矿山》期刊上发表的关于“尾矿库防灾模型”的论文。

检索步骤：

1）进入专业检索界面。

2）按数据库提示及要求建立检索式，JN = 金属矿山 AND SU = （尾矿库 * 灾害 * 模型），输入检索文本框。

3）选择发表时间从 2010 年到 2014 年。

4）单击检索，得到 1 条检索结果，如图 4-18 所示。

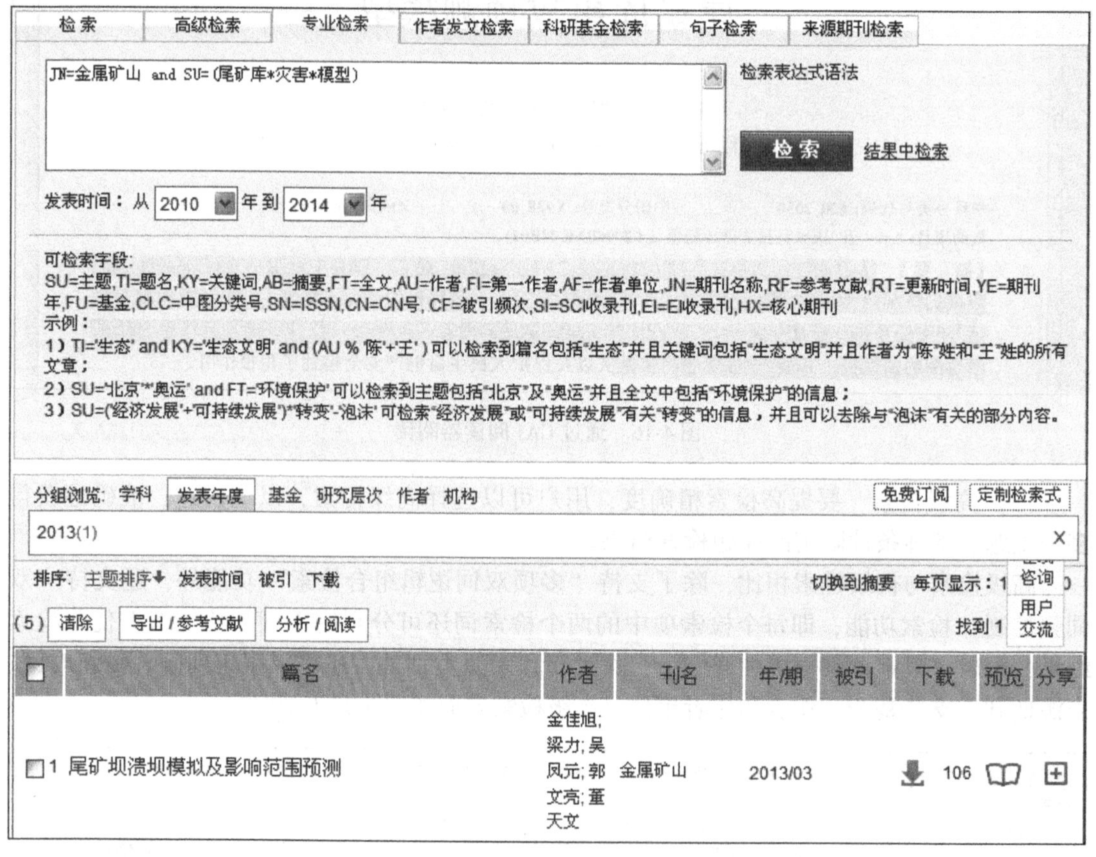

图 4-18　专业检索界面

（5）作者发文检索　通过作者姓名、单位等信息，查找作者发表的全部文献及被引用下载情况。通过作者发文检索不仅能找到某一作者发表的文献，还可以通过对结果的分组筛选情况全方位地了解作者的主要研究领域、研究成果等情况。例如，检索南昌大学何晓萍教授的论文，如图 4-19 所示，可以了解何教授主要的研究领域是图书情报和信息技术领域。

（6）科研基金检索　通过科研基金名称，查找科研基金资助的文献。通过对检索结果的分组筛选，可以全面了解科研基金资助的学科范围、科研主题领域等信息。

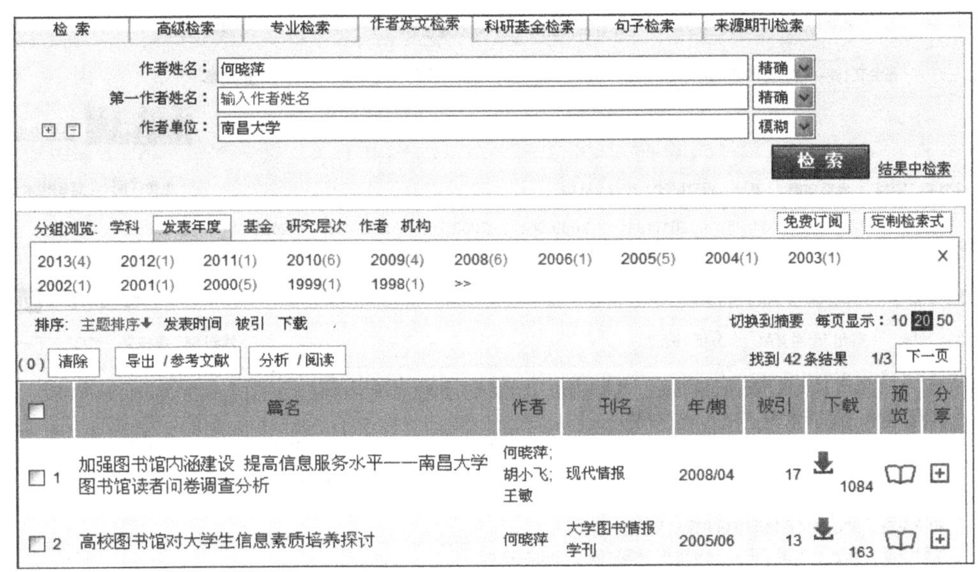

图4-19 作者发文检索界面

若不清楚基金全名，可以以基金名称的一部分进行检索。也可单击基金选择，进入基金选择界面，选择基金进行检索，如图4-20所示。

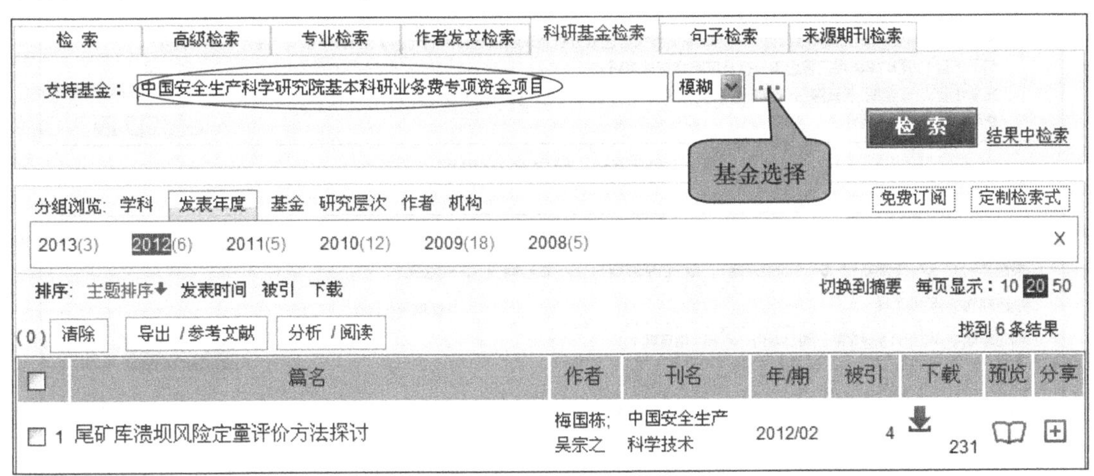

图4-20 科研基金检索界面

在第一篇论文的节点文献界面可以看到此文的基金支持，如图4-21所示。

【基金】中国安全生产科学研究院基本科研业务费专项资金项目(编号:2009JBKY04);国家科技重大专项课题(编号:2011ZX05040-001-006)

图4-21 基金支持

(7) 句子检索 通过用户输入的两个关键词，查找同时包含这两个词的句子和段落。由于句子中包含了大量的事实信息，通过检索句子可以为用户提供有关事实的问题的答案，如图4-22所示。

(8) 来源期刊检索 通过检索全部或部分刊名，查找刊物文献，可以限定年限卷期。用户可以由此了解刊物信息，有针对性地进行学术参考或论文投稿，如图4-23所示。

检索　高级检索　专业检索　作者发文检索　科研基金检索　句子检索　来源期刊检索

在全文 同一句 话中，含有 尾矿库 和 灾害 的文章

检索　结果中检索

分组浏览：学科　发表年度　基金　研究层次　作者　机构　免费订阅　定制检索式

2013(82)　2012(99)　2011(95)　2010(91)　2009(86)　2008(70)　2007(34)　2006(18)　2005(23)
2004(12)　2003(15)　2002(17)　2001(5)　2000(4)　1999(2)　>>

排序：主题排序　发表时间　被引　下载　每页显示：10 20 50

(0) 清除　导出 / 参考文献　分析 / 阅读　找到 657 条结果　1/33　下一页

1 句子 1：(3)矿山环境地质问题类型既包括了崩塌、滑坡、泥石流等人类经济活动共有的地质灾害,还包括了矿山特有的地质灾害,如采矿塌陷、尾矿库溃坝、矿山水土环境污染。
句子 2：2002年以来,国土资源部、财政部通过探矿权、采矿权两权价款费用,开展了国有老矿山、闭坑矿山及责任人灭失矿山的地质环境综合治理工作,内容包括了矿山地质灾害防治、病险尾矿库加固治理、采煤塌陷区治理、矿山废弃土地复垦或绿化、煤矸石山治理与绿化、矿山固体废弃物综合利用等。
句子来自：矿山地质环境调查研究现状及展望
文献作者：徐友宁 文献来源：地质通报 发表时间：2008-08-15
被引频次：42 下载频次：1012 来源库：期刊

2 句子 1：查清尾矿库下游居民的分布和工业经济及重要设施的分布情况;要有处理尾矿库溃坝、自然灾害等突发事故的应急措施;
句子来自：我国尾矿库安全现状分析及管理对策研究
文献作者：谢旭阳;田文旗;王云海;张兴凯 文献来源：中国安全生产科学技术 发表时间：2009-04-15
被引频次：34 下载频次：606 来源库：期刊

3 句子 1：图4尾矿库溃坝风险指标体系尾矿库溃坝灾害因素分析及风险指标体系研究@李全明$中国安全生产科学研究院!
句子来自：尾矿库溃坝灾害因素分析及风险指标体系研究
文献作者：李全明;王云海;张兴凯;赵军 文献来源：中国安全生产科学技术 发表时间：2008-06-15
被引频次：34 下载频次：643 来源库：期刊

图 4-22　句子检索界面

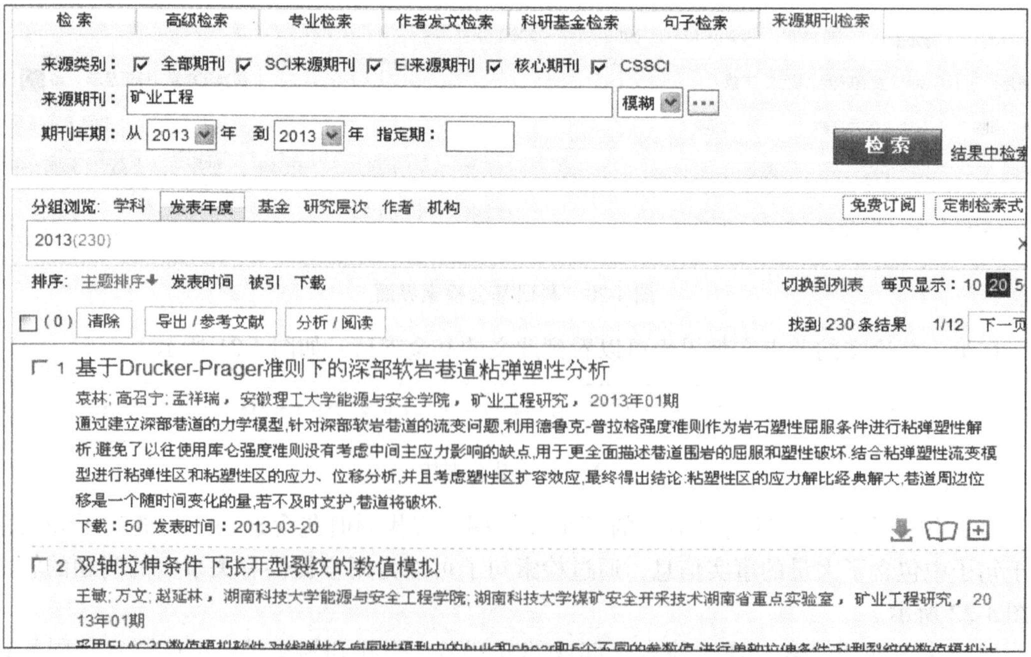

检索　高级检索　专业检索　作者发文检索　科研基金检索　句子检索　来源期刊检索

来源类别：全部期刊　SCI来源期刊　EI来源期刊　核心期刊　CSSCI
来源期刊：矿业工程　模糊
期刊年期：从 2013 年 到 2013 年 指定期：
检索　结果中检索

分组浏览：学科　发表年度　基金　研究层次　作者　机构　免费订阅　定制检索式

2013(230)

排序：主题排序　发表时间　被引　下载　切换到列表　每页显示：10 20 5

(0) 清除　导出 / 参考文献　分析 / 阅读　找到 230 条结果　1/12　下一页

1 基于Drucker-Prager准则下的深部软岩巷道粘弹塑性分析
袁林;高召宁;孟祥瑞，安徽理工大学能源与安全学院，矿业工程研究，2013年01期
通过建立深部巷道的力学模型,针对深部软岩巷道的流变问题,利用德鲁克-普拉格强度准则作为岩石塑性屈服条件进行粘弹塑性解析,避免了以往使用库仑强度准则没有考虑中间主应力影响的缺点,用于更全面描述巷道围岩的屈服和塑性破坏.结合粘弹塑性流变模型进行粘弹性区和粘塑性区的应力、位移分析,并且考虑塑性区扩容效应,最终得出结论:粘塑性区的应力解比经典解大,巷道周边位移是一个随时间变化的量,若不及时支护,巷道将破坏.
下载：50 发表时间：2013-03-20

2 双轴拉伸条件下张开型裂纹的数值模拟
王敏;万文;赵延林，湖南科技大学能源与安全工程学院;湖南科技大学煤矿安全开采技术湖南省重点实验室，矿业工程研究，2013年01期

图 4-23　来源期刊检索

4.2　万方数字化期刊

4.2.1　数据库简介

万方数据库由万方数据股份有限公司开发，是涵盖期刊论文、学位论文、会议论文、外文文献、学者、专利、标准、成果、图书、新方志、法规、机构、专家等一系列数据库的一个综合数据库。

万方数字化期刊是万方数据资源系统的重要组成部分，它由数字化期刊全文数据库、数字化期刊刊名数据库等组成。目前集纳了理、工、医、农、哲学、人文、社会科学、经济管理与教科文艺等 8 大类、100 多个类目、7000 余种期刊的 2000 余万篇全文，基本包括了核心源期刊的全文资源。

万方数字化期刊采用国际流行的 HTML 格式和 PDF 格式制作上网，遵循电子期刊以刊为单位的原则，同传统纸质刊一样单篇、单刊、按刊浏览，符合传统阅读习惯，可以多角度、全方位地进入期刊主页浏览，具备了网上期刊资源门户的特征。

4.2.2　数据库检索指南

1. 数据库主页

万方数据库访问网址为 http：//g. wanfangdata. com. cn。万方期刊检索首页如图 4-24 所示。

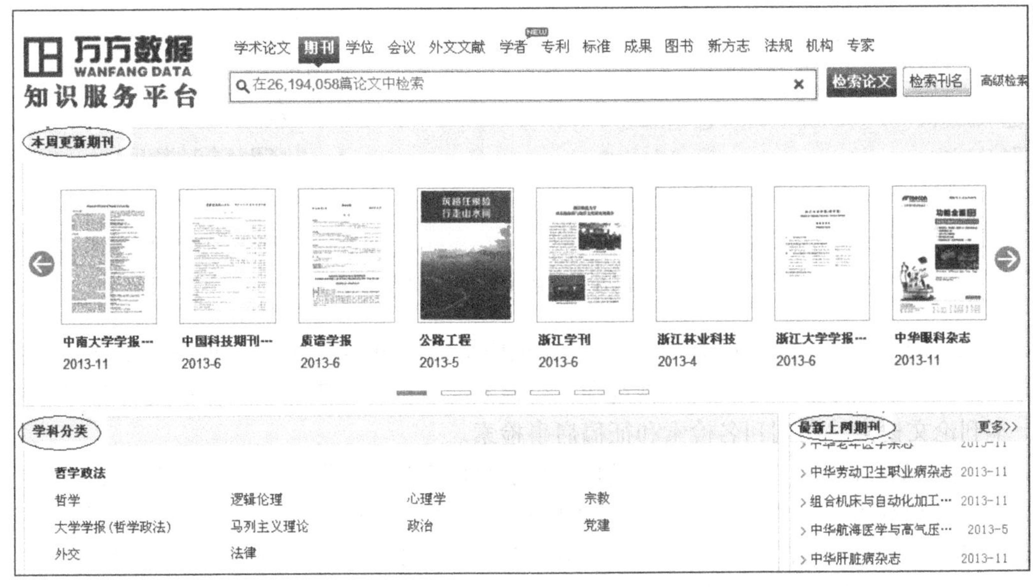

图 4-24　万方期刊检索首页

2. 数据库检索

万方数据库提供四种检索方式：期刊导航、简单检索、高级检索和专业检索。

（1）期刊导航　在首页数据库目录中单击“期刊”，进入期刊检索网页，若不选择期刊，则系统默认为全部文献检索。期刊检索网页分三块：本周更新期刊、最新上网期刊和期刊分类浏览块。期刊分类浏览块分别以学科分类、地区分类、刊名拼音首字母分类将期刊聚合，方便用户查询。根据分类浏览万方期刊网收录的所有期刊，如图 4-24 所示。

下面以查找有关采矿或矿山方面期刊为例，说明万方期刊学科分类导航。

1）在学科分类下选择“工业技术－＞矿业工程”，如图 4-25 所示。

工业技术

大学学报(工业技术)	一般工业技术	矿业工程	石油与天然气工业
冶金工业	金属学与金属工艺	机械与仪表工业	军事科技
动力工程	原子能技术	电工技术	无线电电子学与电信技术
自动化技术与计算机技术	化学工业	轻工业与手工业	建筑科学
水利工程	环境科学与安全科学	航空航天	交通运输

图 4-25　学科分类导航

2）进入矿业工程期刊列表，如图 4-26 所示。期刊列表以刊名拼音首字母顺序排列，可以浏览矿业工程的全部 93 种刊，也可选择浏览核心刊或优先出版期刊。在近 1 个月下载排行中，用户可以了解有关矿业工程研究的最新动态。

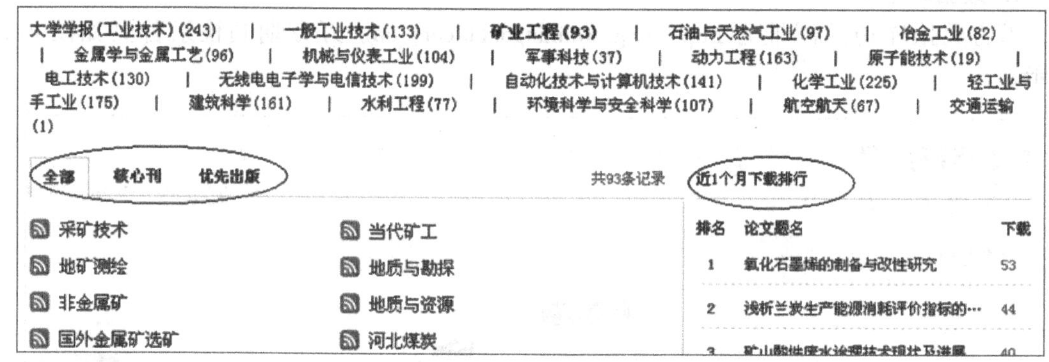

图 4-26　矿业工程期刊列表

3）选择某期刊，单击刊名，进入期刊详细信息，如图 4-27 所示。期刊详细信息包括刊物详细介绍、收录总汇、论文目次浏览和一个检索文本框，检索文本框可以进行全部论文检索、本刊论文检索、期刊刊名检索和征稿启事检索。

4）选择某篇论文，单击论文题名进入论文具体信息页，再选择是否下载或在线阅读。

（2）简单检索　简单检索采用一框式检索，支持 PairQuery（PQ）检索表达式。PQ 表达式由多个空格分隔的部分组成，每个部分称为一个 Pair，每个 Pair 由冒号分隔符“:”分隔为左右两部分，“:”左侧为限定的检索字段，右侧为要检索的词或短语。

在检索词部分使用引号或书名号括起来，表示精确匹配；日期范围的检索采用 Date：1998-2003 的形式，“－”前后分别代表限定的年度上下限，上限和下限可以省略一个，代表没有上限或下限，但“－”不可省略；PQ 中的符号（空格、冒号、引号、横线）可任意使用全角、半角符号及任意的组合形式，如图 4-28 所示。

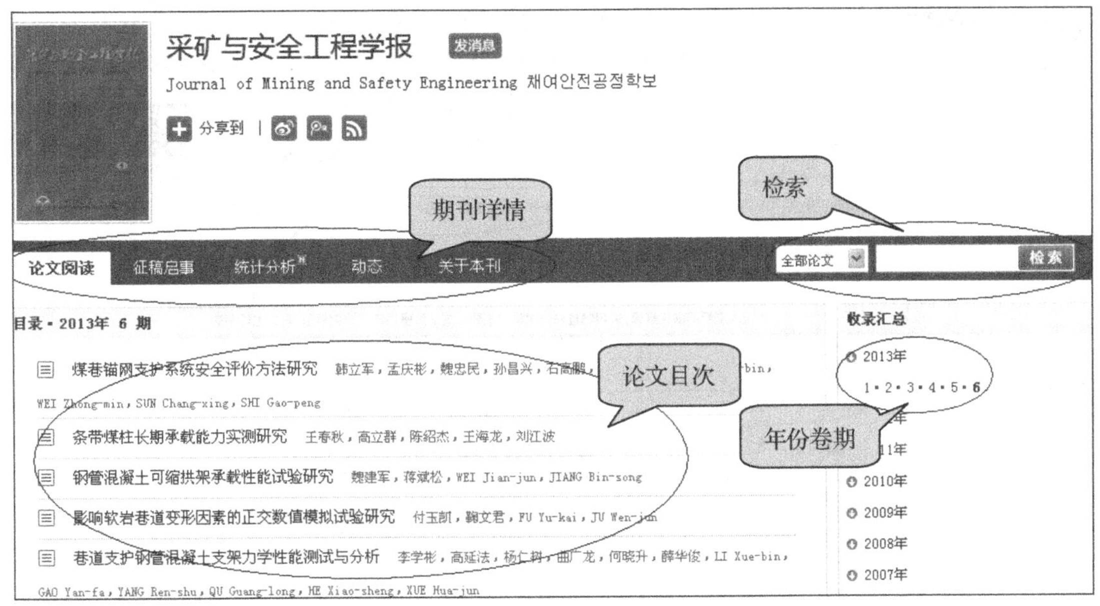

图4-27　期刊《采矿与安全工程学报》详细信息

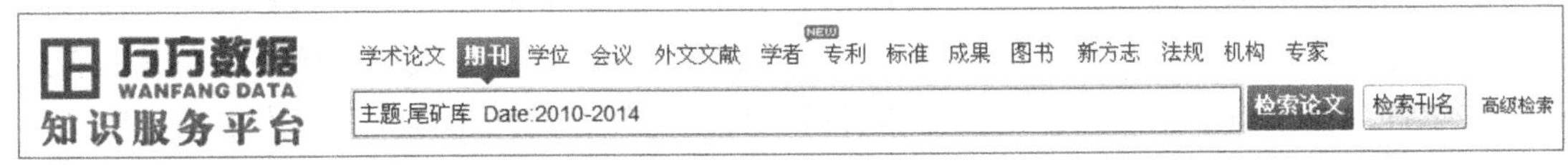

图4-28　简单检索

下面以检索实例“尾矿库防灾模型”来详细介绍简单检索步骤。

1）进入数据库。数据库默认为简单检索。在数据库首页选择期刊，进入期刊检索。

2）设置检索条件。根据检索要求，确定检索词，构建检索式。

检索词定为“尾矿库”及其近义词“小流域”、“防灾”及其近义词“灾害”、“模型”及其近义词“建模”。

时间选择2010年到2014年。

检索式两种表达方式如下：

（尾矿库 OR 小流域）AND（防灾 OR 灾害）AND（模型 OR 建模）AND（Date：2010-2014）

主题：（尾矿库 OR 小流域）（防灾 OR 灾害）（模型 OR 建模）Date：2010-2014

输入检索式，单击“检索论文”，得到检索结果，如图4-29所示。

3）二次检索。如图4-29所示，第一次检索结果出来后，在二次检索的检索文本框中按提示加入检索条件，单击“在结果中检索”，即可得到缩小范围后的检索结果。

4）浏览论文。检索结果以题录形式存在，从中可以看到每篇论文的标题、来源刊名、卷期、著者、部分摘要、关键词及被引次数。可以从以下角度对检索结果进行浏览：以相关度优先、新论文优先、经典论文优先或仅相关度、仅出版时间、仅被引次数进行排序浏览所有结果论文；以学科分类、年份、按刊分类来分析浏览论文，如图4-29所示。

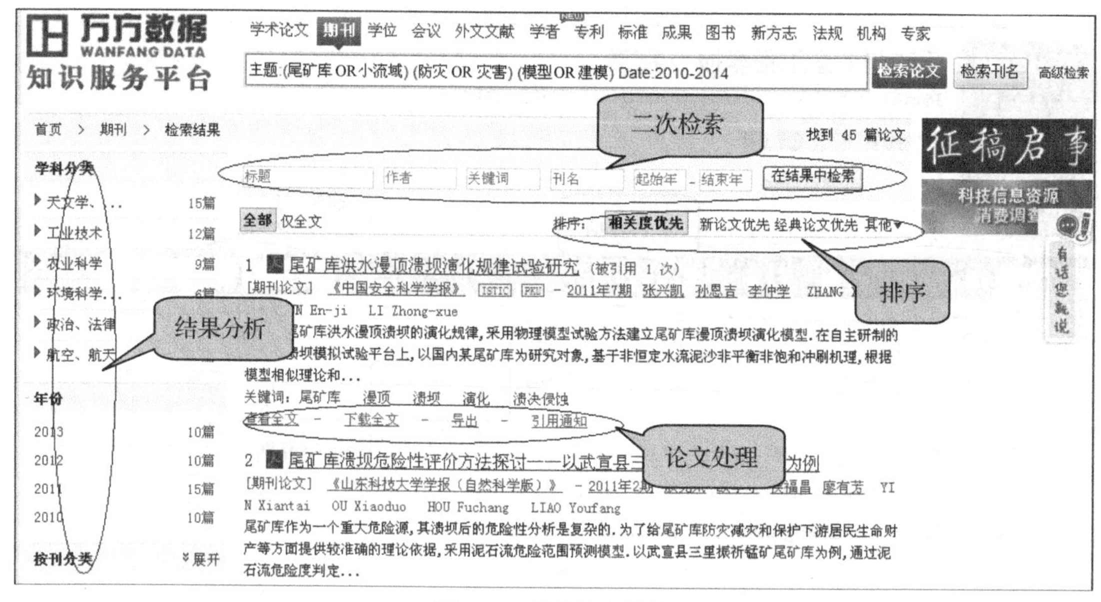

图 4-29　简单检索结果

5）检索结果处理。

①文献细览。单击标题进入论文具体信息界面，如图 4-30 所示。除文献基本信息外，此界面还有一些补充信息节点链接：在论文信息下有相似文献、相关博文链接，在界面右边有相关学者、相关检索词链接；论文的作者可以直接链接查询同名作者在万方数据库中文章收录情况；单击关键词旁的知识脉络图标获得该关键词的研究趋势、热词、经典文献及研究前沿文献，还有相关学者链接。

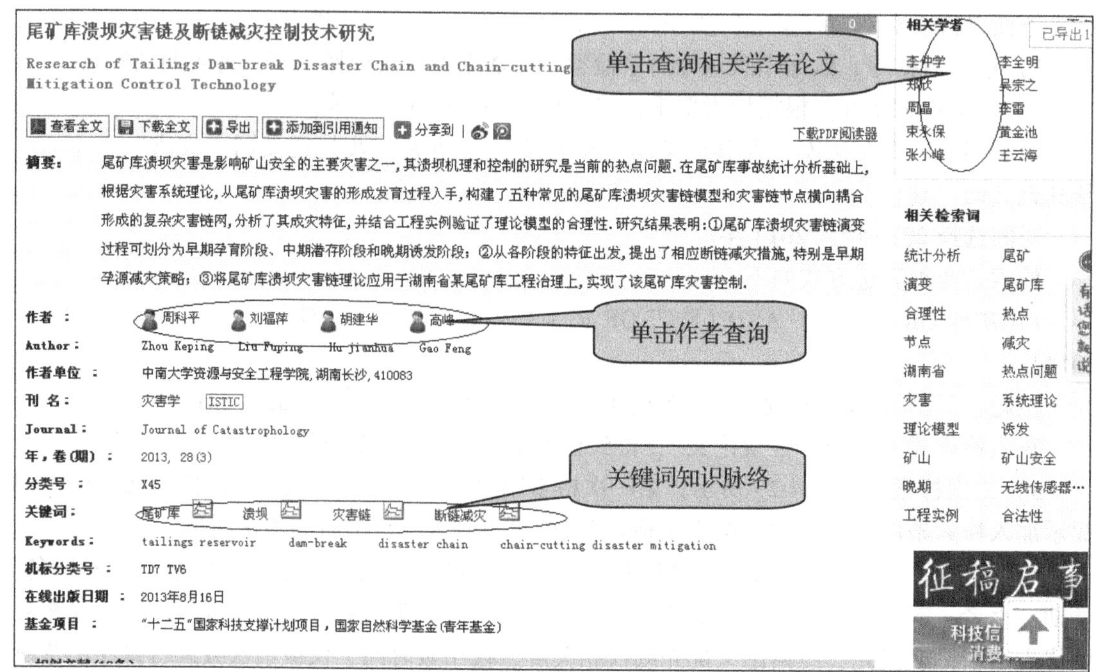

图 4-30　论文具体信息界面

通过上述信息节点链接，用户可以对研究内容更广泛地了解，对课题研究极有参考意义。

② 导出文献列表。检索结果可以按参考文献格式、NoteExpress、RefWorks、NoteFirst、EndNote、自定义格式、查新格式等导出文献列表，如图4-31所示。

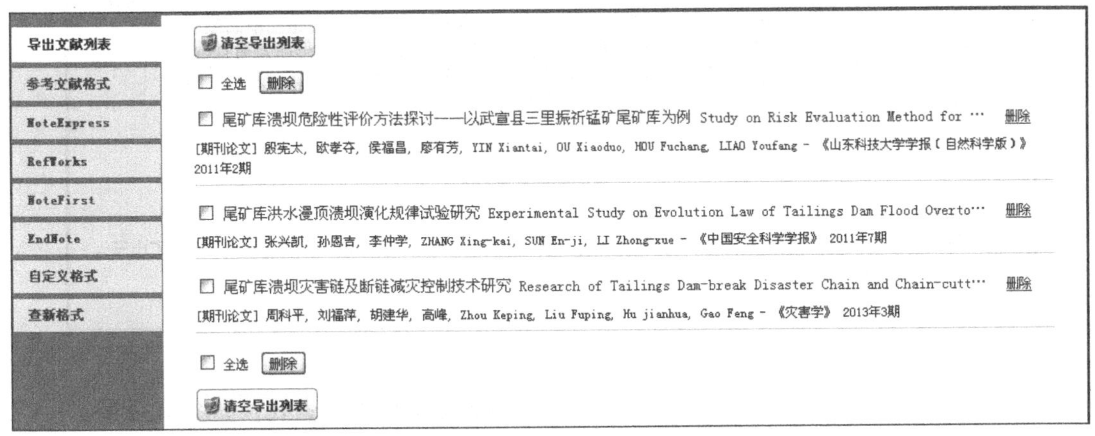

图4-31　导出文献列表

③ 下载查看全文。万方数据库所有的论文全文都是以PDF格式存在的，可以直接单击查看全文进行网页浏览，也可以单击下载全文将论文下载到本地计算机再进行查看。下载到本地的论文需要借助阅读软件进行阅读，万方推荐两款阅读工具软件，即Adobe Reader和Foxit Reader。

（3）高级检索　在检索首页单击高级检索，即可进入高级检索界面，如图4-32所示。

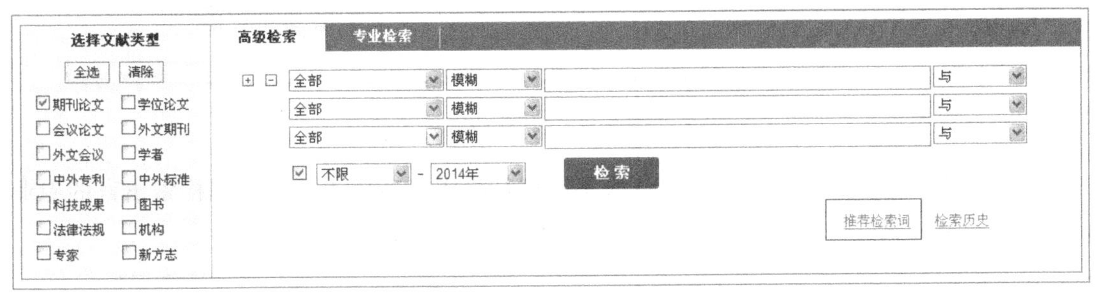

图4-32　高级检索界面

高级检索选择：

1）选择数据库。从期刊检索进入高级检索默认期刊论文库。

2）选择检索入口。高级检索有11个检索入口：全部、主题、题名或关键词、题名、创作者、作者单位、关键词、摘要、日期、期刊-刊名、期刊-期。

3）选择检索匹配。检索匹配有“精确和模糊”两个选项。

4）选择逻辑词。检索逻辑关系有“与、或、非”。

5）增减检索文本框。系统默认是三栏检索文本框，在检索文本框左上方有一个“+”和一个“-”，分别单击可增加或减少检索栏。

6）时间限定。在检索文本框下方还有一个时间限制栏，可以在限定年份内进行检索。

7）推荐检索词。单击高级检索界面的“推荐检索词”（图 4-32），提供一段文本（如科学技术要点），系统会在下方给出推荐的检索词，如图 4-33 所示。

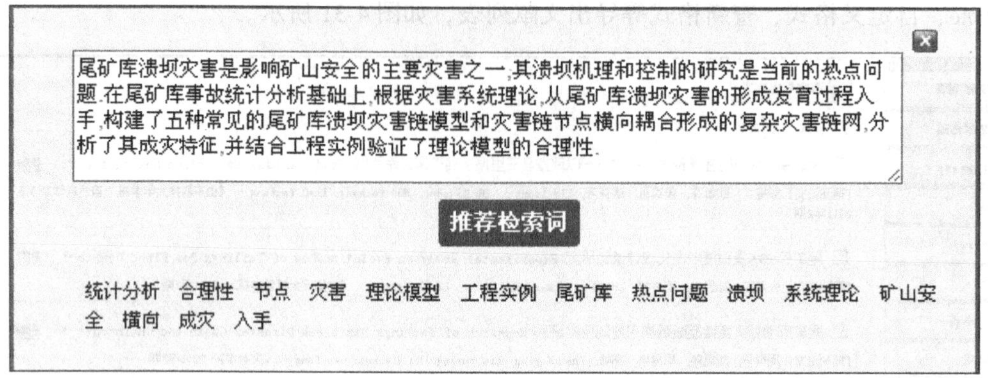

图 4-33　推荐检索词

8）检索历史。单击检索历史，查看本次登录后检索的所有检索式，如图 4-34 所示。

导出检索历史

检索策略	检索数据库	检索时间	删除
主题:("尾矿库") * 主题:(" 灾害") * 主题:("模型")	期刊论文	Thu Feb 13 2014 21:48:15 GMT+0800（中国标准时间）	×
主题:("尾矿库") * 主题:(" 灾害") * 主题:("模型")	期刊论文	Thu Feb 13 2014 21:46:31 GMT+0800（中国标准时间）	×
主题:("尾矿库 or 小流域") * 主题:("防灾 or 灾害") * 主题:("模型 or 建模")	期刊论文	Thu Feb 13 2014 21:46:07 GMT+0800（中国标准时间）	×

图 4-34　检索历史

（4）专业检索　专业检索需要编制检索式进行检索，适用于熟练掌握检索语言的专业检索人员，也可通过“可检字段”（图 4-35）来构建检索式。

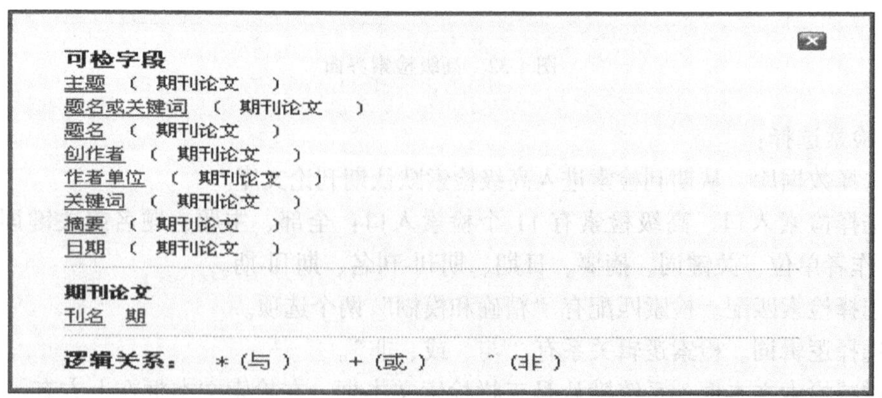

图 4-35　可检字段

下面以“尾矿库防灾模型”的检索实例来说明专业检索过程。

1）选择数据库为“期刊论文”。

2）输入检索式“主题：（尾矿库 OR 小流域）（防灾 OR 灾害）（模型 OR 建模）Date：2010-2014”。

3）单击“检索”得到检索结果，如图4-36所示。

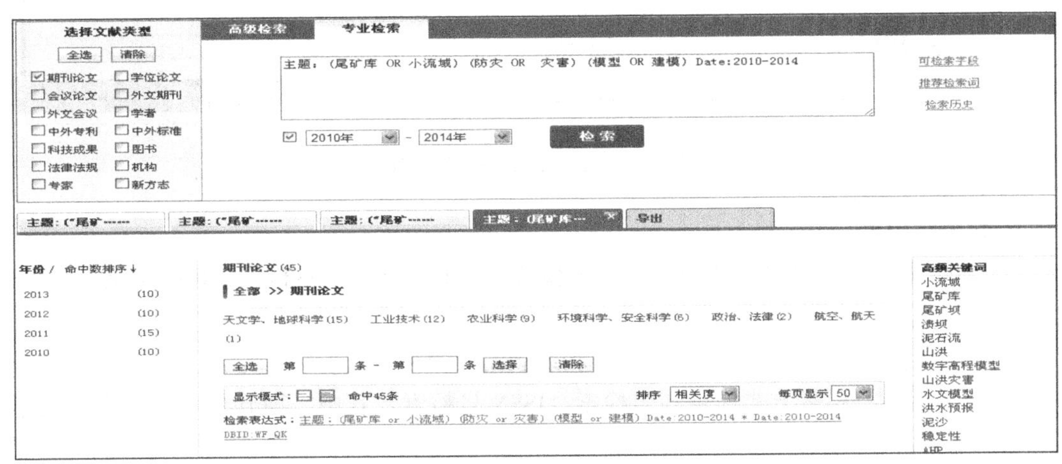

图4-36　专业检索结果

4.3　维普中文科技期刊数据库（CSTJ）

4.3.1　数据库简介

维普中文科技期刊数据库是我国最大的数字科技期刊数据库，是我国数字图书馆建设的核心资源之一，是高校图书馆文献保障系统的重要组成部分，也是科研工作者进行科技查证和科技查新的必备数据库。

数据库收录自1989年（部分期刊回溯至1955年）以来的科技期刊，共有期刊12000余种（其中核心期刊1957种），文献3000余万篇，覆盖学科范围有社会科学、自然科学、工程技术、农业科学、医药卫生、经济管理、教育科学和图书情报8个专辑45个学科。

维普中文科技期刊数据库采用自主开发的海量文献搜索引擎技术，提供B/S方式的WEB数据库服务，同时支持OPENURL等国际标准协议，为客户单位提供异构数据库的开放连接增值服务。

4.3.2　数据库检索指南

1. 数据库主页

维普中文科技期刊数据库访问网址为 http：//lib. cqvip. com，该数据库的主页如图4-37所示。

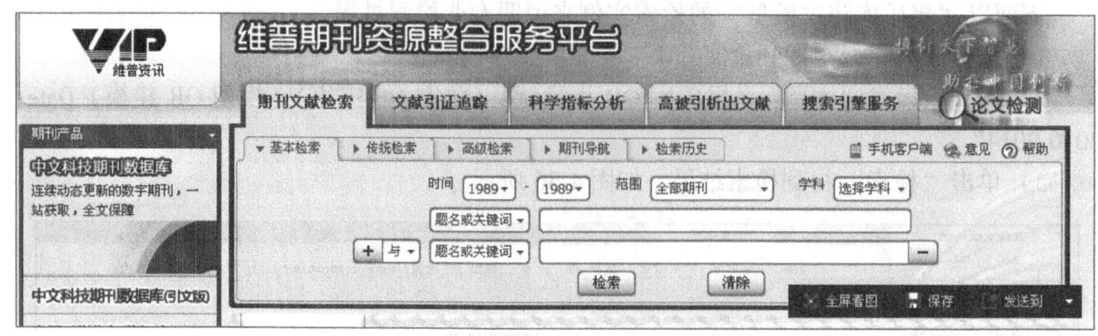

图 4-37　维普中文科技期刊数据库主页

2. 数据库检索

维普中文科技期刊数据库提供五种检索模式：期刊导航、基本检索、传统检索、高级检索、检索历史。

（1）期刊导航　期刊导航分期刊检索和期刊浏览两种方式。

1）期刊检索。检索方式提供刊名检索、ISSN 号检索。其中，期刊名可以按全名检索，也可以按部分名称检索。

2）期刊浏览。浏览方式提供按刊名字顺浏览、期刊学科分类导航、核心期刊导航、国内外数据库收录导航、期刊地区分布导航。其中，新增的核心期刊导航，反映最新核心期刊收录情况，同时更新最新国内外知名数据库收录期刊情况。维普期刊导航分类见表 4-2。

表 4-2　维普期刊导航分类

导 航 分 类	介　　绍
按刊名字顺浏览	以刊名首字母的顺序进行期刊浏览
期刊学科分类导航	按期刊知识内容分类，5 个学科 65 个专题
核心期刊导航	按期刊知识内容分类，5 个学科 64 个专题
国内外数据库收录导航	以国家分类，8 个国家 32 本期刊
期刊地区分布导航	以出版地所属区域分类，31 个省市

（2）基本检索　基本检索是数据库默认的检索方式（图 4-38）。下面以检索实例“查询 2000 年后关于尾矿库或小流域的安全监测的相关文献”来说明基本检索步骤。

具体步骤为：

1）条件限制。选择时间限定为 2000-2014；范围为全部期刊；学科为矿业工程、电子电信、计算机与自动化。

2）选择检索入口和逻辑符。检索入口有 14 个：任意字段、题名或关键词、题名、关键词、文摘、作者、第一作者、机构、刊名、分类号、参考文献、作者简介、基金资助、栏目信息。

选择“题名或关键词”入口，选择系统默认的逻辑“与”的组配检索。

3）确定、输入检索词。确定检索词并输入到检索文本框。默认的检索文本框只有两栏，单击旁边的加减号进行增减，输入检索条件做由上至下的组配检索。将检索词“尾矿库”“安全”“监测”分别输入检索文本框，如图4-38所示。

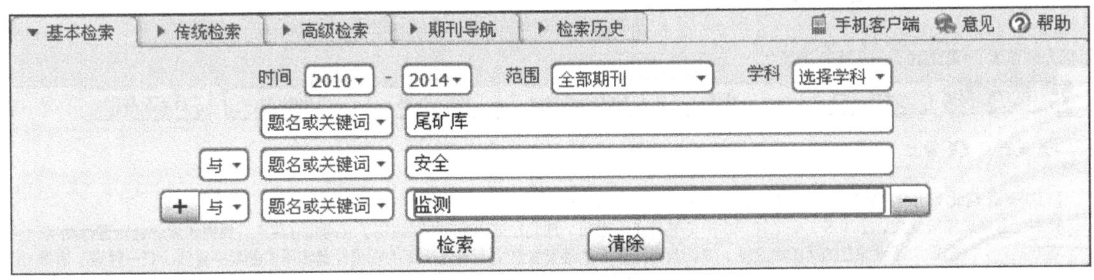

图4-38 基本检索界面

4）二次检索。单击检索，得到检索结果24篇，如图4-39所示。

在检索文本框中，可以重新检索或二次检索。二次检索选项，分别为“在结果中搜索”“在结果中添加”“在结果中去除”。

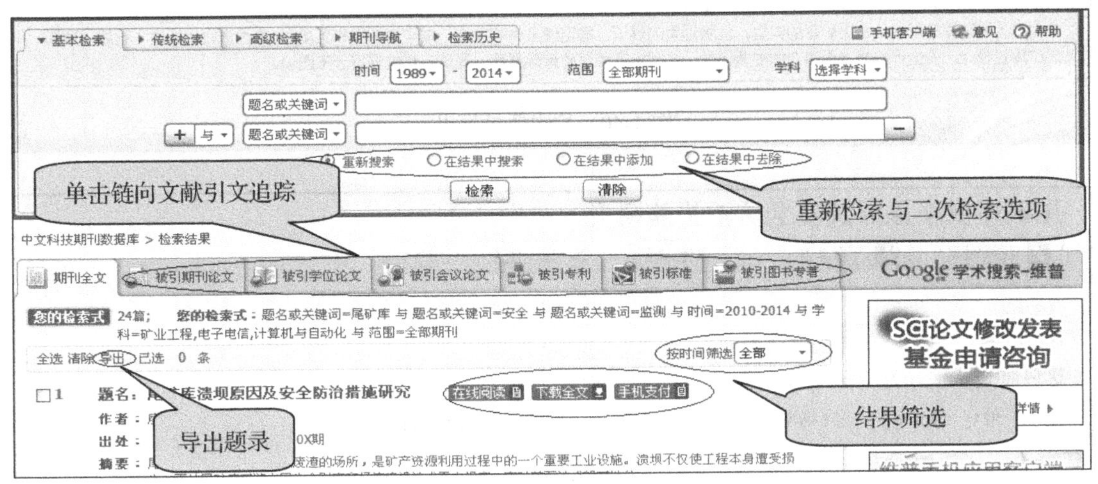

图4-39 基本检索结果

5）检索结果操作。检索结果以题录的形式出现，每页显示20条，可以按“首页”“数字页”“下10页”等进行任意页的选择。

检索结果显示的信息有：检索式、检索结果记录数、检索结果的题名、作者、出处、基金、摘要。其中，出处字段增加期刊被国内外知名数据库收录最新情况的提示标识，与基金字段一起帮助用户判断文献的重要性。

文献结果按时间筛选：限定筛选一个月内、三个月内、半年内、一年内、当年内发表的文献。可以将选中的文献题录以文本、参考文献、XML、NoteExpress、Refworks、EndNote或自定义的格式导出，也可以多选，如图4-40所示。

6）文献细览。单击文献题名进入文献细览页，查看该文献的详细信息和知识节点链接，如图4-41所示。

在文献细览页可以进行如下操作：

① 显示信息。题名、作者、机构地区、出处、基金、摘要、关键词、分类号、全文快照、参考文献、相似文献。

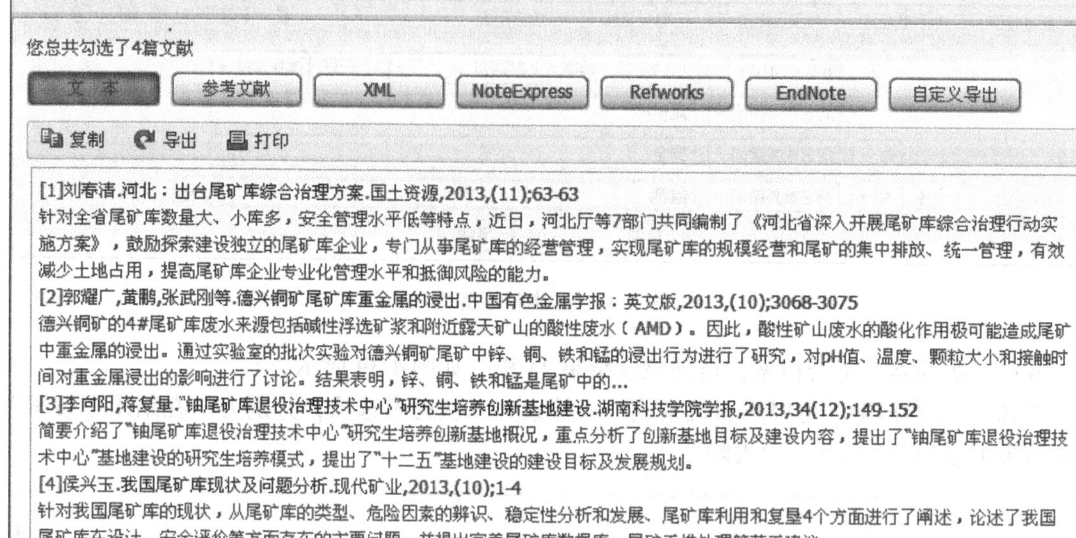

图 4-40　检索题录导出

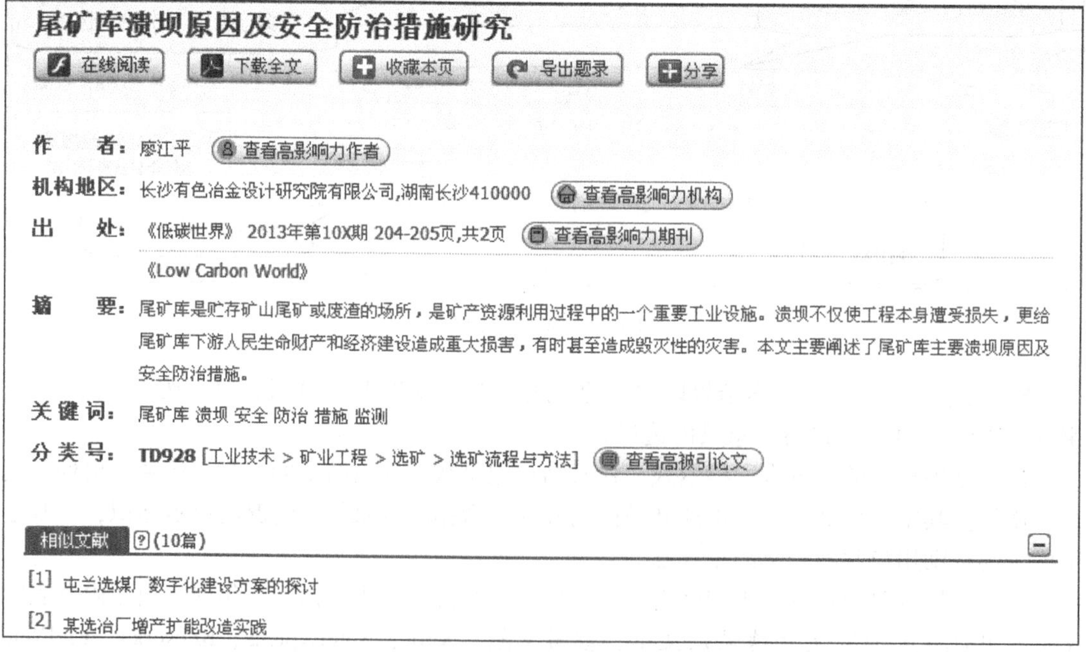

图 4-41　文献细览页

② 路径导航。显示并定位到该文献的期刊期号。

③ 节点链接。通过作者、机构地区、出处、关键词、分类号、参考文献、相似文献提供的链接可检索相关知识点的信息。

④ 整合服务。通过“查看高影响力作者”“查看高影响力机构”“查看高影响力期刊”

“查看高被引论文”按钮，链接“科学指标分析”模块的相应页面。

7）获取全文。检索结果可以通过单击下载全文、文献传递、在线阅读按钮，将感兴趣的文献下载保存到本地磁盘或在线进行全文阅读。其中，新增原文传递的全文服务支持，对不能直接下载全文的数据，通过委托第三方社会公益服务机构提供快捷的原文传递服务。

下载或阅读检索结果的全文，需要下载PDF阅读器。

(3) 传统检索　传统检索是中文科技期刊数据库较为经典的检索风格，传统检索界面如图4-42所示。

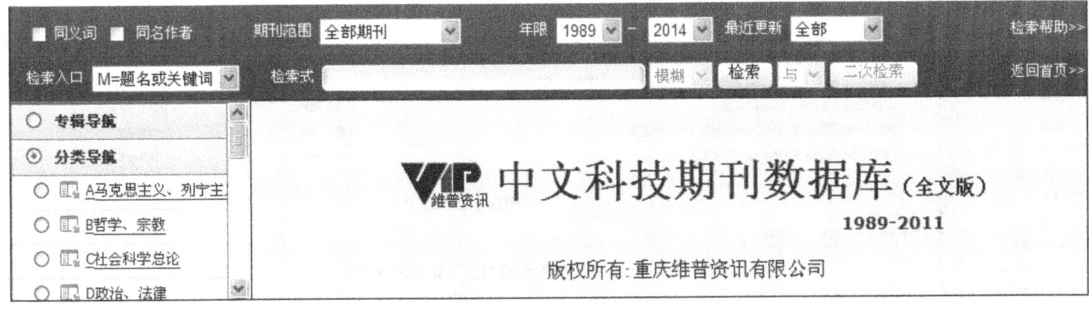

图4-42　传统检索界面

传统检索与基本检索的区别在于：

1）减少了检索入口字段。传统检索的入口字段仅有10个，分别是题名或关键词、题名、关键词、文摘、作者、第一作者、机构、刊名、分类号和任意字段。

2）增加“同义词”选项。当检索入口为题名或关键词时，单击同义词标记，系统会提示输入关键词的同义词供用户选择，提高检索结果的查全率。

3）增加了“同名作者”选项，以帮助筛选来自不同单位、不同工作机构，同名作者的文献。

4）二次检索。在一次检索结果的基础上，变换检索词或检索入口，缩小检索范围，使检索结果接近检索目标。

在传统检索界面还可以选择按学科分类查询文献，或者是按专辑分类查询文献，分别对应的是“分类导航”和“专辑导航”。如按学科分类查询，可以单击“分类导航”打开下面的各级学科分类，选中某一学科，然后在页面上端“检索词（检索式）”处输入关键词或者是检索式，单击“检索”进行查询；如按专辑分类查询，可以单击“专辑导航”打开下面两级分类，选中某一专辑或者分类，然后在页面上端“检索词（检索式）”处输入关键词或者是检索式，单击“检索”进行查询。

检索实例：检索2000年后有关“尾矿库安全预报、预警技术研究”的文献。

检索步骤：

1）进入传统检索，标记同义词，选择限定“全部期刊、2000-2014、全部更新”。

2）选择检索入口“关键词”，在检索文本框输入“尾矿库”单击检索，选择同义词尾矿坝、尾矿场、尾矿池，全选，单击确定得到检索结果2059篇。

3）选择检索入口“题名或关键词”，检索文本框输入“安全”，单击二次检索，得到检索结果499篇。

4）选择检索入口“关键词”，检索文本框输入“预警”，单击二次检索，得最终检索结果13篇。

5）在检索结果界面可进行题录文摘浏览、下载及全文下载，如图4-43所示。传统检索也可在检索入口填入检索式进行检索，此时同义词选项将不出现同义词提示。

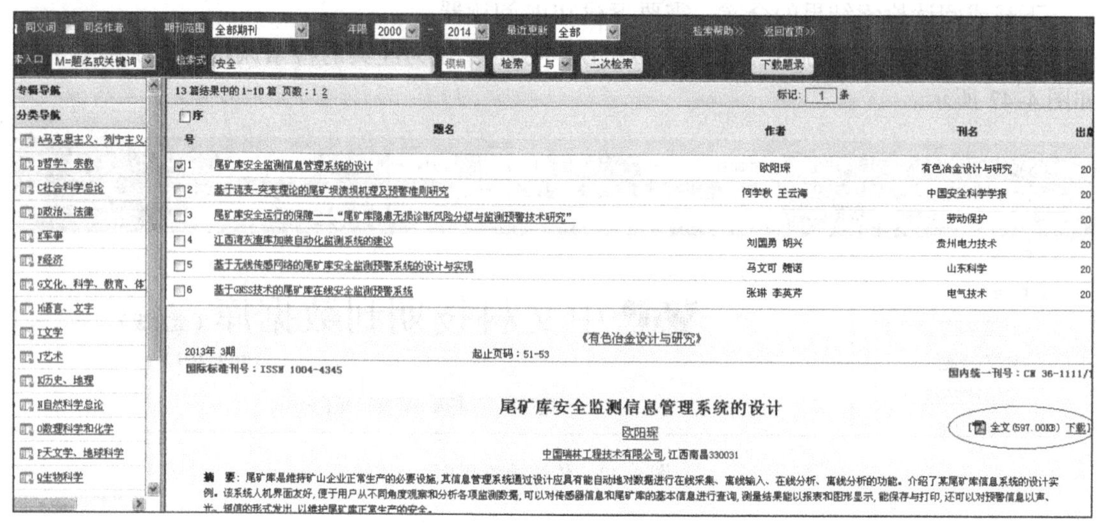

图4-43　传统检索结果界面

（4）高级检索　高级检索运用逻辑组配关系，查找同时满足几个检索条件的文献，提供“分栏式”多检索条件逻辑组配检索和“一框式”直接输入检索式检索两种方式。

1）“分栏式”检索。

① 检索界面。为用户提供分栏式检索词输入方法。界面有四列，分别为布尔逻辑符、检索入口、检索文本框、字段扩展信息。界面下方为“更多检索条件”的选择。高级检索之“分栏式”检索界面如图4-44所示。

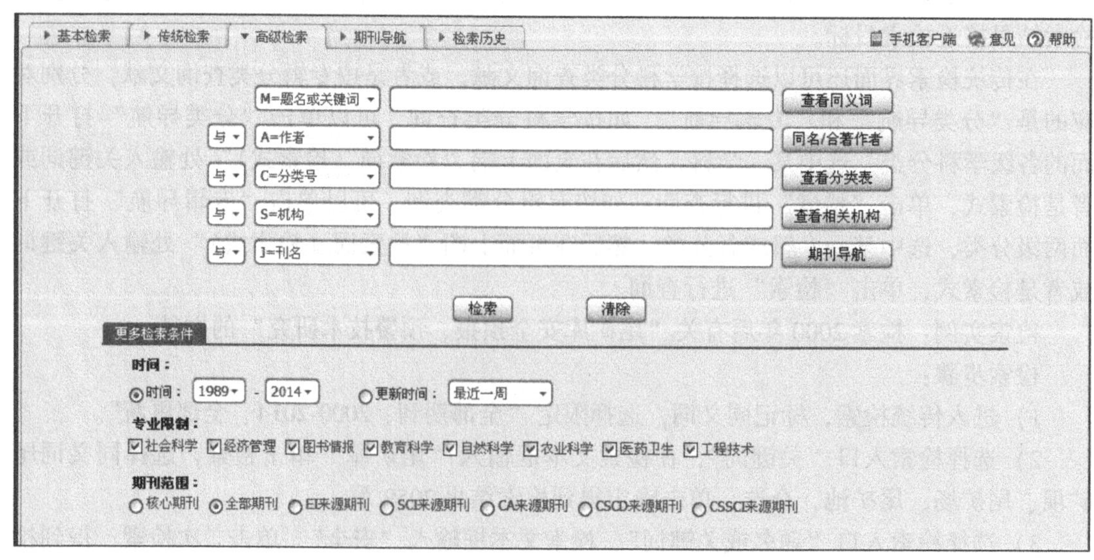

图4-44　高级检索之“分栏式”检索界面

② 检索规则。高级检索有 13 个检索入口：任意字段、题名或关键词、题名、关键词、文摘、作者、第一作者、机构、刊名、分类号、作者简介、基金资助、栏目信息。

数据库支持布尔逻辑组配算符。同字段检索，可以将多个检索词组成的检索式填入同一检索文本框。

③ 扩展功能。检索文本框后有扩展功能，对应前面的检索入口字段，主要作用是拓展检索字段的文本内容，如图 4-44 所示。

查看同义词：与“题名或关键词”字段相匹配。输入检索词，单击“查看同义词”，则显示出一组检索词的同义词；勾选相关的同义词，单击“确定”，系统自动将选择的同义词，用“+”号连接，添加到检索式中进行检索。其主要功能用于扩大检索范围，提高文献的检全率。

同名/合著作者：与“作者”字段相匹配。单击进入界面后，列表形式显示不同单位同名作者，用户可以选择作者单位来限制同名作者范围。为了保证检索操作的正常进行，系统对该项目进行勾选数据不超过 5 个的限制。

查看分类表：与“分类号”字段相匹配。用户可以直接单击按钮，会弹出分类表页，选择类目名称对应的分类号，双击添加到所选类号，确定后类号会添加到检索栏。

查看相关机构：与“机构”字段相匹配。如用户可以输入中华医学会，单击查看相关机构，即可显示以中华医学会为主办（管）机构的所属期刊社列表。为了保证检索操作的正常进行，系统对该项进行了一定的限制：最多勾选数据不超过 5 个。

期刊导航：与“刊名”字段相匹配。输入刊名单击期刊导航按钮，可链接到期刊检索结果页面，查找相关的期刊并查看期刊详细信息。

2）“一框式”检索。

① 检索界面。用户可在检索文本框中直接输入逻辑运算符、截词符、字段标识符等算符与检索词组成的检索式；使用“更多检索条件”进行限制后，单击“检索”按钮即可。高级检索之“一框式”检索界面如图 4-45 所示。

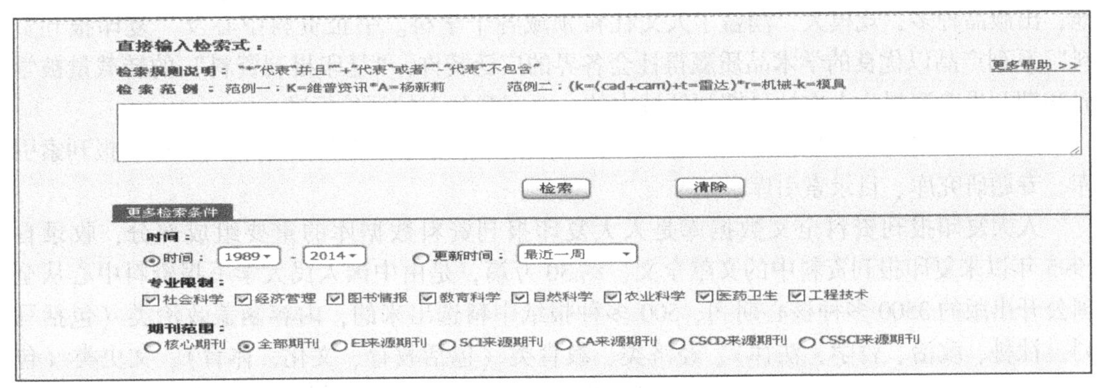

图 4-45　高级检索之“一框式”检索界面

② 检索规则。“一框式”检索，支持逻辑组配“与”“或”“非”检索、截词检索等。同高级检索之“分栏式”检索相比，检索优先级有所不同，无括号时检索式从左到右执行，有括号时优先执行括号内的检索式。

（5）检索历史　单击检索历史，进入检索历史界面，如图 4-46 所示。

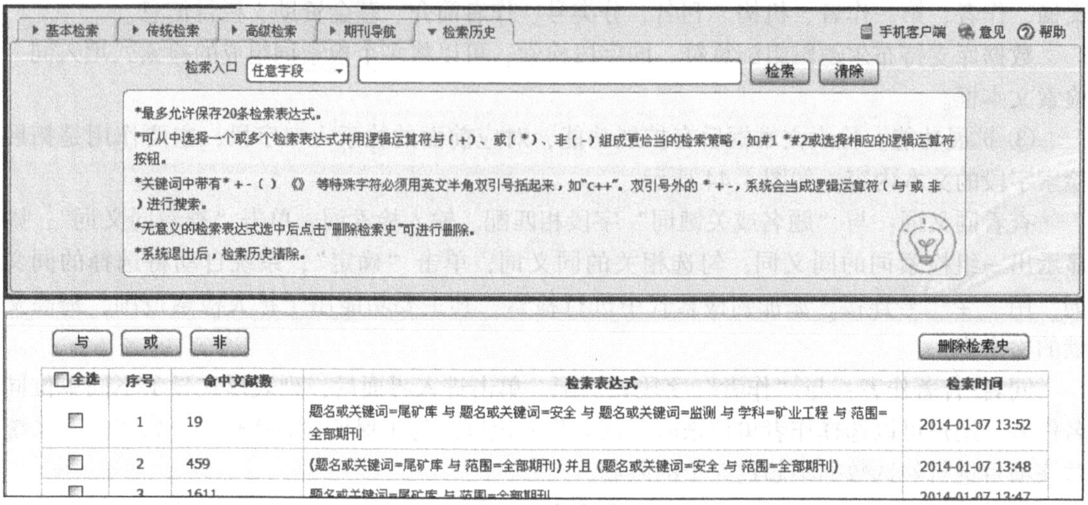

图 4-46　检索历史界面

系统对用户检索历史做自动保存，可对检索式进行重新检索或对检索结果再次进行逻辑组配检索：选择一个或多个检索式，用逻辑运算符组成新的检索策略，重新进行检索，形成新的检索历史。系统退出后，检索历史将自动清除。

4.4　人大复印报刊资料全文数据库

4.4.1　数据库简介

中国人民大学书报资料中心成立于 1958 年，是国内最早从事人文社会科学信息资料搜集整理、编辑加工、信息发布的学术研究出版单位，是目前国内最大的人文社科期刊出版基地，出版品种多，规模大，涵盖了人文社科领域各个学科。书报资料中心及“复印报刊资料”系列产品以优良的学术品质赢得社会各界的广泛赞许，“复印报刊资料”的转载量被学界和期刊界普遍视为人文社科期刊领域中的一个客观公正的评价标准。

人大复印报刊资料数据库产品主要有全文数据库、数字期刊库、报刊摘要库、报刊索引库、专题研究库、目录索引库。

人大复印报刊资料全文数据库是人大复印报刊资料数据库的重要组成部分，收录自 1995 年以来复印报刊资料中的文献全文，约 30 万篇，是由中国人民大学书报资料中心从全国公开出版的 3500 多种核心期刊、500 多种报纸中精选出来的，内容涵盖政治类（包括马列、社科、政治、哲学、法律）、经济类、教育类（包括教育、文化、体育）、文史类（包括语言、文学、历史、地理及其他）四大类，从 2007 年开始，增加了理工类专题，类目下按年度或季度细分，内容涵盖人文社会科学各个领域及部分自然科学领域。

4.4.2　数据库检索指南

1. 数据库主页

人大复印报刊资料全文数据库访问网址为 http：//book. zlzx. org。用户在控制 IP 段内，登录图书馆相关网页，单击数据库链接，可进入数据库首页，如图4-47所示。

图4-47 数据库首页

2. 数据库检索

人大复印报刊资料全文数据库提供期刊导航、分类导航、初级检索、高级检索。

(1) 期刊导航 单击首页的期刊导航，即可进入期刊导航界面，如图4-48所示。

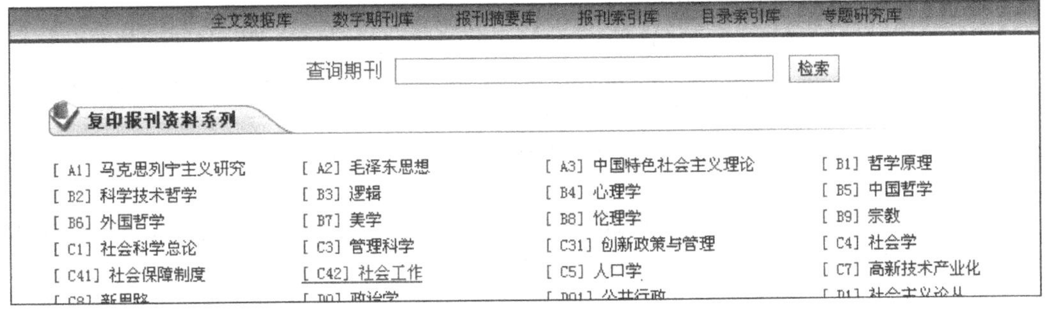

图4-48 期刊导航界面

期刊导航将所有期刊分成四个系列：复印报刊资料系列（127种刊）、原发刊系列（11种刊）、文摘类系列（14种刊）、原发电子期刊（1种刊）。

查看期刊详细信息，可以通过检索和浏览两种方式进行。

1）检索方式。期刊检索以刊物全名或刊名的一部分作为检索词。在检索结果中，用户单击所需浏览的期刊名进入。例如，在检索文本框内输入“中小学”，得到了3个结果，如图4-49所示。

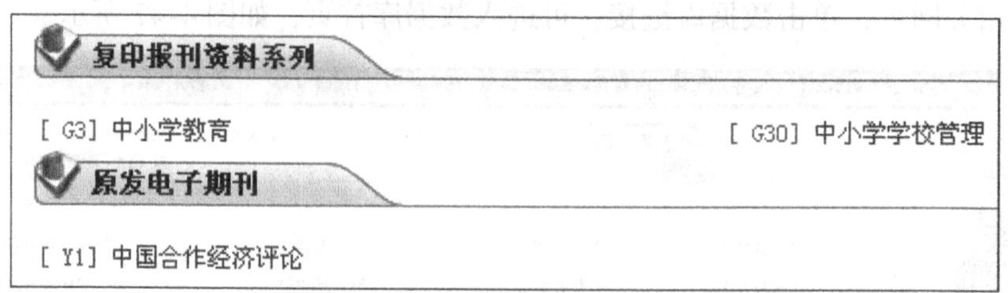

图 4-49　期刊检索结果

单击《中小学学校管理》，进入期刊细览，如图 4-50 所示。

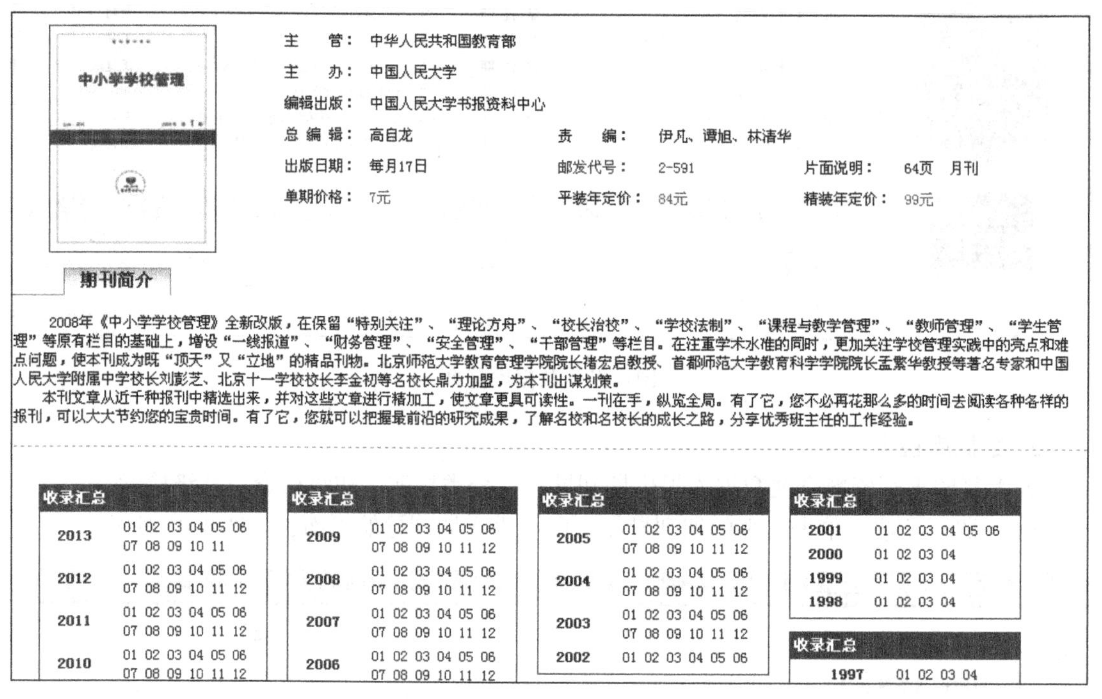

图 4-50　《中小学学校管理》期刊细览

收录总汇列出了数据库收录此刊的所有年份和卷期。若选择 2013 年 01 期，则单击鼠标左键进入此期的所有论文列表，如图 4-51 所示。

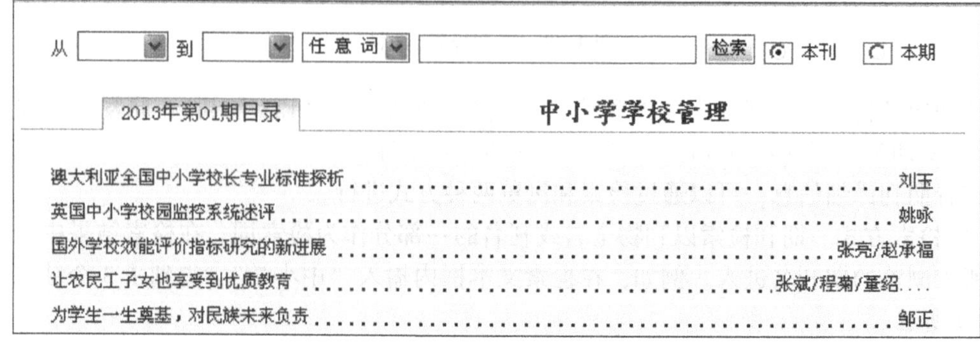

图 4-51　2013 年 01 期发表论文列表

论文列表页有检索文本框，可以通过时间的限制和检索入口及检索词的确定，检索本刊或本期的论文，也可单击论文题名，阅读论文。

2）浏览方式。直接单击期刊导航界面上的期刊名，即可进入期刊细览，选择阅读论文。

（2）分类导航　在数据库首页单击分类导航，即可进入全文数据库的检索界面，如图4-52所示。

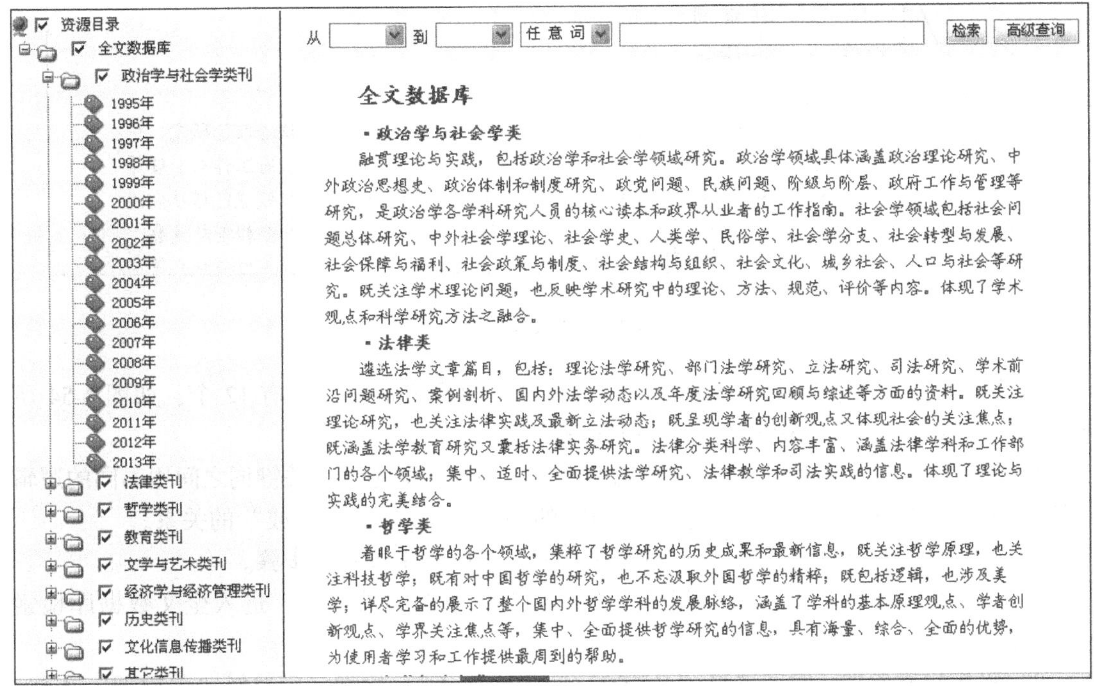

图4-52　全文数据库检索界面

从界面的左侧可以看到全文数据库按学科分为9个专辑，每个专辑学科下，按年份聚类。分类导航具有分类检索和分类浏览两种方式。

1）分类检索。界面左侧勾选专辑名称；界面的右侧框输入检索条件；单击检索，在检索结果中阅读相关论文，如图4-53所示。

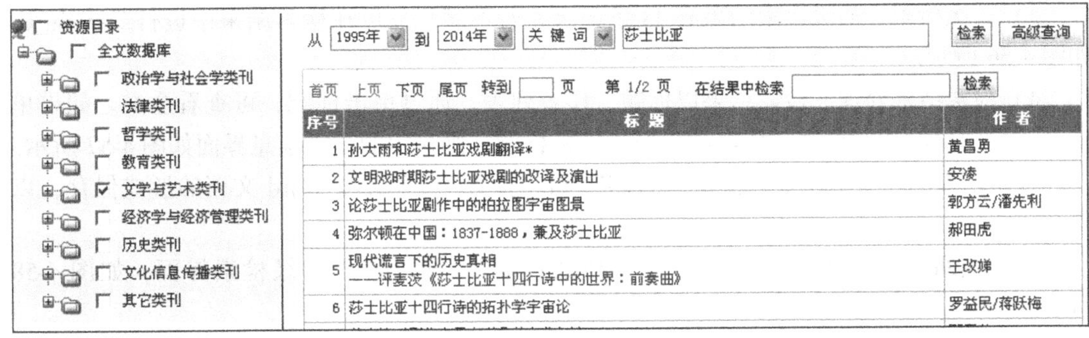

图4-53　分类检索

2）分类浏览。用户将光标移到需要查询的学科专辑或年份上，单击鼠标左键，右侧检索结果栏会根据用户的选择，显示出相应的论文列表。

（3）初级检索　在数据库首页单击“全文数据库”，进入全文数据库检索界面，系统默认初级检索，如图 4-54 所示。

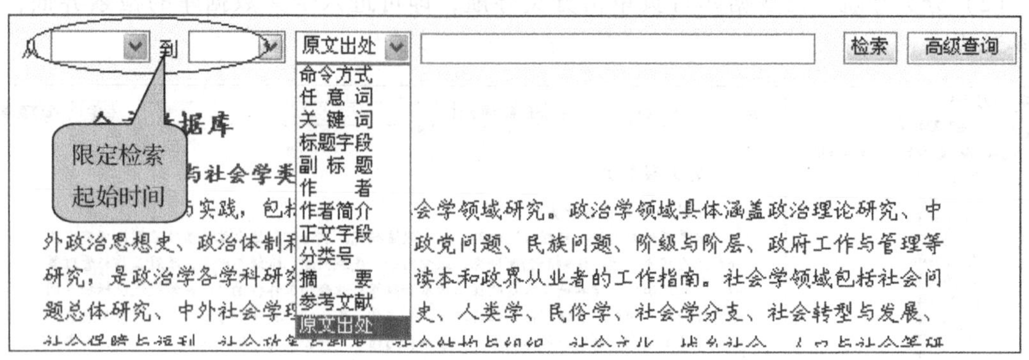

图 4-54　初级检索界面

选择检索时间；选择检索字段入口，初级检索的检索字段入口有 12 个，如图 4-54 所示；输入检索词；单击“检索”后，得到检索结果。

检索文本框可输入属同一检索字段的两个以上不同的关键词，关键词之间用不同的逻辑运算符来表示它们的关系。“ * ”表示“与”的关系，“ + ”表示“或”的关系。

下面结合实例：检索苏东坡研究的相关文献，说明检索方法与步骤。

1）进入数据库。在人大报刊复印资料平台上单击全文数据库，进入全文数据库检索（系统默认为初级检索）。

2）设定检索条件。时间选择“从 1995 年到 2014 年”；检索字段选择“关键词”入口，检索文本框中输入“苏东坡或苏轼”，单击检索，如图 4-55 所示。

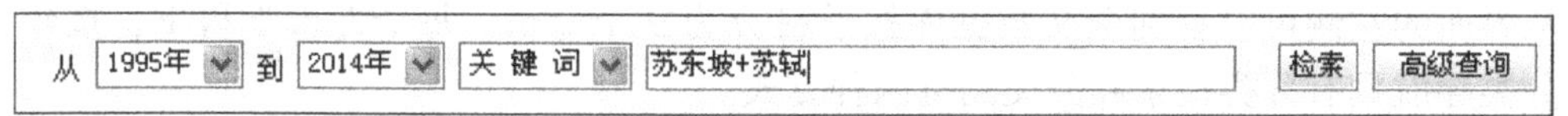

图 4-55　设定检索条件

3）二次检索。初级检索结果有 43 条记录。若不满意，可在检索结果中进行二次检索，如图 4-56 所示。

4）检索结果处理。检索结果以标题、作者列表。通过单击标题，可查看全文。如果单击《饮食题材的诗意提升：从陶渊明到苏轼》标题，则显示的全文信息界面如图 4-57 所示。

检索结果的全文信息页，提供“打印”和“保存”。全文以 Word 文档的形式保存，以供阅读。

（4）高级查询　在检索首页单击“高级查询”，即可进入高级检索界面，如图 4-58 所示。

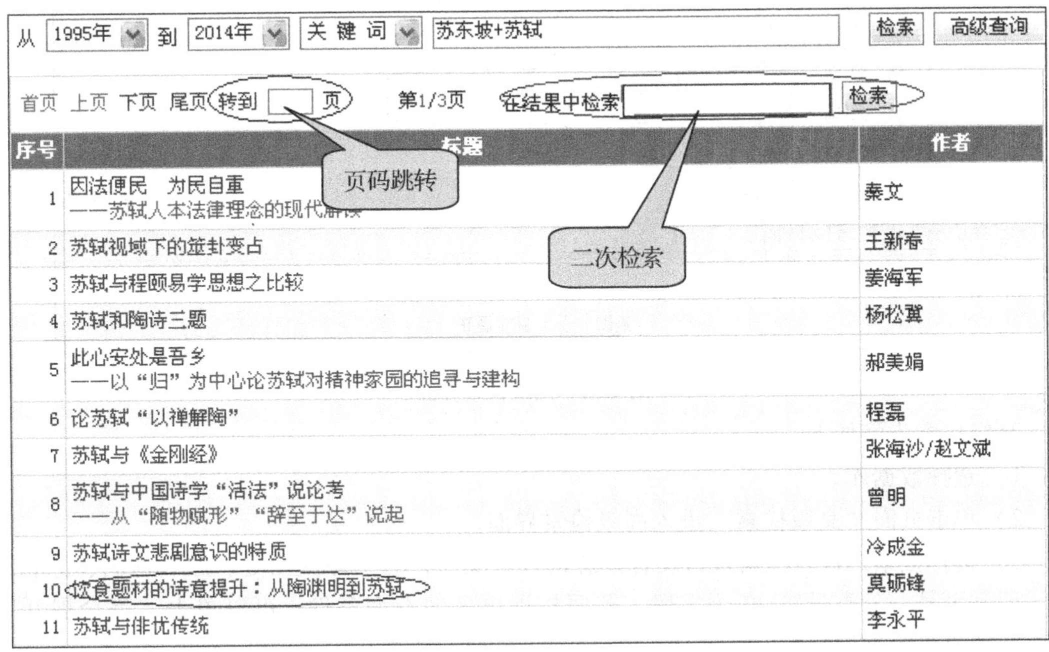

图 4-56 检索结果

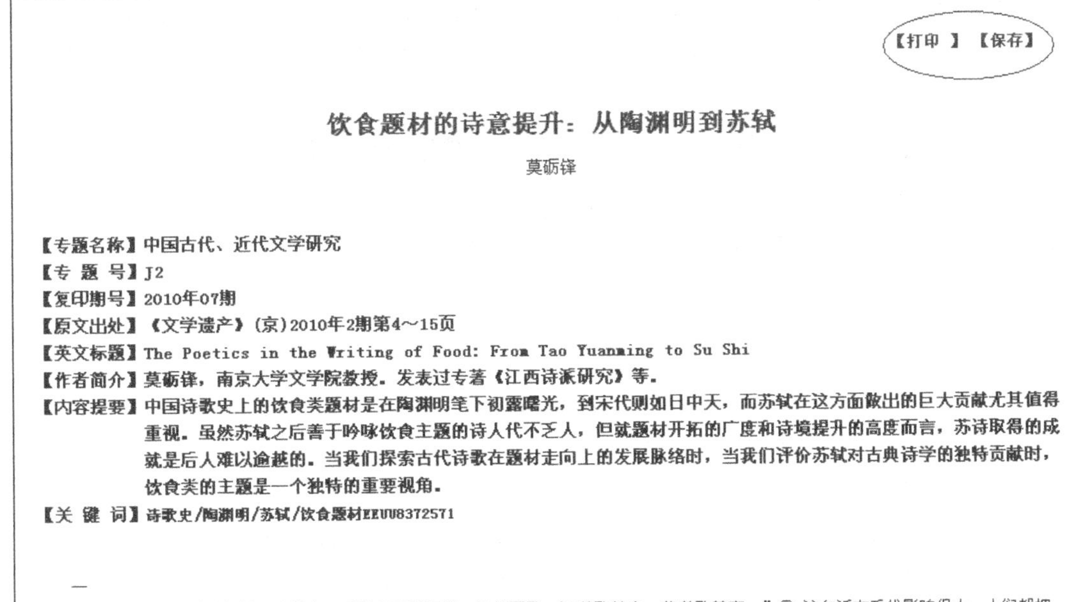
【 文学与艺术类刊 】

【打印 】【保存】

饮食题材的诗意提升：从陶渊明到苏轼

莫砺锋

【专题名称】中国古代、近代文学研究
【专 题 号】J2
【复印期号】2010年07期
【原文出处】《文学遗产》(京)2010年2期第4～15页
【英文标题】The Poetics in the Writing of Food: From Tao Yuanming to Su Shi
【作者简介】莫砺锋，南京大学文学院教授。发表过专著《江西诗派研究》等。
【内容提要】中国诗歌史上的饮食类题材是在陶渊明笔下初露曙光，到宋代则如日中天，而苏轼在这方面做出的巨大贡献尤其值得重视。虽然苏轼之后善于吟咏饮食主题的诗人代不乏人，但就题材开拓的广度和诗境提升的高度而言，苏诗取得的成就是后人难以逾越的。当我们探索古代诗歌在题材走向上的发展脉络时，当我们评价苏轼对古典诗学的独特贡献时，饮食类的主题是一个独特的重要视角。
【关 键 词】诗歌史/陶渊明/苏轼/饮食题材EEUU8372571

—

汉人何休在《公羊传解诂》中指出：“男女有所怨恨，相从而歌。饥者歌其食，劳者歌其事。”① 这句话在后代影响很大，人们都把

图 4-57 论文全文信息界面

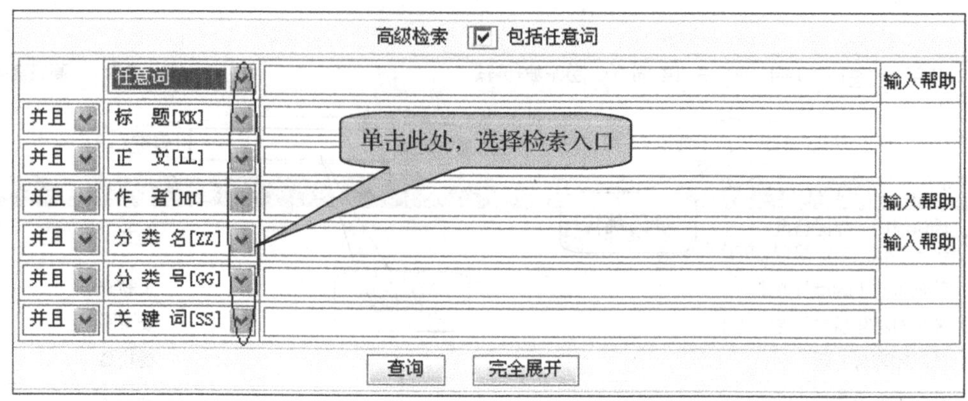

图 4-58　高级检索界面

高级检索步骤如下：

1）选择数据库。

2）单击页面“高级检索”进入高级检索界面。

3）选择检索入口。检索入口设有任意词、正文、作者、原文出处、原刊地名、原刊期号、原刊页号、分类号等 30 个字段。若要扩展更多的查询条件，可以单击“完全展开”，从而获得更多的查询框。

4）输入检索式。“任意词、标题、关键词、原文出处、文号、作者”六个检索字段的检索词，可以有多个，用逻辑关系（“与”“或”“非”）组配进行检索，检索词之间用“+”“*”“-”连接组成检索式。

检索词的选择可以借助于“输入帮助”来完成。此功能对应于“任意词、原文出处、原刊地名、分类名、作者、分类代号”检索字段。单击“输入帮助”，界面及功能如图 4-59 所示。

获取汉字帮助 -- 网页对话框

http://ipub.zlzx.org/help_Chinese.jsp?resourceID=CGRS&dbid=KZ&separator=&fiel

请输入获取帮助的条件

当前资源 学术精品库 政治学与社会学类刊(CGRS:KZ)

字　段　任意词

匹 配 词

拼　音

笔　划

获取帮助

匹配方式　作为前缀　匹配于词中任何位置

逻辑关系　与　或

字段帮助说明

请在输入框内输入获取帮助的条件，按“获取帮助”按钮将取出符合输入条件的帮助词。

获取的帮助词将输出在本窗口，通过获取的帮助词前的选择框，选取需要的帮助词；按“选毕返回”，返回查询窗口；如果在逻辑关系中选择了“与”，选取的多个帮助词将以“*”符号连接，写入相应字段查询框中；如果在逻辑关系中选择了“或”，选取的多个帮助词将以“+”符号连接，写入相应字段查询框中；如果相应字段查询框中已有查询词，本次获取的帮助词将连接到原有查询词的后面，连接的逻辑关系与获取的帮助词的逻辑关系相同。

图 4-59　输入帮助界面及功能

5）选择逻辑组配关系。不同字段的检索式，常用的布尔逻辑组配运算符有三个：逻辑或“或者”、逻辑与“并且”、逻辑非“除了”。

6）“查询”结果。单击“查询”按钮，获取检索结果。

4.5　Elsevier_ ScienceDirect

4.5.1　数据库简介

ScienceDirect 全文数据库是 Elsevier 公司的核心产品，是综合性全学科的全文数据库。其中，包含 2500 多种期刊、20000 多册图书和 12360000 多篇论文。涵盖了数学、物理、化学、天文学、医学、生命科学、商业经济管理、计算机科学、工程技术、能源科学、环境科学、材料科学、社会科学等众多学科。文献最早可回溯至 1823 年，国内高校图书馆一般购置该数据库 1995 年以后的文献。

4.5.2　数据库检索指南

1. 数据库主页

ScienceDirect 全文数据库（简称 SD），采用开放的链接技术，由 IP 控制，无并发用户限制，访问网址为 http：//www. sciencedirect. com。SD 数据库首页如图 4-60 所示。

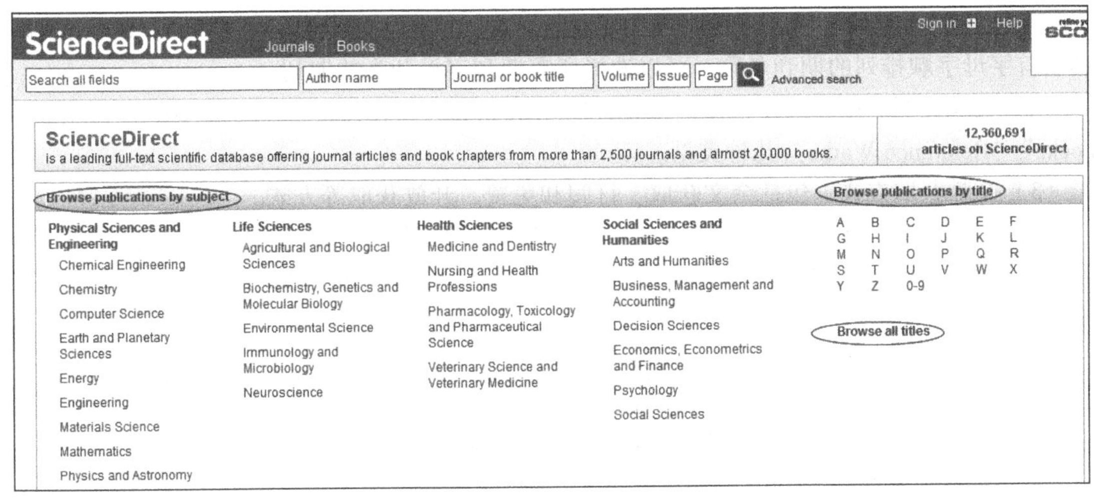

图 4-60　SD 数据库首页

2. 检索方式

SD 查找文献有浏览和检索两种方式。浏览按学科主题、所有刊名、刊名首字母三种方式进行；检索按快速检索、高级检索、专家检索三种方式进行。

（1）浏览方式　SD 数据库进行浏览的三种方式，适用于所有的文献类型，如图 4-60 所示。浏览方式的说明见表 4-3。

表 4-3　SD 数据库浏览方式说明

浏览方式	说　明
主题浏览	以学科内容分为 4 个“一级类目主题”和 24 个“二级类目主题”
出版物题名首字母浏览	题名以单词开头的按题名首字母，以数字开始的按数字分别浏览
所有题名浏览	浏览所有的期刊，以首字母 A-Z 按顺序浏览

SD 数据库首页顶端，单击“Journal”，进入期刊文献的浏览，如图 4-61 所示。

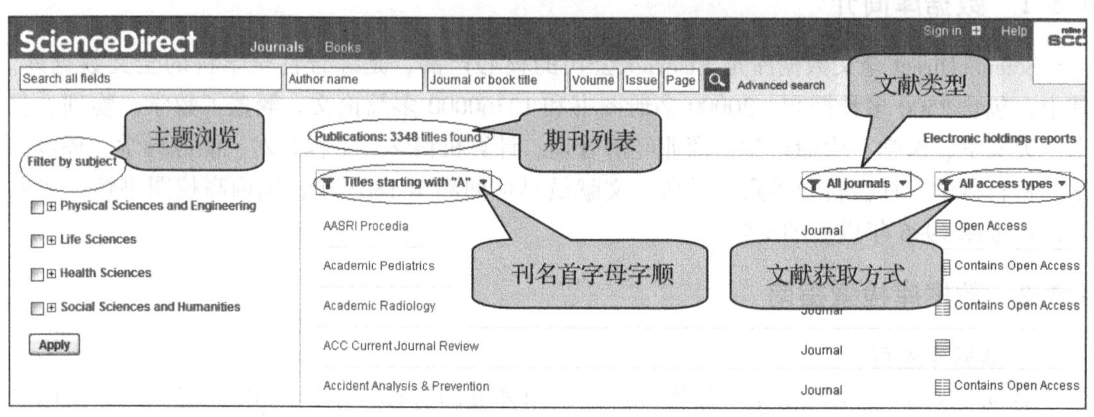

图 4-61　期刊浏览

1）主题浏览。单击⊞，可以打开二级主题词表；单击主题名称；在期刊列表区出现以刊名首字母字顺排列的期刊名称；可以选择所需期刊字母开头的期刊。

2）文献类型。可以选择“All journals”“All books”“Books”“Book Series”“Handbooks”“Reference Works”几种类型。

3）文献获取方式。包括全文获取、订阅和免费、开放获取等方式。

（2）快速检索　快速检索文本框内标识了检索字段（图 4-62），用户可以根据需要，输入相关字段，即可进行检索。快速检索的文献类型，不分期刊和图书，检索结果包含全部文献类型。

图 4-62　快速检索

例如，检索含“Tailings”“3d”和“measurement”的文献，其检索步骤为：

1）进入数据库首页。

2）在快速检索栏的“Search all fields”框内，输入检索词 Tailings and 3d and measuremen，再单击检索。

3）得到检索结果 2 篇，一篇是图书章节，一篇是论文，如图 4-63 所示。

（3）高级检索　单击“Advanced search”，进入高级检索界面；选择“Journals”类型，进行高级检索，如图 4-64 所示。

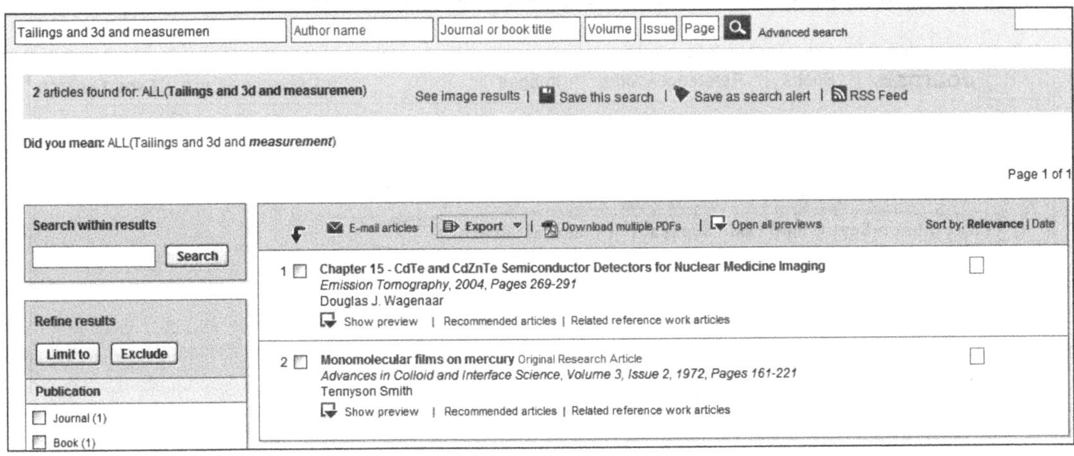

图4-63 快速检索结果

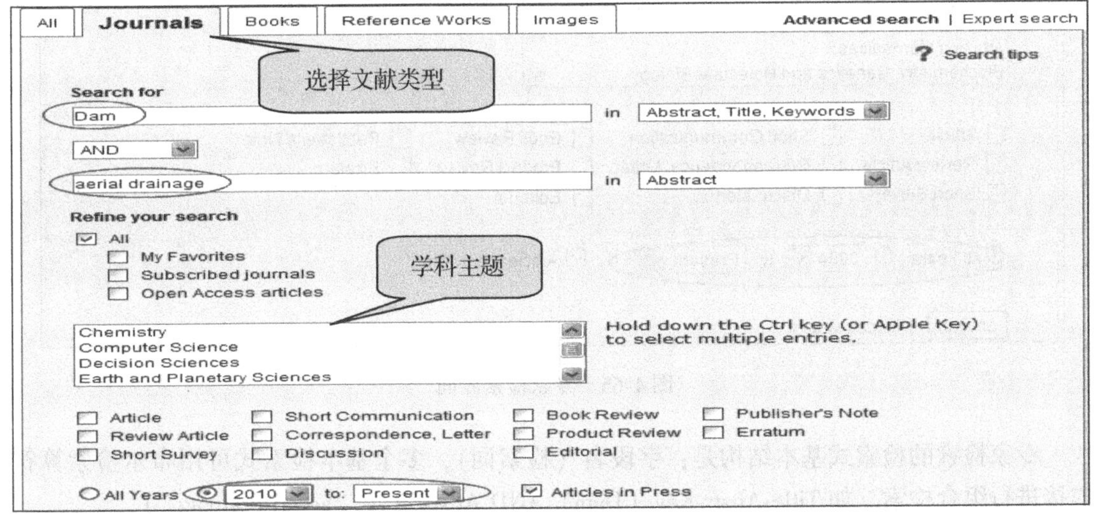

图4-64 高级检索

高级检索举例：主题词包含Dam，摘要包含aerial drainage。步骤为：

1）在首页单击“高级检索”进入高级检索界面。

2）单击“Journals”进入期刊的高级检索界面。

3）在“Search for”中，设定检索条件：

① 确定检索词Dam，aerial drainage。

② 选择检索字段入口Title-Abstr-Key，Abstract。

③ 选择逻辑关系AND。

4）检索限定。时间限制为2010-2014。

5）单击“Search”运行搜索，检索结果有2条。

（4）专家检索 专家检索需要用户列出检索式，更适应用户的个性化需求。进入高级检索界面后，单击“Expert search”进入专家检索界面，如图 4-65 所示。

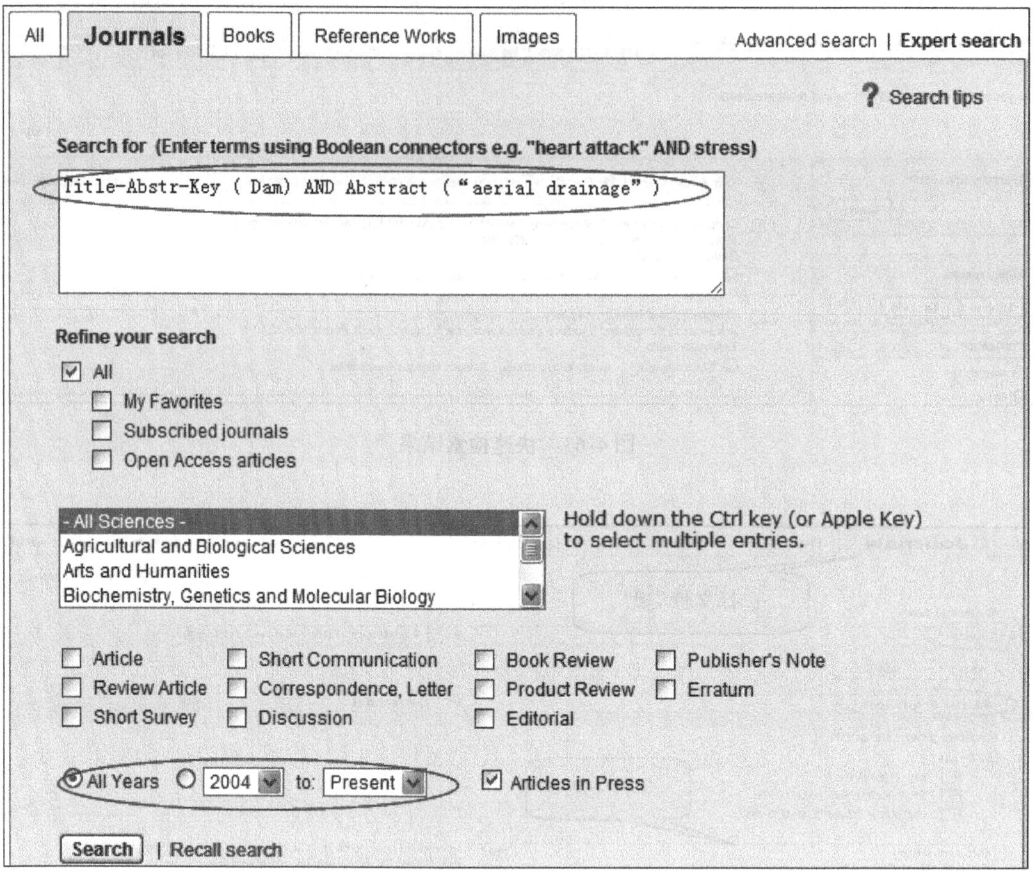

图 4-65　专家检索界面

专家检索的检索式基本结构是：字段名（检索词），多个基本检索式可用布尔检索算符连接进行组合检索。如 Title-Abstr-Key（Dam） AND Abstract（“aerial drainage”）。

专家检索的常用字段名有 Title-Abstr-Key（主题词）、Abstract（摘要）、Authors（作者）、Affiliation（机构）、Keywords（关键词）、References（参考文献）、Title（标题）、Journal Name（期刊名称）等。

3. 检索规则

SD 数据库的检索规则有：

1）字段名和布尔逻辑符均不区分大小写。

2）字段名既可以用字段全称，也可以用简写编码。

3）利用以下算符来构造检索式：

① 逻辑算符。逻辑与 AND、逻辑或 OR、逻辑非 AND NOT。

② 截词符。无限截词用 *，有限截词用。

③ 位置算符。W/n 表示两检索词之间可相隔 n 个以内的单词，可改变两词的词序；PRE/n 表示两检索词之间可相隔系统 n 个以内的单词，不可改变两词的词序。

④ 词组和短语用双引号“”。

⑤ 用括号（）规定逻辑运算的优先次序。

4. 检索结果处理

SD 数据库的检索结果界面如图 4-66 所示。

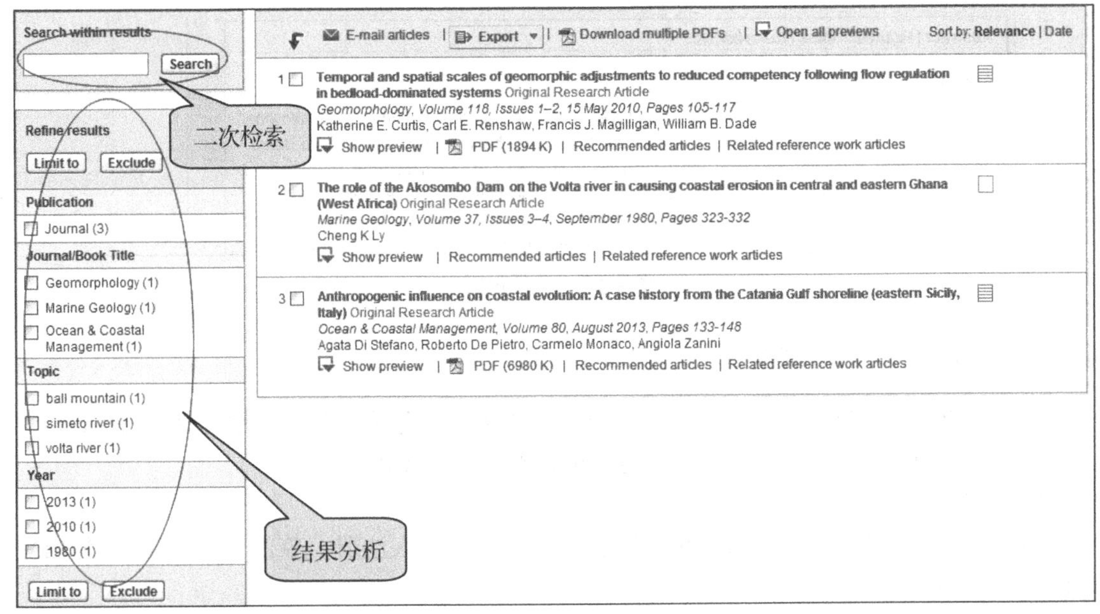

图 4-66 检索结果界面

（1）二次检索 在“Search within results”下的检索文本框内输入检索条件，然后单击“Search”，进行二次检索，获取二次检索的结果。

（2）结果分析 从出版类型、期刊/图书题名、主题、年份四个方面对检索结果进行分析。可以单独勾选所需内容的标识框，再选择单击“限制（Limit to）”或“排除（Exclude）”的功能，即可查看所需文献。

（3）论文结果处理

1）通过电子邮件发送文章。在标识框勾选文献，通过电子邮件发送至指定邮箱。

2）引文输出。选择合适的目录格式和输出格式将所选文献进行保存。

3）下载 PDF 文件。把所选文献以 PDF 格式下载到本地。

4）打开所有预览内容。在线打开所有检索结果文献的预览内容，预览内容包括文摘（Abstract）、数据图表（Figures/Tables）和参考文献（References）。

单击“Open all previews”，系统弹出预览框，在线显示预览本篇论文，如图 4-67 所示。文献的下方有全文在线阅读目录链接，单击目录链接可以在线阅读论文全文；也可以单击论文题名，直接进行全文在线阅读。

5）按相关性排序。将检索式检索到的所有结果按相关性从高到低进行排序。

6）按日期排序。将检索式检索到的所有结果按时间顺序由近及远进行排序。

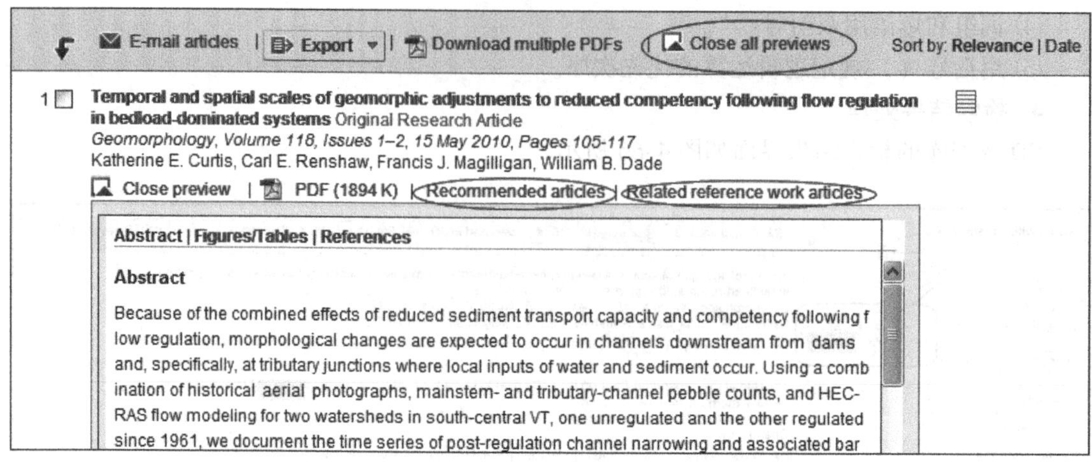

图 4-67　文献预览

4.5.3　注册与个性化服务

SD 数据库提供定制个性化主页、追踪研究领域最新进展，设置常用的期刊/图书收藏夹，保存查看操作历史等个性化信息服务，但需要用户首先进行注册。

1. 注册

用户可以进入数据库首页右上角的注册登录区进行个人注册。单击“Sign in”，弹出登录框，如图 4-68 所示。

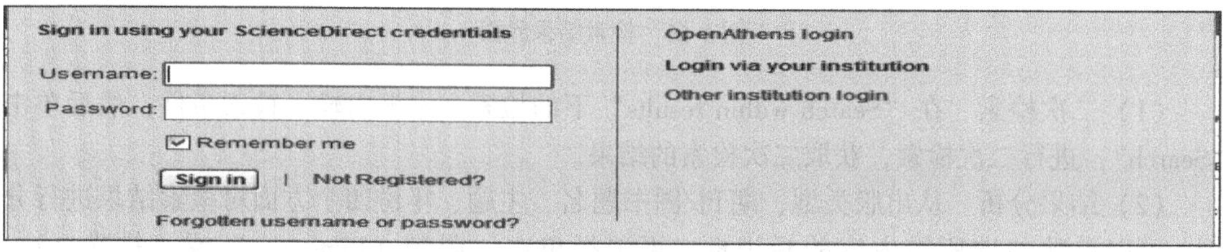

Sign in using your ScienceDirect credentials
Username:
Password:
Remember me
Sign in | Not Registered?
Forgotten username or password?
OpenAthens login
Login via your institution
Other institution login

图 4-68　SD 数据库登录框

已注册用户直接输入用户名和密码。尚未注册的用户单击“Not Registered”，进入注册界面，按提示进行注册，如图 4-69 所示。

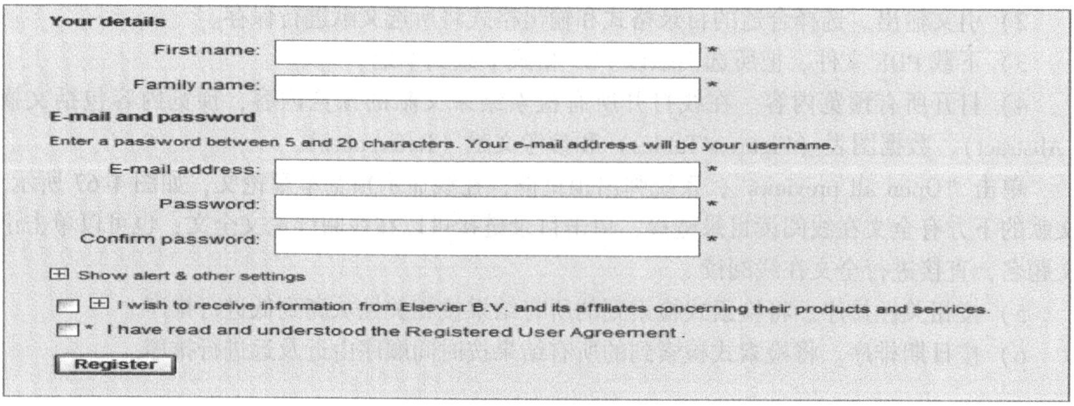

Your details
First name: *
Family name: *
E-mail and password
Enter a password between 5 and 20 characters. Your e-mail address will be your username.
E-mail address: *
Password: *
Confirm password: *
Show alert & other settings
I wish to receive information from Elsevier B.V. and its affiliates concerning their products and services.
* I have read and understood the Registered User Agreement.
Register

图 4-69　SD 数据库注册界面

2. 个性化服务

注册后，若要享受数据库提供的个性化服务，每次进入数据库均需进行个人登录。个性化服务的主要内容有：

(1) 定制个性化主页、追踪研究领域最新进展　用户定制期刊提示、检索提示、主题提示、引文提示等服务，系统根据用户定制的内容和频率通过邮箱发送相关信息。数据库在个性化主页中给用户提供定制的文献信息，便于用户跟踪某一课题的发展，了解其学科状况。

(2) 设置常用的期刊/图书收藏夹　用户如果喜欢或关注某些期刊，在浏览或检索期刊时，可以通过选择“Favorites”或单击“Add to Favorites”，将该期刊添加到个人收藏夹（Favorite Journals /Books）中，用户还可以单击“Added to Favorites [remove]”取消该期刊的收藏。这样用户在登录数据库后，直接单击个人收藏夹，就能快速查阅到自己喜欢或关注的期刊内容。

(3) 保存查看操作历史　操作历史（Recent Actions）包括检索（Searchs）、查看文献全文（Full texts）、查看期刊或图书（Journals/Books）等内容，用户可以通过直接单击已保存过的检索式在当前数据库中重新检索；检索结果包涵上次检索和数据库新增内容检索的信息集合。这种检索方式省去了数据库更新后，重复输入检索式的繁琐。

除此之外，系统还提供如 RSS 订阅、个人信息管理等服务，以便帮助用户更好地利用数据库。

4.6 Springer 电子期刊数据库

4.6.1 数据库简介

Springer 电子期刊数据库是世界著名科技出版集团德国施普林格（Springer-Verlag）的产品，通过 Springer LINK 系统提供学术期刊、电子图书的在线服务。SpringerLink 数据库提供包括原 Springer 和原 Klwer 出版的全文期刊、图书、科技丛书和参考书的在线服务。

SpringerLink 平台提供近 3000 种电子期刊、50000 余种电子图书、超过 20000 实验室指南丛书和参考工具书，还有海量的回溯内容。学科包含生命科学（Life Science）、医学（Medicine）、数学（Mathematics）、化学（Chemical Science）、计算机科学（Computer Science）和经济学（Economics）等 21 个学科。

全文数据库收录 1996 年至今的期刊，大多数全文电子期刊都是国际重要期刊，SCI 和 CC 源刊分别为 72% 和 75%。

4.6.2 数据库检索指南

1. 数据库主页

SpringerLink 全球网站为 http：//www. springerlink. com，http：//link. springer. com。

用户在控制 IP 段内，登录图书馆网页，单击数据库进入该数据库首页，如图 4-70 所示。

在内容区域内会按颜色识别客户类别：橙色代表匿名用户，粉色代表可识别客户。

2. 检索方式

SpringerLingk 平台提供期刊浏览、初级检索、高级检索。

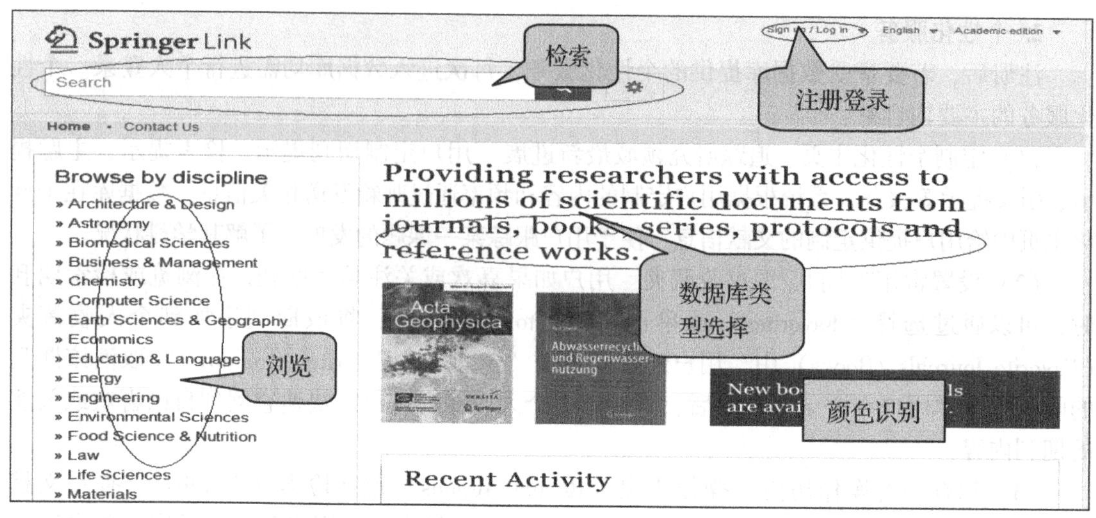

图 4-70　SpringerLink 数据库首页

（1）期刊浏览　数据库的首页，可对所有文献进行浏览和检索，分别按学科分类浏览和按文献出版类型分类浏览。单击数据库类型中的“Journals”，则可进入期刊浏览检索页，如图 4-71 所示。

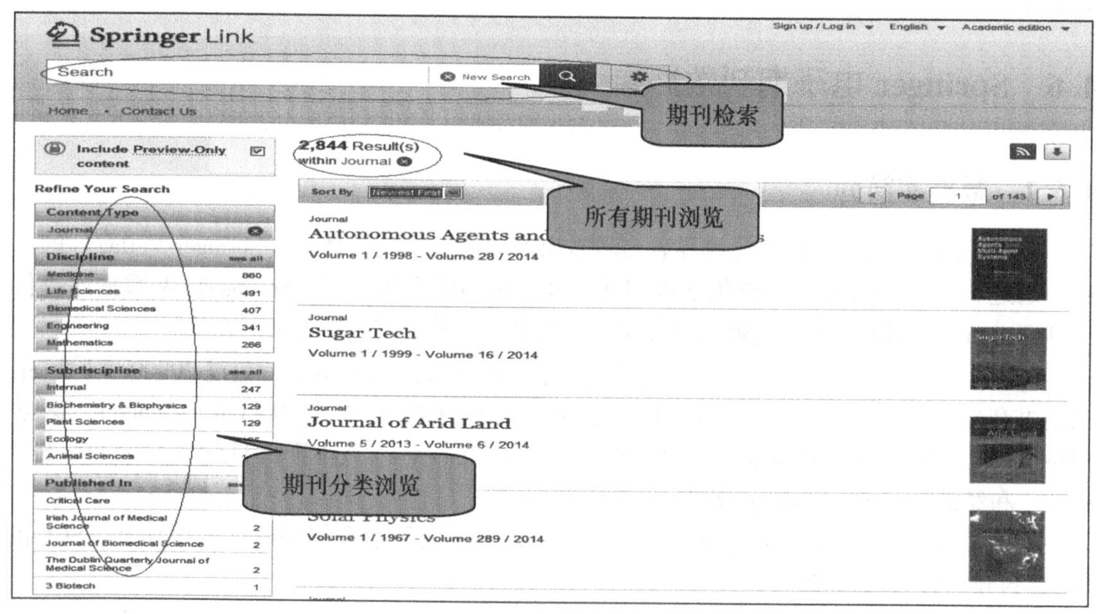

图 4-71　期刊浏览检索页

期刊浏览检索首页上方的检索文本框为期刊检索，非论文检索。

下方的期刊列表直接将所有期刊列表显示了出来，以收录的时间长短进行排序。

期刊分类浏览按学科、分学科、发表细化和语种进行分类。下面以学科为例说明期刊浏览步骤。

1）在首页选择“Journals”进入期刊浏览检索。

2）在左侧的“Discipline”单击“see all”，系统弹出所有学科列表，如图 4-72 所示。

图 4-72　学科列表

3）选择学科，单击学科名称，进入该学科期刊列表浏览，如图 4-73 所示。

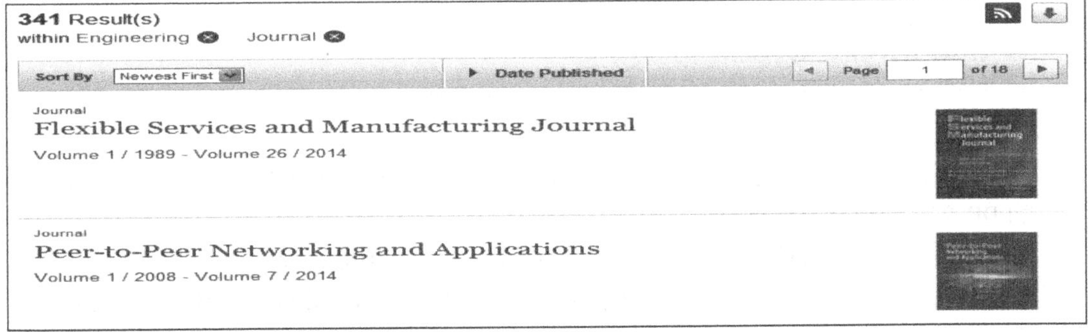

图 4-73　工程学期刊列表浏览

4）单击刊名，进入期刊细览，如图 4-74 所示。

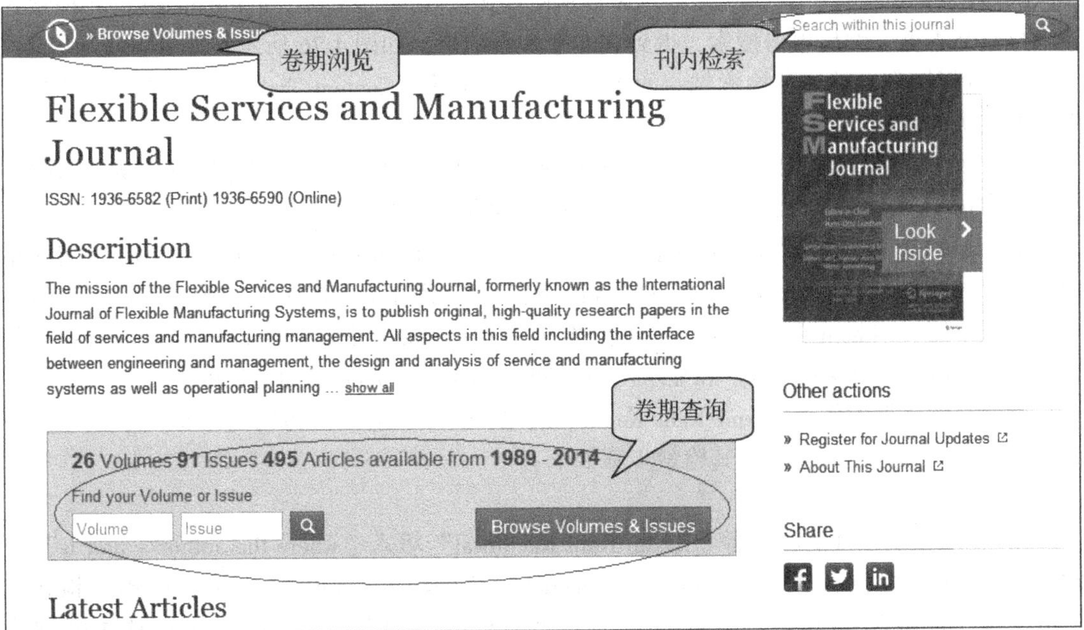

图 4-74　期刊细览

5）单击卷期浏览，得到卷期列表，如图 4-75 所示。

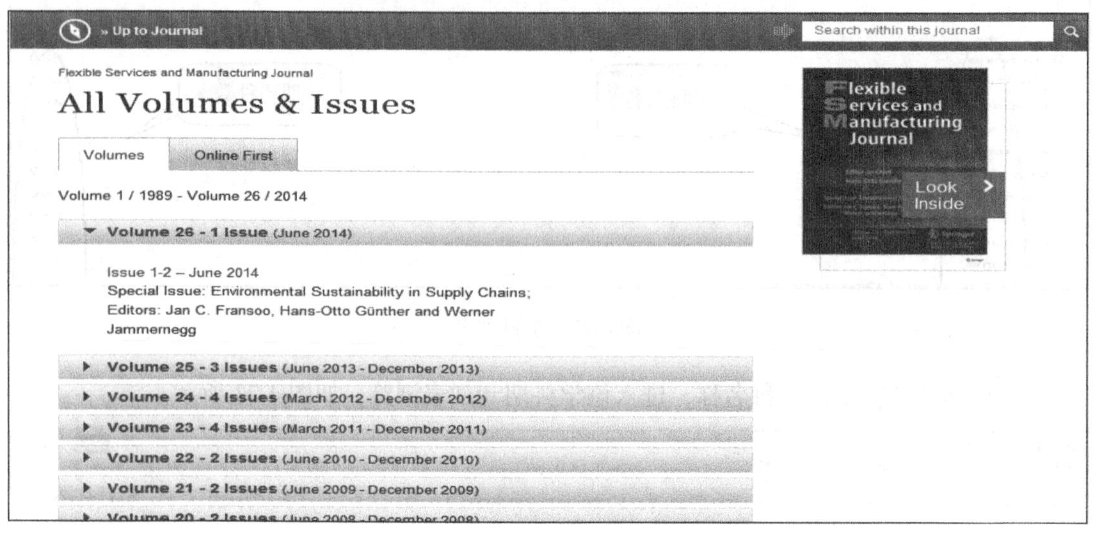

图 4-75　期刊卷期列表

6）单击卷期，进入论文列表，然后单击论文题名，进入论文细览界面，在此界面选择“下载 PDF 文献”或“在线阅读”。

（2）初级检索　初级检索是指在首页上方的检索文本框中输入检索词，直接检索。检索词可以是一个单词也可以是多个单词。检索词之间可以输入逻辑运算符，空格默认为 AND。

检索实例：检索所有关于“tailings dam”“damage”的论文。

检索步骤：

1）进入数据库。通过相关网页链接进入数据库，首页的最上方为检索文本框。

2）设定检索条件。将检索词组建成布尔检索式：“tailings dam” and damage，将检索式输入检索文本框，然后单击搜索，得到 325 个检索结果，如图 4-76 所示。

3）选择期刊文献。在检索结果页左侧的结果分析“Content Type”下选择“Article”，得到的结果即为期刊文献。

（3）高级检索　数据库主页检索界面如图 4-77 所示。单击[⚙]图标按钮，从弹出的下拉菜单中选择“Advance Search”，即进入高级检索界面，如图 4-78 所示。

SpringerLink 高级检索有 7 个检索字段：包含所有检索词（with all of the words）、包含精确短语（with the exact phrase）、至少包含以下任一检索词（with at least one of the words）、不包含该单词（without the words）、标题中包含（where the title contains）、作者或编者中包含（where the author/editor is）和显示出版时间（Show documents published）。

检索举例：搜索作者 Laxmi Kant Kachhwal，2000 年以来，主题词为“tailings”“water level”“model”方面的论文。其检索步骤如下：

1）进入高级检索页面。

2）输入检索条件。将作者“Laxmi Kant Kachhwal”填入“where the author/editor is”检索文本框；将检索词 tailings、water level、model 三个词填入“with all of the words”检索文本框，中间以空格隔开，一个空格表示一个 AND 逻辑词；选择公开发表时间范围为 2000-2014。

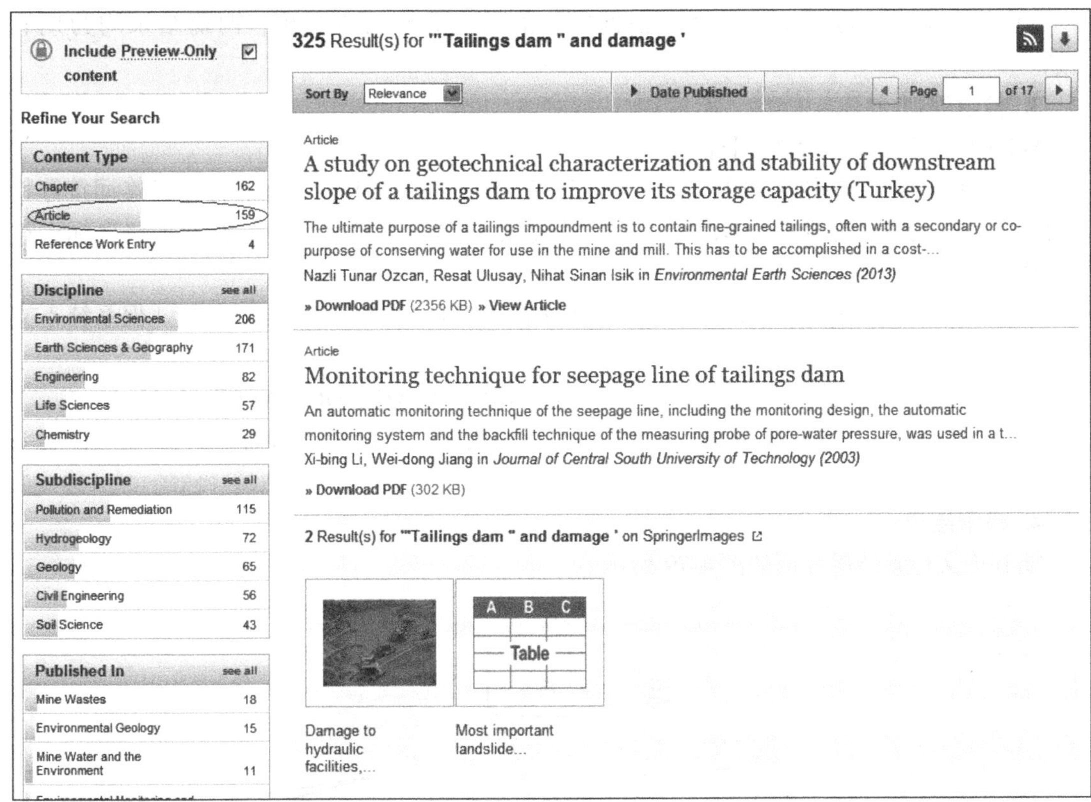

Include Preview-Only content
Refine Your Search
Content Type
Chapter 162
Article 159
Reference Work Entry 4
Discipline see all
Environmental Sciences 206
Earth Sciences & Geography 171
Engineering 82
Life Sciences 57
Chemistry 29
Subdiscipline see all
Pollution and Remediation 115
Hydrogeology 72
Geology 65
Civil Engineering 56
Soil Science 43
Published In see all
Mine Wastes 18
Environmental Geology 15
Mine Water and the Environment 11
325 Result(s) for '"Tailings dam " and damage '
Sort By Relevance
Date Published
Page 1 of 17
Article
A study on geotechnical characterization and stability of downstream slope of a tailings dam to improve its storage capacity (Turkey)
The ultimate purpose of a tailings impoundment is to contain fine-grained tailings, often with a secondary or co-purpose of conserving water for use in the mine and mill. This has to be accomplished in a cost-...
Nazli Tunar Ozcan, Resat Ulusay, Nihat Sinan Isik in Environmental Earth Sciences (2013)
» Download PDF (2356 KB) » View Article
Article
Monitoring technique for seepage line of tailings dam
An automatic monitoring technique of the seepage line, including the monitoring design, the automatic monitoring system and the backfill technique of the measuring probe of pore-water pressure, was used in a t...
Xi-bing Li, Wei-dong Jiang in Journal of Central South University of Technology (2003)
» Download PDF (302 KB)
2 Result(s) for '"Tailings dam " and damage ' on SpringerImages
A B C
Table
Damage to hydraulic facilities,...
Most important landslide...

图 4-76　检索结果

Springer Link
Search
Home · Contact Us
Advanced Search
Search Help

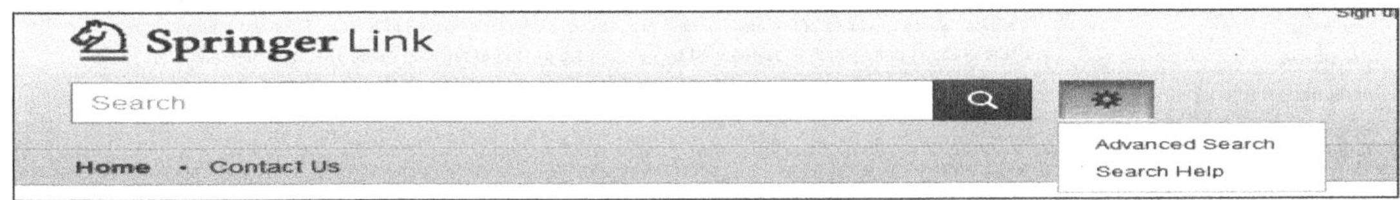

图 4-77　数据库主页检索界面

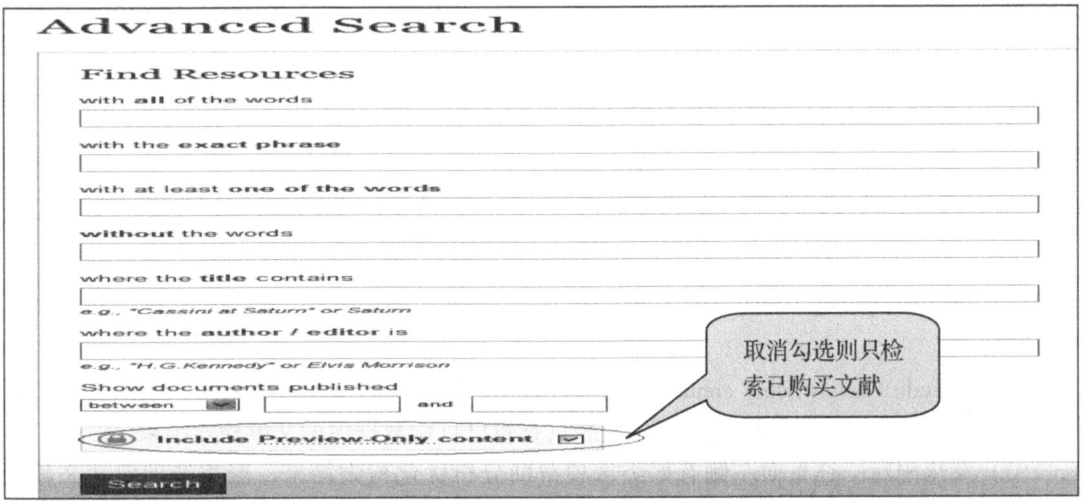

Advanced Search
Find Resources
with all of the words
with the exact phrase
with at least one of the words
without the words
where the title contains
e.g., "Cassini at Saturn" or Saturn
where the author / editor is
e.g., "H.G.Kennedy" or Elvis Morrison
Show documents published
between
and
Include Preview-Only content
Search
取消勾选则只检索已购买文献

图 4-78　高级检索界面

3）单击检索，得到结果 2 条，根据左侧的结果分析可以看到，两篇结果均为期刊文献。

3. 检索规则

SplingLink 提供的检索规则有：

（1）短语检索　短语要用引号“”引起，如果检索短语中包含标点符号或连词符等特殊符号，系统会将此特殊符号识别为空格，检索出包含标点符号、连词符和不包含标点符号、连词符的记录。

（2）检索算符　SpringerLink 的检索算符包括“AND、OR、NOT、NEAR”。但系统不支持“+、*”，空格默认为“AND”。

（3）优先级　SpringLink 系统默认的优先级顺序是“NOT > OR > AND”。

（4）通配符　“*”表示若干个字符，可以检索到一个词根的所有形式；“?”代表一个单字符。

4. 检索结果

期刊论文检索结果界面如图 4-79 所示。

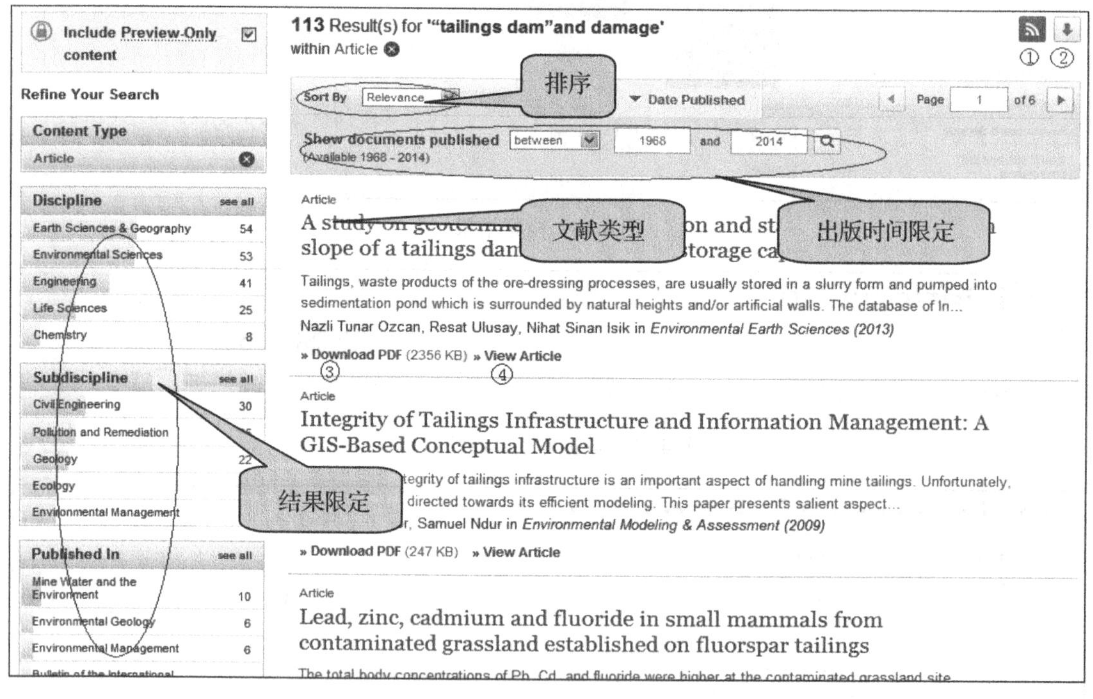

图 4-79　期刊论文检索结果界面

（1）出版时间限定　单击“Date Published”，出现一个限定框，用户可在此处限定文献出版时间段。

（2）Include Preview-Only content　表示查看全部数据库的文献检索结果，或只查看已订购数据库的文献检索结果。取消勾选，代表只查看已订购数据库的文献检索结果。

（3）结果限定　在页面左侧有聚类选项帮助分析优化检索结果，聚类选项包括文献类型、学科、子学科、文献来源、语言。

(4) 排序 系统默认的排序方式是“相关性”排序，除此之外还可以按时间顺序，由文献的新到旧排序或由旧到新进行排序。

(5) 文献结果输出方式（图4-79）

①通过RSS订购此页。

②下载CSV格式的检索结果列表。

③下载PDF全文。

④在线阅读全文。

(6) 文献细览 单击论文题名，进入论文的详细信息页。

此页除查看论文基本信息外还可以查看相关内容（Related Content）、补充材料（Supplementary Material）、参考文献（References）及论文的更详细信息，从而选择下载还是在线阅读。文献细览如图4-80所示。

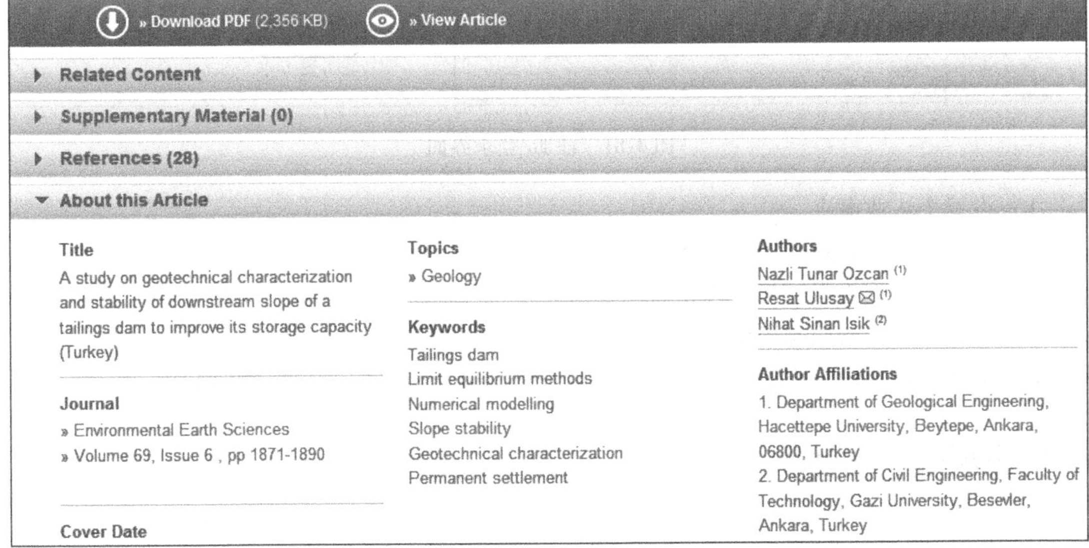

图4-80 文献细览

4.6.3 注册与个性化服务

团体订购用户进入数据库后，可以查阅数据库的文献，但是有些特定操作，需要用户进行个人注册。

1. 注册

单击首页右上角“注册/登录（Sign up/Log in）”下的“Sign up/Log in”链接，进入注册/登录界面，如图4-81所示。在注册/登录界面左边注册创建账户，填写注册信息表，设置个人账户用户名和密码。然后单击“创建账户（Create account）”按钮，将会看到一个注册已完成的提示页面，以及用户的个人账号，邮箱也会收到一封系统发出的电子邮件，以确认注册。已创建账户的用户在右侧登录。

2. 个性化服务

已注册用户可以享受以下个性化服务：

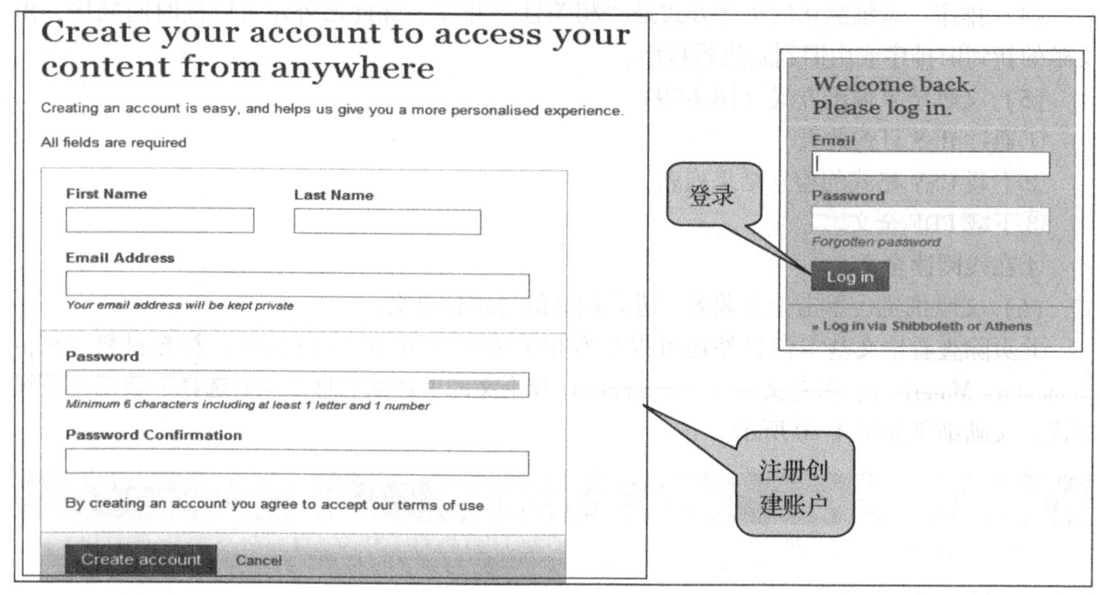

图 4-81　注册/登录界面

1）设置个人收藏夹。
2）创建并享受题录式定题服务。
3）保存或标记检索结果，以供日后参考。
4）重新调用您的检索历史。
5）更好地管理已检索到的文献资源，以备再次登录网站时，可以随时利用。

4.7　EBSCO 期刊库

4.7.1　数据库简介

EBSCO 是目前世界上最大的提供学术文献服务的专业公司之一，提供数据库，期刊、文献订购及出版等服务，总部在美国，在全球 19 个国家设有办事处。开发了 200 多个在线文献数据库产品，涉及自然科学、社会科学、生物医学、人文艺术等多学科领域。

其中 Academic Source Premier（学术期刊全文库，简称 ASP）提供了近 4700 种出版物全文，包括 3600 多种同行评审期刊，为现今全球最大综合学科类数据库之一，涵盖多元化之学术研究领域，包括政治、信息科学、物理化学、科技、工程、教育、艺术、文学、语言学、医药学及妇女研究、护理、人文社会研究等刊物。Business Source Premier（商业资源全文库，简称 BSP）是行业中使用最多的商业研究数据库。它提供 2300 多种期刊的全文，包括 1100 多种同行评审刊名的全文，涵盖商业相关领域之议题，如财务金融、经济、银行、国际贸易、管理、业务营销、商业理论与实务、房地产、产业报导等。

我国多数高校图书馆主要引进 ASP 和 BSP 这两个数据库。除此之外，EBSCO 还赠送部分数据库，如 ERIC（教育文摘）、MEDLINE（医学文摘）、NewspaperSource（报纸全文）等。

4.7.2　数据库检索指南

1. 数据库主页

数据库网址为 http://search. epnet. com。用户须在限定 IP 段内登录图书馆网页，单击 EBSCO 学术资源检索平台进入检索界面，如图 4-82 所示。

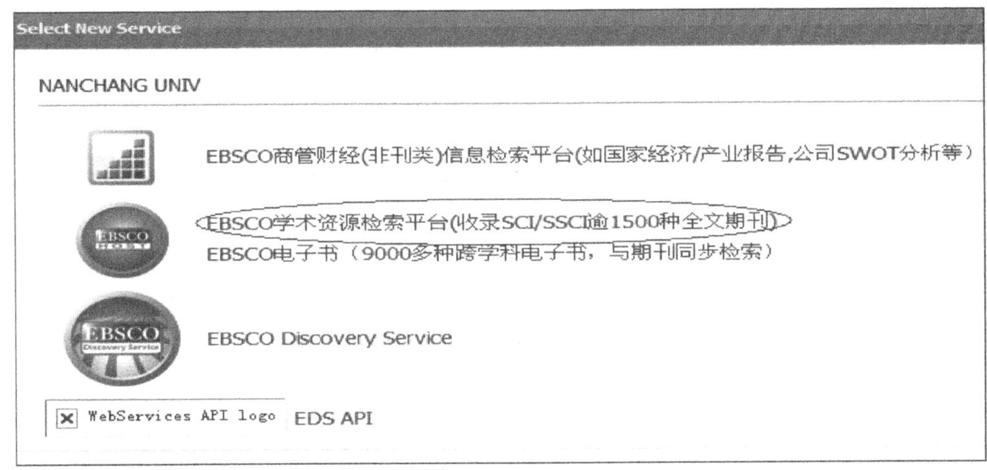

图 4-82　EBSCO 主页

2. 检索方式

EBSCO 的检索方式有两种：基本检索和高级检索。

(1) 基本检索　检索首页默认为基本检索。数据库默认检索 ASP、BSP 和 eBook 三个数据库，如图 4-83 所示。

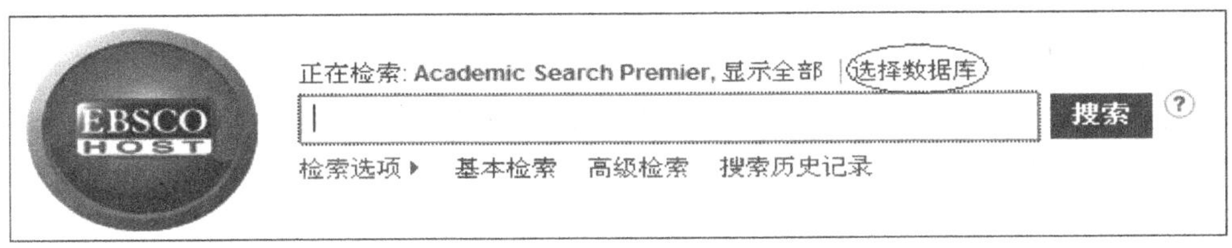

图 4-83　基本检索界面

单击“选择数据库”，进入数据库列表，如图 4-84 所示。

选择期刊数据库，进行检索的具体步骤为：

1) 在基本检索的检索文本框内输入检索词。

2) 要限定或扩大检索条件，单击“检索选项”链接，打开检索选项框。

3) 选择一个特定的检索模式。

4) 限制检索结果文献类型；或使用检索选项，扩展搜索，如“应用相关的词”“也搜索全文文章”。

5) 单击“搜索”按钮，显示结果列表。

(2) 高级检索　高级检索界面如图 4-85 所示。

高级检索的步骤为：

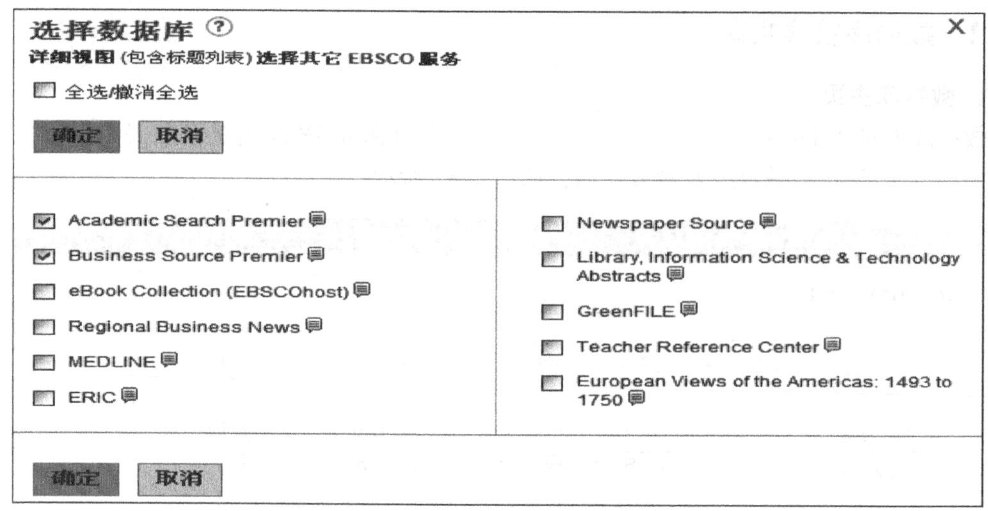

图 4-84　EBSCO 学术资源检索平台数据库列表

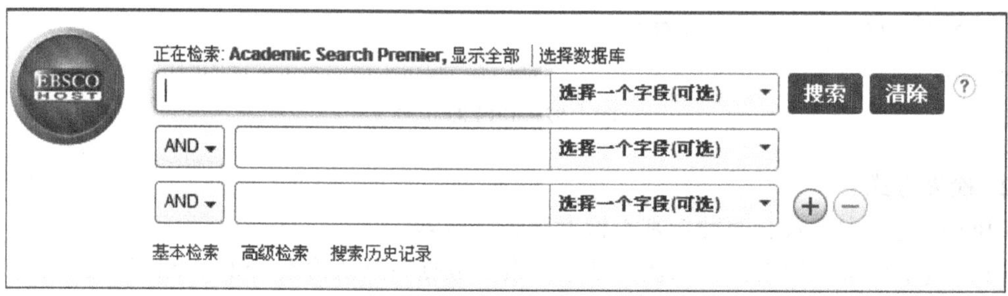

图 4-85　高级检索界面

1）选择数据库。

2）选择检索字段入口。检索字段有 8 个：TX—全文、AU—作者、TI—题名、SU—主题、AB—文摘、SU—主题词、IS—ISSN、SO—刊名。

3）输入检索词。

4）支持布尔逻辑算符为“AND、OR、NOT”。

5）增减检索栏。单击“＋”“－”按钮，则增加或删除检索栏。

6）检索选项。高级检索的检索选项在页面默认显示。包含检索模式和扩展条件、限制结果、特殊限制等内容。其中，扩展条件用来扩大检索范围；限定结果、特殊限制等用来缩小检索范围。

7）单击“搜索”进行检索，得到结果列表。

（3）搜索历史记录　单击搜索历史记录，可以查看此次登录所有的检索词语、检索选项，并可查看结果、查看详细资料和编辑等操作。如果只以团体用户登录而不进行个人注册登录，则退出系统后检索历史不再保留；若要保留，个人要进行注册登录，单击保存检索/快讯即可。

检索历史中的检索式可以进行组合检索，步骤为：选择两个以上检索式，单击上面的

“AND 检索”或“OR 检索”进行组合，重新获得检索结果。检索历史记录如图 4-86 所示。

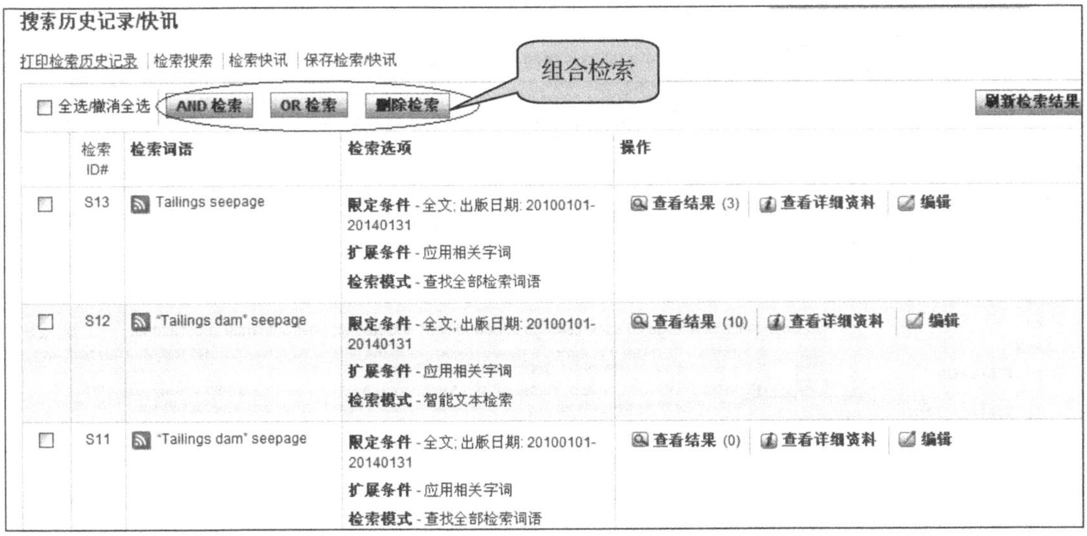

图 4-86　检索历史记录

3. 检索规则

1）布尔逻辑算符。AND、OR、NOT。

2）截词符。“＊”在词中或词尾代表多个字母；“?”代表 1 个字母。

3）位置算符。“Near”表示两词之间可插入 0 ~ n 个词，次序可变，它们在文章中的出现顺序与输入的顺序无关；“Within”表示关键词最多相隔 n 个字符，且它们在文章中出现的顺序必须与输入的顺序相符。

4）词组。用双引号“”引起。

5）优先级。布尔逻辑算符 NOT > AND > OR，括号内优先。

6）禁用词（Stop Words）。如 the、of 等冠词、介词不能作为检索词。

4. 检索实例

以检索 2010—2014 年发表的有关检索词“Tailings”“seepage”的相关论文为例，初级检索步骤如下：

1）选择数据库。单击选择数据库，进入数据库列表，勾选数据库 ASP 和 BSP。

2）将检索词输入检索文本框。将“Tailings seepage”输入检索栏。

3）检索选项。单击检索选项，检索模式选择查找全部检索词语；扩展条件选择“应用相关字词”；限制条件选择“全文”，时间选择 2010 年 1 月至 2014 年 1 月。

4）单击“搜索”，得到检索结果，如图 4-87 所示。

5. 检索结果处理

检索结果界面的右端有相关性排序、页面选择格式、结果共享方式，详细如图 4-88 所示。

检索结果界面左侧显示：当前检索、限制、结果类型。其中，“当前检索”包括布尔逻辑/词组、扩展条件、限制条件。“限制”显示的条件包括全文、有参考、学术（同行评审）期刊、出版日期等。结果分析包含资源类型、主题、出版物、公司、地理学、NAICS/行业、类别、数据库。

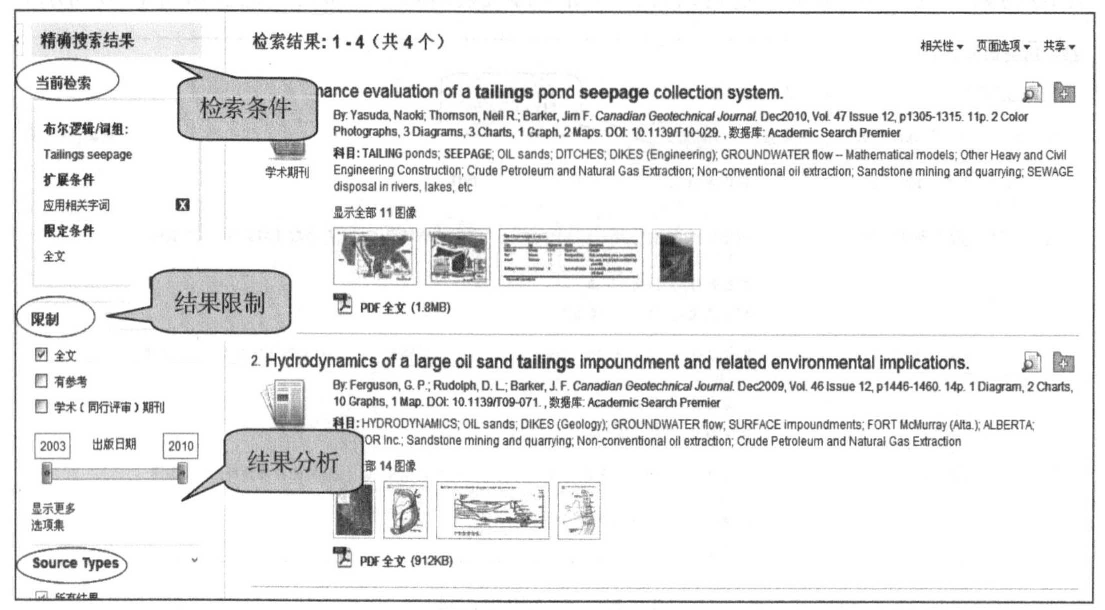

图 4-87　检索结果界面

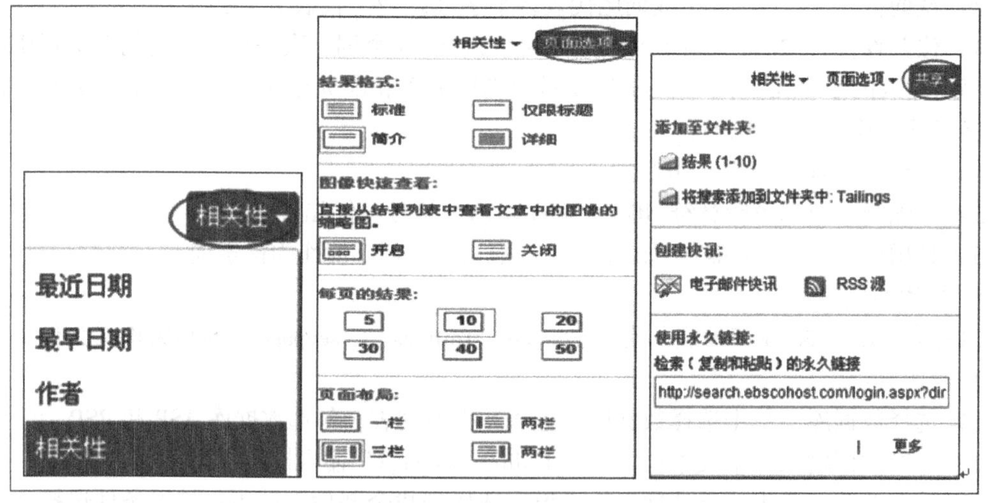

图 4-88　相关性排序、页面选择格式、结果共享界面

检索结果界面的论文信息包括文献类型、题名、作者、来源刊信息、数据库、科目、图片等。对单篇论文可以进行论文摘要预览；添加至文件夹，对文献进行批处理；PDF 全文下载。

单篇论文细览如图 4-89 所示，可以查看结果的详细记录，并应用右侧的工具：从文件夹中添加或删除、打印、电子邮件、保存、引用、导出、添加注释、永久链接、书签。

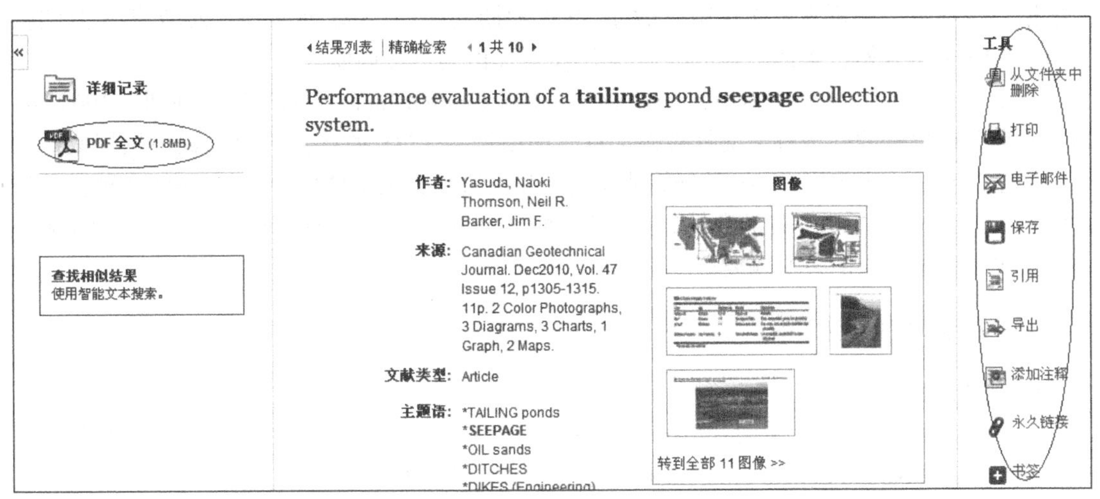

图 4-89　详细记录界面

4.7.3　注册与个性化服务

进入数据库后，在页面最顶端的工具栏上有“登录”选项，单击此选项可进入“登录至我的 EBSCOhost”页面，进行注册或登录。

登录个性化账户，可以获得以下个性化服务：保存首选项；使用文件夹组织研究；与其他人共享文件夹；查看其他人的文件夹；保存并检索检索历史记录；创建电子邮件快讯和/或 RSS 种子；远程访问保存的研究。

4.8　Web of Science（SCI、SSCI）

4.8.1　数据库简介

1997 年 ISI（美国科技信息所）推出引文索引的网络版本——Web of Science。Web of Science 是美国 Thomson Scientific（汤姆森科技信息集团）基于 WEB 开发的产品，包括三大引文数据库 SCIE（Science Citation Index Expanded）、SSCI（Social Sciences Citation Index）、A&HCI（Arts & Humanities Citation Index）和两个化学信息事实型数据库 CCR（Current Chemical Reactions）和 IC（Index Chemicus），以及科技会议文献引文索引（Conference Proceedings Citation Idex-Science，CPCI-S）和社会科学以及人文科学会议文献引文索引（Conference Proceedings Citation index-Social Science&Humanalities，CPCI-SSH）三个引文数据库，以 ISI Web of Knowledge 作为检索平台。2014 年 1 月 10 日，ISI Web of Knowledge 平台进行最新更新，更新为 Web of Science，版本 5.13。

SCI 是《科学引文索引》（Sciences Citation Index）的简称，1961 年创刊，是学术界公认权威的科技文献检索工具，收录各学科领域中最权威的期刊，内容涵盖自然科学、工程技术、生物医学等 150 多个学科领域。SCI 出版的版本有扩展版和核心版。SCIE 网络版数据库（ISI Web of Science）属于扩展版（ SCI Expanded），收录期刊 5900 多种，提供 1945 年至今的数据。核心版（印刷本或光盘版）收录5900种期刊中的3800种期刊（2007年5月的数字）。从1991年开始，大约70%的论文采用作者提供的英文摘要。

SSCI是《社会科学引文索引》（Social Sciences Citation Index）的简称，创刊于1969年，是学术界公认权威的社会科学文献检索工具。网络版对1725种社会科学领域中最权威期刊的论文全部收录，内容涵盖50多个学科领域。并且选择收录全球顶尖级的3300多种科学技术期刊的论文（2007年5月的数字）。收录数据从1956年至今。从1992年开始，大约60%的论文采用作者提供的英文摘要。

4.8.2 数据库检索指南

1. 数据库主页

Web of Science平台，采用开放的链接技术，由IP控制，无并发用户限制。访问网址为http：//apps. webofknowledge. com，数据库首页界面如图4-90所示。

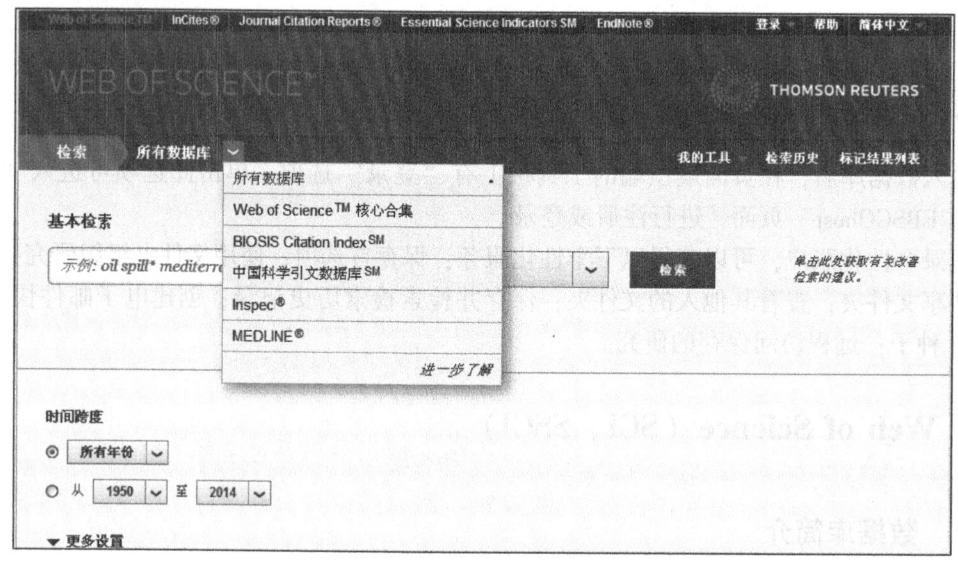

图4-90 Web of Science首页界面

2. 选择数据库

Web of Science™平台提供所有数据库检索和分库检索。系统默认所有数据库检索，若要进行分库检索，首先要选择数据库。下面以SCIE（SCI网络版）和SSCI为例，说明系统检索流程。

通过数据库下拉菜单，用户可以看到可查询的所有数据库，选择Web of Science™核心合集，如图4-90所示，在检索界面下方的“更多设置”中选择SCIE和SSCI，如图4-91所示。

3. 检索方式

Web of Science™提供基本检索、作者检索、被引参考文献检索、化学结构检索和高级检索五种检索方式，默认为基本检索。单击基本检索旁的下拉菜单，出现所有检索方式，如图4-92所示。

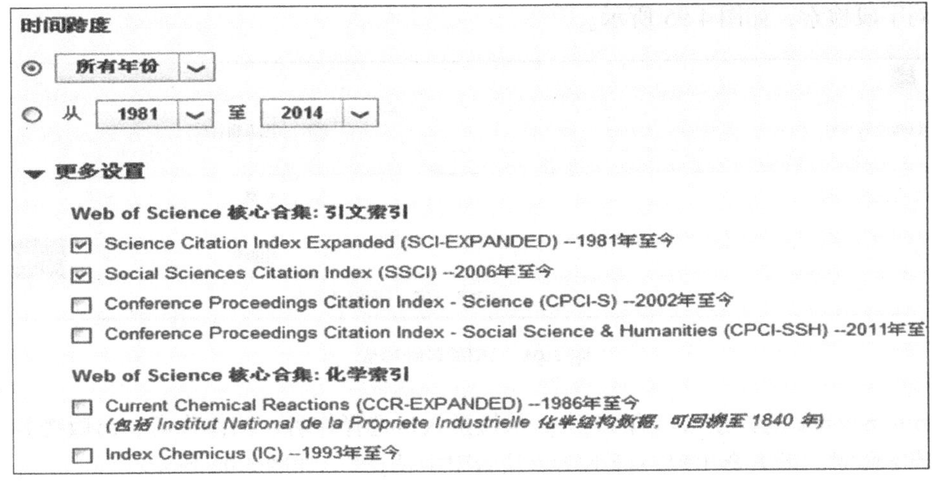

图 4-91　Web of Science™数据库列表

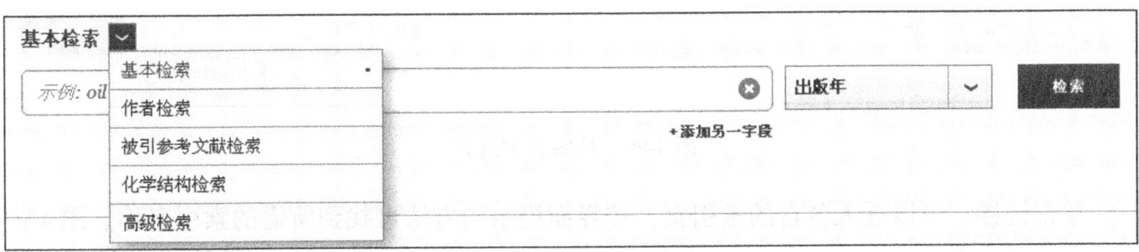

图 4-92　Web of Science™检索方式选择

（1）基本检索　在检索输入框可以输入一个或多个检索词，检索词之间为空格时，系统默认为 AND 算符连接。在检索输入框中也可以输入由布尔逻辑算符构成的检索式，还可单击“添加另一字段”进行不同字段限定的复杂组配检索。所有成功的检索均会被添加至检索历史表。

例如，检索式（Tailings or " small watershed"） and model*，相同字段检索如图 4-93 和图 4-94 所示。

图 4-93　相同字段同框检索

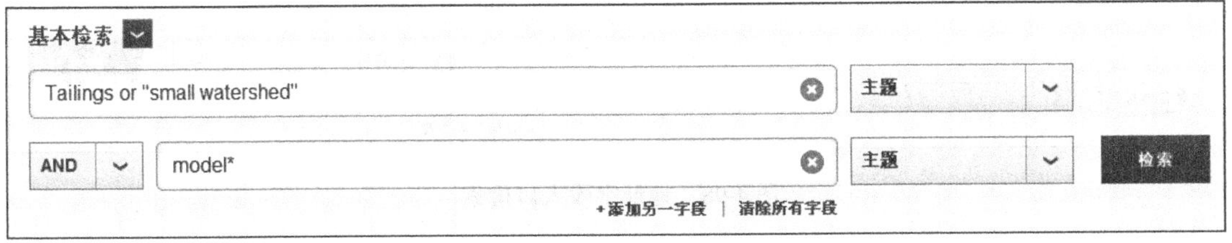

图 4-94　相同字段分框检索

不同字段检索，如图 4-95 所示。

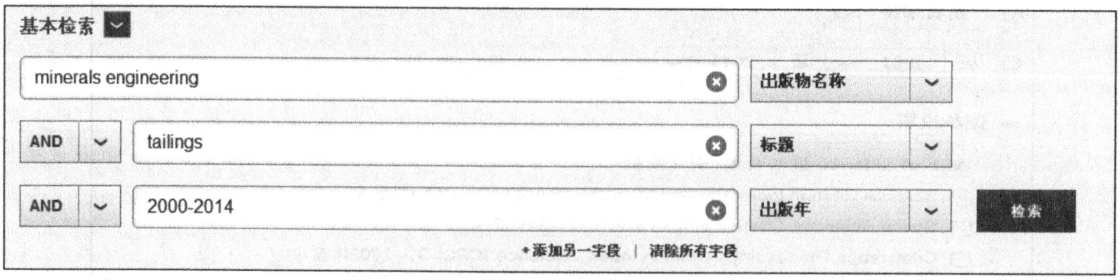

基本检索
minerals engineering
出版物名称
AND
tailings
标题
AND
2000-2014
出版年
检索
+添加另一字段 | 清除所有字段

图 4-95 不同字段检索

Web of Science 的检索入口有 17 个。从检索入口选择作者、团体作者、出版物名称、机构扩展等字段时，下方会出现一行小字“从索引中选择”，如图 4-96 所示。

基本检索
示例: O'Brian C* OR OBrian C*
作者
检索
+添加另一字段
从索引中选择

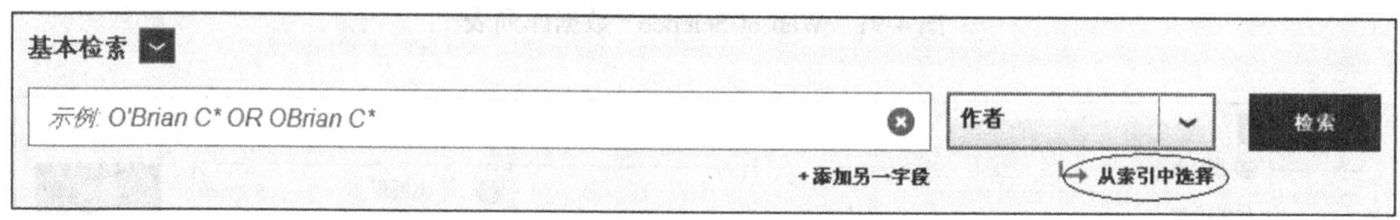

图 4-96 从索引中选择

单击链接，可以进入各自的索引页，按界面提示的方法可找到所需的索引名称。图 4-97 所示为作者索引页。

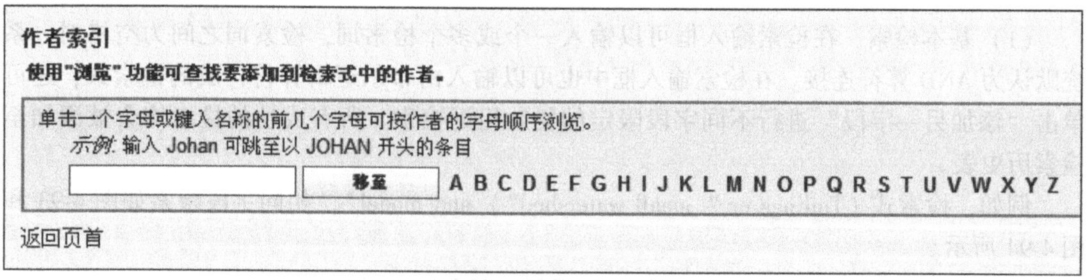

作者索引
使用"浏览"功能可查找要添加到检索式中的作者。
单击一个字母或键入名称的前几个字母可按作者的字母顺序浏览。
示例: 输入 Johan 可跳至以 JOHAN 开头的条目
移至
A B C D E F G H I J K L M N O P Q R S T U V W X Y Z
返回页首

图 4-97 作者索引页

地址字段也可在系统查看地址缩写列表，如图 4-98 所示。单击“查看缩写列表”，进入地址缩写列表页，直接查找需要的结果。

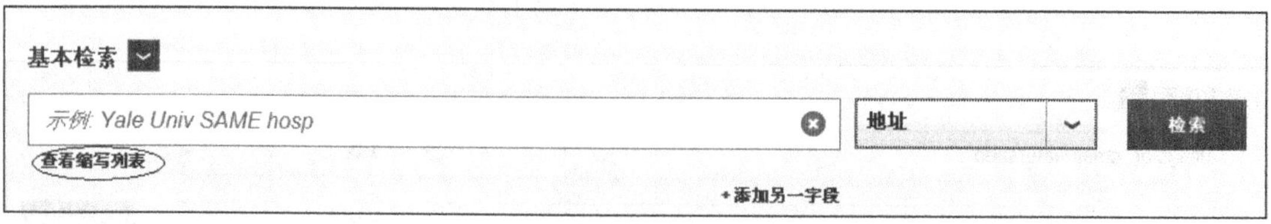

基本检索
示例: Yale Univ SAME hosp
地址
检索
查看缩写列表
+添加另一字段

图 4-98 地址字段入口检索

在检索栏的下方单击“时间跨度”和“更多设置”，可以选择检索年份和数据库。

（2）作者检索 使用“作者检索”功能，可以简单方便地确认并检索出特定作者的所有作品。作者检索不区分数据库，即选择作者检索时检索范围包含订阅范围内的所有版本和所有年份，如图 4-99 所示。

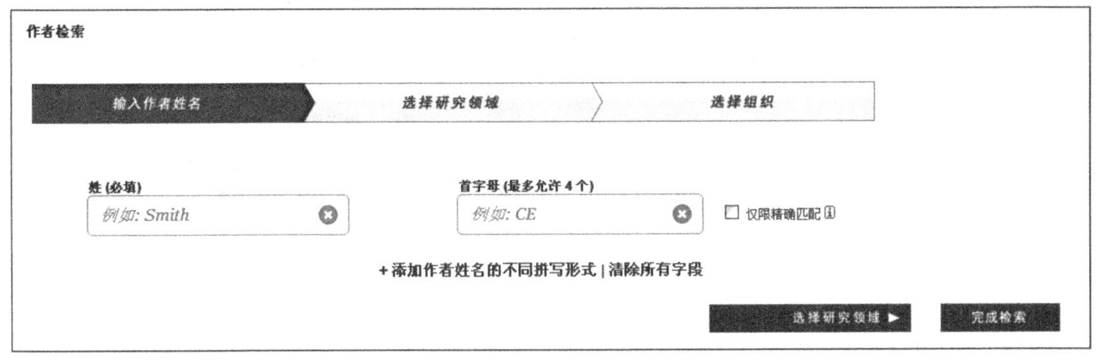

图 4-99 作者检索

检索说明：

1）在“姓”字段中输入作者的姓氏，姓氏必须输入完整全拼形式，不能省略。在“首字母”字段输入除“姓”外的名字的首字母，首字母不超过四个。

2）单击“添加作者姓名的不同拼写形式”，增加一行检索文本框，以检索作者姓名的多个不同拼写形式。最多不超过 5 种不同拼写形式。

3）选定“仅限精确匹配”，检索结果严格按照输入的名字检索，取消选择“仅限精确匹配”，系统将打开自动截词功能，检索结果将更全面。

4）单击“选择研究领域”转至“研究领域”页面，在“研究领域”页面中，单击“选择机构”转至“选择机构”页面。这样可将同名的不同作者所著的作品区分开来。

（3）被引参考文献检索 通过被引参考文献检索，可以了解某篇文献被自己或他人引用情况，从而得知该文献的学术影响及价值。在检索方式中选择被引参考文献检索，即进入检索。

在“被引作者”入口输入主要被引作者姓名，可以输入第二作者的姓名。被引作者一般采用缩写格式，且姓在前名在后。检索式中的被引作者一定要与论文记录中的作者标引格式保持一致。“被引著作”入口可以输入完全标题或缩写标题，单击“查看缩写列表”可以查看缩写标题。“被引作者”“被引著作”都可单击“从索引中选择”帮助确定，如图 4-100所示。

以篇名“Sulfide mineral oxidation and subsequent reactive transport of oxidation products in mine tailings impoundments：A numerical model”为例查其被引情况，如图 4-100 和图 4-101 所示。

（4）化学结构检索 在 Web of Science 中，可以检索与 Accelrys JDraw 小程序创建的化学结构检索式相匹配的化合物和反应。通过在“化合物数据”和“反应数据”文本字段输入检索词检索与化合物和反应相关的数据。也可以通过在“化合物数据”和“反应数据”文本字段输入检索词，在不进行化学结构检索的情况下检索化合物和反应数据。

（5）高级检索 使用字段标识、布尔运算符、括号和检索词创建检索式，将检索式在

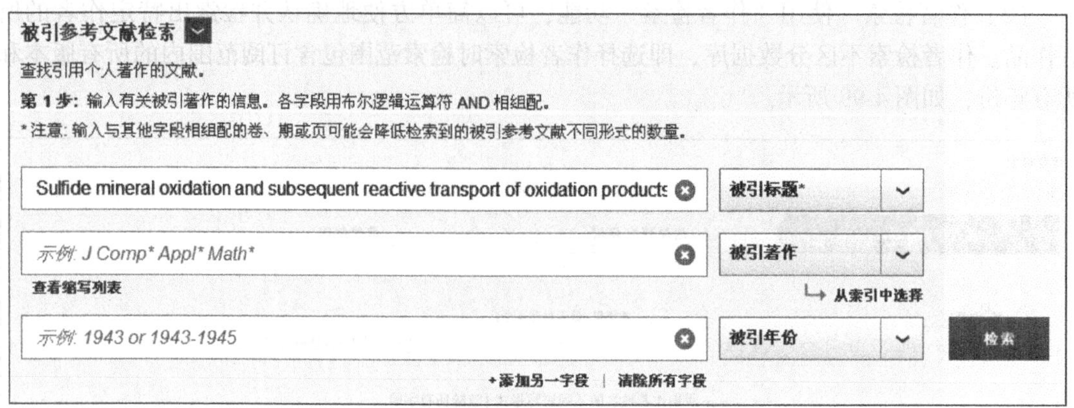

图 4-100　被引参考文献检索

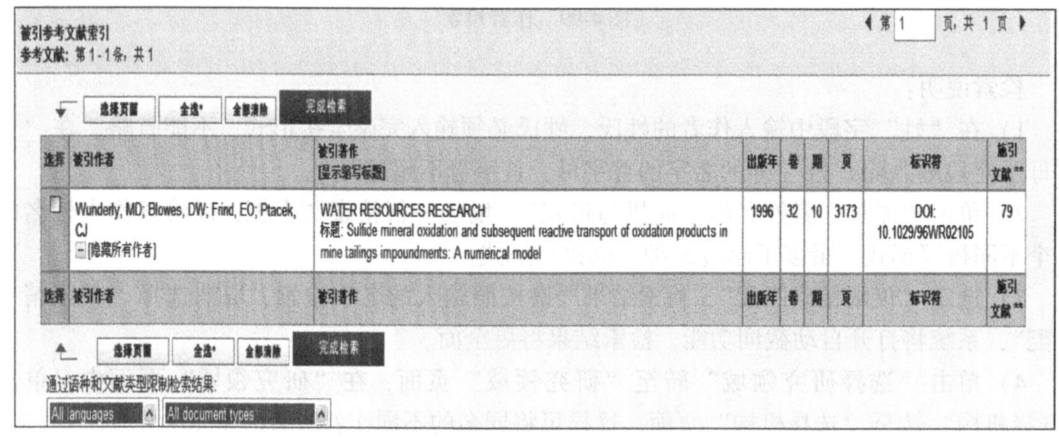

图 4-101　被引参考文献检索结果显示

一个框内进行检索即为高级检索。高级检索界面如图 4-102 所示。其检索式基本结构为“字段标识 = 检索词”，“检索结果”在同一界面的“检索历史”中出现。

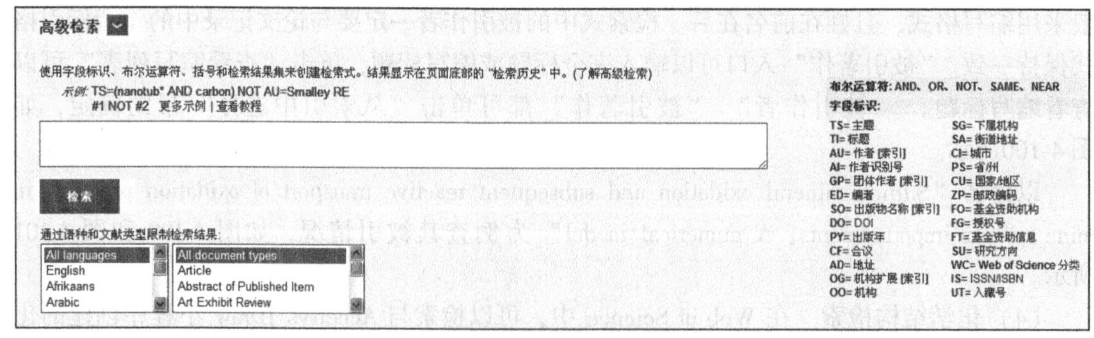

图 4-102　高级检索界面

（6）检索历史　检索历史列表包括检索式序号、检索结果数量、检索历史内容、编辑检索键、逻辑组配选择、删除检索式。检索历史界面如图 4-103 所示。

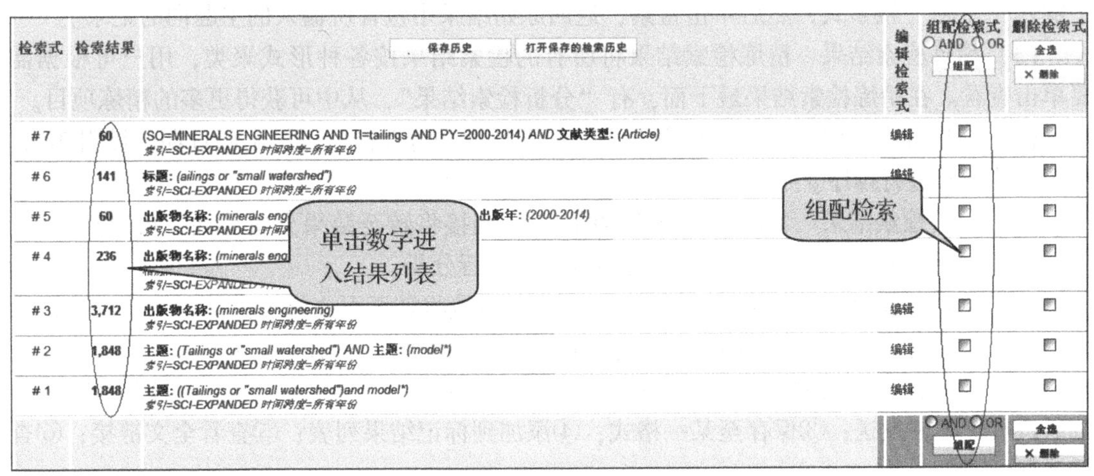

图4-103　检索历史界面

单击检索结果的数字，转至检索结果列表界面；若要永久保存历史，需要注册登录个人账户才能操作。

4. 检索规则

1）支持布尔运算符 AND、OR、NOT 和位置算符 NEAR/x、Same，如果检索词中包含 NEAR 或 Same，则使用半角状态下的引号将其引起。

2）优先级。运算符优先顺序为 NEAR/x > SAME > NOT > AND > OR，可以使用括号改变优先级，括号内的表达式优先执行。

5. 检索结果处理

检索结果界面如图4-104所示。

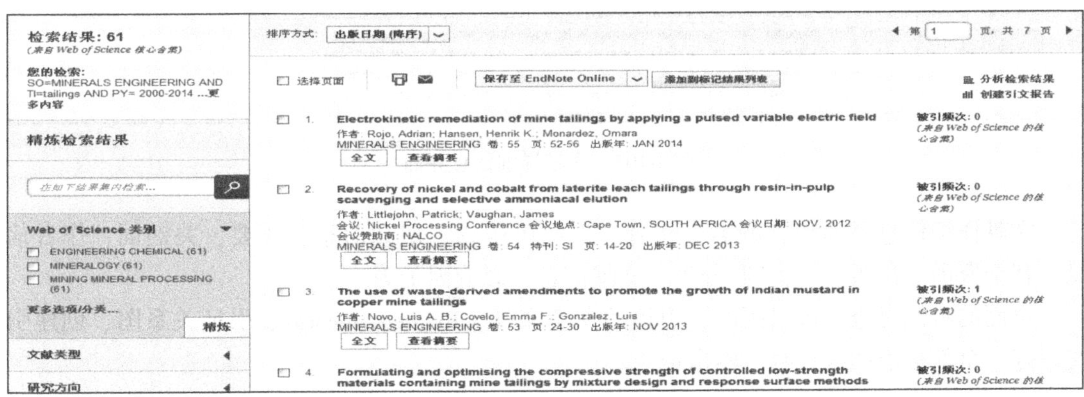

图4-104　检索结果界面

检索结果界面左侧栏为检索式和检索限定、二次检索、精炼检索结果；界面右侧为检索结果列表。

（1）检索式和检索限定　显示结果数量和检索出这些结果的检索式。单击“更多内容”，链接则显示检索的限定内容，如时间、数据库等。

（2）二次检索　要过滤或减少“检索结果”页面上的记录，在“结果内检索”文本框中输入“主题”检索式，然后单击检索，返回原始结果中包含所输入的主题词的记录。

（3）精炼检索结果　精炼检索结果将所有的检索结果按各种形式聚类，用户可根据需要单击查看。在精炼检索结果最下面，有“分析检索结果”，从中可获得更多的精炼项目。

（4）结果排序　用户单击“排序方式”的下拉框进行选择。可按出版日期、被引频次、相关性等条件进行排序。

（5）分析检索结果　单击“分析检索结果”，链接将转至结果分析界面，可以从作者、丛书名称、会议名称等16个方面对所有检索结果进行分析。

（6）创建引文报告　单击“创建引文报告”；链接将转至引文报告页面，查看当前记录集的综合引文统计。若超过10000条记录，检索结果界面则不显示此链接。

（7）论文信息及处理　对选定文献，可以进行如下处理：①将所选记录设定打印格式；②通过电子邮件发送；③保存至某一格式；④添加到标记结果列表；⑤查看全文链接；⑥查看摘要。

（8）论文细览　单击论文题名，进入文献详细信息界面，如图4-105所示。

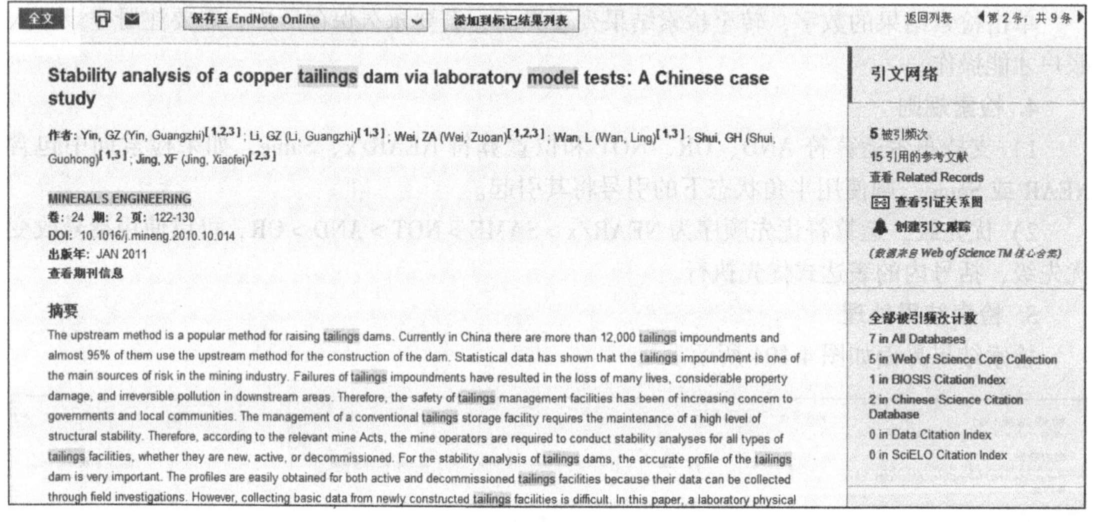

图4-105　文献详细信息界面

文献详细信息界面包含题名、作者、来源出版物、期刊信息、摘要、关键词、作者信息、基金资助、出版商、类别/分类、文献信息、影响因子等。

页面的右侧可查看被引频次、引用的参考文献、Related Records、引证关系图、创建引文跟踪、全部被引频次计数、输出记录。

6. 案例分析

（1）按主题查找相关文献　用高级检索查找2000年后“MINERALS ENGINEERING”期刊，标题含“tailings”的文献。具体步骤如下：

1）列出检索式 SO = MINERALS ENGINEERING AND TI = tailings AND PY = 2000 – 2014。

2）将检索式输入检索文本框，语种为“All language”，文献类型为“All document types”，时间跨度为“所有年份”，数据库为“SCIE”。

3）单击检索，得到检索结果，如图4-106所示。

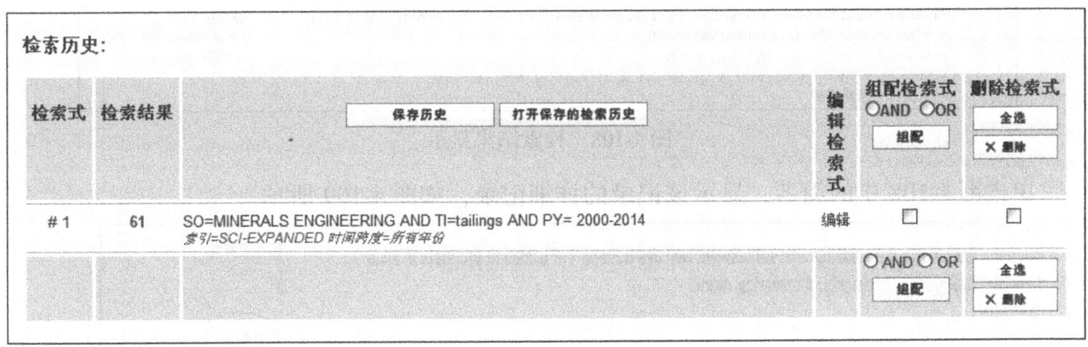

图 4-106 检索历史列表中的检索结果

4）单击检索结果中的“61”，进入检索结果列表，如图 4-104 所示。

（2）按文献篇名查找文献被引用情况及期刊 JCR 影响因子

篇名：Sulfide mineral oxidation and subsequent reactive transport of oxidation products in mine tailings impoundments：A numerical model。

检索方式：基本检索。

检索字段：标题。

数据库：Web of Science™核心合集；

Science Citation Index Expanded（SCI-EXPANDED）-1981 年至今。

检索目的：该文献被引用情况、该文献登载期刊 JCR 分区及 JCR 影响因子。

基本检索如图 4-107 所示，检索结果显示如图 4-108 所示。

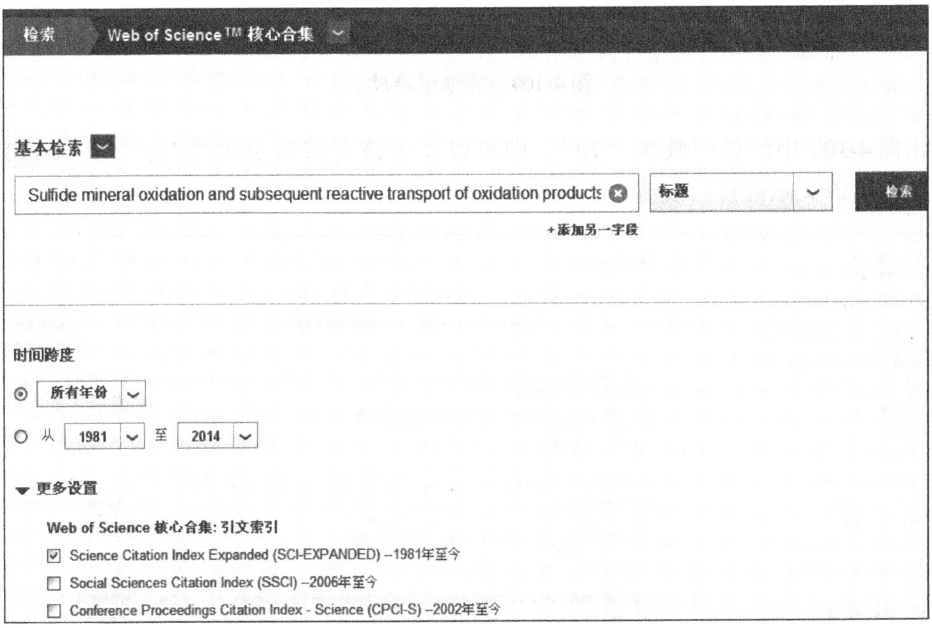

检索 Web of Science™ 核心合集

基本检索

Sulfide mineral oxidation and subsequent reactive transport of oxidation products 标题 检索

+添加另一字段

时间跨度

所有年份

从 1981 至 2014

更多设置

Web of Science 核心合集: 引文索引

Science Citation Index Expanded (SCI-EXPANDED) --1981年至今

Social Sciences Citation Index (SSCI) --2006年至今

Conference Proceedings Citation Index - Science (CPCI-S) --2002年至今

图 4-107 基本检索

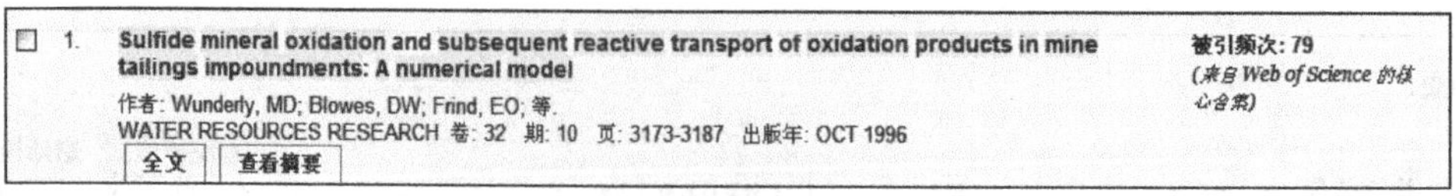

1. Sulfide mineral oxidation and subsequent reactive transport of oxidation products in mine tailings impoundments: A numerical model
作者: Wunderly, MD; Blowes, DW; Frind, EO; 等.
WATER RESOURCES RESEARCH 卷: 32 期: 10 页: 3173-3187 出版年: OCT 1996
全文
查看摘要
被引频次: 79
(来自 Web of Science 的核心合集)

图 4-108　检索结果显示

单击图 4-108 中的篇名，显示该记录的详细记录，如图 4-109 所示。

Sulfide mineral oxidation and subsequent reactive transport of oxidation products in mine tailings impoundments: A numerical model
作者: Wunderly, MD (Wunderly, MD); Blowes, DW (Blowes, DW); Frind, EO (Frind, EO); Ptacek, CJ (Ptacek, CJ)
WATER RESOURCES RESEARCH
卷: 32 期: 10 页: 3173-3187
DOI: 10.1029/96WR02105
出版年: OCT 1996
查看期刊信息
摘要
A versatile numerical model that couples oxygen diffusion and sulfide-mineral oxidation (PYROX) has been developed to simulate the oxidation of pyrite in the vadose zone of mine tailings. A shrinking-core oxidation model and a finite element numerical scheme are used to simulate the transport of oxygen and oxidation of pyrite grains. The rate of pyrite oxidation is assumed to be limited by the transport of oxygen to the reaction site, The model determines the spatially variable bulk diffusion coefficient for oxygen on the basis of moisture content, porosity, and temperature, all of which are variable input parameters.
引文网络
79 被引频次
36 引用的参考文献
查看 Related Records
查看引证关系图
创建引文跟踪
(数据来自 Web of Science™ 核心合集)
全部被引频次计数
80 in All Databases
79 in Web of Science Core Collection
26 in BIOSIS Citation Index
期刊信息
Impact Factor (影响因子): Journal Citation Reports®
其他信息
IDS 号: VL614
Web of Science 核心合集中的 "引用的参考文献": 36
Web of Science 核心合集中的 "被引频次": 79

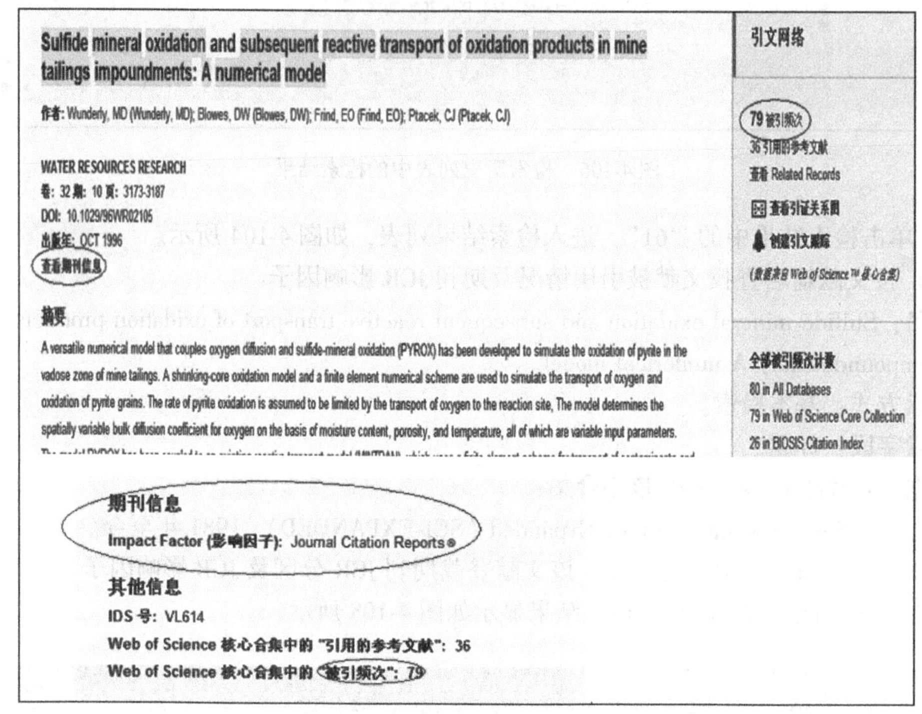

图 4-109　详细记录显示

单击图 4-109 中的被引频次“79”，即可以显示该文献被引用情况，如图 4-110 所示，可以从中得出该文献被自己或他人具体引用情况。

施引文献: 75
(来自 Web of Science 核心合集)
针对: Sulfide mineral oxidation and subsequent reactive transport of oxidation products in mine tailings impoundments: A numerical model
时间跨度=所有年份。索引=IC, SCI-EXPANDED, CCR-EXPANDED, SSCI, CPCI-SSH, CPCI-S。
...更少内容
被引频次计数
80 所有数据库
79 Web of Science 核心合集
26 BIOSIS Citation Index
1 中国科学引文数据库
0 Data Citation Index 中的数据集
0 Data Citation Index 中的出版物
0 SciELO Citation Index
查看其他的被引频次计数
精炼检索结果
排序方式: 出版日期 (降序)
第 1 页, 共 8 页
选择页面
保存至 EndNote Online
添加到标记结果列表
分析检索结果
创建引文报告
1. The Diavik Waste Rock Project: Design, construction, and instrumentation of field-scale experimental waste-rock piles
作者: Smith, Lianna J. D.; Moncur, Michael C.; Neuner, Matthew; 等.
APPLIED GEOCHEMISTRY 卷: 36 页: 187-199 出版年: SEP 2013
被引频次: 4
2. The Diavik Waste Rock Project: Particle size distribution and sulfur characteristics of low-sulfide waste rock
作者: Smith, Lianna J. D.; Blowes, David W.; Jambor, John L.; 等.
APPLIED GEOCHEMISTRY 卷: 36 页: 200-209 出版年: SEP 2013
被引频次: 4
3. The Diavik waste rock project: Initial geochemical response from a low sulfide waste rock pile
作者: Smith, Lianna J. D.; Bailey, Brenda L.; Blowes, David W.; 等.
APPLIED GEOCHEMISTRY 卷: 36 页: 210-221 出版年: SEP 2013
被引频次: 4
全文
查看摘要

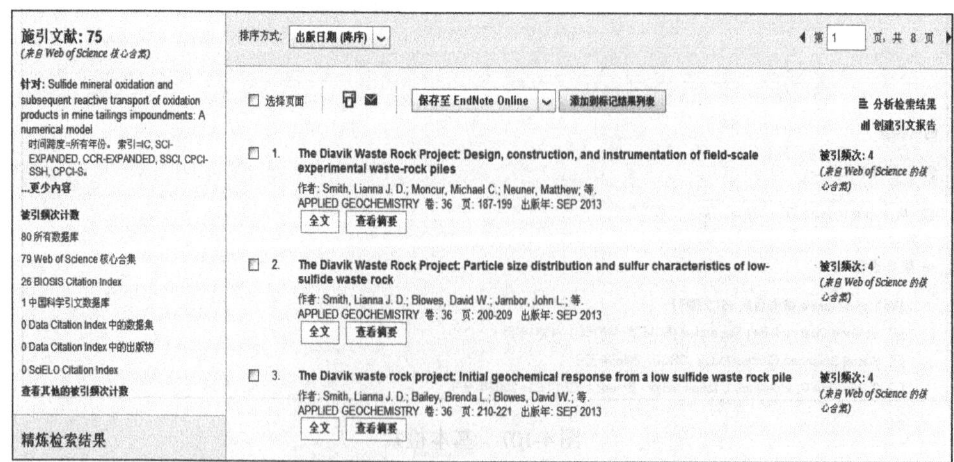

图 4-110　被引用情况显示

单击图 4-109 中的“查看期刊信息”，即可看到该期刊的 JCR 分区及研究领域等信息，如图 4-111 所示。

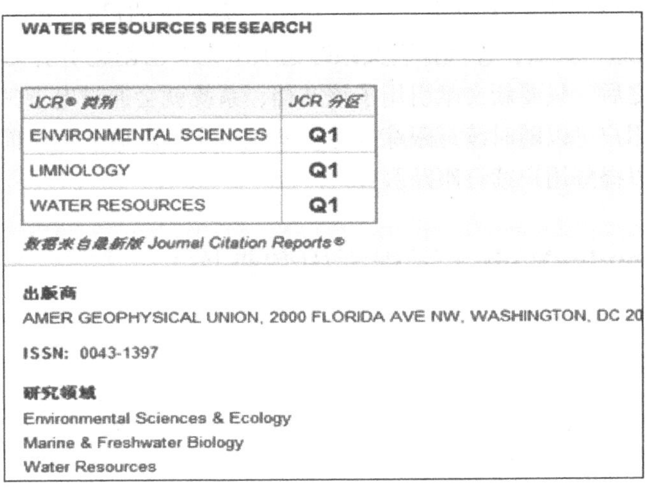

图 4-111　期刊分区信息

单击图 4-109 中的“期刊信息”中的影响因子“Journal Citation Reports ®”，即可显示该期刊 2008 年至 2012 年的影响因子，如图 4-112 所示。

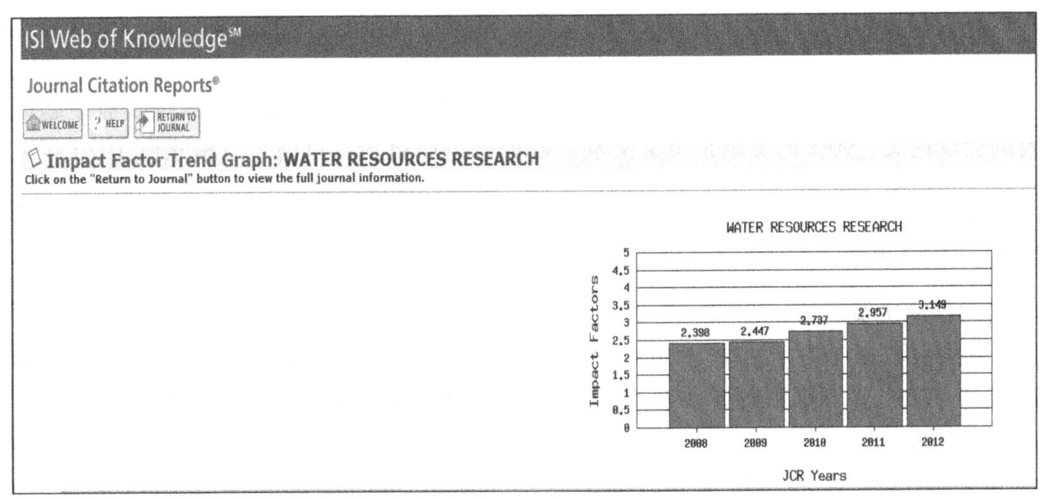

图 4-112　期刊影响因子

4.8.3　注册与个性化服务

在主界面“登录”入口进行注册并登录，注册只需要有效电子邮件地址。

注册用户可以享受以下个性化服务：自动登录、访问已保存的检索式和检索历史、创建引文跟踪、将参考文献添加到 EndNote 文献库、通过首选项将会话设置为在特定的数据库或产品中开始选择、更新个人信息等。

创建、查看引文跟踪是个性化服务的主要功能。创建引文跟踪流程如下：①Web of Science 注册用户登录；②单击创建引文跟踪按钮；③选择电子邮件样式（纯文本、HTML、EndNote 或字段标识）；④再单击创建引文跟踪按钮；⑤单击关闭按钮，完成创建。

查看引文跟踪流程如下：①单击“我的工具”菜单中的已保存的检索和跟踪，转至“已保存的检索和跟踪”页面；②选择引文跟踪选项卡查看已创建了引文跟踪的论文。

创建引文跟踪之后，只要新文献引用了该文档，系统就会通过电子邮件通知用户。跟踪服务有效期一年。用户可以随时续订跟踪服务。系统会在跟踪服务到期前大约两个星期向用户发送电子邮件，以提醒用户续订跟踪服务。

4.9 Ei CompendexWeb（工程索引数据库）

4.9.1 数据库简介

工程索引（The Engineering Index，简称“EI”）创刊于 1884 年，由美国工程信息公司编辑出版，是世界著名的三大检索工具之一。

Ei CompendexWeb 是由《工程索引》和《Ei PageOne》合并的 Internet 版本。数据来自 5400 种工程类期刊、会议论文和技术报告。数据库每年新增约 500000 条工程类文献，其收录文献以期刊和会议文献为主，图书、科技报告次之，不收录专利文献。其文献内容主要涵盖工程和应用科学领域的各学科，涉及土木工程、能源、环境、地理、生物工程、电气、电子和控制工程、化学、矿业、金属和燃料工程、机械、自动化、核能、航空工程、计算机科学等。

EI 收录的每篇文献都包括书目信息和一个简短的文摘，大约 22% 的数据是有主题词和摘要的会议论文，90% 的文献是英文文献。数据库每周更新，目前可以检索到 1970 年以来的数据，对检索全世界范围内工程与技术文献，跟踪与评价技术新成果非常有用。

4.9.2 数据库检索指南

1. 数据库主页

工程索引数据库访问网址为 http://www.engineeringvillage.com/search/quick.url。用户在控制 IP 段内登录图书馆网页，单击数据库链接进入数据库主页，如图 4-113 所示。

2. 检索方式

Ei Compendex 提供三种检索方式：快速检索（Quick Search）、专家检索（Expert Search）和叙词检索（Thesaurus Search）。

（1）快速检索（Quick Search）　快速检索分为三个部分，如图 4-114 所示。

1）基础检索。检索文本框可以是词和短语，也可以是同一检索入口字段的检索式；通过检索字段选择检索入口；单击 Add search field 增加文本框。

快速检索有 16 个检索字段。Subject/Title/Abstrac 入口的检索字段为文摘、标题、标题译文、受控词（叙词）、主标题词、关键词。

Title 字段检索文献题名，对于文献题名是非英语语种，其规则为：如果文献是非英文语言且为西文字母，系统将同时提供英译标题和原文标题；如果文献是非罗马字符的语言，则提供英译标题，也可能提供转换成罗马字母的原文标题；如果文献的标题是英文，而论文

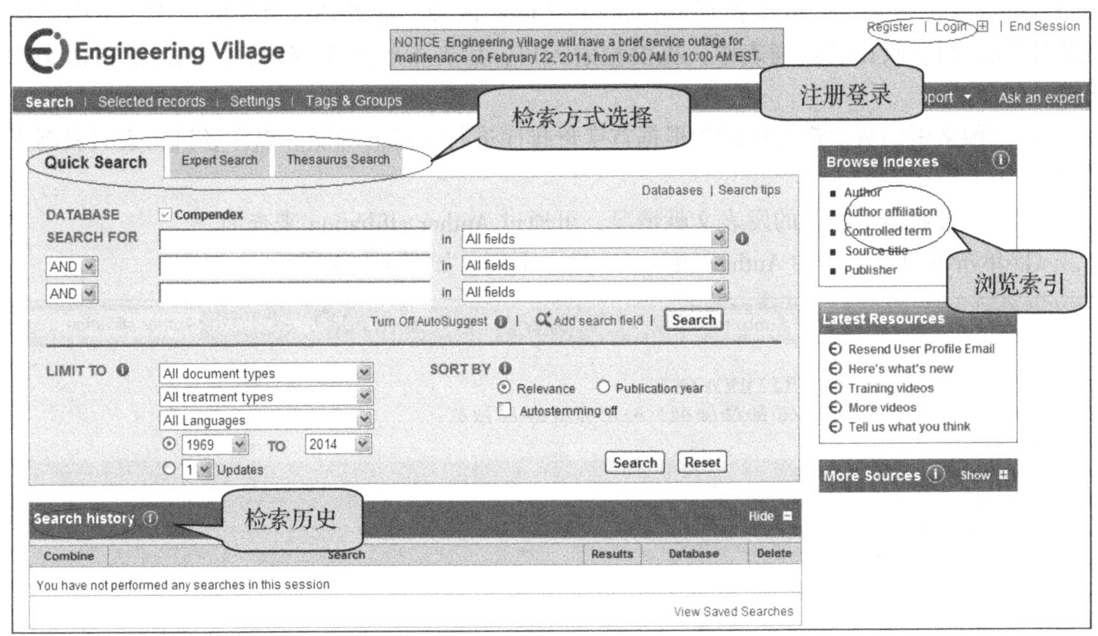

图 4-113　EI 数据库主页

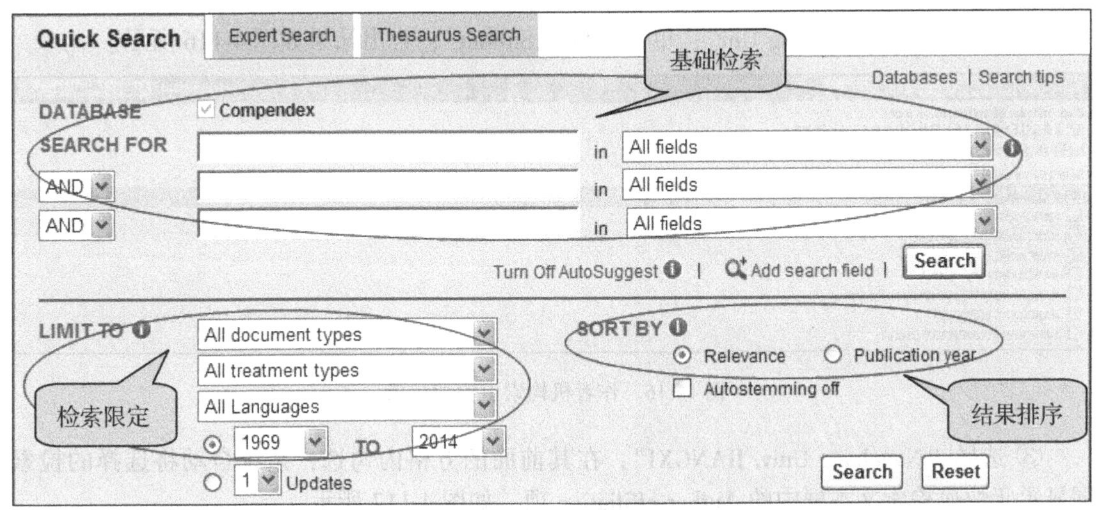

图 4-114　快速检索

内容使用的是非英文语言，则采用英文标题，不再提供非英文标题。

Author、Author affiliation、Controled term、Publisher、Source title 五个入口的检索词可以通过索引表（Browse Index）查找得到。

索引表提供五种索引：作者索引、作者联系、受控词、出版者、来源出版物。其中 Author、Author affiliation 等反映收录的作者、作者单位等情况；Source title 反映收录的来源出版物情况，Publisher 反映出版者情况；而受控词 Controlled term 与主题词类似，是一种将标引人员和检索人员的自然语言转换成规范化检索语言的术语控制工具。受控词包括正式受控词 Controlled term 和非正式受控词 Uncontrolled term 两种。前者是规范化的，用于标引和检索的词或词组，收在受控词表中，提供检索入口；后者不收入受控词表，但提供相似文章链接。

每一种索引的页面都有检索和根据首字母排序进行浏览的功能。以作者机构索引表浏览为例来予以说明。

举例：查看南昌大学的发表文献情况，可通过 Author affiliation 来查询。

① 单击浏览索引中的 Author affiliation 进入页面，如图 4-115 所示。

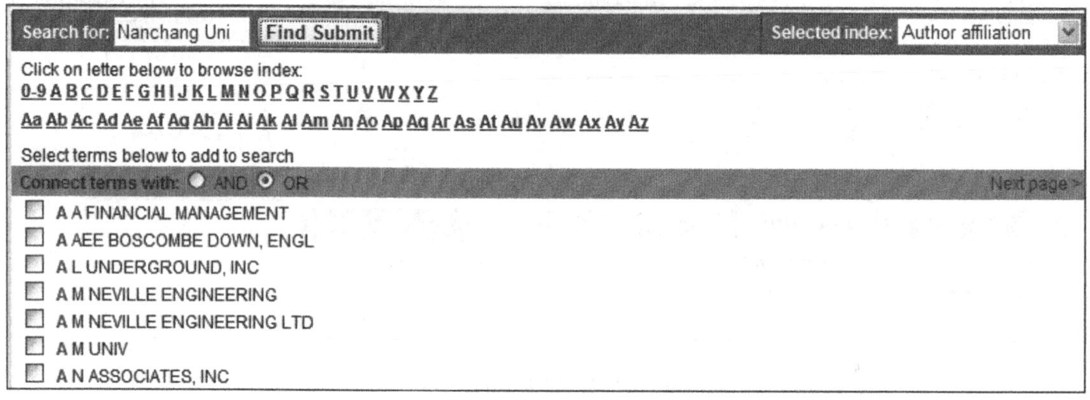

图 4-115　作者机构索引表

② Search for “Nanchang Uni”，单击 “Find Submit”，查出结果如图 4-116 所示。

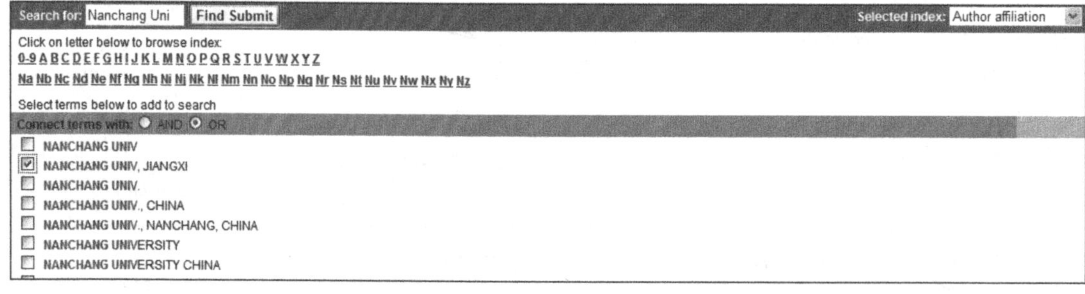

图 4-116　作者机构索引检索结果

③ 选择 “Nanchang Univ. JIANGXI”，在其前面的方格内勾选，系统自动将选择的检索词显示于快速检索文本框中的 Author affiliation 项，如图 4-117 所示。

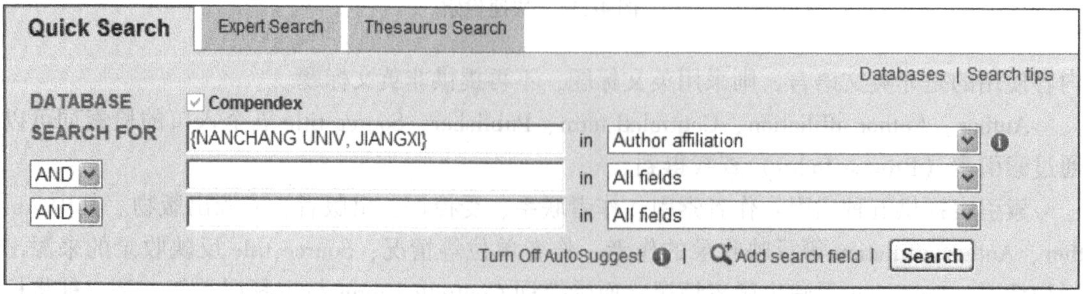

Quick Search　Expert Search　Thesaurus Search
Databases | Search tips
DATABASE　Compendex
SEARCH FOR　{NANCHANG UNIV, JIANGXI}　in　Author affiliation
AND　in　All fields
AND　in　All fields
Turn Off AutoSuggest | Add search field | Search

图 4-117　作者机构索引使用结果显示

2）检索限定。快速检索从文献类型（All document types）、文献主题（All treatment types）、文献语种（All language）、出版时间几方面限定检索，缩小检索的范围。例如，进行某一专题研究，则可以在文献类型中选择 Monograph chapter 和 Monograph review；对某个主题作概况了解，可在文献内容中选择 General review；了解某一研究领域的历史概况，可在文献内容中选择 Historical；查找某一科学事件或科学家生平，也可在文献内容中选择 Biographical 等。

3）结果排序。检索结果排序，以相关性或出版时间来进行排序。

4）自动取词根。Autostemming off 为自动取词根的开或关标记，即表示在快速检索中，系统自动执行词干检索（除作者字段）。

例如，输入 modeling 结果为 modell、modeled、modeller、modelling 等。

复位（Reset）按钮可确保前面的检索结果不影响新开始的检索，并且将所有的选项复位到默认值。

检索实例：查询 2000 年后关于“尾矿库坝体渗漏模型”的期刊论文。其检索步骤如下：

1）确认检索词：“Tailings”“dam”“seepage”“model*”。

2）登录数据库，在各检索文本框内填上检索词，选择检索入口“Subject/Title/Abstract”，逻辑算符“AND”。

3）检索限定。文献类型选择“Journal article”；文献主题选择“All treatment types”；时间选择 2000－2014；按相关度排序（Relevance）；勾选“Autostemming off”。

4）单击“Search”，得到结果 24 条。

（2）专家检索（Expert Search）　专家检索提供更强大而灵活的功能，检索代码区显示检索入口字段、适应的数据库及代码供用户查询。专家检索界面如图 4-118 所示。

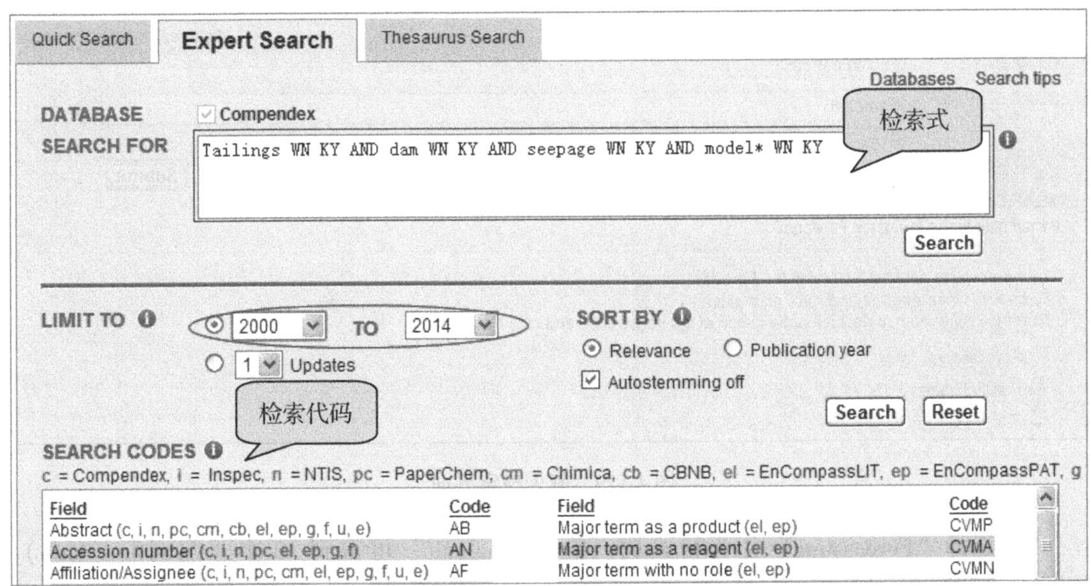

图 4-118　专家检索界面

专家检索的基本检索式格式为：检索词Within 或 WN 检索字段，如 Tailings WN KY。检索实例：查询 2000 年后关于“尾矿库坝体渗漏模型”的期刊论文。检索步骤为：

1）分析确定检索词，建立检索式。检索词为“Tailings”“dam”“seepage”“model*”，检索式为 Tailings WN KY AND dam WN KY AND seepage WN KY AND model* WN KY。

2）进入专家检索界面，输入检索式。

3）限定时间为 2000-2014，检索结果以 Relevance 排序。

4）单击“Search”，得检索结果 25 条。

（3）叙词检索（Thesaurus Search）　叙词是在文献标引与检索中用以表达文献的主题而规范化的词。叙词检索是 EI 的特殊检索方式，与其他检索的不同在于：

1）叙词表是由专业的规范词组成的，它可以将同一主题不同表述的词，按主题内容规范在标准的专业词下，避免了由于词汇书写不同造成漏检，或词义概念混淆导致错检的问题。

2）用户利用叙词检索可从主题角度检索文献，进而提高文献的查准率。

3）利用叙词检索还可以从主题概念的角度扩展或缩小检索范围。

叙词检索在 EI 叙词表中进行。选择“Thesaurus Search”检索方式进入检索界面，提供三种检索方式：主表查询，可判断被检索词在叙词表中的正确表达方式；精确查询，用以判断输入词是否为叙词表中的词；按字顺查询。

下面通过检索“Forecast”来展示叙词检索的过程。

1）将 Forecast 输入叙词检索的检索文本框中，选择主表查询，单击 Submit，得到检索结果为 0，说明 Forecast 不是叙词，但是从系统提供选择列表中可以了解到 Forecast 在叙词表的叙词是“Forecasting”，如图 4-119 所示。

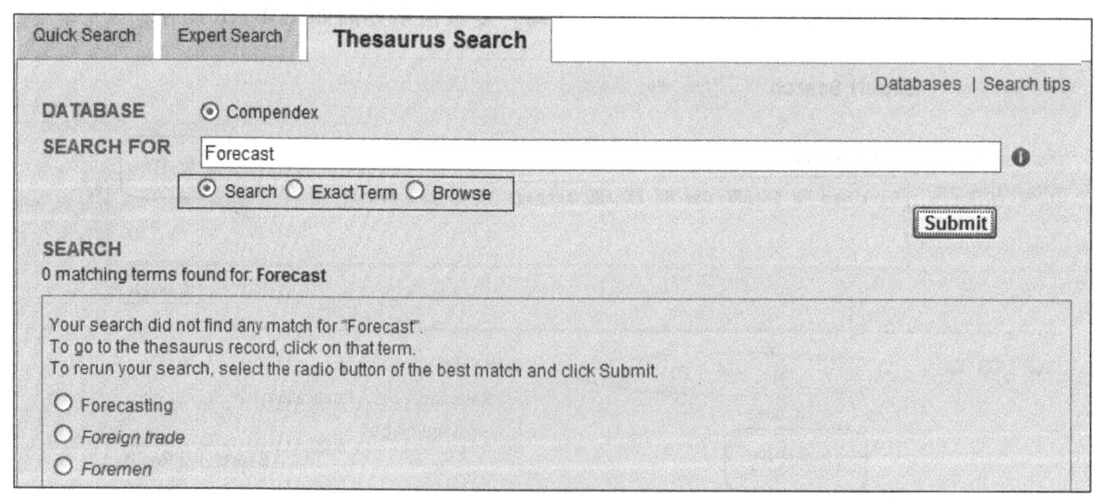

图 4-119　叙词检索界面

2）选择“Forecasting”作为检索词。单击“Submit”可得到 30 个匹配词汇（term），如图 4-120 所示。

3）单击符合条件的匹配词汇，数据库自动放入“search box”，如图 4-121 所示。

4）选择限定条件、排序方式，单击检索，得到文献检索结果界面，如图 4-122 所示。

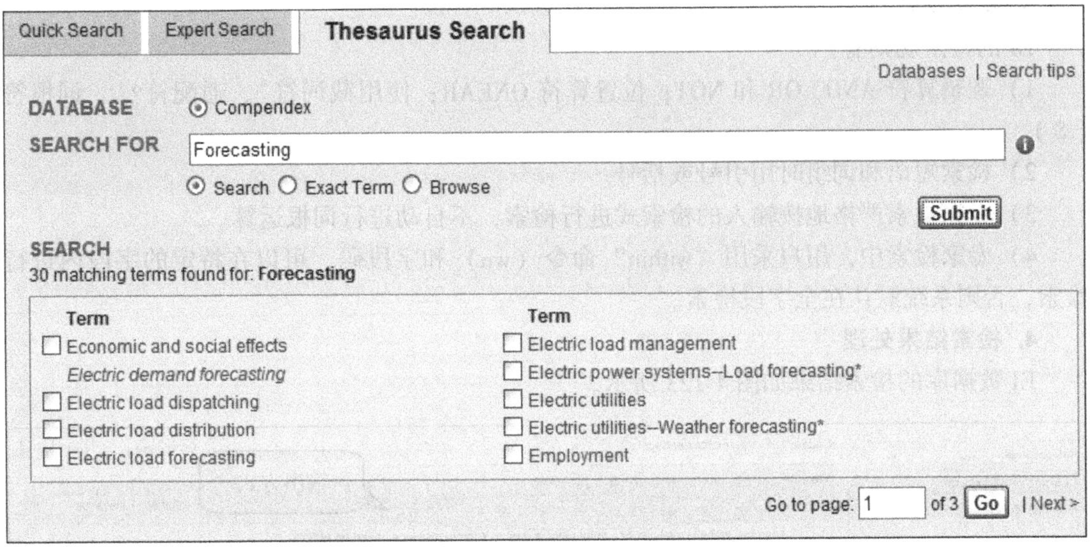

Quick Search　Expert Search　**Thesaurus Search**

Databases | Search tips

DATABASE　⊙ Compendex

SEARCH FOR　Forecasting

⊙ Search ○ Exact Term ○ Browse

Submit

SEARCH

30 matching terms found for: **Forecasting**

Term	Term
☐ Economic and social effects	☐ Electric load management
Electric demand forecasting	☐ Electric power systems--Load forecasting*
☐ Electric load dispatching	☐ Electric utilities
☐ Electric load distribution	☐ Electric utilities--Weather forecasting*
☐ Electric load forecasting	☐ Employment

Go to page: 1 of 3 Go | Next >

图 4-120　叙词检索匹配词汇

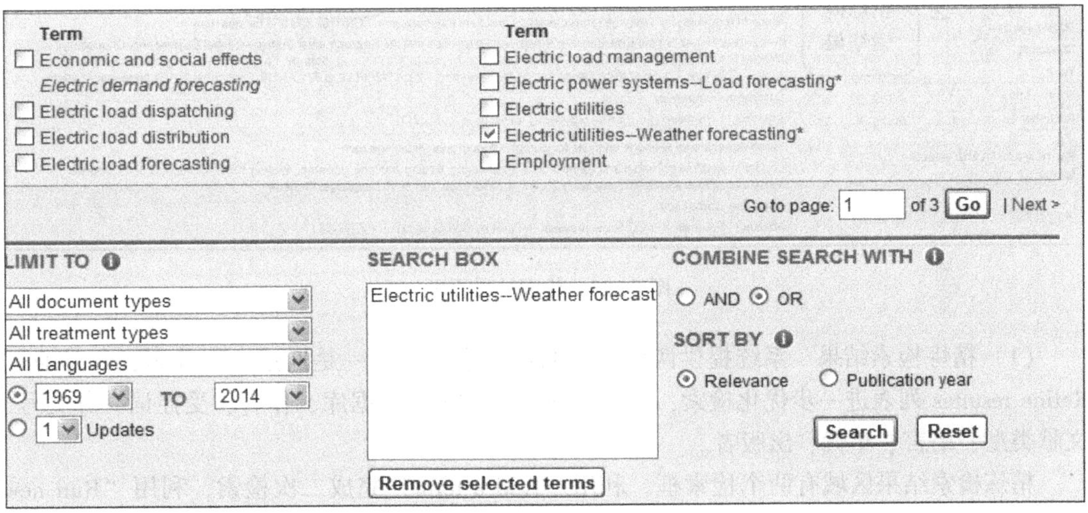

Term	Term
☐ Economic and social effects	☐ Electric load management
Electric demand forecasting	☐ Electric power systems--Load forecasting*
☐ Electric load dispatching	☐ Electric utilities
☐ Electric load distribution	☑ Electric utilities--Weather forecasting*
☐ Electric load forecasting	☐ Employment

Go to page: 1 of 3 Go | Next >

LIMIT TO

All document types

All treatment types

All Languages

⊙ 1969 TO 2014

○ 1 Updates

SEARCH BOX

Electric utilities--Weather forecast

Remove selected terms

COMBINE SEARCH WITH

○ AND ⊙ OR

SORT BY

⊙ Relevance ○ Publication year

Search　Reset

图 4-121　叙词检索框界面

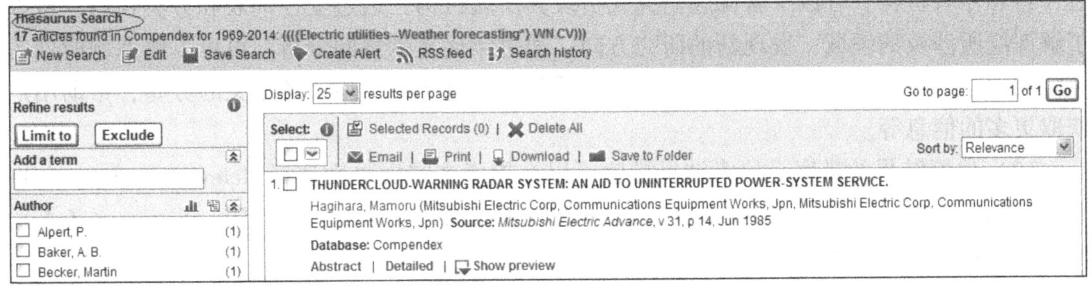

图 4-122　叙词检索结果界面

3. 检索规则

EI 的检索规则有：

1）逻辑算符 AND、OR 和 NOT；位置算符 ONEAR；使用截词符*、通配符?*、词根符($)。

2）检索短语和词组时用引号或括号。

3）专家检索严格地按输入的检索式进行检索，不自动进行词根运算。

4）专家检索中，用户采用“within”命令（wn）和字段码，可以在特定的字段内进行检索，否则系统默认在全字段检索。

4. 检索结果处理

EI 数据库的检索结果如图 4-123 所示。

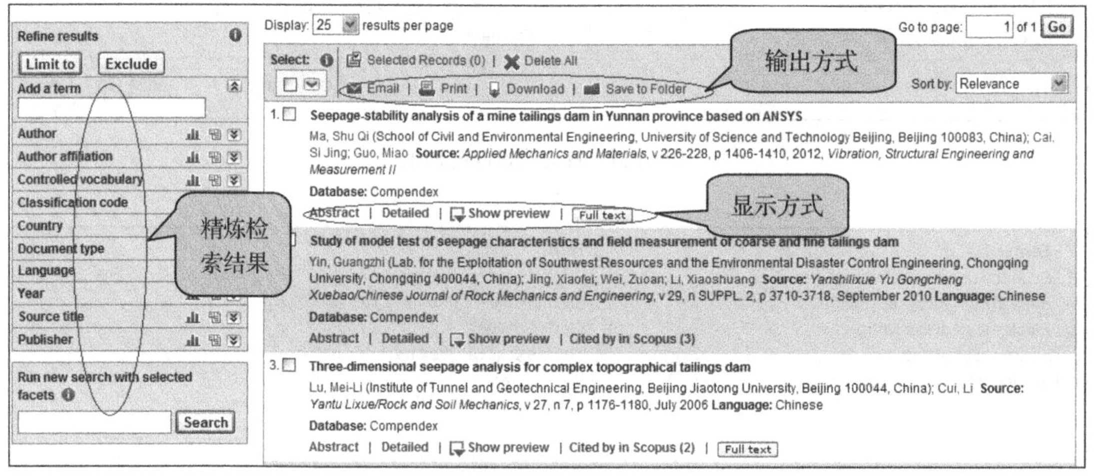

图 4-123　检索结果界面

（1）精炼检索结果　系统提供两种方式精炼检索结果，一是通过二次检索；二是通过 Refine resultes 列表进一步优化检索，这里的列表选项包括数据库、作者、受控词、分类号、文献类型、语言、年代、出版者。

精炼检索结果区域有两个检索框，利用“Add a term”完成二次检索，利用“Run new search with selected facets”进行新的检索，如图 4-123 所示。

Refine results 提供了一个强大的结果分析工具，用户可以从中获得大量的情报信息。通过作者和作者机构，可以了解课题研究人员及其所属机构；通过受控词表和分类代码，可以了解课题所涉及的领域，发现新的研究方向；通过年代文献量的分析，可以了解课题所处的生命周期；通过出版项分析了解论文发表的质量；通过文献类型了解论文的分布，帮助用户获取更多的信息等。

（2）检索结果的排序　检索结果排序可以在检索文本框页面选择 Relevance、Date（Oldest）、Date（Newest）、Author（A-Z）、Author（Z-A）、Source（A-Z）、Source（Z-A）、Publisher（A-Z）、Publisher（Z-A）。

（3）检索结果的显示　检索结果的显示方式有按文摘、详细记录、显示浏览、全文，如图 4-124 所示。

图4-124 检索结果显示方式界面

勾选一篇或多篇文献，单击已选记录“Selected records”，进入已选结果界面，如图4-125所示。显示的页面格式有引文、文摘和详细记录。

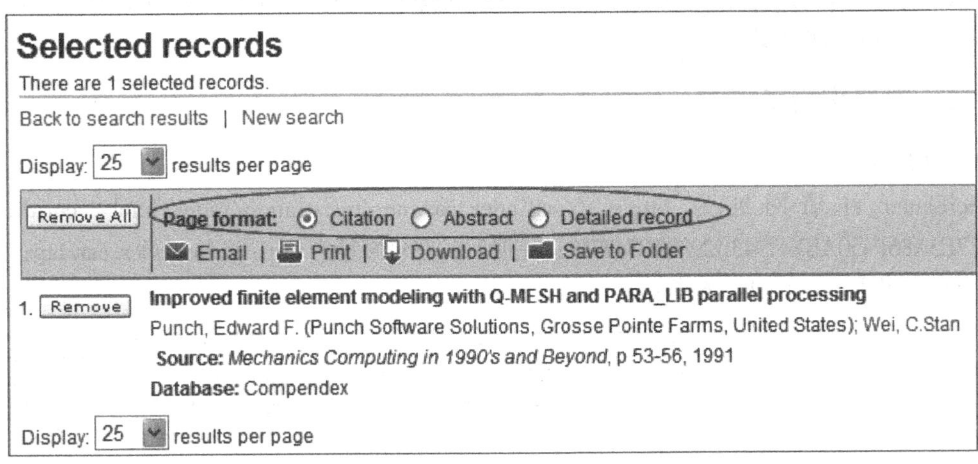

图4-125 已选结果界面

(4) 检索结果输出 命中文献的输出方式有四种：E-mail（电子邮件）、Print（打印）、Download（下载）、Save to Folder（保存到文件夹）。

4.9.3 注册与个性化服务

在数据库首页最上方的工具栏，有注册（Register）和登录（Login）链接。

单击注册（Register），进入到注册页。按照提示填写用户名、有效邮箱地址（Email）及密码后，单击“Register”即完成账户注册。注册完成后，每次进入数据库首先要单击“登录”，进入登录页进行登录后，才能享受系统提供的各种个性化服务。

Ei CompendexWeb 提供的个性化服务有：保存检索历史；将选定记录保存到文件夹；将检索结果发送到电子邮件；创建电子邮件提醒等功能。

4.10 SciFinder 网页版（CA）

4.10.1 数据库简介

SciFinder 的前身是美国《化学文摘》（Chemical Abstracts，简称 CA）。CA 创刊于1907年，内容几乎涉及了化学的所有领域，其中包括无机化学、有机化学、分析化学、物理化学、高分子化学；还包括冶金学、地球化学、药物学、毒物学、环境化学、生物学以及物理学等诸多学科领域。

1995 年，CAS 推出了 SciFinder 联机检索数据库。SciFinder 数据库整合了 Medline 医学数据库、全球 200 多个国家和地区的 60 多种语言的 1 万多份期刊、62 家专利机构的专利、评论、会议录、论文、技术报告和图书中的各种化学研究成果。内容不仅涵盖了 CA 从 1907 至今的所有内容，更整合了其他 5 个数据库（Registry、CASReact、ChemList、Chemcats、MedLine），内容扩展到生物医学、物质、反应、查询备案/管控化学信息及化学品的商业信息等方面。

SciFinder Web 的系统要求是：Windows 用户支持 IE 8.0 或者 FireFox 2.0；Mac 用户支持 Firefox 和 Safari；建议安装 Java 7.0。

4.10.2　数据库检索指南

1. 数据库主页

SciFinder 注册网址为 https://scifinder.cas.org/registration/index.html?corpKey = 9148F7E3X86F350ABX47943A29332B747749；注册后，登录网址为 http://scifinder.cas.org；进入 SciFinder 主界面，如图 4-126 所示。

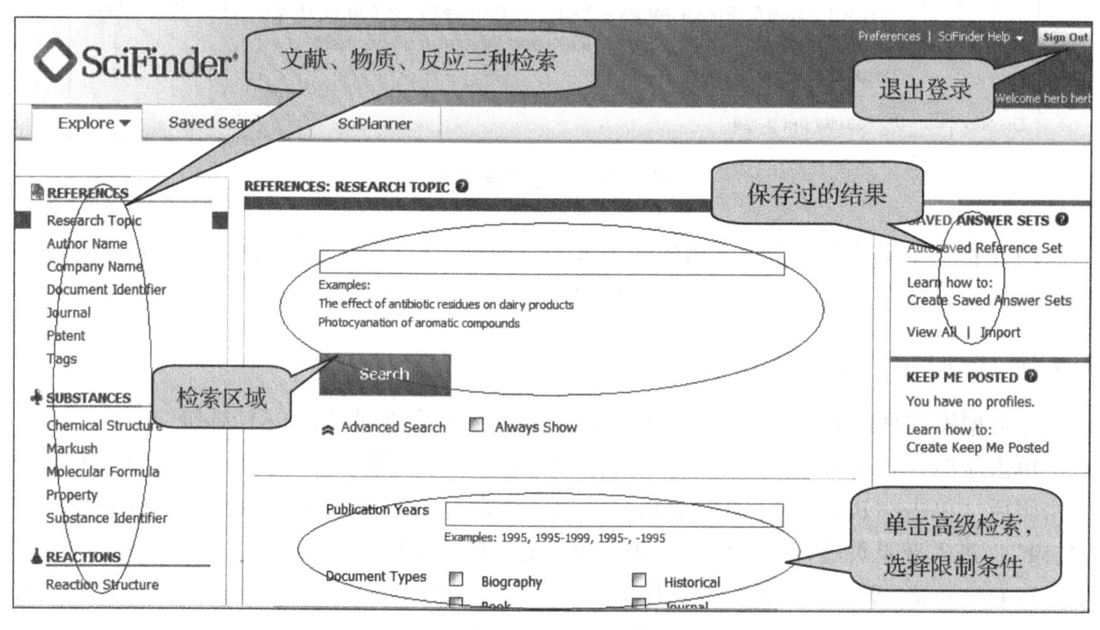

图 4-126　SciFinder 主界面

2. 检索方式

SciFinder 提供文献检索、物质检索和反应检索三种检索方式。在检索区域，输入检索式检索；若要选择限制条件，则可单击高级检索，对出版时间和文献类型等条件进行选项限制。在 SciFinder 的检索结果界面，提供了很多二次检索的工具，一般不使用高级检索功能。

（1）文献检索（REFERENCES）　SciFinder 的文献检索提供主题、作者名、机构名、文献 ID、期刊、专利、标签 7 种检索途径。系统默认为主题检索。

1）主题检索。主题检索主要关注某特定领域的文献。检索界面如图 4-127 所示。

① 选择 Research Topic。从首页左侧的检索入口选择 “Research Topic”，也可单击 “Ex-

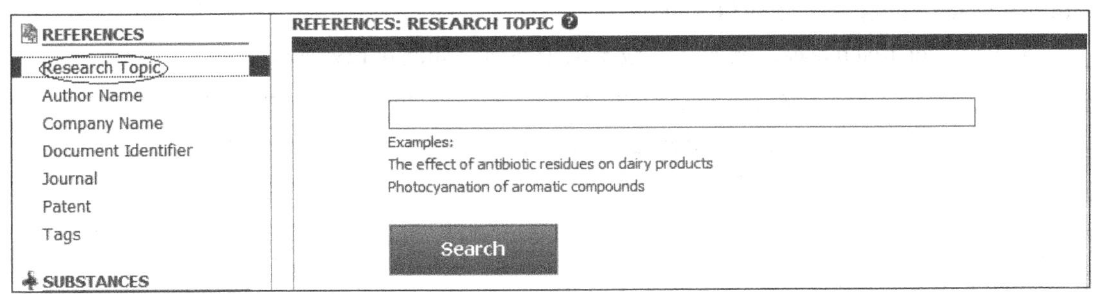

图 4-127　主题检索界面

plore”下拉菜单，选择检索入口。

② 输入关键词。最多输入 5 个关键词，3 个左右最好；关键词之间最好用英文的介词如 of，with，beyond，in，on，as 等连接，介词没有实际含义，只起到间隔作用。

多个关键词检索，SciFinder 既将其作为专用词检索，也将其分散在同一句中进行检索。如检索“anabolic steroids”，检索结果中不仅有含“anabolic steroids”的检索结果，也有含“anabolic androgenic steroids”的检索结果。

单击 Search，进入主题检索候选结果，如图 4-128 所示。

Select All　Deselect All

1 of 5 Research Topic Candidates Selected

		References
☐	804 references were found containing **"Umbilical cord blood with transplantation"** as entered	804
☑	5934 references were found containing the two concepts **"Umbilical cord blood"** and **"transplantation"** closely associated with one another.	5934
☐	8926 references were found where the two concepts **"Umbilical cord blood"** and **"transplantation"** were present anywhere in the reference.	8926
☐	45549 references were found containing the concept **"Umbilical cord blood"**.	45549
☐	771535 references were found containing the concept **"transplantation"**.	771535

Get References

图 4-128　主题检索候选结果

在主题检索候选结果页，应注意以下字段：

a. as entered，意为“如所输入”。

b. Concept，表示 SciFinder 后台对关键词做了同义词、近义词扩展。

c. Closed associated with one another，表示两个关键词出现在同一个检索字段中。

d. Were present anywhere in the reference，表示两个关键词出现在记录的任意位置。

在检索候选结果前面勾选后，单击 Get References 进入检索结果页。一般选择同时包含 Concept 和 Closed associated with one another 的选项。

检索实例：检索主题为脐带血移植（Umbilical cord blood with transplantation）的文献。

检索步骤：

① 在“Reference”中选择“Research topic”。

② 在检索文本框中输入检索主题“Umbilical cord blood with transplantation”，关键词用介词 with 连接。单击高级检索，限定时间为 2010-2014，文献类型为“Journal”，单击“Search”进入候选结果页。

③ 主题检索候选结果界面，如图 4-128 所示。选择同时包含 Concept 和 Closed associated

with one another 的选项，有 5934 条记录。

④ 单击 Get References，进入文献检索结果界面，如图 4-129 所示。

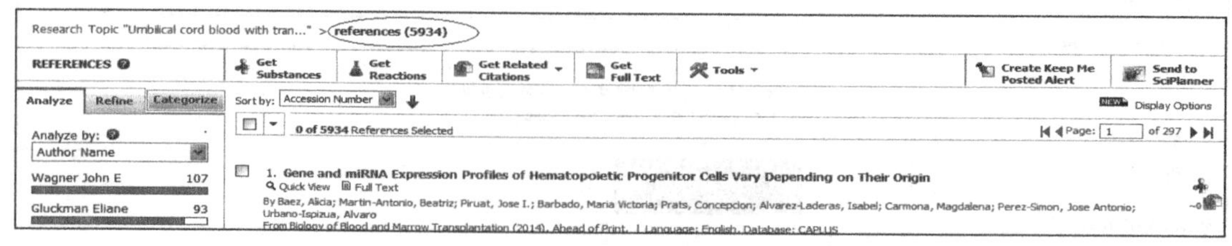

图 4-129　文献检索结果界面

2）作者名检索。作者名检索关注的是某科研人员的文献。

作者名检索，姓（Last Name）必须写全，名（First Name）只需要输入首字母即可；输入时，如果有空格、-符、’符也要输入；对复杂的人名，尝试不同的检索，确定哪个是最好的检索结果，再选择 Look for alternative spelling of the last name。

单击 search，获得候选文献作者名单；选择感兴趣的候选名单，单击 get reference，最终得到文献检索结果。

3）机构名称检索。机构名称检索时，SciFinder 自动考虑了不同的拼写、首字母缩写、全称缩写等情况。但是并不能包含合并和收购的公司。

SciFinder 自动检索一系列的有关词条，如输入“company”和“Co”“university”和“univ”得到的结果是一样的。

可通过机构名称的分析结果来获取名称的变化情况。Scifinder 机构名称检索会获取到输入单词中间间隔其他单词的情况。

4）期刊和专利检索。如果知道一篇文章的期刊名称或者题目，一篇专利的专利号等细节信息，通过 SciFinder 进行检索就需要用到下面几种途径。

如果知道一篇文章的 accession number（AN）。在 Document Identifier 中输入。如果需要通过期刊的名称、卷期号、题目、作者姓名来查找某篇文章可以通过 Journal 途径来查找。

如果需要通过专利号、专利权人的姓名、发明人的姓名来查找专利，可以通过 Patent 途径来检索。

（2）物质检索　检索所有有 CAS No 的物质。检索界面如图 4-130 所示。

SciFinder 有 5 个物质检索途径：

1）化学结构检索。检索化学结构有三种方式：精确结构检索可以检索到具体结构的盐、混合物、配合物、聚合物等，母体结构不能取代，不能修改；亚结构检索可以检索到结构的修饰结构，母体结构可以被取代，但不可以修改；相似结构检索可以检索到与母体结构相似度在 60 分以上的结构，母体结构可以被取代，也可以被修饰，以相似度控制结构的输出。

2）Markush 检索。用于检索专利 Claim 中的 Markush 结构，用于初步专利评估。

3）分子式检索。分子式输入需要遵守 Hill 排序原则。

4）物化性质检索。可以通过实验性质、预测性质检索物质。

5）物质标识符检索。输入物质名称、CAS No、商品名、俗名等。

（3）反应检索　在 SciFinder 中，用户可用化学结构图标来检索化学反应，并设定物质

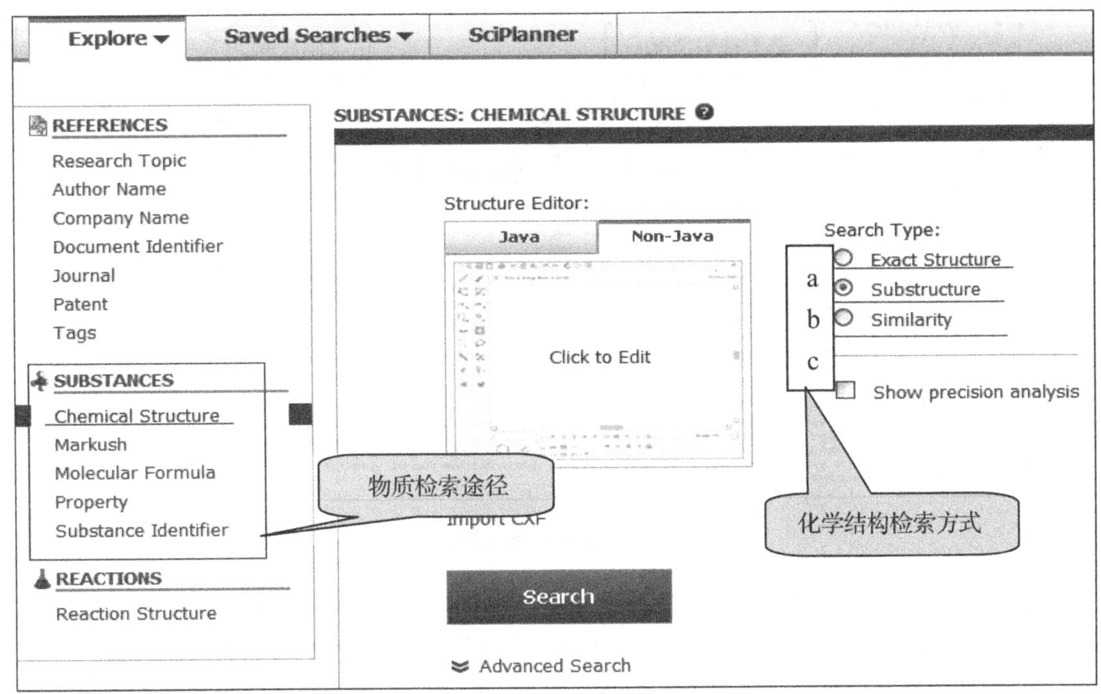

图 4-130　物质检索界面

在反应式中的角色（反应物、试剂、产物或任何角色）。用户也可以用反应位置工具和原子绘图工具作精确的反应检索。反应检索包含特定位点上的反应检索、亚结构反应检索、相似反应检索。

通过反应检索可以进行全反应检索或者半反应检索；可进行精确检索或亚结构检索；通过 Analyze/Refine 功能来分析反应条件或限定收率等；可以获得反应的整体概述和详细操作步骤；还能利用 Refine 功能不断地修正反应。

3. 检索历史

单击“Saved searches”中的“Saved answer set”，查看保存结果和下载获取最近的检索历史。SciFinder 的检索历史有时候会比较长，如果使用者想要获取之前某一步的检索结果，只需要在 SciFinder 页面中的导航条选择您想要退回的那一步就可以获取该步操作所有的文献。除此之外，还可以将保存结果进行组合（Combine answer sets），对多个已保存的文献结果集进行操作：Combine 显示 OR 操作、Intersect 显示 AND 操作、Exclude 显示 NOT 操作。

4. 检索结果显示处理

（1）文献检索结果处理　文献检索结果界面如图 4-131 所示。对文献结果界面，可以进行如下处理：

1）文献筛选工具。

① Analysis（分析）。按作者姓名、CAS RN、学科名称等 12 种分析工具对检索结果进行二次检索。

② Refine（限定）。按主题词、作者姓名、机构名称等 7 个限定条件再次限定检索结果。

③ Categorize（分类）。依据学科自动分类对检索结果进行二次检索。

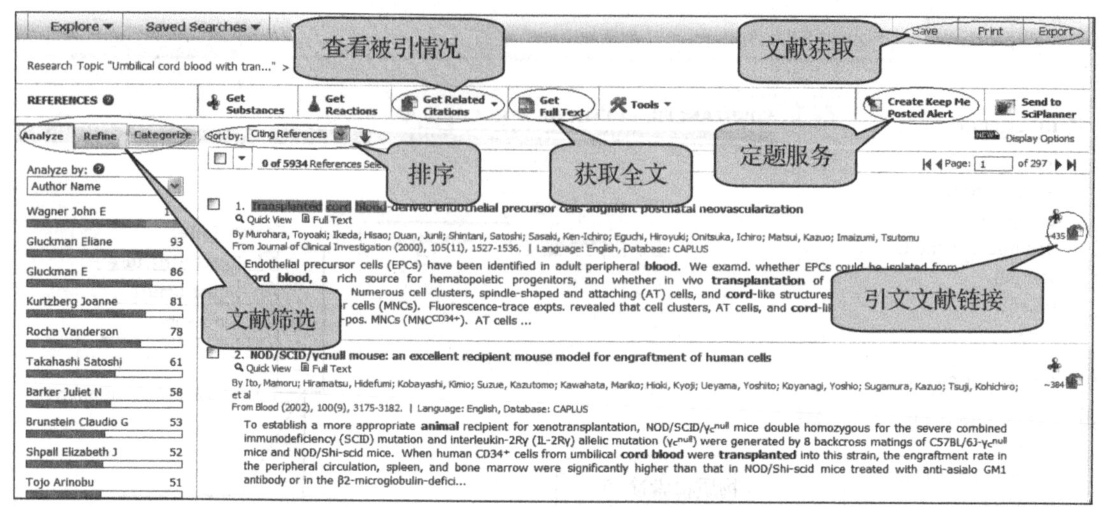

图 4-131　文献检索结果界面

2）文献排序。SciFinder 提供 5 种排序方式，其中引文排序可以将被引用次数最多的文献显示在检索结果的最前面的右边，单击“引文次数”，可以直接获得引用文献列表。

3）定题服务。设置好定题服务（Keep me posted）后，系统会自动每周检索数据库中有无符合已设置检索条件的新文献出现。

4）查看被引情况。从“Get Related Citation”中“Get cited”获取文献引用情况，“Get citing”获取文献被引信息。

5）文献获取。文献获取选项在结果界面右上角，如图 4-131 所示。

文献保存（Save），将检索结果保存到系统服务器上；文献打印（Print），在弹出的对话框中可以选择 ALL、Selected 或 Range 打印全部、部分或一定范围内的文献；文献输出（Export）可以将检索结果选择常用的格式保存到本地计算机当中。

SciFinder 是文摘数据库，“Full text”功能主要是通过 Chemport 平台来链接全文，如果使用者所在机构已经定购了该篇文章所属的全文数据库或者是网络上面免费的资源，可以直接链接到全文获取。

（2）物质检索结果处理　物质检索结果可进行如下处理：改变排序方式（Sort by）；对物质答案集进行分析（Analyze ）或限定（ReFine）；选择（Select All）或取消选择（Deselect All）所有列表中的物质；删除（Remove）或保留（Keep）所选物质（在此工具栏的 Tool 下）；基于物质相关任务创建 KMP Alert profile；使用菜单选项获得相关物质信息（物质标准菜单）；将物质记录保存（Save）、打印（Print）、输出（Export）；发送答案到 SciPlanner。

从物质检索结果可获得以下信息：物质的参考文献（Get References），包括全文链接（full text）；物质的反应（Get Reactions）；物质的商业信息（Commercial Sources）。

（3）反应检索结果处理　反应检索结果界面也可以通过 11 个分析项和 6 个限定项对检索结果进行分析和限定。反应检索中还可以通过 SciPlanner 随时记录 SciFinder 检索过程中感兴趣的文献、物质、反应；辅助进行物质的逆合成分析，创建出能共享的反应路线报告。

第 5 章　学位论文和会议论文

学位论文是指被授予学位的人为了获得所修学位，按要求所撰写的论文。根据《中华人民共和国学位条例》的规定，学位论文分为学士论文、硕士论文、博士论文三种。学位论文一般选题新颖，系统性较强，阐述详细，参考文献多且全面，有助于对相关文献进行追踪检索。

会议论文是指在学术会议的正式场合首次发表的论文。凡正规学术会议对论文都要求主题突出，有创新性，观点明确，语言简练。

5.1　ProQuest 学位论文全文数据库

5.1.1　数据库简介

ProQuest 学位论文全文数据库简称 PQDT（ProQuest Dissertations & Theses），由美国 UMI（现已更名为 Bell&Howell）公司开发。ProQuest 学位论文全文数据库收录起始于 1637 年，主要包括北美地区的博士、硕士论文，少量的欧洲和亚洲的学位论文。收录了全球 1700 多家研究院与综合大学的论文摘要、索引及全文，每年约增加 4.5 万篇论文摘要。来自全球一流大学的博士论文 40% 由 PQDT 出版，所有卡耐基基金会认定的美国一流研究型大学都与 UMI 合作，现与 700 多家综合大学合作出版。

2002 年开始，为满足国内对博硕士论文全文的广泛需求，国内各高等院校、学术研究单位以及公共图书馆，以优惠的价格、便捷的手段共同采购国外优秀博硕士论文，建立了 ProQuest 学位论文全文数据库，实现了学位论文的网络共享。目前中国集团可以共享的论文已经达到 40 余万篇，涉及文、理、工、农、医等多个领域，是学术研究中十分重要的信息资源。

5.1.2　数据库检索指南

1. 数据库主页

PQDT 数据库访问网址为 http://pqdt.calis.edu.cn，用户可以通过 IP 控制，链接进入数据库主页，如图 5-1 所示。

2. 检索方式

PQDT 提供学科导航、初级检索和高级检索三种检索方式。

（1）学科导航　PQDT 将所收录论文分到 11 个一级学科类目，各一级学科类目下分别有若干二级学科类目，二级学科类目下又分别有若干三级学科类目，通过缩小学科范畴，学科主题越来越集中，论文数量也越来越少。

通过案例“检索矿业工程有关论文”说明学科导航的步骤。

1）在数据库首页的学科导航中选择一级学科类目 Applied Sciences，如图 5-2 所示。

图 5-1 数据库主页

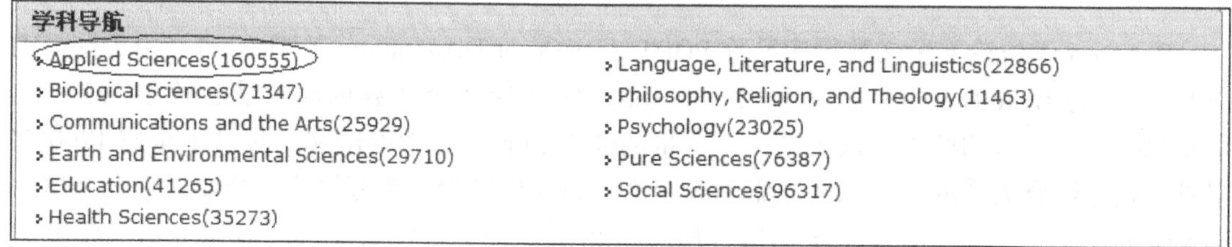

图 5-2 学科导航一级学科类目

2）单击 Applied Sciences，进入二级学科列表，Applied Sciences 的二级学科有 12 个，学科索引列于页面的右侧，如图 5-3 所示。

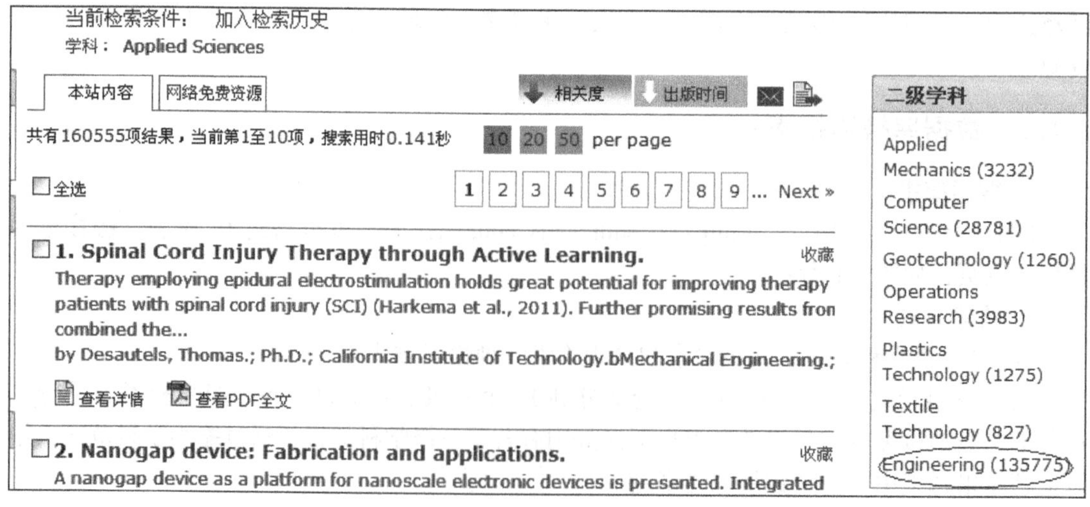

图 5-3 学科导航二级学科

3）在二级学科中单击 Engineering，进入三级学科。

4）依此类推，Engineering 下的三级学科有 20 个。三级学科 Mining 下共有论文 1211 篇，进入三级学科 Mining 的最终查询结果页，浏览检索结果，可了解国外各大高校对 Mining 的研究进展。

（2）初级检索　PQDT 数据库系统默认的是初级检索页。初级检索入口是指 PQDT 的全部检索入口。PQDT 初级检索界面如图 5-4 所示。

图 5-4　PQDT 初级检索界面

检索举例：查询有关“dam”“seepage”的全文文献。

在检索框中输入 dam seepage，选择只显示有全文的结果，单击检索，得到检索结果 26 个。在 26 个检索结果中，可能是题名中分别含这两个词，也可能是文摘中分别含这两个词，还可能是全文中分别含这两个词。

（3）高级检索　单击初级检索文本框下的高级检索，进入高级检索界面，如图 5-5 所示。

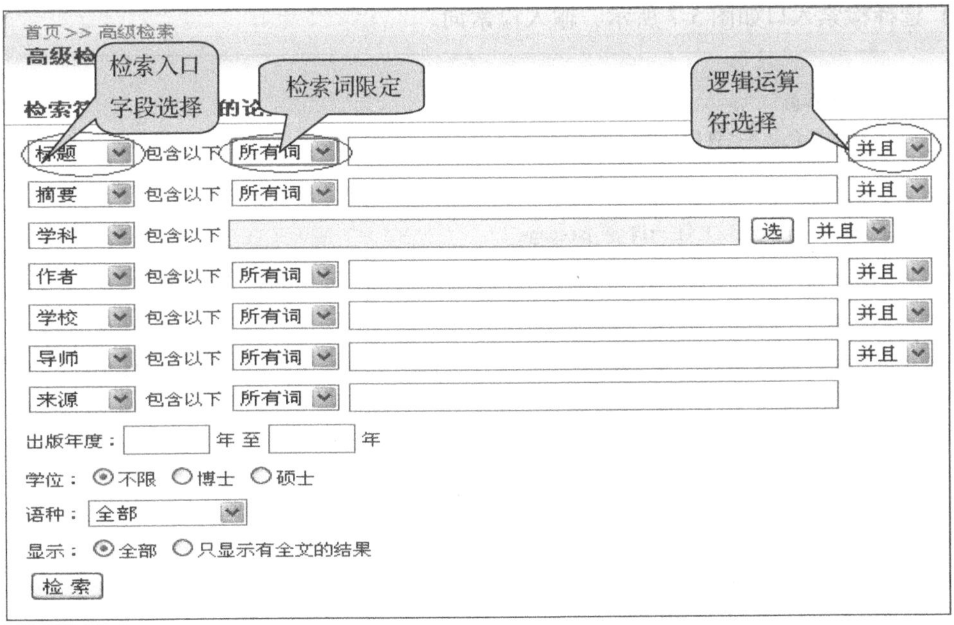

图 5-5　高级检索界面

在高级检索页面中，检索入口有标题、摘要、学科、作者、学校、导师、来源及论文出版后的 ISBN 号和出版号。逻辑运算符有并且、或者和排除。可以限定出版年度、学位和语种。PQDT 高级检索的第二个下拉框中有三个检索限定项：所有词、任一词、短语，代替检索词之间的“AND”“OR”和短语检索的双引号。

3. PQDT 检索规则

1）支持布尔逻辑算符（AND，OR，NOT），空格分隔时默认为逻辑与（AND）连接。

2）使用双引号进行词组精确检索，如“dam seepage”。

3）支持任意截词算符“*”。

4. 检索实例

检索关于“tailing reservoir OR tailings dam OR tailings pond”“seepage”的相关学位论文。

初级检索步骤：

1）登录 PQDT 数据库。

2）建立检索式（“tailing reservoir” OR “tailings dam” OR “tailings pond”）AND seepage。

3）将检索式输入初级检索的文本框，选择“只显示有全文的结果”。如图 5-6 所示。

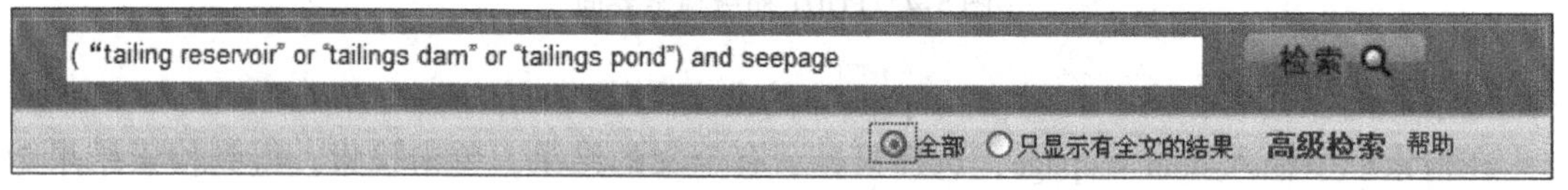

图 5-6 将检索式输入初级检索文本框

4）单击“检索”，检索结果有学位论文 4 篇。

高级检索步骤：

1）登录 PQDT 数据库，选择高级检索。

2）选择检索入口如图 5-7 所示，输入检索词。

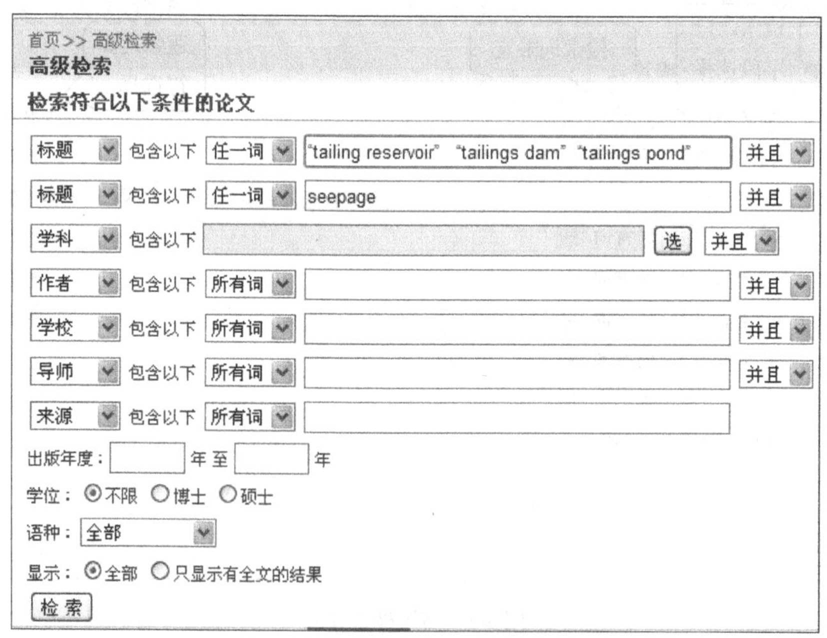

图 5-7 将检索词输入高级检索文本框

3）出版年不限，学位不限，语种全部。

4）单击“检索”，检索结果有学位论文 4 条。

5. 检索结果

检索完成后，默认显示的检索结果是标题列表，如图 5-8 所示。

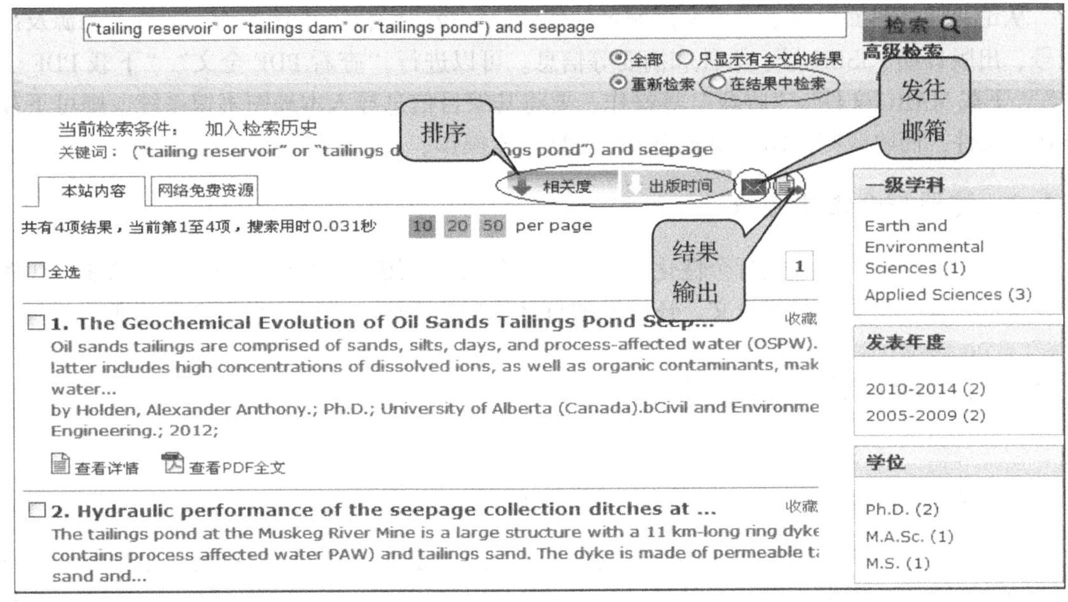

图 5-8　检索结果界面

在检索结果界面显示以下内容：

（1）二次检索　在检索文本框输入新的检索词，单击选择“在结果中检索”，便完成了二次检索。此操作可以重复。二次检索的检索规则与系统规则完全匹配。

（2）结果分析　界面的右侧是结果分析，从学科、发表年度、学位三方面进行。

（3）排序　检索结果可以通过相关度、出版时间排序聚类；用户可以选择每页显示 10 篇、20 篇或 50 篇。

（4）批量处理　勾选命中论文，以文档形式批量发送到电子邮箱或以 . xls 文件形式下载到本地计算机，这两种方式都是以题录的方式存在，不包含全文。

（5）论文细览　单击论文题名，或单击论文下方“查看详情”，进入论文的具体信息页面，如图 5-9 所示。

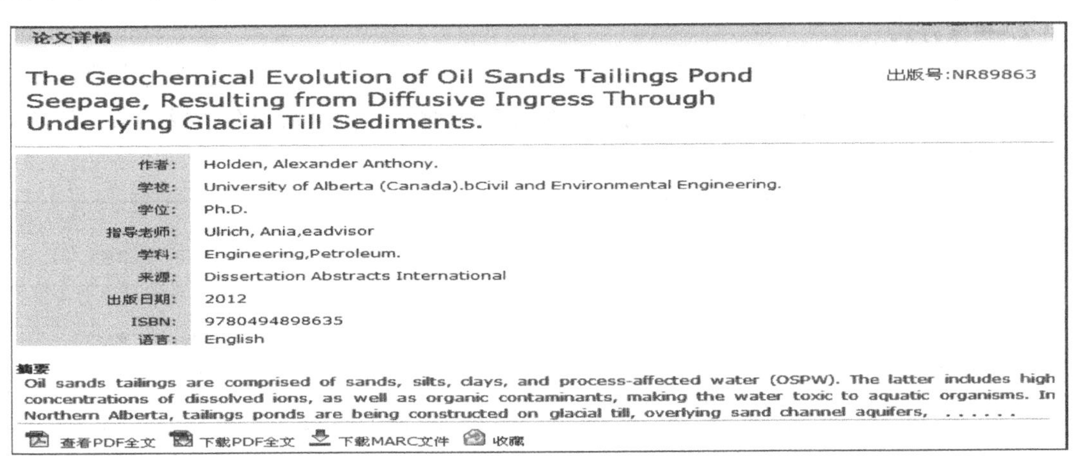

图 5-9　论文详情界面

从论文详情界面可以了解论文的题名、作者、学校、学位、指导老师、学科、来源及出版号、出版日期、ISBN 号、语种和摘要等信息。可以进行“查看 PDF 全文”“下载 PDF 全文”“下载 MARC 文件”“收藏”等操作。要将其编目信息导入本地图书馆系统，则可下载 MARC 文件，而收藏则需用户注册个人信息后才能操作。

5.1.3　注册与个性化服务

在数据库首页，可以进行个性化注册登录。登录后，用户可获得一些个性化功能，如将检索式加入检索历史，收藏论文，还有添加自己的兴趣学科、进行信息定制等功能。

5.2　万方博硕学位论文库

5.2.1　数据库简介

万方博硕学位论文库是万方数据知识服务平台的重要组成部分。其全文收录来源为国家法定的学位论文收藏机构——中国科技信息研究所，收录了 1987 年至今的学位论文，PDF 格式，月更新，是目前国内收录数量最多、专业覆盖面最广、收集单位最为权威的学位论文全文数据库，至今已收录论文 279 余万篇。

5.2.2　数据库检索指南

1. 数据库主页

进入万方数据知识服务平台后，单击数据库列表中的“学位”，进入学位论文库检索首页，如图 5-10 所示。

万方数据
WANFANG DATA
知识服务平台
学术论文 期刊 学位 会议 外文文献 学者 NEW 专利 标准 成果 图书 新方志 法规 机构 专家
在2,875,567篇论文中
选择数据库
检 索
高级检索

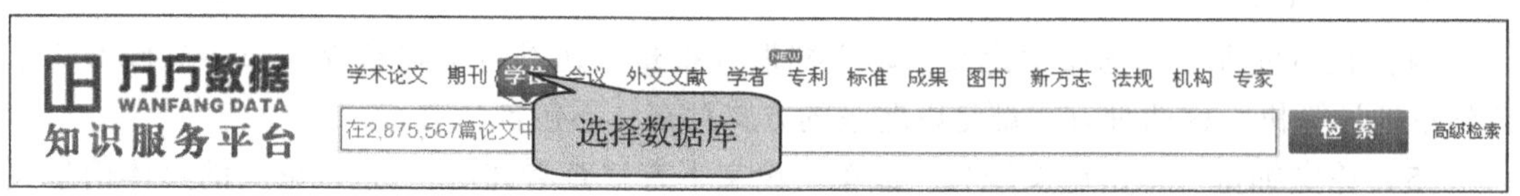

图 5-10　选择进入学位论文库

2. 检索方式

万方数据知识服务平台对数据库提供导航和检索两种使用方式。导航在论文数据库首页，可按学科专业和学校所在地进行浏览，如图 5-11 所示。而检索则有初级检索、高级检索和专业检索。

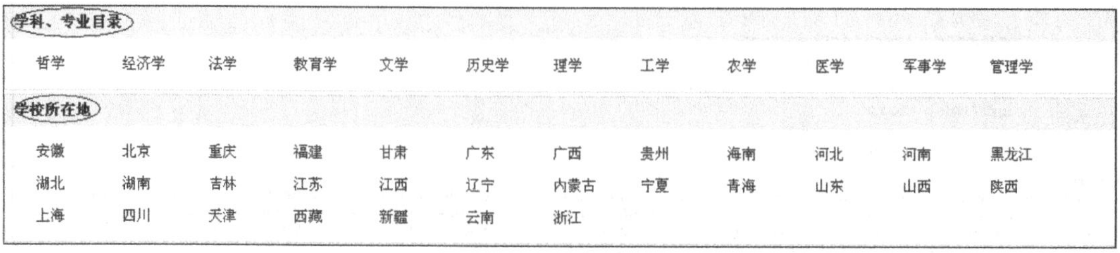

学科、专业目录
哲学 经济学 法学 教育学 文学 历史学 理学 工学 农学 医学 军事学 管理学
学校所在地
安徽 北京 重庆 福建 甘肃 广东 广西 贵州 海南 河北 河南 黑龙江
湖北 湖南 吉林 江苏 江西 辽宁 内蒙古 宁夏 青海 山东 山西 陕西
上海 四川 天津 西藏 新疆 云南 浙江

图 5-11　论文导航

(1) 论文导航

1) 学科专业导航的步骤是：

① 在学位论文库的 12 个一级学科类目中选择其中之一进入二级学科类目，如单击“工学”进入二级学科类目，如图 5-12 所示。

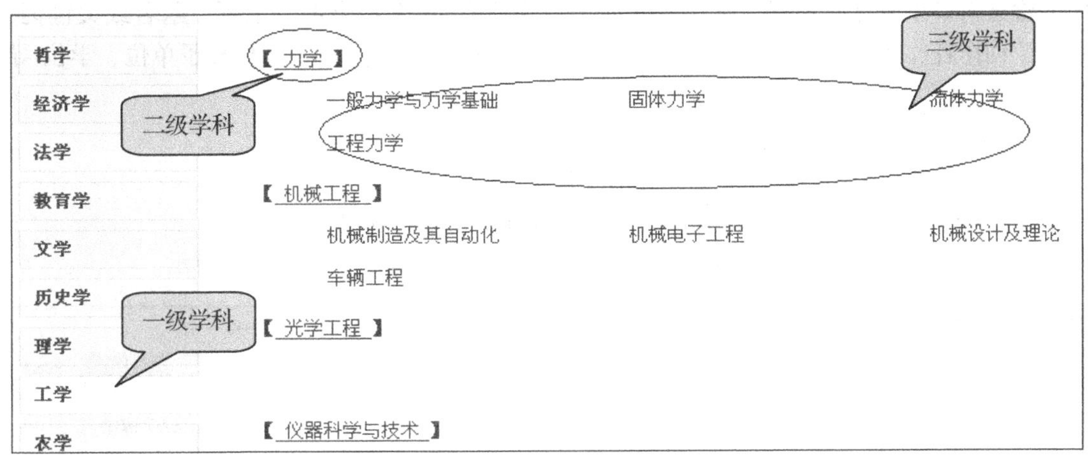

图 5-12　工学二级学科目录

② 每个一级学科下有若干二级学科，工学的二级学科有 32 个，每个二次学科下又有若干三级学科。如二级学科“矿业工程”下有三级类目 3 个：采矿工程、矿物加工工程、安全技术及工程。单击二级学科类名，可以浏览到该二级学科类目下的学位论文目录清单。

③ 选择三级学科，单击进入此三级学科的论文浏览。如单击“矿业工程”下的“安全技术及工程”，进入如图 5-13 所示的论文目录浏览页面。

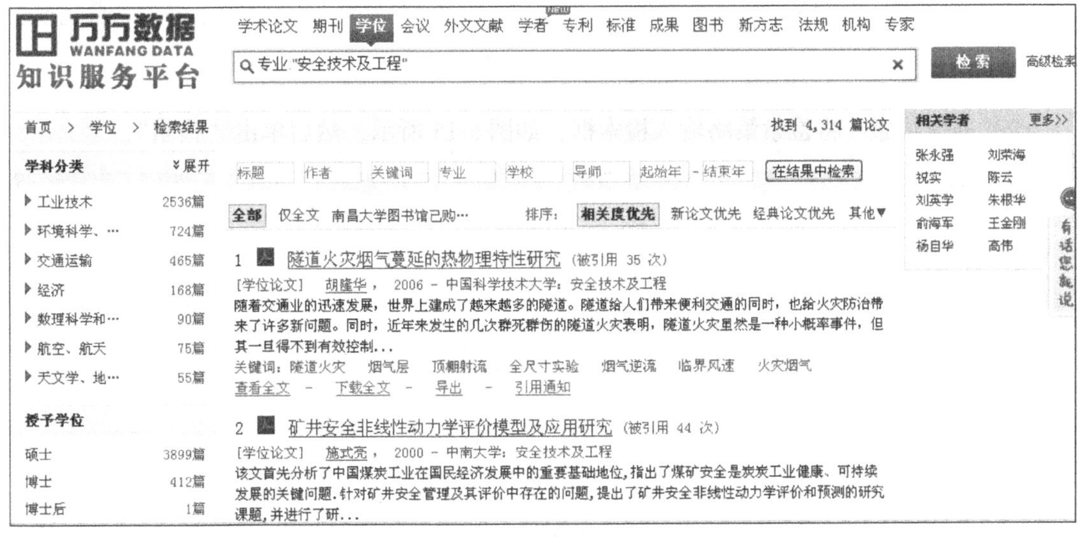

图 5-13　“安全技术及工程”论文浏览

2) 学位所在地导航的步骤是：

① 在学位论文库首页选择一个地方名称。此处的地名均为省及直辖市。如北京。

② 单击“北京”进入北京各大学列表。

③ 选择大学名称，如单击“北方工业大学”，浏览从 1999 年至 2008 年北方工业大学的学位论文 673 篇。

（2）论文检索　万方博硕论文库的检索规则和检索方式与期刊库相同，但其高级检索中的检索入口字段有所不同。学位论文库入口字段有 13 个：全部、主题、题名或关键词、题名、创作者、作者单位、关键词、摘要、日期、学位-专业、学位-学位授予单位、学位-导师、学位-学位。

3. 检索案例

检索有关金属矿山尾矿库安全预警的学位论文。

设定检索策略之一为：金属矿 and 尾矿库 and 安全 and 预警。

（1）简单检索　将四个检索词输入检索框，单击“检索”，如图 5-14 所示。

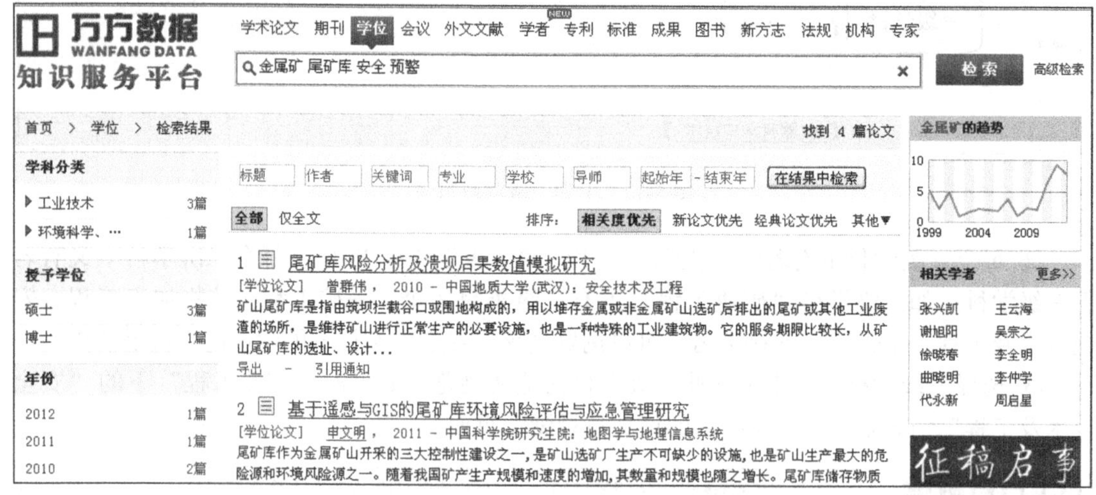

图 5-14　简单检索案例

（2）高级检索　将检索策略输入检索框，如图 5-15 所示，然后单击“检索”。

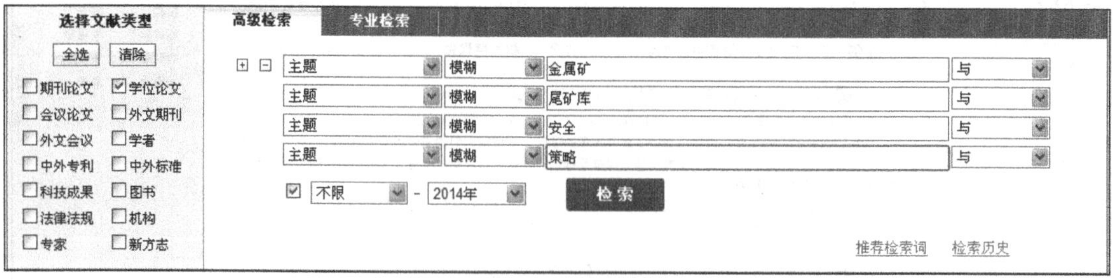

图 5-15　高级检索

（3）专业检索　单击可检索字段，按规则将检索式输入检索框，如图 5-16 所示，然后单击“检索”。

上面三种检索方式都命中 4 篇学位论文。

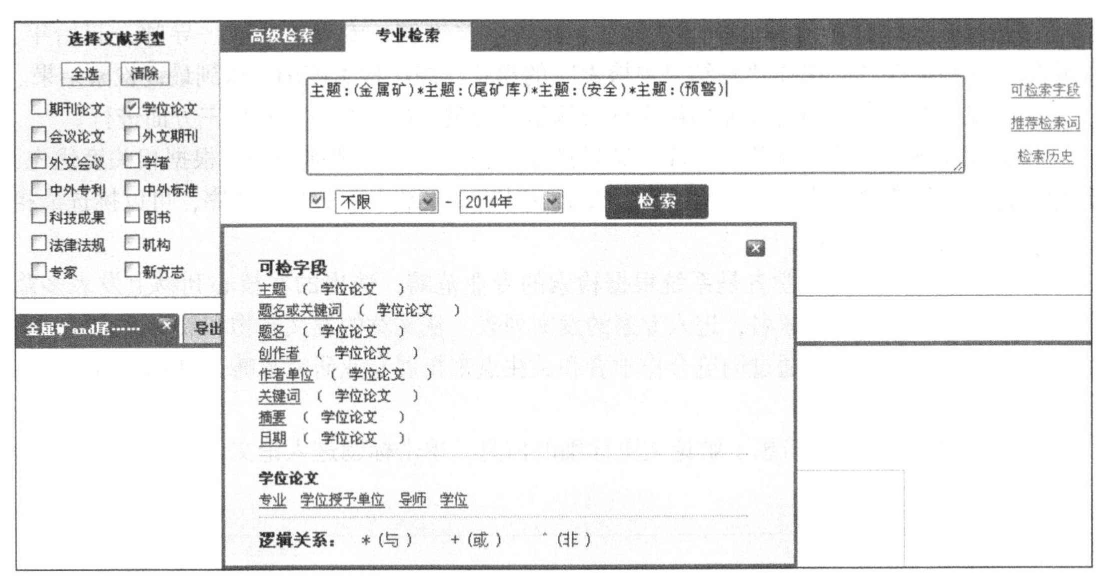

图 5-16　专业检索

4. 检索结果处理

学位论文库的检索结果界面如图 5-17 所示。

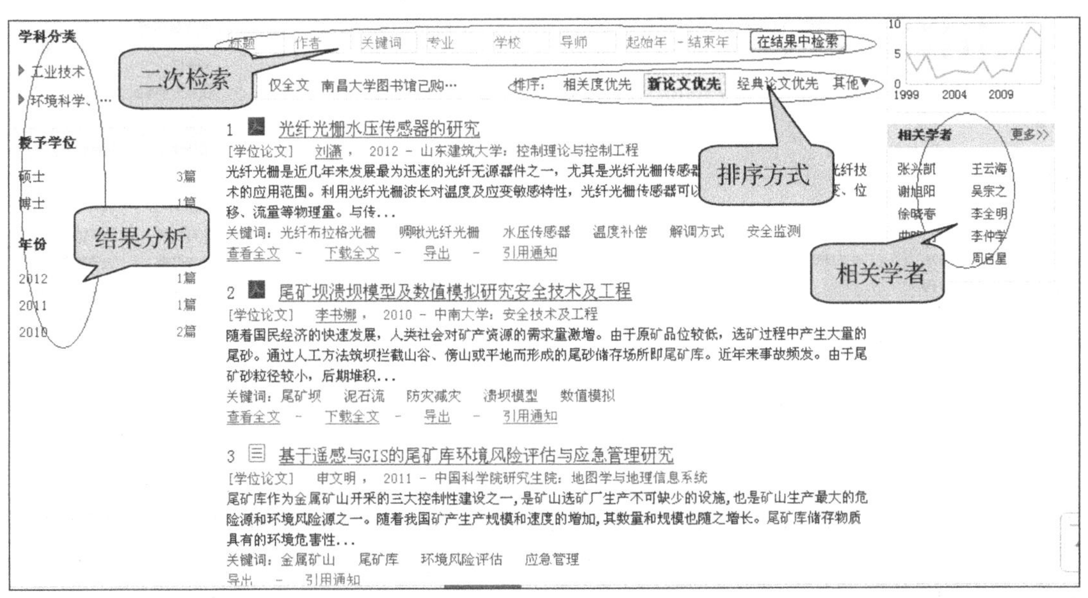

图 5-17　检索结果界面

（1）二次检索　学位论文库的二次检索框如图 5-18 所示，检索入口字段都是与学位论文相关的字段。

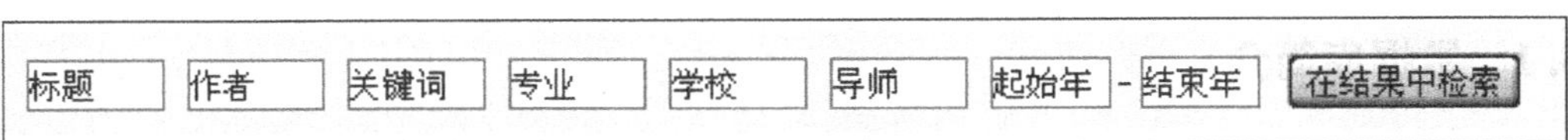

图 5-18　二次检索框

在初次检索的检索结果页，以“标题、作者、关键词、专业、学校、导师、起始年、结束年”为检索条件，选择“在结果中检索”的模式，缩小检索范围，得到最终检索结果。

（2）结果分析　学位论文库的结果分析从学科分类、授予学位和年份三方面进行。

（3）结果排序　万方学位论文库的结果排序，采用多指标智能排序，根据相关度优先、新论文优先、经典论文优先、仅相关度、仅出版时间、仅被引次数进行排序，可以挑选最相关、最新、最权威的文献。

（4）相关学者　相关学者是系统根据检索的专业范畴，选出的在核心刊物上发表多篇文献的专家学者。单击专家名，进入专家的发文列表。从文章的发文刊物和被引次数了解学者在相关专业上的造诣，通过浏览合作学者和关注点来拓展专业研究范畴，也可给用户提供新的研究思路。

（5）查看详细文摘　若想了解论文更详细的信息，单击标题进入论文信息页，如图 5-19 所示。

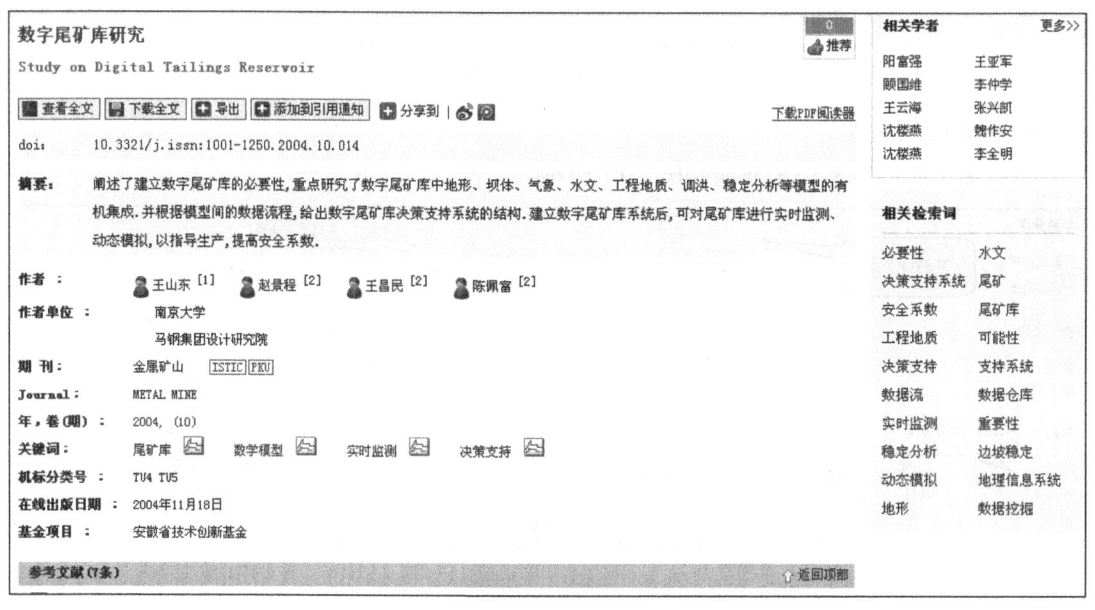

图 5-19　详细文摘

详细文摘页可以查看相似文献、相关博文及相关学者、相关检索词；可以直接单击作者查询同名作者在万方数据库中文章收录情况；还可以通过关键词的知识脉络获得该关键词的研究趋势、热词、经典文献及研究前沿文献，从而得到对研究内容更进一步的了解。

5.3　中国博硕士学位论文全文数据库（CDFD）

5.3.1　数据库简介

中国博硕士学位论文全文数据库（CDFD），内容覆盖基础科学、工程技术、农业、医学、哲学、人文、社会科学等各个领域。文献来源于全国 404 家培养单位的博士学位论文和

621 家硕士培养单位的优秀硕士学位论文，分为十大专辑：基础科学、工程科技Ⅰ、工程科技Ⅱ、农业科技、医药卫生科技、哲学与人文科学、社会科学Ⅰ、社会科学Ⅱ、信息科技、经济与管理科学。十大专辑下分为 168 个专题，至 2012 年 10 月，累积博硕士学位论文 170 万多篇。

中国博硕士学位论文全文数据库（CDFD）收录 1984 年至今的博硕士学位论文。以 WEB 版（网上包库）、镜像站版、光盘版、流量计费等形式出版。中心网站版、网络镜像版，每个工作日出版，法定节假日除外。网络镜像版、光盘版，每月 10 日出版。

中国博硕士学位论文全文数据库（CDFD）依托 CNKI（中国知网）数字图书馆平台进行检索使用。

5.3.2　数据库检索指南

1. 数据库主页

进入 CNKI 数字图书馆首页后（图 5-20），在文献类型中选择“博硕士”进行快速检索，或从检索框下方的数据库列表中选择“博硕”，单击即进入博硕士学位论文数据库检索界面，如图 5-21 所示。

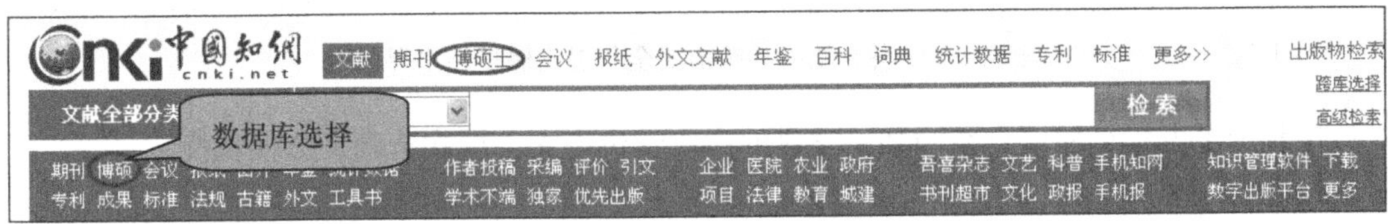

图 5-20　数据库选择

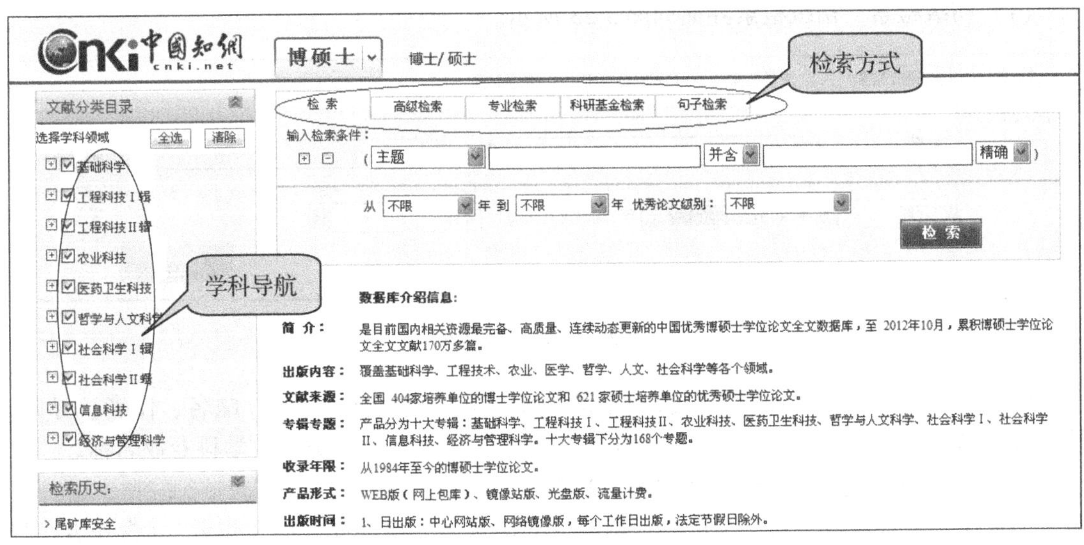

图 5-21　论文数据库检索界面

2. 学科导航

通过图 5-21 界面左侧的文献分类目录，可以进行学科分类导航。数据库将全部学位论文按学科分 10 个专辑，每个专辑下再分专题（一级类目），专题下再分二级类目，从图 5-22 可以看到，学位论文的学科主题可以分到三级类目。无论哪一级类目，只要单击类名，即可按学科类目名称搜索学位论文。

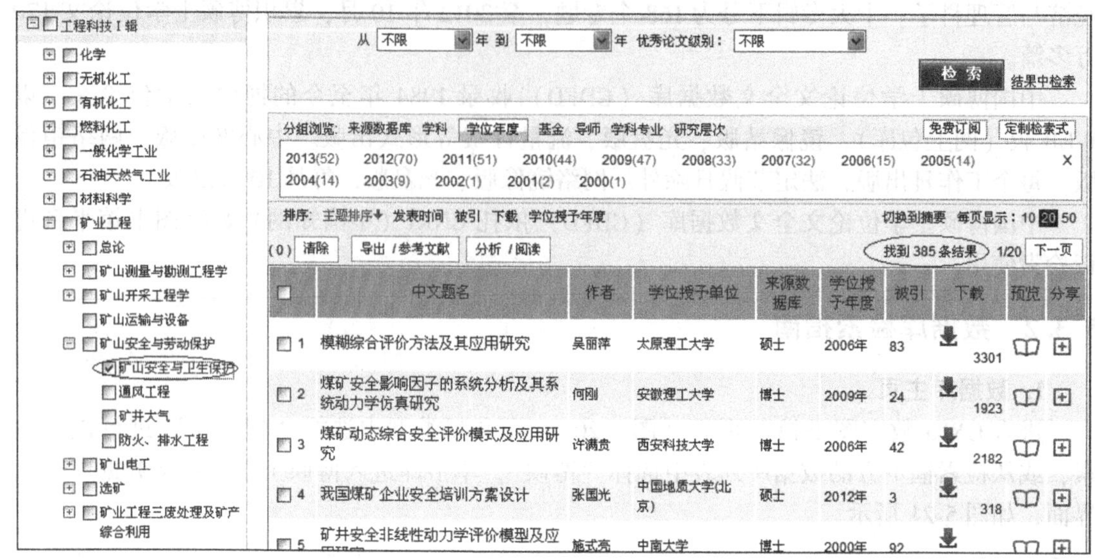

图 5-22　学科导航——矿山安全与卫生保护结果界面

这种浏览方式可使用户查询某一学科的所有学位论文，层次清晰，方便快捷。

3. 检索方式

博硕士学位论文全文数据库提供初级检索、高级检索、专业检索、科研基金检索和句子检索。

（1）初级检索　初级检索界面如图 5-23 所示。

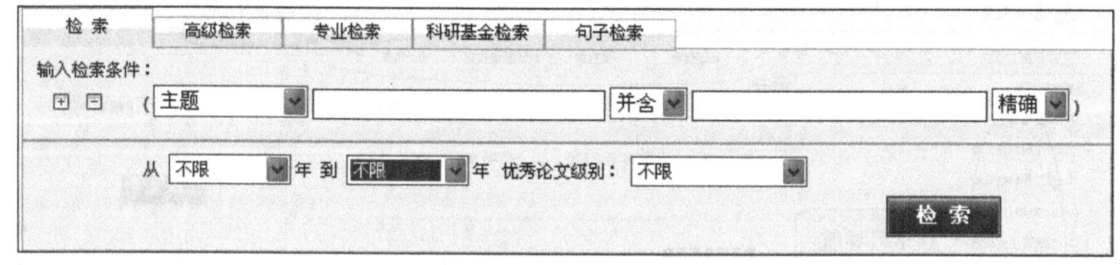

图 5-23　初级检索界面

博硕士学位论文全文数据库初级检索的检索入口有 12 个：主题、题名、作者、导师、学位授予单位、关键词、摘要、目录、全文、参考文献、中图分类号、学科专业名称。

（2）高级检索　高级检索界面如图 5-24 所示。

高级检索中，检索框入口有 9 个，新增“支持基金”检索框。将“作者”（含作者、导师、第一导师）和“作者单位”检索框置于限定条件区域。

（3）专业检索　专业检索界面如图 5-25 所示。

检索界面给出了数据库可检索的字段及代码，可以进行不同字段的组配检索。

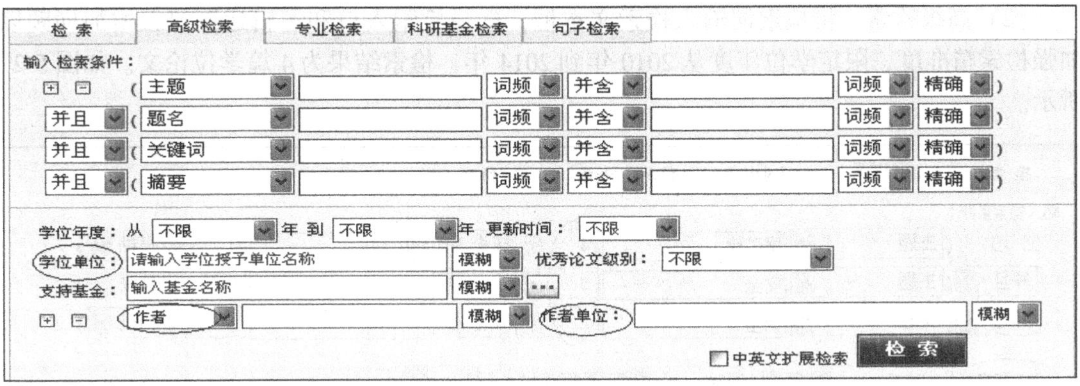

图 5-24　高级检索界面

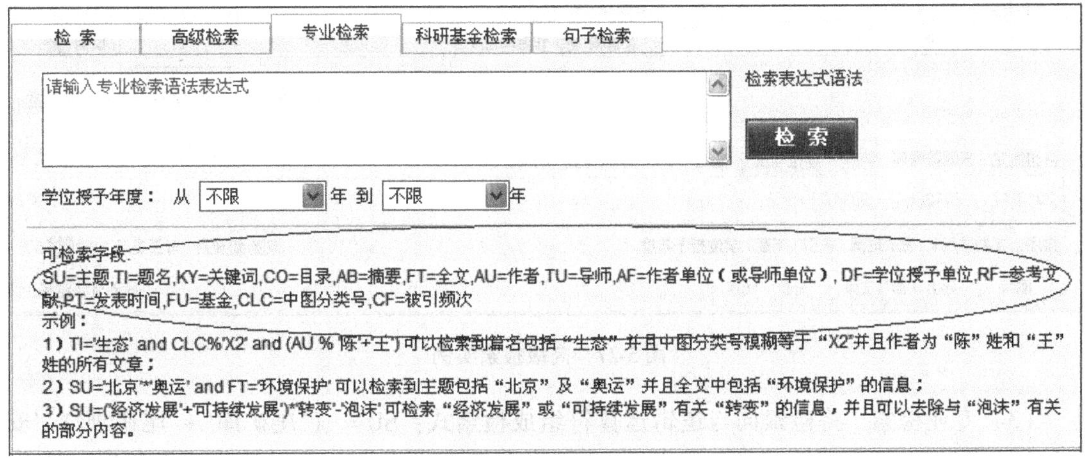

图 5-25　专业检索界面

4. 检索实例

检索 2010 年以来昆明理工大学，有关尾矿库安全模型方面的学位论文。

检索词为“尾矿库”及其同义词“尾矿坝”“安全”“模型”，限制条件为“昆明理工大学”和“2010-2014”。

（1）初级检索　进入检索页，默认初级检索。选择好检索入口字段和逻辑运算符，将检索词输入相应的检索文本框，时间选择 2010 年到 2014 年，如图 5-26 所示，单击检索，得到 10 条检索结果。

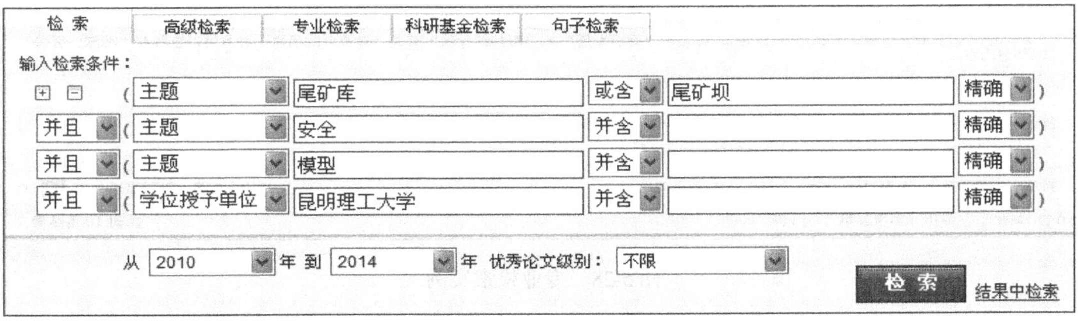

图 5-26　初级检索实例

（2）高级检索　将检索词输入检索文本框，选择检索入口和逻辑运算符，增加词频以加强检索精准度，限定学位年度从 2010 年到 2014 年，检索结果为 4 篇学位论文。如图 5-27 所示。

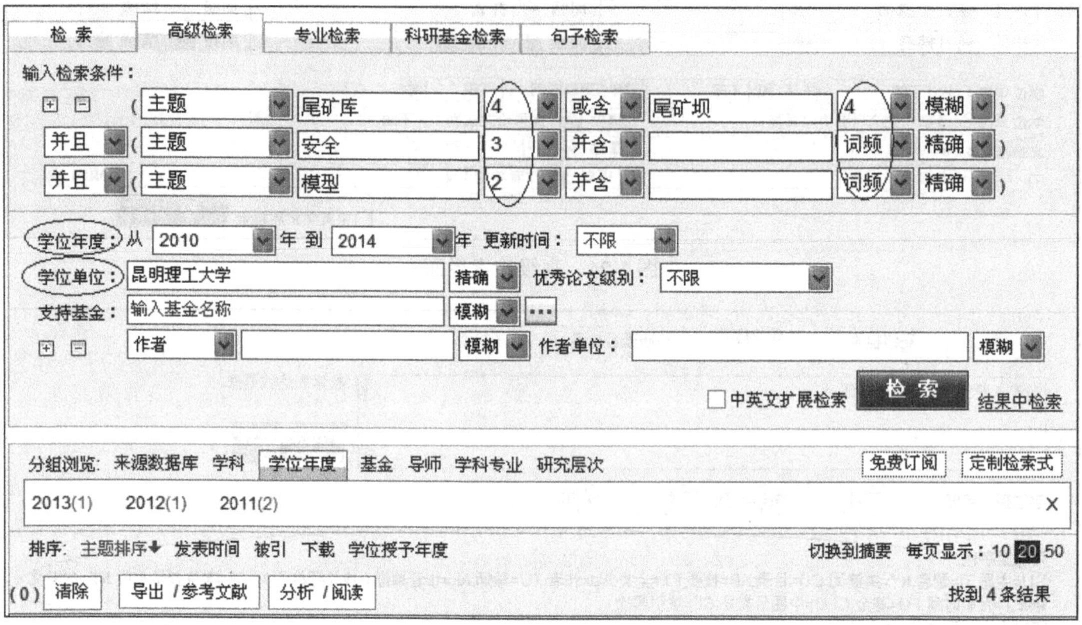

图 5-27　高级检索实例

（3）专业检索　将检索词与逻辑运算符组成检索式：SU =（'尾矿库' + '尾矿坝'）* '安全' * '模型'AND　DF = '昆明理工大学'，输入专业检索文本框；选择学位授予年度：2010-2014，单击"检索"，得到 10 条检索结果，如图 5-28 所示。

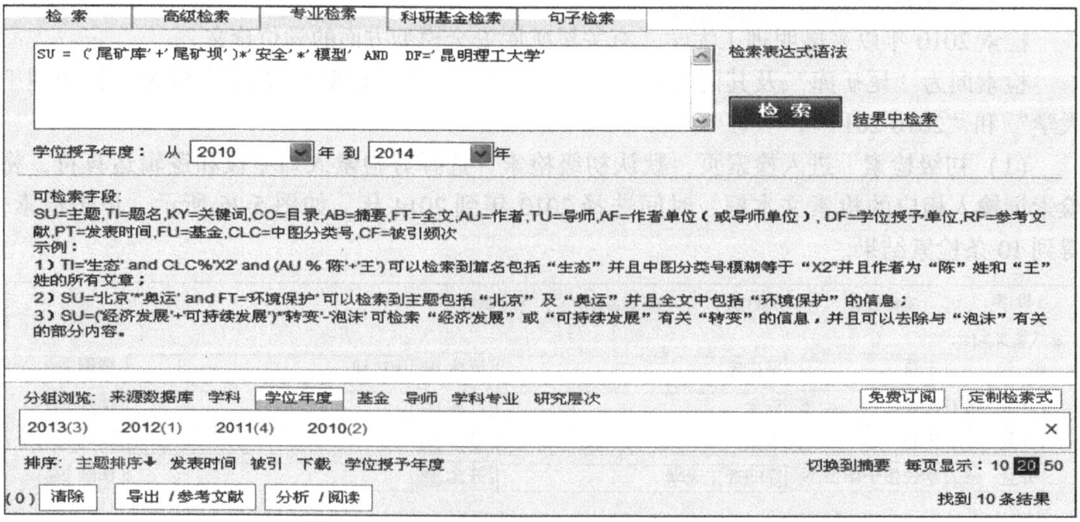

图 5-28　专业检索实例

5. 检索结果

检索结果以列表或文摘形式存在，显示的是中文题名、作者、学位授予单位、来源数据库、学位授予年度、被引频次、下载频次及下载和在线预览链接，如图 5-29 所示。

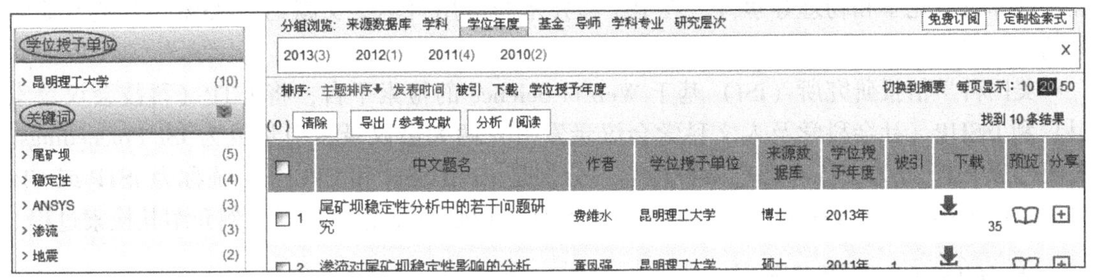

图 5-29　检索结果界面

学位论文库的结果列表从学校授予单位和关键词两方面进行分析。按来源数据库、学科、学位年度、基金、导师、学科专业、研究层次进行分析浏览，可以按主题、发表时间、被引次数、下载次数及学科授予年度五种不同的要求进行排序，还可以将摘要形式转换为列表形式。

6. 论文细览

单击列表中的中文题名，进入节点文献界面，如图 5-30 所示。此界面不仅显示论文题名、作者、导师、作者基本信息、摘要、关键词、文内图片、分类号、被引频次、下载频次等内容，还显示与本论文相关的参考文献、相似文献、同行关注文献、相同导师文献、相关作者文献等，为学科研究提供帮助。

图 5-30　节点文献界面

学位论文可以分页下载、分章下载或整本下载、在线阅读，用户可按需要下载使用文献。

博硕士论文全文数据库的全文文件格式为“. caj”或“. kdh”格式，必须在中国期刊网首页上下载使用系统特定的 CAJ 全文浏览器进行阅读浏览。

5.4　科技会议录索引（ISTP）

5.4.1　数据库简介

科技会议录索引（Index to Scientific & Technical Proceedings，简称 ISTP）创刊于 1978

年，由美国科学情报研究所编辑出版，与 SCI、EI 并称为世界三大检索系统。该索引提供 1997 年以来的论文摘要，目前收录 200 多万篇会议录文献，每年新增 225000 新论文，内容覆盖所有科技领域，包括农业和环境科学、生物化学和分子生物学、生物技术、医学、工程、计算机、化学和物理等学科。其中工程技术与应用科学类文献约占 35%，其他专业学科约占 65%。

美国科学情报研究所（ISI）基于 Web of Science 的检索平台，将 ISTP（科技会议录索引）和 ISSHP（社会科学及人文科学会议录索引）两大会议录索引集成为 ISI Proceedings。集成之后 ISTP 分为文科和理科两种检索，分别是 CPCI-SSH 和 CPCI-S，统称为 ISTP 或 CPCI。CPCI-SSH 和 CPCI-S 的检索过程相同，下面以 CPCI-S 数据库检索为例介绍其检索过程。

5.4.2　CPCI-S 数据库检索

1. CPCI-S 数据库主页

进入 ISI Web of Science 主页，选择“Web of Science™核心合集”数据库，在“更多设置”中选择“Conference Proceedings Citation Index-Science（CPCI-S）—2002 年-至今”，如图 5-31所示。

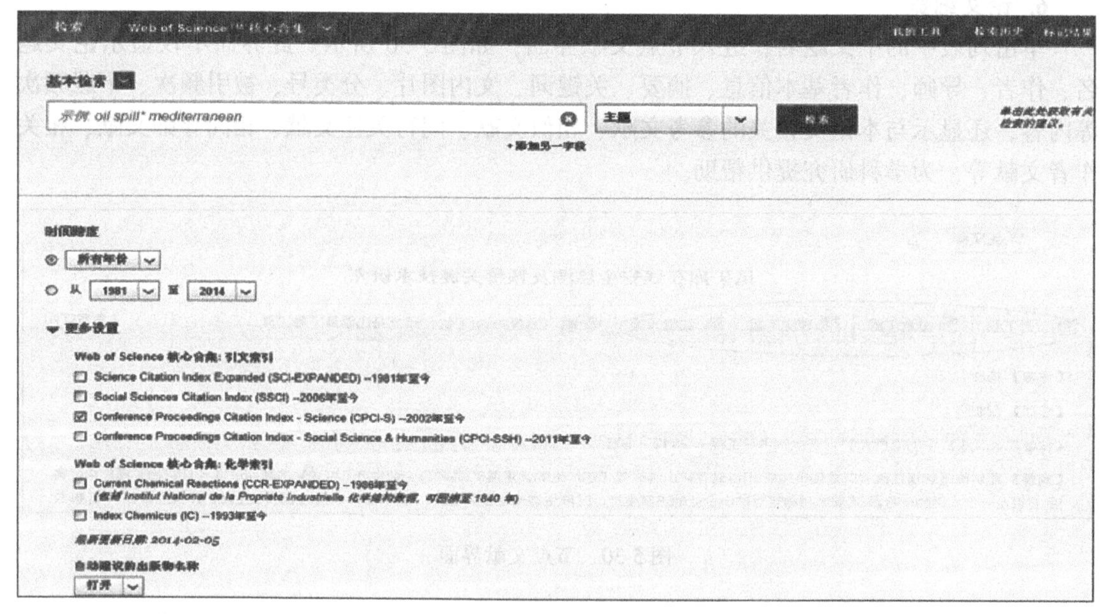

图 5-31　CPCI-S 数据库主页

2. 检索方式

CPCI-S 提供基本检索、作者检索、被引参考文献检索、化学结构检索和高级检索。CPCI-S 与 SCI、SSCI 共同依托于 Web of Science 平台，具体检索规则、检索步骤参见第 4 章“Web of Science（SCI、SSCI）”。

3. 检索实例

检索 2010 年后有关“tailings”“safety”“warn”的会议论文。

（1）基本检索　进入数据库平台，选择“Web of Science™核心合集”数据库，在“更多设置”中选择“CPCI-S”数据库。选择检索入口字段为“主题”，将三个检索词输入检索文本框，单击添加另一字段，选择检索入口字段为“出版年”，将2010－2014输入文本框，如图5-32所示。

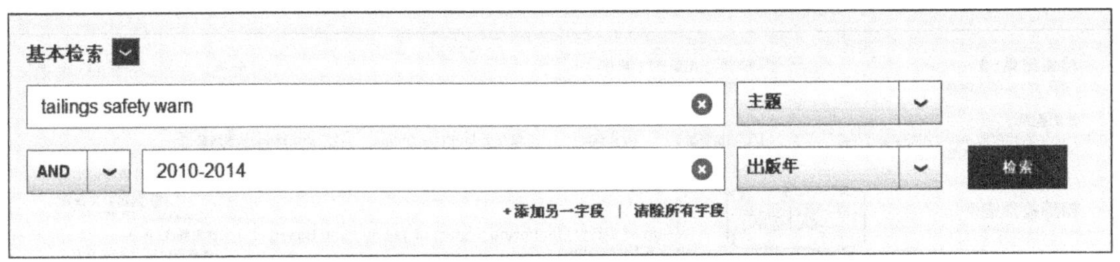

图5-32 基本检索实例

单击检索，检索结果为3篇会议论文。

(2) 高级检索 建立检索式TS＝(tailings AND safety AND warn) AND PY＝2010－201，进行“CPCI-S”数据库高级检索，将检索式输入检索文本框，如图5-33所示。

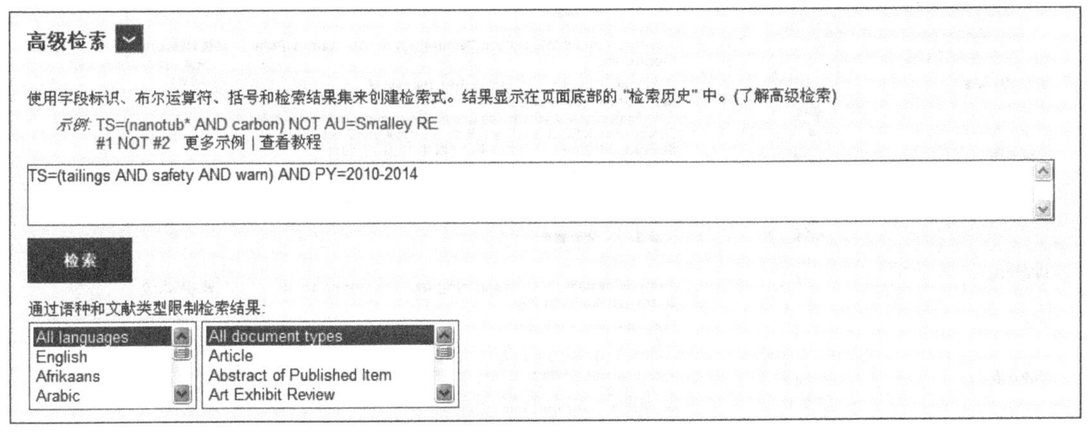

图5-33 高级检索实例

单击检索，得到的检索结果显示于检索历史中，如图5-34中的#6。

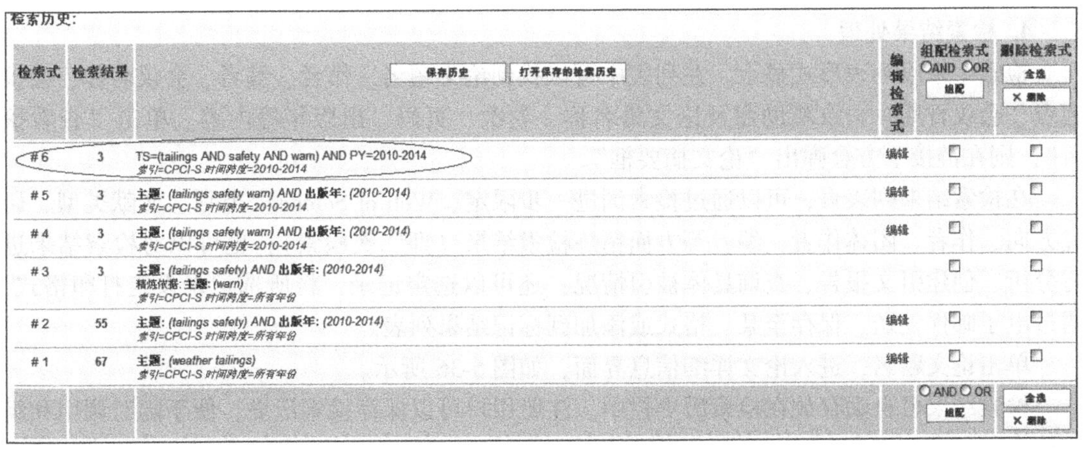

图5-34 检索历史中的检索结果

单击图 5-34 中#6 检索式中的检索结果“3”，进入检索结果列表，如图 5-35 所示。

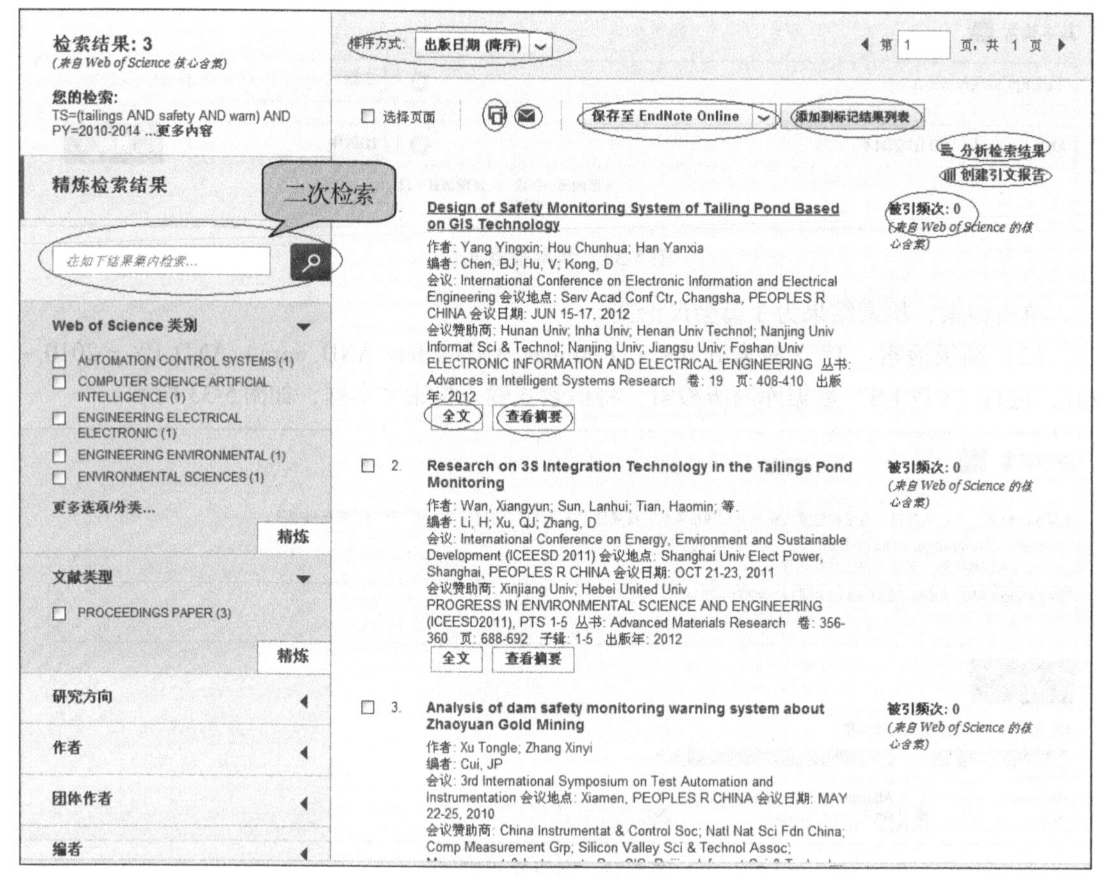

图 5-35　检索结果列表

4. 检索结果处理

检索结果以列表形式显示。在列表中可以找到论文题名、作者、编者、会议名称、会议地点、会议日期、会议赞助商及论文集名称、卷次、页码、出版年等内容。单击“查看摘要”，则在链接下方会弹出“论文摘要框”。

在检索结果列表页，可以通过检索词进一步限定、Web of Scienece 类别、文献类型、研究方向、作者、团体作者、编者等方面精炼检索结果（即二次检索）；也可以对检索结果进行分析、创建引文报告、查询具体被引情况；还可以选定记录，将所选记录设定打印格式，通过电子邮件发送、保存至某一格式或添加到标记结果列表。

单击论文题名，进入论文详细信息界面，如图 5-36 所示。

检索结果可自动存放在检索历史栏中。注册用户可以保存检索历史，便于随时调用和组配检索。

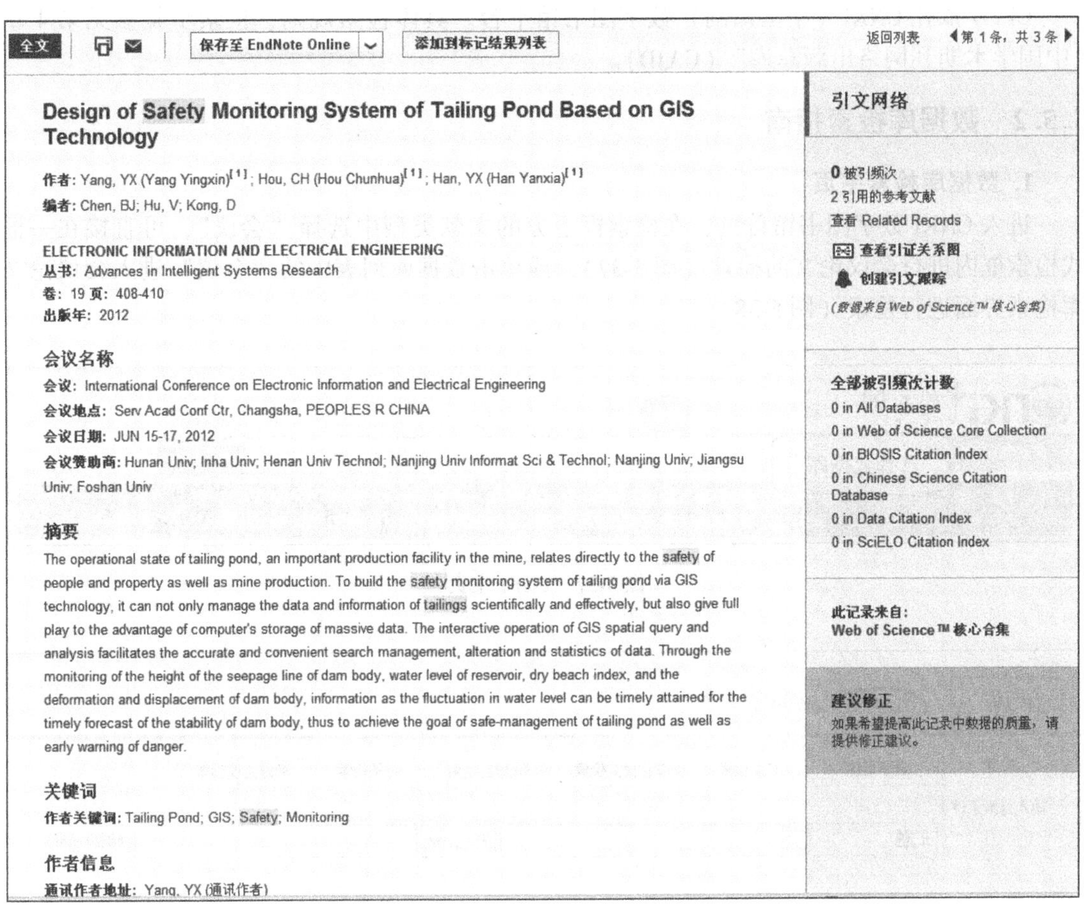

图 5-36　论文详细信息界面

5.5　中国重要会议论文全文数据库（CPFD）

5.5.1　数据库简介

中国重要会议论文全文数据库（CPFD）收录了国内重要会议主办单位或论文汇编单位书面授权，投稿到“中国知网”进行数字出版的会议论文，是《中国学术期刊（光盘版）》电子杂志社编辑出版的国家级连续电子出版物，重点收录 1999 年以来，中国科协、社科联系统及省级以上的学会、协会，高校、科研机构，政府机关等举办的重要会议上发表的文献。其中，全国性会议文献超过总量的 80%，部分连续召开的重要会议论文回溯至 1953 年。截至 2012 年 10 月，已收录出版 1.2 万多次国内重要会议投稿的论文，累积文献总量 140 多万篇。

CPFD 按学科分为十大专辑：基础科学、工程科技Ⅰ、工程科技Ⅱ、农业科技、医药卫生科技、哲学与人文科学、社会科学Ⅰ、社会科学Ⅱ、信息科技、经济与管理科学。十专辑下分为 168 个专题。

CPFD 依托 CNKI（中国知网）数字图书馆平台。具体检索规则、检索步骤参见第 4 章“中国学术期刊网络出版总库”（CAJD）。

5.5.2　数据库检索指南

1. 数据库检索主页

进入 CNKI 数字图书馆首页，在检索框上方的文献类型中选择“会议”，可直接在一框式检索框内进行会议论文的检索（图 5-37），或单击数据库列表中的“会议”进入会议论文库检索界面进行检索（图 5-38）。

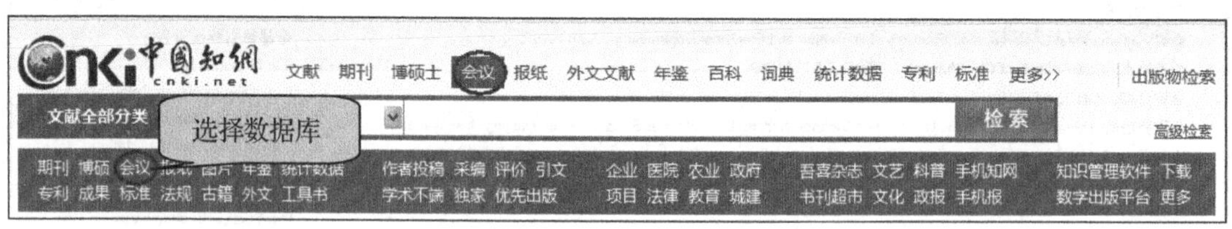

图 5-37　CNKI 主页

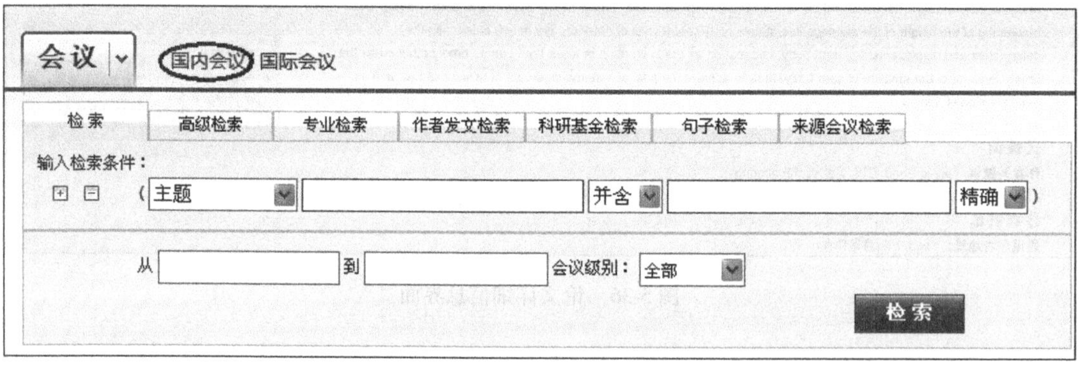

图 5-38　CPFD 检索界面

默认为全部会议论文库，可以选择“国内会议”或“国际会议”。单击国内会议，进入 CPFD 国内会议检索界面，如图 5-39 所示。

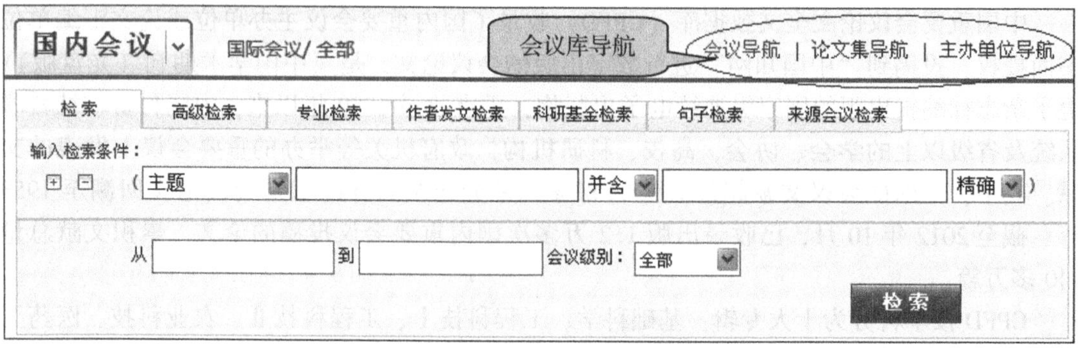

图 5-39　CPFD 国内会议检索界面

2. 数据库检索

CPFD 提供导航和检索。

（1）会议论文导航　如图 5-39 所示，CPFD 导航提供会议导航、论文集导航和主办单位导航。单击"会议导航"进入会议导航检索界面，如图 5-40 所示。

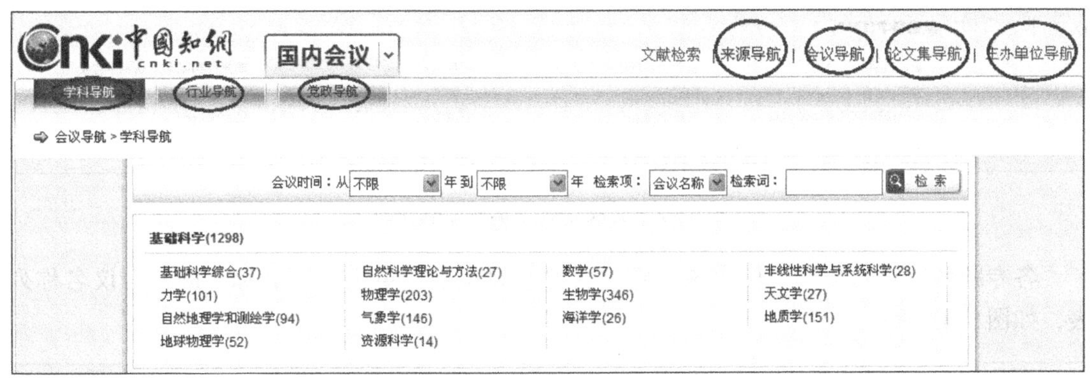

图 5-40　会议导航检索界面

会议导航首页新增"来源导航"。导航方式有来源导航、会议导航、论文集导航、主办单位导航。

1）来源导航。在图 5-40 中单击"来源导航"进入来源导航界面，如图 5-41 所示。

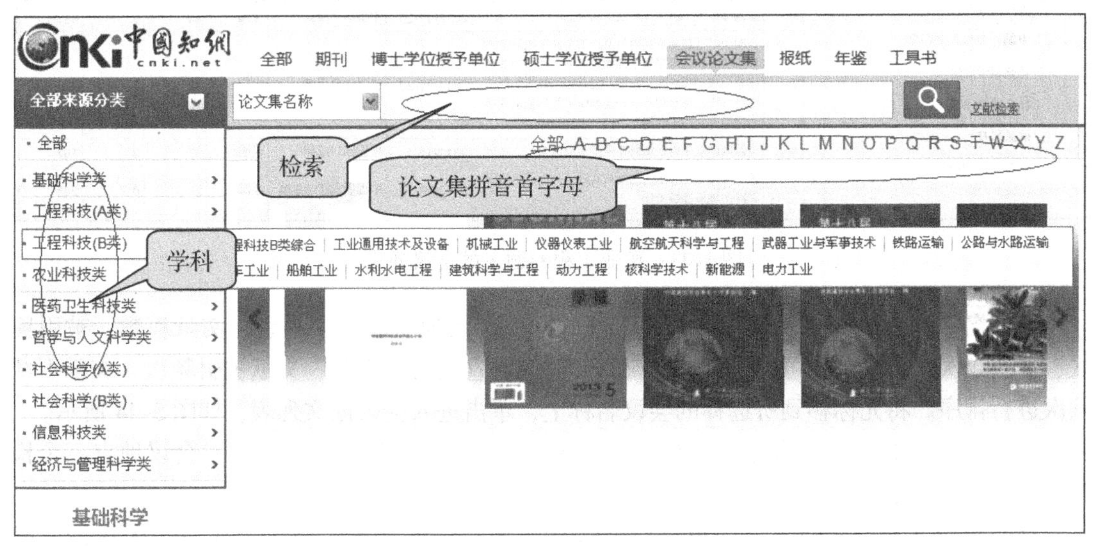

图 5-41　CPFD 来源导航界面

来源导航通过学科分类、会议论文集的首字母排序以及检索三种方式来查询浏览论文集，进而浏览论文集中的会议论文。

2）会议导航。会议导航主要通过查询浏览会议名称来查询会议论文，又细分为学科导航、行业导航和党政导航。

① 学科导航。所有论文分为 10 个专辑 176 个专题，如图 5-42 所示。

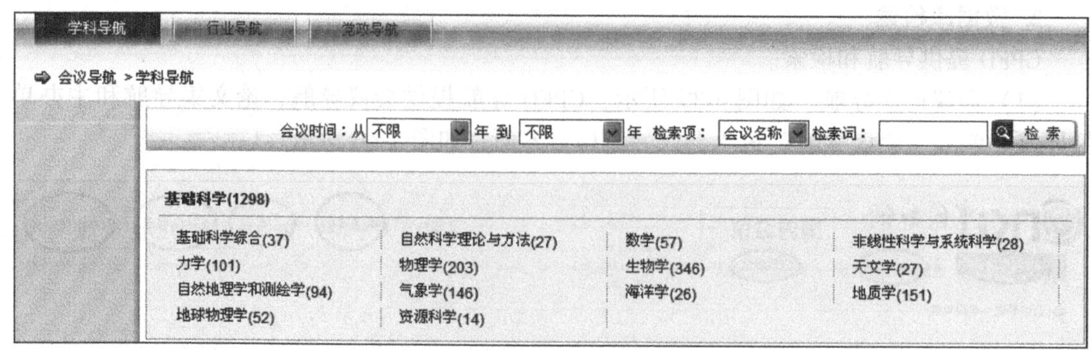

图 5-42　会议导航之学科导航界面

各专题名称后的数字，代表该专题包含的会议次数。单击专题名称，进入会议名称列表，如图 5-43 所示。

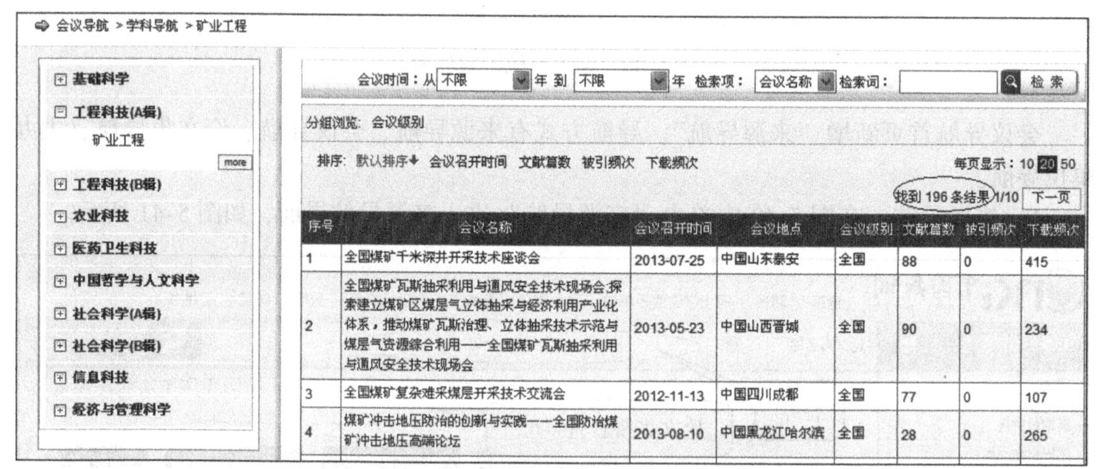

图 5-43　矿业工程专题下的会议列表

会议名称列表包括会议名称、会议召开时间、会议地点、会议级别、文献篇数、被引频次、下载频次，会议名称可以分别按会议召开时间、宣读文献篇数、文献被引频次、文献下载频次进行排序。将光标移到所选择的会议名称上，单击进入会议论文列表，如图 5-44 所示。

在每一个浏览界面的顶部，都有一个检索栏，从会议名称、主办单位、会议地点三个检索入口检索用户想要查询的会议，并浏览会议论文。

在会议论文集论文列表界面也可以通过检索入口字段主题、篇名、作者、关键词、摘要、全文、参考文献、中图分类号检索论文集内的具体论文文献。

② 行业导航。数据库将所有会议分为 20 个大行业 86 个小行业，如图 5-45 所示。

单击行业名称，进入此行业会议列表，选择会议名称，即可进入会议论文列表进行浏览阅读。

③ 党政导航。党政导航将所有会议分为 10 个主题，主题下又设分主题。每一主题下有会议名称若干，如图 5-46 所示。单击会议主题，进入会议列表，选择会议名称，进入会议论文列表进行浏览阅读。

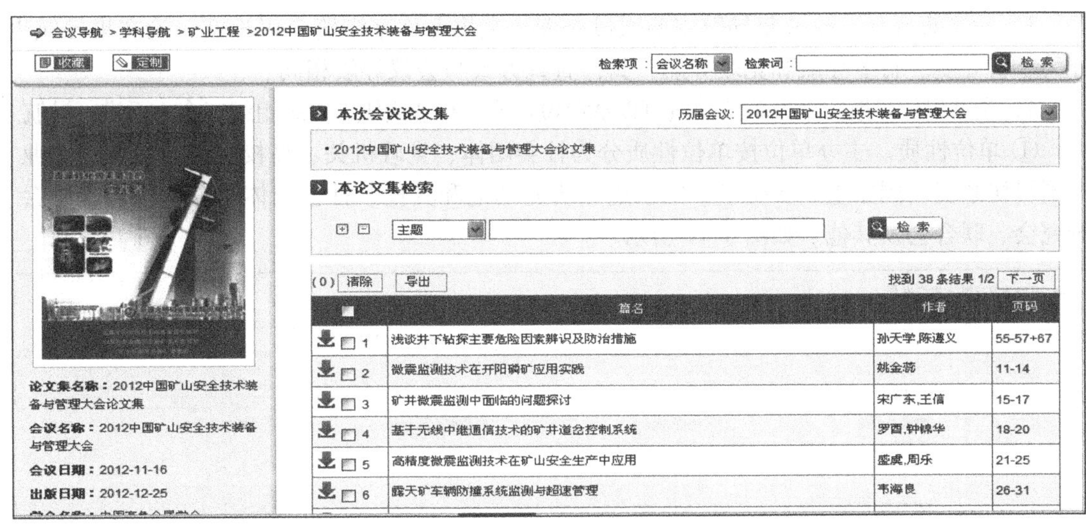

图 5-44　会议论文集论文列表

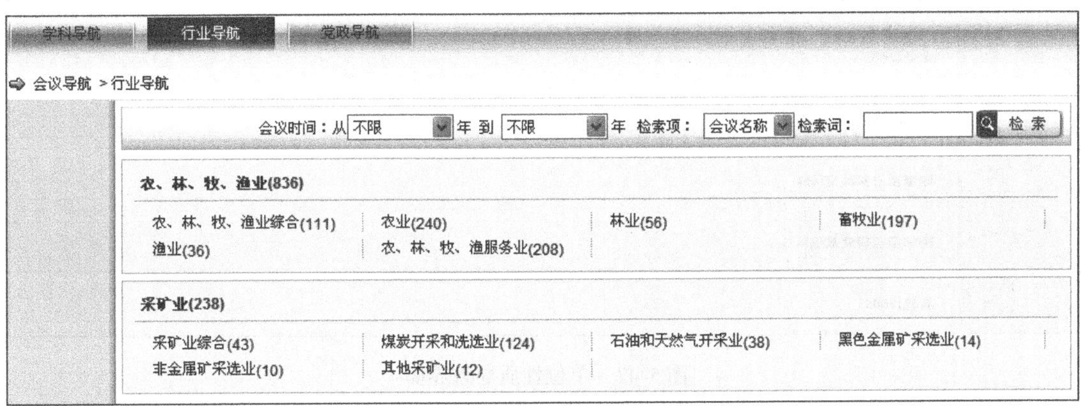

图 5-45　行业导航界面

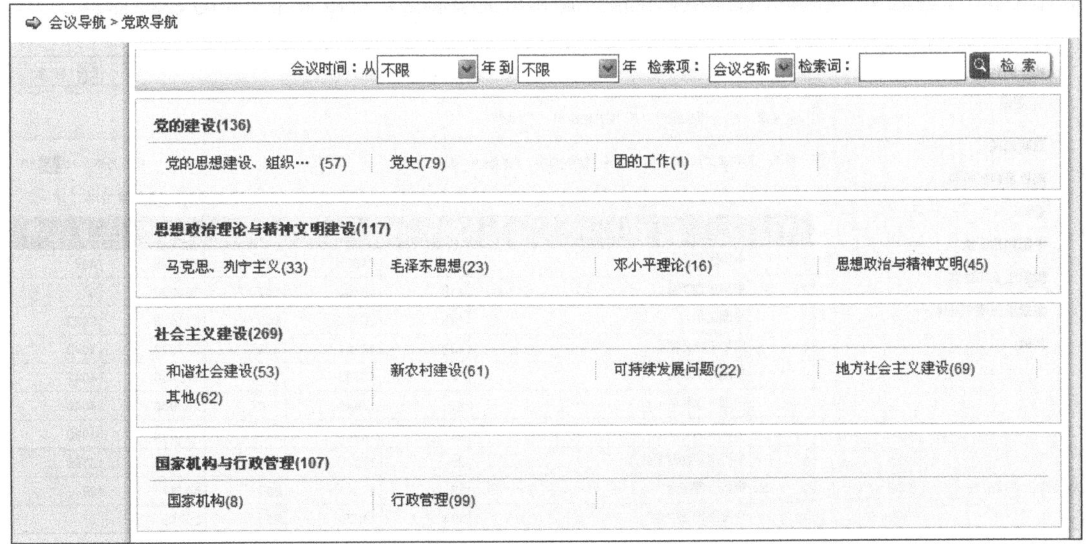

图 5-46　党政导航界面

3）论文集导航。论文集导航主要通过查询论文集名称来浏览会议论文。论文集导航也分为学科导航、行业导航和党政导航，具体查询方式与会议导航相同。

4）主办单位导航。主办单位导航可以从单位性质、行业组织、党政组织三个方面进行导航。

① 单位性质。主办单位按单位性质分为社会团体、党政机关、高校及科研机构、企业、中国科协系统、国家重点实验室、国家重点研究基地和其他。社会团体又分为学会、协会、研究会、联合会及其他。如图 5-47 所示。

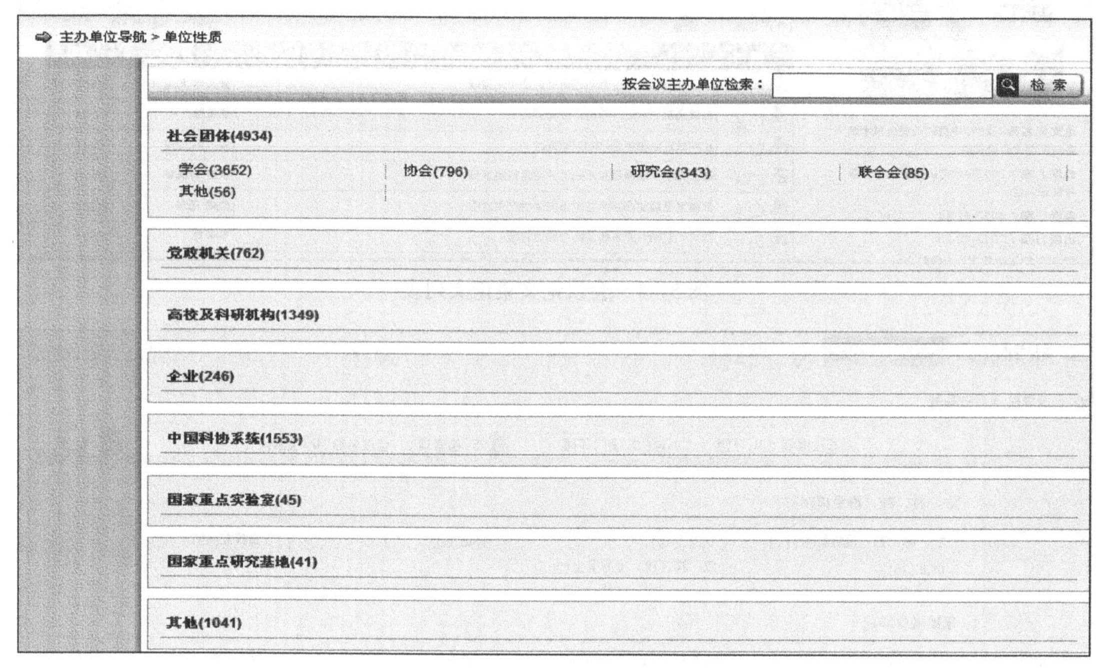

图 5-47 单位性质导航界面

单击“主办单位”分类名，进入主办单位名称列表，可分别通过召开会议次数、文献篇数、被引频次、下载频次、基金文献数进行排序，用户可按需要进行排序查找。如图 5-48 所示。

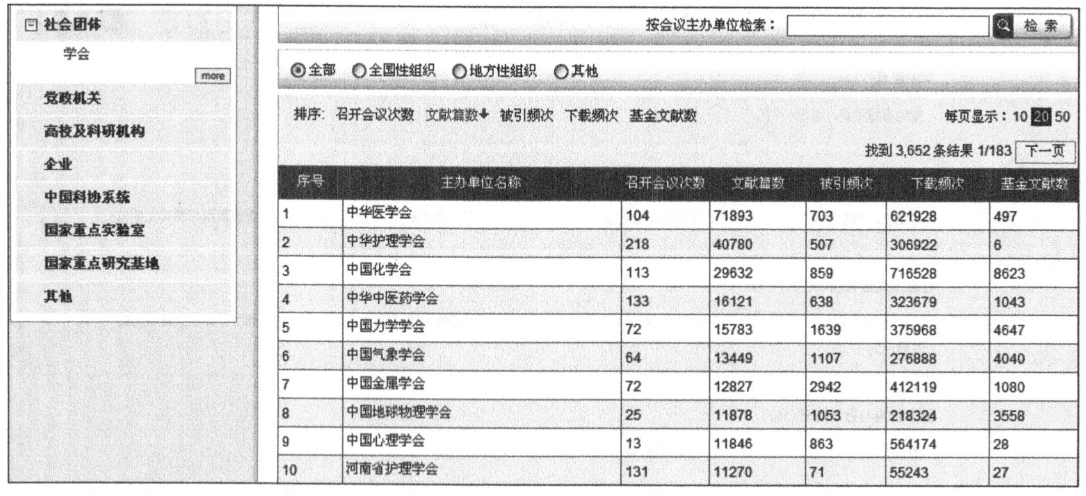

序号	主办单位名称	召开会议次数	文献篇数	被引频次	下载频次	基金文献数
1	中华医学会	104	71893	703	621928	497
2	中华护理学会	218	40780	507	306922	6
3	中国化学会	113	29632	859	716528	8623
4	中华中医药学会	133	16121	638	323679	1043
5	中国力学学会	72	15783	1639	375968	4647
6	中国气象学会	64	13449	1107	276888	4040
7	中国金属学会	72	12827	2942	412119	1080
8	中国地球物理学会	25	11878	1053	218324	3558
9	中国心理学会	13	11846	863	564174	28
10	河南省护理学会	131	11270	71	55243	27

图 5-48 主办单位名称列表

单击主办单位名称，进入主办单位主办的会议名称列表，也可选择查看相关论文集列表，如图 5-49 所示。

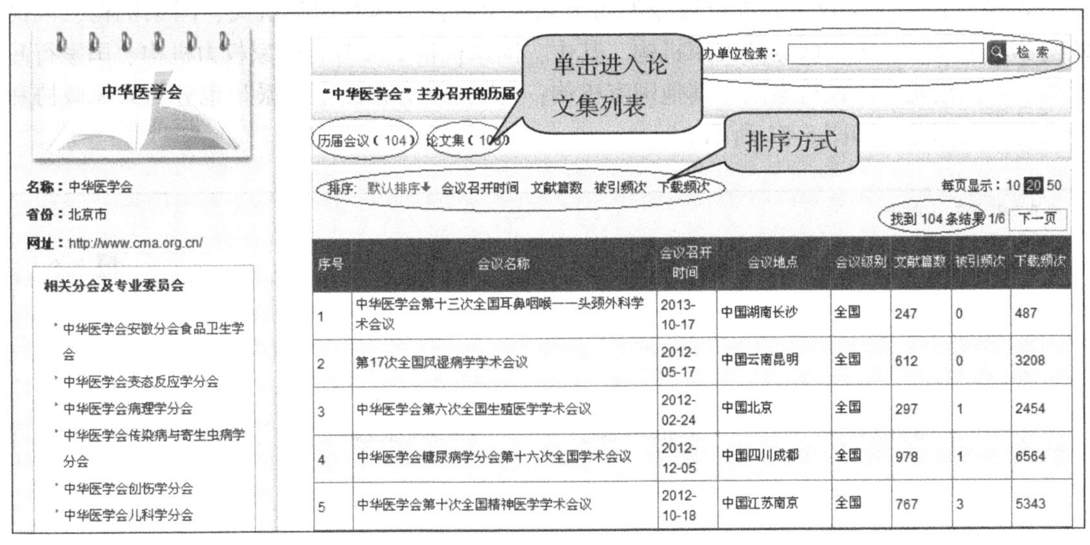

序号	会议名称	会议召开时间	会议地点	会议级别	文献篇数	被引频次	下载频次
1	中华医学会第十三次全国耳鼻咽喉——头颈外科学术会议	2013-10-17	中国湖南长沙	全国	247	0	487
2	第17次全国风湿病学学术会议	2012-05-17	中国云南昆明	全国	612	0	3208
3	中华医学会第六次全国生殖医学学术会议	2012-02-24	中国北京	全国	297	1	2454
4	中华医学会糖尿病学分会第十六次全国学术会议	2012-12-05	中国四川成都	全国	978	1	6564
5	中华医学会第十次全国精神医学学术会议	2012-10-18	中国江苏南京	全国	767	3	5343

图 5-49 中华医学会的历届会议名称列表

单击会议名称或论文集名称，即进入论文列表，浏览所选会议论文。

② 行业组织。主办单位按行业分为 20 个大类 82 个小类，每个行业名称后的数据代表主办单位的数量。主办单位可分为全国性协会、地方协会和其他，如图 5-50 所示。

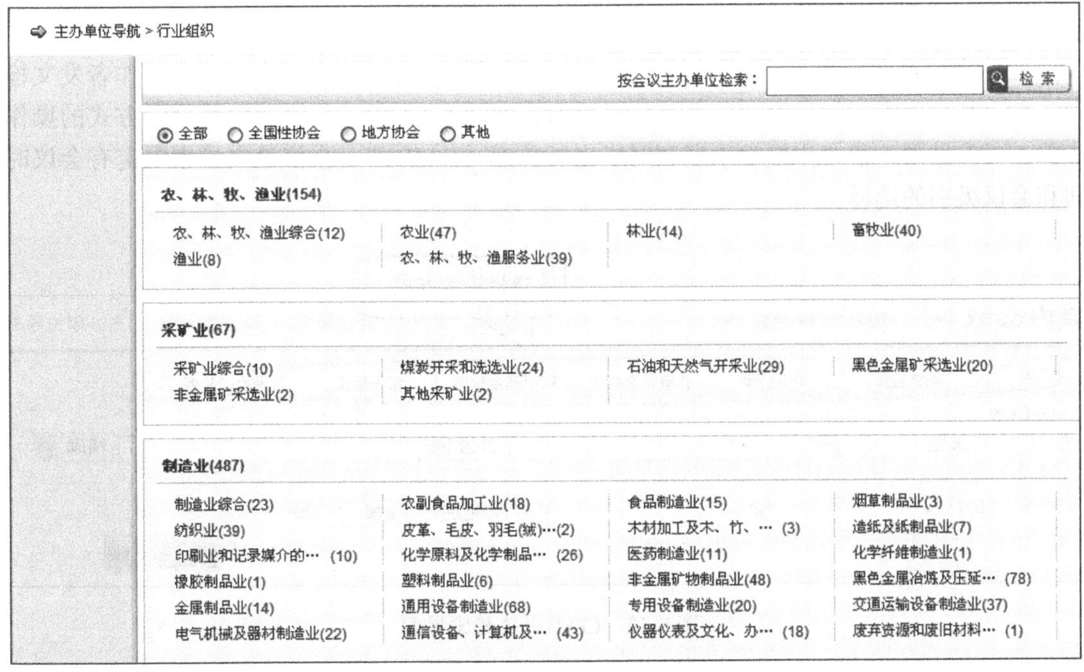

图 5-50 行业组织主办单位导航界面

单击行业名称，进入主办单位列表；单击主办单位名称，进入主办的会议名称列表或论文集列表，单击会议名称或论文集列表，直接进入论文列表浏览论文。

③ 党政组织。会议主办单位被分为四个党政组织：中国共产党机关、国家机构、人民政协和民主党派、国外政党及国家机构。其中，国家机构下又分为国家权力机构、国家行政机构、人民法院和人民检察院、其他国家机构；“人民政协和民主党派”也分为人民政协和民主党派两部分。如图 5-51 所示。

主办单位导航 > 党政组织
按会议主办单位检索：　检 索
中国共产党机关(142)
国家机构(576)
国家权力机构(7) | 国家行政机构(502) | 人民法院和人民检察院(2) | 其他国家机构(65)
人民政协和民主党派(40)
人民政协(21) | 民主党派(19)
国外政党及国家机构(1)

图 5-51　党政组织主办单位导航界面

单击党政组织名称，进入主办单位列表；选择主办单位，进入会议名称或论文集列表，从而浏览会议论文。

（2）会议论文检索　CPFD 的检索方式有基本检索、高级检索、专业检索、作者发文检索、科研基金检索、句子检索、来源会议检索，如图 5-52 所示。前面六种检索方式的操作步骤，可参见第 4 章“中国学术期刊网络出版总库（CAJD）”。会议论文检索限定有会议时间和会议级别的选择。

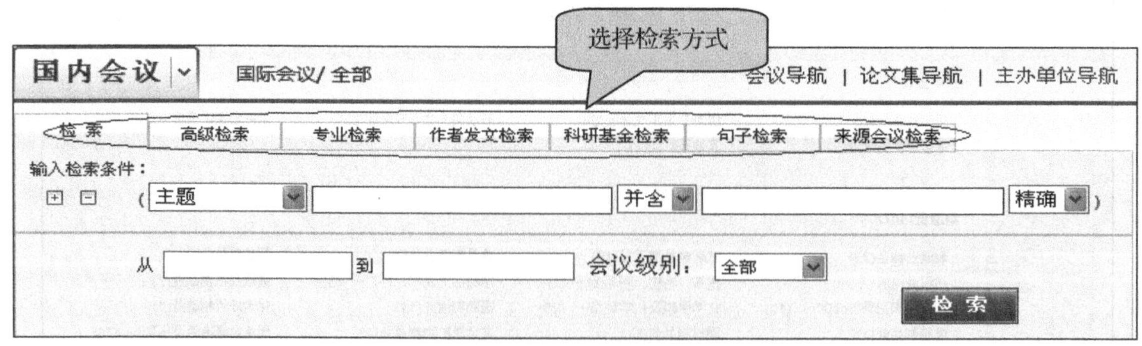

图 5-52　CPFD 基本检索界面

来源会议检索为会议论文库特有的检索方式。来源会议检索按会议时间、会议名称、会议级别、主办单位及网络出版投稿人几个条件进行限定检索，如图 5-53 所示。

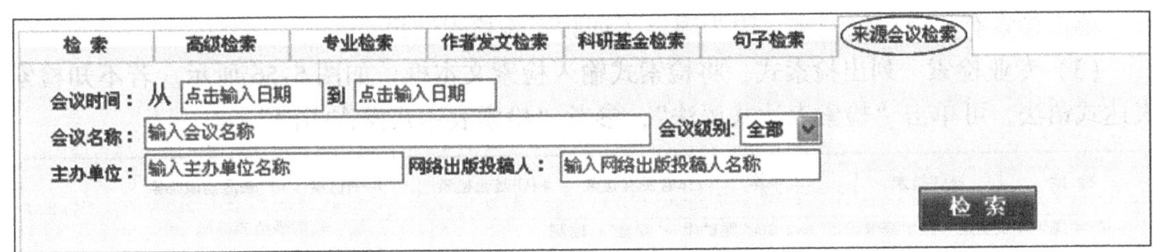

图 5-53　来源会议检索界面

3. 检索实例

检索“尾矿库安全运行技术高峰论坛”2010 年后宣读发表的有关尾矿库安全监测的相关会议论文。

确认检索词为“尾矿库”“安全”和“监测”。

（1）基本检索　将检索词输入检索文本框，选择检索入口，限定时间为从 2010-01-01 到 2014-01-01，如图 5-54 所示。

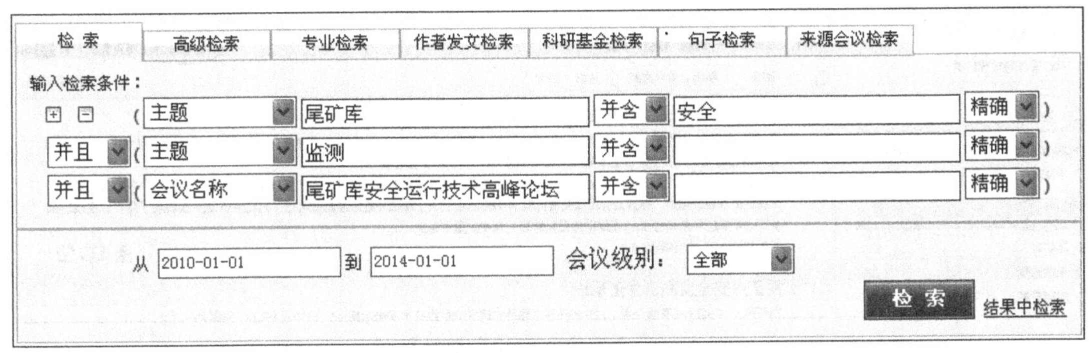

图 5-54　基本检索实例

单击检索，检索结果为会议论文 8 篇。

（2）高级检索　将检索条件输入检索文本框，限定时间和词频，如图 5-55 所示。

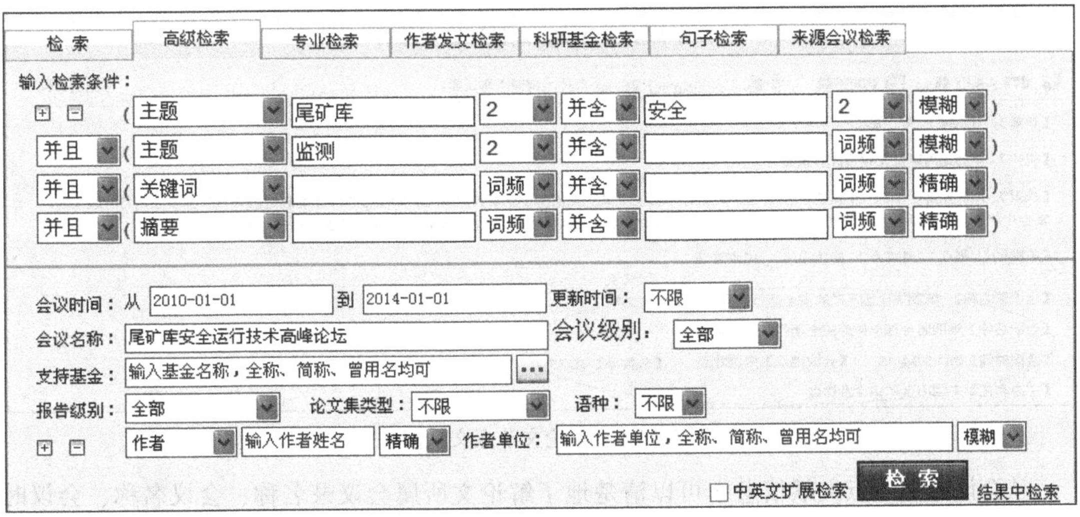

检 索　高级检索　专业检索　作者发文检索　科研基金检索　句子检索　来源会议检索
输入检索条件：
主题 尾矿库 2 并含 安全 2 模糊
并且 主题 监测 2 并含 词频 模糊
并且 关键词 词频 并含 词频 精确
并且 摘要 词频 并含 词频 精确
会议时间：从 2010-01-01 到 2014-01-01 更新时间： 不限
会议名称： 尾矿库安全运行技术高峰论坛 会议级别： 全部
支持基金： 输入基金名称，全称、简称、曾用名均可
报告级别： 全部 论文集类型： 不限 语种： 不限
作者 输入作者姓名 精确 作者单位： 输入作者单位，全称、简称、曾用名均可 模糊
中英文扩展检索 检 索 结果中检索

图 5-55　高级检索实例

单击检索有 4 篇会议论文，因为限定了词频影响检索结果。

（3）专业检索　列出检索式，将检索式输入检索文本框，如图 5-56 所示。若不知检索表达式语法，可单击“检索表达式语法”，参考“检索表达式操作指南”。

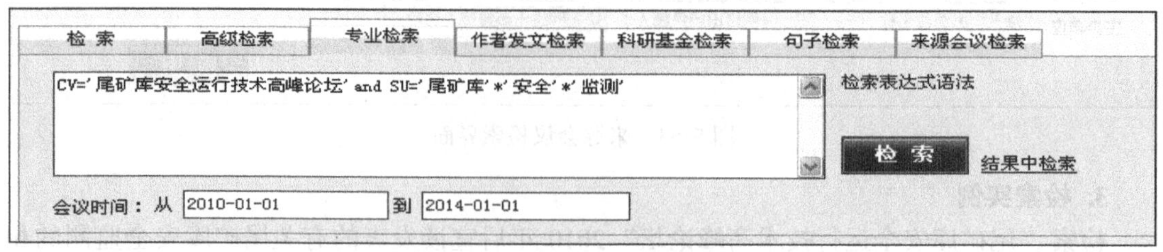

图 5-56　专业检索实例

4. 检索结果处理

会议论文库的检索结果界面如图 5-57 所示。

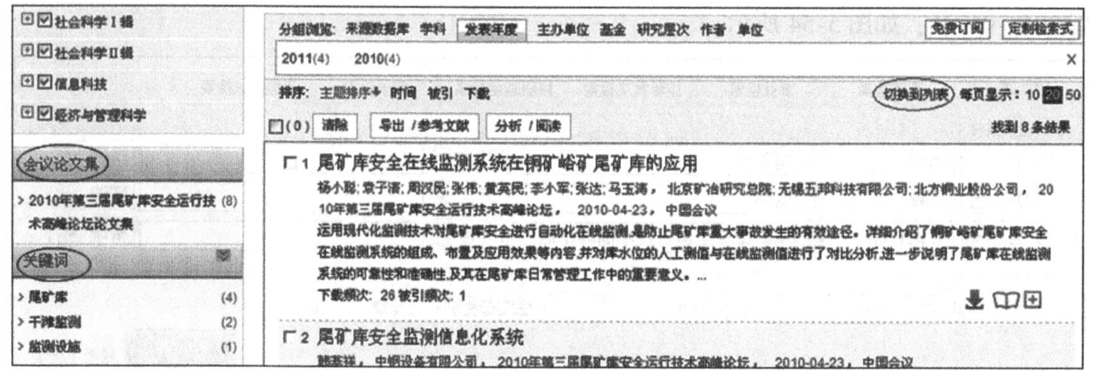

图 5-57　会议论文库检索结果界面

会议论文的检索结果从“会议论文集”和“关键词”两方面进行结果分析聚类。

单击论文题名进入节点文献信息显示，如图 5-58 所示。

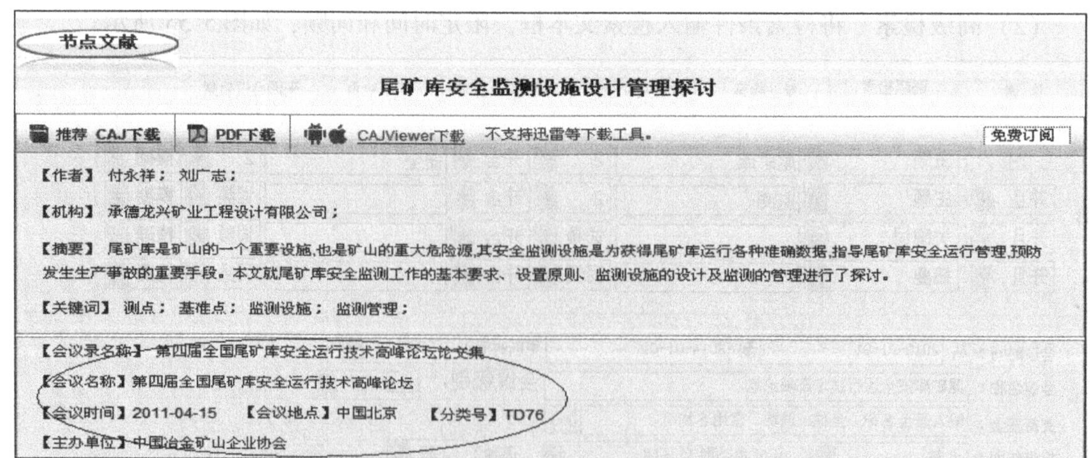

图 5-58　会议论文节点文献信息

从会议论文节点文献信息中可以清楚地了解论文所属会议录名称、会议名称、会议时间、会议地点及主办单位。

第6章　专利与标准文献

6.1　专利文献及其检索

6.1.1　专利基础知识

1. 专利制度

专利制度是随着人类科技进步及商品经济的发展而逐步形成和发展起来的。英国在1624年颁布了一部“垄断法”，这部“垄断法”是公认的世界上第一部正式而完善的专利法。

《中华人民共和国专利法》于1984年3月12日首次颁布，1985年4月1日正式实施生效。专利法指出：“专利制度是国际上通行的一种利用法律和经济的手段推动技术进步的管理制度。这个制度的基本内容是依据专利法，对申请专利的发明，经过审查和批准、授予专利权，同时把申请专利的发明内容公诸于世，以便进行发明创造信息交流和有偿技术转让”。

专利制度具有四个特征：法律保护、科学审查、公开通报以及交流转让。法律保护是指依据专利法授予发明创造专利权；科学审查是指对发明创造在颁发专利权前，根据专利法规定的授权条件进行的实质性审查；公开通报指发明创造通过专利申请的公布或专利权的颁布，向社会传播其技术内容；交流转让是指对专利技术这种无形商品进行交流和技术转让，使专利技术及早转化为生产力。

专利制度最重要、最本质的特征是法律保护和公开通报。专利制度用法律的形式肯定了技术发明成果的财产属性和商品属性，用专利法来保护创造者对其发明创造成果的所有权；鼓励创造者以商品交换为目的，向社会公开其成果的实质内容，以科技进步来促进生产、发展经济，以此来鼓励人们从事发明创造，有利于国际间的技术贸易和技术交流活动，有利于技术转让，有利于发明创造的推广和应用，加速技术信息交流，促进技术无偿转移。

技术无偿转移即技术信息交流的形成，是因为专利申请量是批准量的3~4倍、有效专利量是专利总数的12%，这些没有批准授权的技术和无效的专利技术就可以为社会无偿转移（使用）。

2. 知识产权和专利

（1）知识产权　知识产权是指人们就其智力劳动成果所依法享有的专有权利，通常是国家赋予创造者对其智力成果在一定时期内享有的专有权或独占权。知识产权从本质上说是一种无形财产权，它与房屋、汽车等有形财产一样，都受到国家法律的保护，都具有价值和使用价值。有些重大专利、驰名商标或作品的价值也远远高于房屋、汽车等有形财产。

知识产权有两类：一类是著作权（又称版权、文学产权），另一类是工业产权（又称产业产权）。

著作权又称版权，是指自然人、法人或者其他组织对文学、艺术和科学作品依法享有的财产权利和精神权利的总称。主要包括著作权及与著作权有关的邻接权；通常意义的知识产权主要是指计算机软件著作权和作品登记。

工业产权是指工业、商业、农业、林业和其他产业中具有实用经济意义的一种无形财产权，主要包括专利权与商标权。此外还包括服务标志、厂商名称、原产地名称、制止不正当竞争，以及植物新品种权和集成电路布图设计专有权等。

(2) 专利　专利指国家以法律形式授予发明人在法定期限内对其发明创造享有的专有权。专利具有三种含义：专利权；取得专利权的发明创造；技术说明书。这三种含义的核心是受专利法保护的发明创造，而专利权、专利说明书是专利的具体体现。

专利的类型有三种：发明专利、实用新型专利和外观设计专利。

1) 发明专利指对产品、方法或者其改进所提出的新的技术方案。发明专利可分产品发明（如机器、仪器、设计）和方法发明（如制造方法、测量方法及特定用途的方法发明等）。

2) 实用新型专利指对产品的形状、构造或者其结合所提出的适于实用的新技术方案。

3) 外观设计专利指对产品的形状、图案、色彩或者其结合所作出的富有美感并适于工业上应用的新设计。外观设计可以是平面图案，也可以是立体造型，或者两者的结合。

3. 专利权及其特征

专利权是从属于工业产权的，工业产权又从属于知识产权。专利权是指专利权人对其发明创造依法享有的权利。专利权有三个基本特征：

(1) 专有性　各国专利法都明文规定，专利权在保护国内对任何第三者都有普遍约束力。任何单位或者个人未经专利权人许可，不得以生产经营为目的制造、销售其专利产品。专利权人有权阻止他人对其专利权的侵犯行为。

我国专利法同时也规定，国家有权对于重要的发明创造专利，或对国家利益或者公共利益具有重大意义而需要推广应用的专利，允许指定的单位实施。实施单位按照国家规定向持有专利权的单位或个人支付使用费。

(2) 地域性　专利法是国内法，不是国际法。一是专利局批准的专利只能在本国领土范围内有效，对他国无任何法律效力。因此，在某国已经取得专利权的发明，若在其他国没有取得专利权，其他国任何人都可以自由使用。不需要取得专利权人的许可，也无需支付使用费。

(3) 时效性　专利权是一种有时间限制的权利。各国规定的专利权期限不一。我国专利法第四十二条规定：发明专利权的期限为 20 年，实用新型专利权和外观设计专利权的期限为 10 年，均自申请日起计算。

4. 授予专利权的条件

我国专利法第二十二条规定：授予专利权的发明和实用新型，应当具备新颖性、创造性和实用性。

(1) 新颖性　指在申请日以前没有同样的发明或者实用新型在国内外出版物上公开发表过、在国内公开使用过或者以其他方式为公众所知，也没有同样的发明或者实用新型由他人向国务院专利行政部门提出过申请并且记载在申请日以后公布的专利申请文件中。

(2) 创造性　指与申请日以前已有的技术相比，该发明有突出的实质性特点和显著的进步，该实用新型有实质性特点和进步。

（3）实用性 指该发明或者实用新型能够制造或者使用，并且能够产生积极效果。

我国专利法第二十三条规定：授予专利权的外观设计，应当同申请日以前在国内外出版物上公开发表过或者国内公开使用过的外观设计不相同或者不相近似。

我国专利法第二十四条规定：申请专利的发明创造在申请日以前六个月内，有下列情形之一的，不丧失新颖性：

1）在中国政府主办或者承认的国际展览会上首次展出的。

2）在规定的学术会议或者技术会议上首次发表的。

3）他人未经申请人同意而泄露其内容的。

5. 不授予专利权的主题

我国专利法第五条及第二十五条明确规定了不授予专利权的主题：

1）对违反国家法律、社会公德或者妨害公共利益的发明创造，不授予专利权。

2）对下列各项，不授予专利权：科学发现；智力活动的规则和方法；疾病的诊断和治疗方法；动物和植物品种（其生产方法可以依规定授予专利权）；用原子核变换方法获得的物质。

6.1.2 国际专利分类表

1. 概况

国际专利分类表（Internatoinal Patent Classification，简称 IPC），是国际上通用的专利文献的分类法。目前除美国、英国、加拿大等少数国家外，大部分国家都采用国际专利分类表。我国从实施专利法以来，也采用国际专利分类表作为本国专利文献的唯一分类与检索体系。

1954 年 12 月，英、法、意、荷兰等 15 个欧洲国家在法国巴黎签订了“国际专利分类欧洲协定”。国际专利分类表规定每五年修订一次，第一版有效期为 1968 年 9 月 1 日至 1974 年 6 月 30 日。目前使用的是第九版，从 2010 年 1 月 1 日生效。

国际专利分类表用英文和法文两种文字出版，作为正式版本。为了便于我国专业技术人员使用，专利文献出版社翻译出版了国际专利分类表的中文版本。

2. 国际专利分类表的编排结构

《IPC》按照技术主题来分类。将全部技术领域划分为八个部，八个部分别为：

A——人类生活必需

B——作业；运输

C——化学；冶金

D——纺织；造纸

E——固定建筑物

F——机械工程；照明；加热；武器；爆破

G——物理

H——电学

一个完整的分类号由部、大类、小类、大组或小组符号组合构成。例如，有关“尾矿库安全监测预警系统”的专利，其分类号可表示为 G08B21/10。

G　08　B　21/00　或　21/10
部　大类　小类　大组　或　小组

G08：信号装置

G08 B：信号装置或呼叫装置；指令发信装置；报警装置

21/00　未列入其他类目的响应一种指定的意外或异常情况的报警器

21/10　.. 响应灾难事件的报警器，如地震、龙卷风

课题“尾矿库安全监测预警系统”，如果从“信号装置”的角度考虑，其IPC号是G08B21/10；如果从“预警系统的控制调节”的角度来考虑，它的IPC号可以是G05B19/418。

《国际专利分类表》大类类表见表6-1，《国际外观设计分类表》产品大类表见表6-2。

表6-1　《国际专利分类表》大类类表

A部—人类生活必需

A01 农业；林业；畜牧业；狩猎；诱捕；捕鱼

A21 焙烤；制作或处理面团的设备；焙烤用面团

A22 屠宰；肉品处理；家禽或鱼的加工

A24 烟草；雪茄烟；纸烟；吸烟者用品

A41 服装

A41G 人造花；假发；面具；羽饰

A42 帽类制品

A43 鞋类

A44 服饰缝纫用品；珠宝

A45 手携物品或旅行品

A46 刷类制品

A47 家具；家庭用的物品或设备；咖啡磨；香料磨；一般吸尘器

A61 医学或兽医学；卫生学

A62 救生；消防

A63 运动；游戏；娱乐活动

A63B 体育锻炼、体操、游泳、爬山或击剑用的器械；球类；训练器械

A99 本部其他类目中不包括的技术主题

B部——作业；运输

B01 一般的物理或化学的方法或装置

B02 破碎、磨粉或粉碎；谷物碾磨的预处理

B03 用液体或用风力摇床或风力跳汰机分离固体物料；从固体物料或流体中分离固体物料的磁或静电分离；高压电场分离

B04 用于实现物理或化学工艺过程的离心装置或离心机

B05 一般喷射或雾化；对表面涂覆液体或其他流体的一般方法

B06 一般机械振动的发生或传递

B07 将固体从固体中分离；分选

B08 清洁

B09 固体废物的处理；被污染土壤的再生

B21 基本上无切削的金属加工；金属冲压

B22 铸造；粉末冶金

B23 机床；不包含在其他类目中的金属加工

B24 磨削；抛光

B25 手动工具；轻便机动工具；手动器械的手柄；车间设备；机械手

B26 手动切割刀具；切割；切断

B27 木材或类似材料的加工或保存；一般钉钉机或钉U形钉机

B28 加工水泥、黏土或石料

B29 塑料的加工；一般处于塑性状态物质的加工

B30 压力机

B31 纸品制作；纸的加工

B32 层状产品

B41 印刷；排版机；打字机；模印机

B42 装订；图册；文件夹；特种印刷品

B43 书写或绘图器具；办公用品

B44 装饰艺术

B60 一般车辆

B61 铁路

B62 无轨陆用车辆

B63 船舶或其他水上船只；与船有关的设备

B64 飞行器；航空；宇宙航行

B65 输送；包装；贮存；搬运薄的或细丝状材料

B66 卷扬；提升；牵引

B67 开启或封闭瓶子、罐或类似的容器；液体的贮运

B68 鞍具；家具罩面

B81 微观结构技术

B82 超微技术

B99 本部其他类目中不包括的技术主题

C部——化学；冶金

C01 无机化学

C02 水、废水、污水或污泥的处理

（续）

C03 玻璃；矿棉或渣棉
C04 水泥；混凝土；人造石；陶瓷；耐火材料
C05 肥料；肥料制造
C06 炸药；火柴
C07 有机化学
C08 有机高分子化合物；其制备或化学加工；以其为基料的组合物
C09 染料；涂料；抛光剂；天然树脂；粘合剂；其他类目不包含的组合物；其他类目不包含的材料的应用
C10 石油、煤气及炼焦工业；含一氧化碳的工业气体；燃料；润滑剂；泥煤
C11 动物或植物油、脂、脂肪物质或蜡；由此制取的脂肪酸；洗涤剂；蜡烛
C12 生物化学；啤酒；烈性酒；果汁酒；醋；微生物学；酶学；突变或遗传工程
C13 糖工业
C14 小原皮；大原皮；毛皮；皮革
C21 铁的冶金
C22 冶金；黑色或有色金属合金；合金或有色金属的处理
C23 对金属材料的镀覆；用金属材料对材料的镀覆；表面化学处理；金属材料的扩散处理；真空蒸发法、溅射法、离子注入法或化学气相沉积法的一般镀覆；金属材料腐蚀或积垢的一般抑制
C25 电解或电泳工艺；其所用设备
C30 晶体生长
C40 组合技术
C99 本部其他类目不包括的技术主题

D部——纺织；造纸
D01 天然或人造的线或纤维；纺纱或纺丝
D02 纱线；纱线或绳索的机械整理；整经或络经
D03 织造
D04 编织；花边制作；针织；饰带；非织造布
D05 缝纫；绣花；簇绒
D06 织物等的处理；洗涤；其他类不包括的柔性材料
D07 绳；除电缆以外的缆索
D21 造纸；纤维素的生产
D99 本部其他类目不包括的技术主题

E部——固定建筑物
E01 道路、铁路或桥梁的建筑
E02 水利工程；基础；疏浚
E03 给水；排水
E04 建筑物
E05 锁；钥匙；门窗零件；保险箱
E06 一般门、窗、百叶窗或卷辊遮帘；梯子
E21 土层或岩石的钻进；采矿
E99 本部其他类目不包括的技术主题

F部—机械工程；照明；加热；武器；爆破
F01 一般机器或发动机；一般的发动机装置；蒸汽机
F02 燃烧发动机；热气或燃烧生成物的发动机装置
F03 液力机械或液力发动机；风力、弹力或重力发动机；不包含在其他类目中的产生机械动力或反推力的发动机
F04 液体变容式机械；液体泵或弹性流体泵
F15 流体压力执行机构；一般液压技术和气动技术
F16 工程元件或部件；为产生和保持机器或设备的有效运行的一般措施；一般绝热
F17 气体或液体的贮存或分配
F21 照明
F22 蒸汽的发生
F23 燃烧设备；燃烧方法
F24 供热；炉灶；通风
F25 制冷或冷却；加热和制冷的联合系统；热泵系统；冰的制造或储存；气体的液化或固化
F26 干燥
F27 炉；窑；烘烤炉；蒸馏炉
F28 一般热交换
F41 武器
F42 弹药；爆破
F99 本部其他类目不包括的技术主题

G部——物理
G01 测量；测试
G02 光学
G03 摄影术；电影术；利用了光波以外其他波的类似技术；电记录术；全息摄影术
G04 测时学
G05 控制；调节
G06 计算；推算；计数
G07 核算装置
G08 信号装置
G09 教育；密码术；显示；广告；印鉴
G10 乐器；声学
G11 信息存储
G12 仪器的零部件
G21 核物理；核工程
G99 不包含在本部其他类目中的技术主题

H部——电学
H01 基本电气元件
H02 发电、变电或配电
H03 基本电子电路
H04 电通信技术
H05 其他类目不包含的电技术
H99 本部中其他类目不包括的技术主题

表 6-2 《国际外观设计分类表》产品大类表

01 食品	18 印刷和办公机械
02 服装和服饰用品	19 文具用品、办公设备、美术用品及教学材料
03 其他类未列入的旅行用品、箱子、阳伞和个人用品	20 销售和广告设备、标志
04 刷子类	21 游戏器具、玩具、帐篷和体育用品
05 纺织品、人造或天然材料片材	22 武器、烟火用具、用于狩猎、捕鱼及捕杀有害动物的器具
06 家具	23 液体分配设备，卫生、供暖、通风和空调设备，固体燃料
07 其他类未列入的家用物品	24 医疗和实验室设备
08 工具和金属器具	25 建筑构件和施工元件
09 用于商品运输或装卸的包装和容器	26 照明设备
10 钟、表和其他计量仪器，检测和信号仪器	27 烟草和吸烟用具
11 装饰品	28 药品、化妆品、梳妆用品和器具
12 运输或提升工具	29 防火灾、防事故救援装置和设备
13 发电、配电和输电的设备	30 动物的管理与驯养设备
14 录音、通信或信息再现设备	31 其他类未列入的食品或饮料制造机械设备
15 其他类未列入的机械	99 其他杂项
16 照相、电影摄影和光学仪器	
17 乐器	

3. 国际专利分类法的分类原则

国际专利分类法采用的是按功能分类和应用分类相结合、以功能分类为主，以及功能和应用交叉分类法的方法。

（1）功能性发明分类　凡是有关某物的内在性质或功能，与使用在哪一个特殊领域无关，或者无视使用范围在技术上也不受影响，这样的发明都属于功能性发明。

例如：B01D　分离

C07　有机化学

F16K　阀；龙头；开头

一个机械阀门的内在功能，如关或开，是决定于其结构或功能性，与其具体用途无关，不论用在任何场所都能起到同样的功能。

（2）应用性发明分类　凡是有关某物的特殊用途或应用的发明，而该物本身并不构成发明主题，这些发明都属于应用性发明，应分在应用分类位置上。例如，一种化合物用作肥料或洗涤的发明上就应分在应用分类位置上，即分在肥料或洗涤剂的分类位置上。

以上说明的“某物”在专利文献中可指任何技术对象，包括有形的或无形的。

6.2 Derwent Innovations Index（德温特专利数据库）

6.2.1 德温特专利数据库概况及特点

1. 概况

Derwent Innovations Index（简称 DII）是由 Thomson Derwent 与 Thomson ISI 公司共同推出的基于 ISI Web of Knowledge（SCI）平台的专利信息数据库，DII 将 Derwent World Patents Index（德温特世界专利索引，简称 WPI）与 Derwent Patents Citation Index（德温特专利引文索引）加以整合，以每周更新的速度，提供全球专利信息。该数据库信息来源于全球 40 多个

专利机构，详细记载了超过 1100 万项基本发明专利的信息，2000 多万条专利信息，资料回溯至 1966 年。每条记录除了包含相关的同族专利信息，还包括由各个行业的技术专家进行重新编写的专利信息，如描述性的标题和摘要、新颖性、技术关键、优点等。DII 入口如图 6-1 所示。

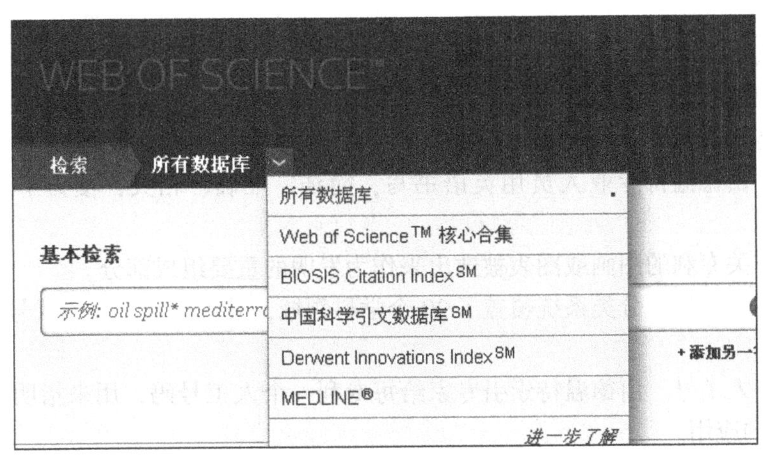

图 6-1　DII 入口

2. 特点

1）描述性的标题与文摘。德温特用普通技术词汇重新改写的标题和文摘详细反映了专利的内容、应用、新颖性等信息，帮助研究人员快速、准确和有效的查全、查准专利技术。

2）在一条记录中显示同族专利及专利引文信息，如图 6-2 所示。

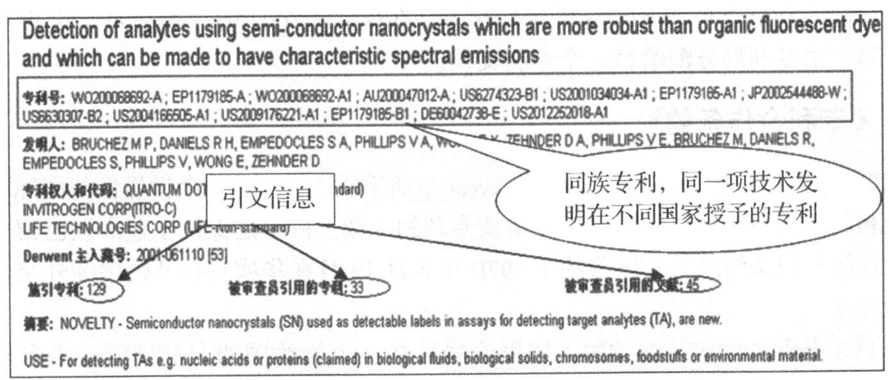

图 6-2　Derwent 同族专利及引文信息

3）与 SCIE 连接。DII 与 Web of Science（SCIE）双向连接，这样就将基础研究或应用基础研究的成果与技术应用的成果有机地联系在一起，从而能够了解基础研究成果与市场应用前景之间的关系，加速知识创新与技术创新的互相推动与转化。

6.2.2　德温特专利数据库记录结构

德温特世界专利索引的每一条记录描述了一个专利“家族”。每一条记录可能有一个或多个专利号码，代表了专利“家族”的成员。德温特世界专利索引的全记录主要包含以下一些内容：

1）专利号。它是由专利出版机构分配给每一个专利文档的一序列号码。

2）标题。简洁的英文描述性标题，醒目地指出专利说明书中所谈到的发明的本质及其新颖性。

3）发明人。姓名以姓氏在前的格式表现，最多可以包含30个字符。

4）专利权属机构。指在法律上拥有专利全部或部分权利的个人或公司。

5）德温特存取号。德温特分配给每一个专利家族中第一个专利的唯一的分类号。

6）摘要。由德温特专业人员用英语书写，简洁、准确、相关，覆盖了发明最广泛的领域。

7）图。有关专利的图画或图表被选出来作为发明的重要组成部分。

8）德温特分类号。分类系统覆盖了20个学科领域，被细分成由学科代号和2位字符组成的类号。

9）德温特人工号。由德温特索引专家给每专利一个人工号码，用来指明发明的新技术何在，以及它的应用。

10）专利出版日期、页数及语种。出版日期是专利文档向公众公开的日期；页数即原始专利文档的页数；语种即指原始专利的语种。

11）申请号码及日期。申请号码是专利局给专利文档分配的当地档案号码；申请日期是专利在专利局申请时的登记日期。

12）优先申请信息及日期。首次申请号为优先申请号，首次申请日期为优先申请日期。

13）国际专利分类号。国际专利分类方法是在国际上公认的分类体系，由世界知识产权组织控制，由专利局分配给每一个专利文档。

6.2.3 《专利合作条约》

《专利合作条约》(Patent Cooperation Treaty，简称PCT)，是一个世界性的国际条约，旨在推进专利制度的国际化，简化国际间申请专利的手续。PCT是保护工业产权巴黎公约成员国之间签订的专门条约之一。该条约于1970年6月19日在华盛顿召开的国际外交会议上由美国倡议订立。

根据PCT条约的约定，缔约国的国民或居民在一个缔约国的专利局或一个参加条约的地区专利局使用一种条约规定的语言（包括中文在内的12种语言）提交一份具有规定格式的申请文件，就可以在申请人指定的其他缔约国获得相当于同时在该国提出国家申请的效力。

PCT专利合作条约主要涉及专利申请的提交、检索及审查，以及其中信息公布，不对“国际专利授权”，授予专利的任务和责任仍然由各个国家的专利局或行使其职权的机构掌握。PCT是对巴黎公约的补充，是只对巴黎公约成员国开放的一个特殊协议。PCT专利又称国际专利，代码为WO。国别代码见表6-3。

表 6-3　部分国家的国别代码

代　码	国　别	代　码	国　别	代　码	国　别
AT	奥地利	FI	芬兰	NO	挪威
AU	澳大利亚	FR	法国	PL	波兰
BE	比利时	GB	英国	RO	罗马尼亚
BR	巴西	HU	匈牙利	RU	俄罗斯联邦
CA	加拿大	IE	爱尔兰	SE	瑞典
CH	瑞士	IL	以色列	SG	新加坡
CN	中国	IN	印度	TW	台湾
CZ	捷克	IT	意大利	US	美国
DE	德国	JP	日本	WO	世界知识产权组织（POT）
DK	丹麦	KR	韩国	ZA	南非
EP	欧洲专利局	LU	卢森堡		
ES	西班牙	NL	荷兰		

6.2.4　德温特专利数据库检索途径

DII 检索中，布尔逻辑符“AND、OR、NOT”和截词符“＊、?”适用于任何字段。当 AND、OR、NOT 作为检索词条时，必须用引号。

DII 检索途径有基本检索、被引专利检索、化合物检索、高级检索，如图 6-3 所示。

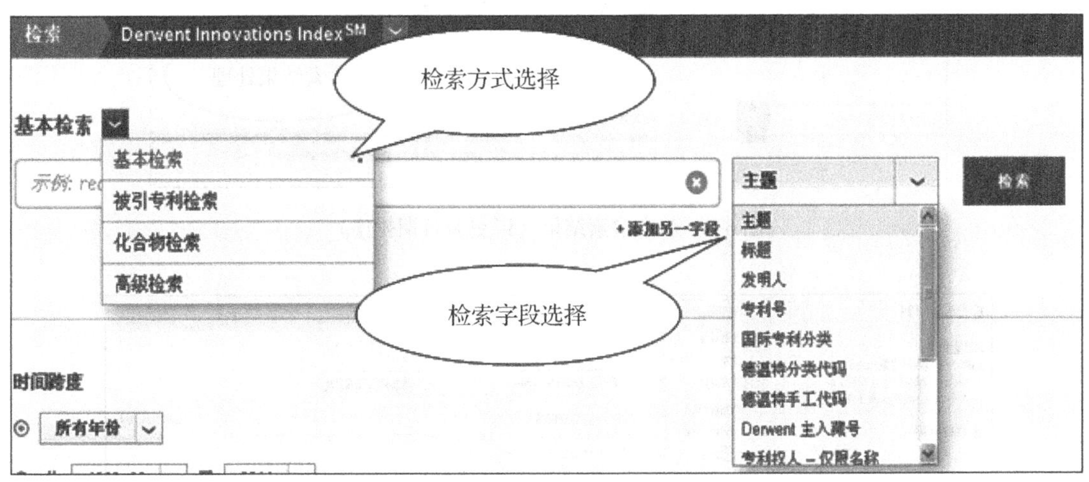

图 6-3　DII 检索界面

1. 基本检索

基本检索提供对主题、专利权属机构、发明人、专利号、国际专利分类号、德温特分类代码、德温特手工代码和德温特入藏号等字段检索，以及这些字段的组合检索。

以检索式“tailing＊ and(prediction or forecast or monitoring or monitor or surveillance or warning)”为例，基本检索界面和结果分别如图 6-4、图 6-5、图 6-6 所示。

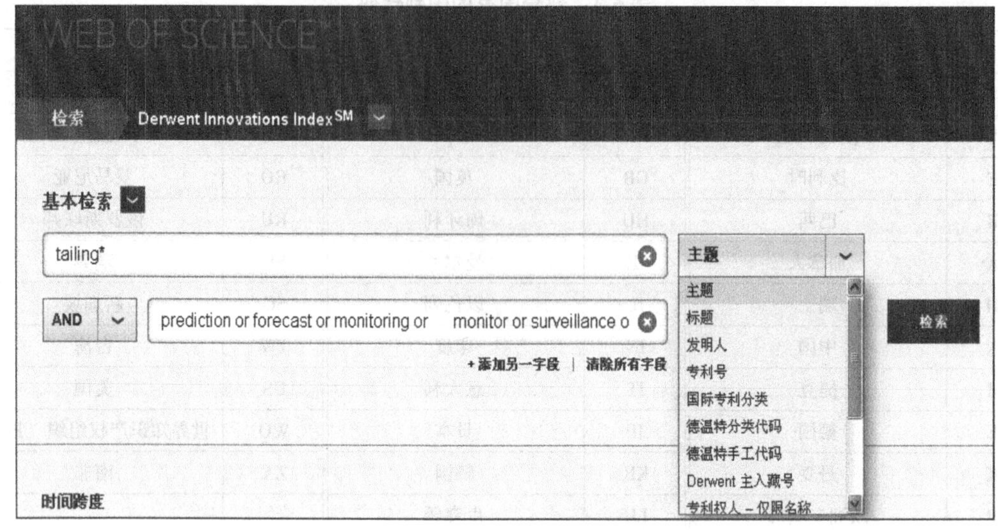

图 6-4　基本检索界面

图 6-5　基本检索结果（以更新日期排序）

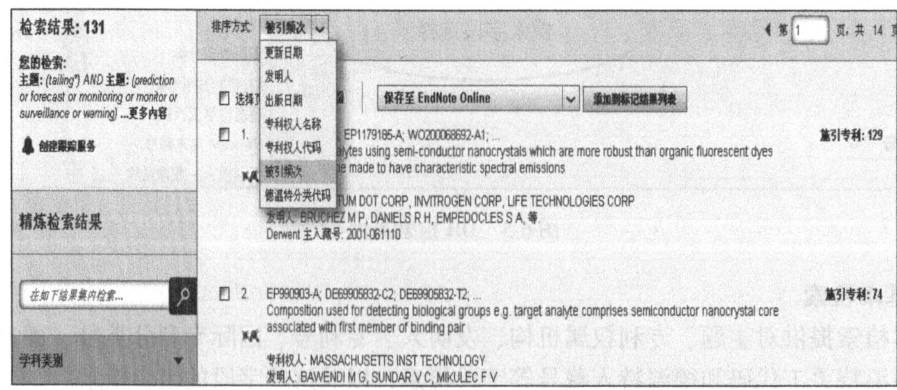

图 6-6　基本检索结果（以被引频次降序排序）

2. 被引专利检索

可以通过被引专利号、被引专利权人名称或代码、被引发明人、被引德温特入藏号等字段单个或组合检索，查询某专利被引用情况。以专利号 EP990903-A 为例，查询该专利被引用情况，如图 6-7、图 6-8 所示。

被引专利检索

查找引用一个或多个专利的专利。

输入专利号、专利权人、发明人和/或入藏号。各字段用布尔逻辑运算符 AND 相组配。

EP990903-A　被引专利号

示例: XEROX CORP or XERO

示例: Von Oepen R

+添加另一字段 | 清除所有字段

被引专利号
被引专利号 - 扩展以包括专利家族
被引专利权人
被引专利权人名称
被引专利权人代码
被引发明人
被引的 Derwent 主入藏号

检索

图 6-7　专利 EP990903-A 被引用情况查询

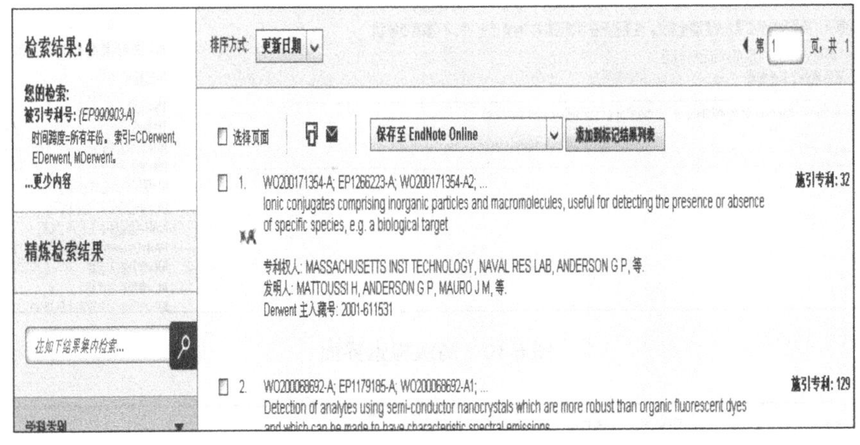

图 6-8　专利 EP990903-A 被引用情况查询结果

3. 化合物检索

可以绘制结构式（普通结构、子结构或超级结构）进行检索，也可以输入物质名称进行检索，如图 6-9 所示。

4. 高级检索

编制检索式进行检索，在检索框输入检索式“TI = tailing* and TS = (prediction or forecast or monitoring or monitor or surveillance or warning)”，高级检索界面和结果分别如图 6-10、图 6-11 所示。

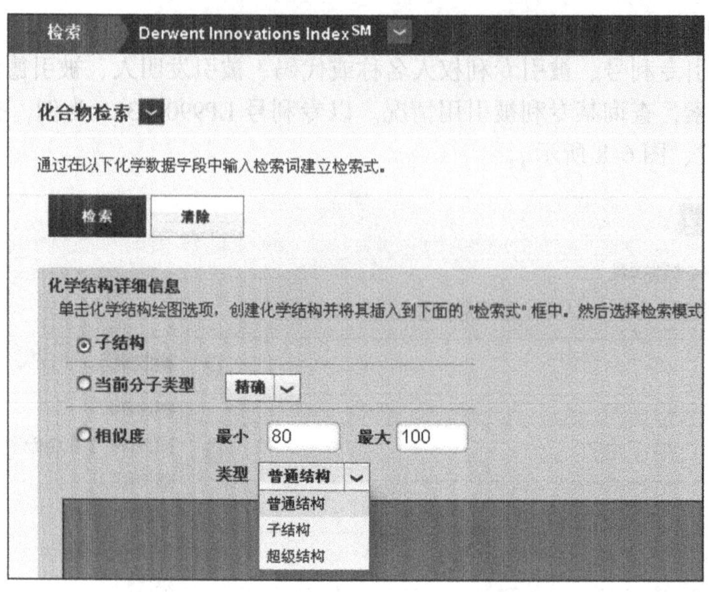

图 6-9　化合物检索——绘制结构式检索

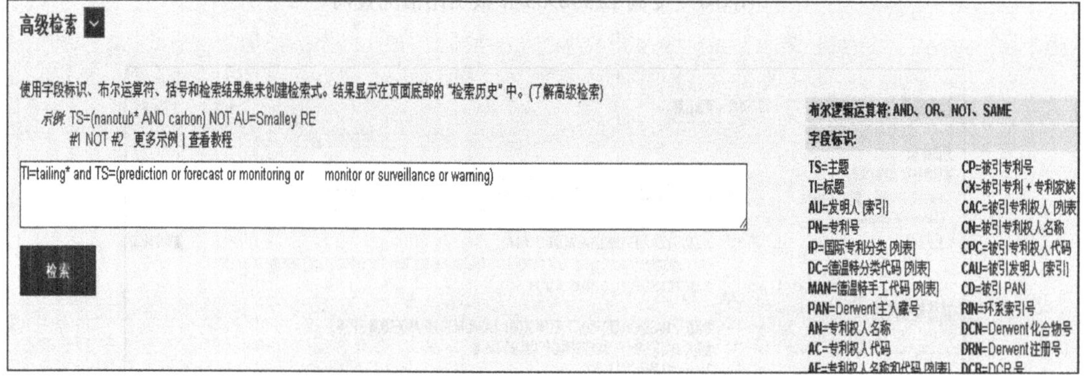

图 6-10　高级检索界面

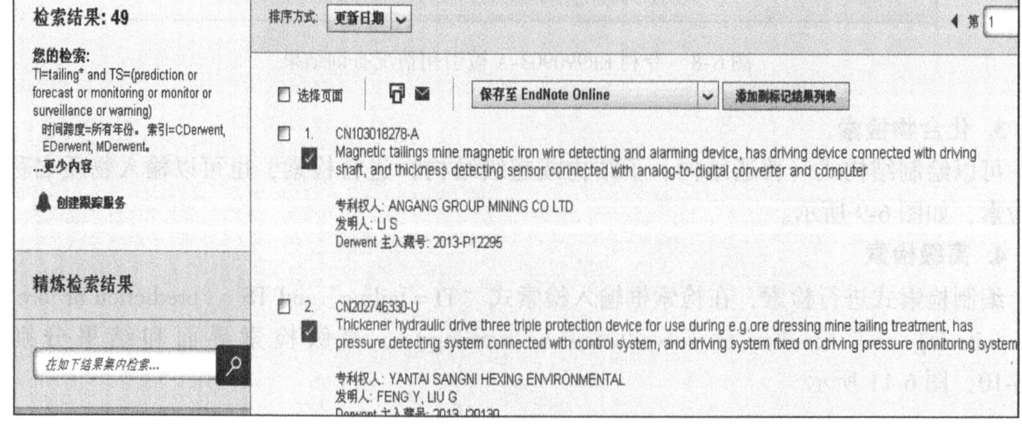

图 6-11　高级检索结果

在 DII 检索中，当检索结果太多时，可以从学科、专利权人名称、专利权人代码、发明人、德温特分类代码、德温特手工代码等方面，对其结果进行再次的限定，缩小检索范围，提高检索的准确性。如图 6-12 所示。

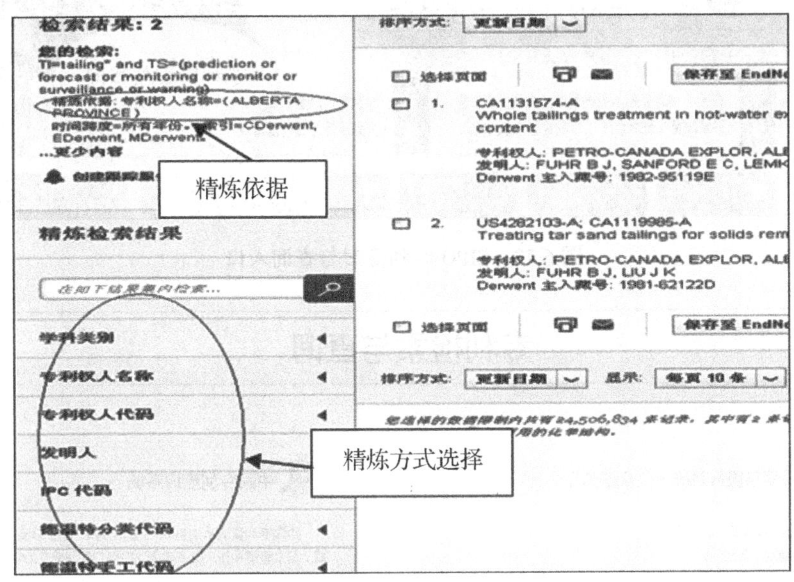

图 6-12　精炼检索——通过专利权人精炼结果

6.3　网络专利文献

中国专利文献网络数据库主要有中国国家知识产权局、中国知识产权网、万方数据专利数据库。国外专利文献网络数据库主要有 Derwent Innovations Index（德温特世界专利创新索引）、USPTO Patents（美国专利和商标局全文专利数据库）、世界知识产权组织网站数据库、esp@ cenet 欧洲专利文献数据库及 DELPHION 知识产权信息网数据库、加拿大知识产权局网站数据库、日本特许厅网站专利数据库等。

6.3.1　中国国家知识产权局

1. 概况

中国知识产权局是中国专利审批的政府机构，可免费检索 1985 年至今的中国专利，并可以免费下载专利说明书全文，中国知识产权局网站（http：//www. sipo. gov. cn）提供的专利说明书均为 TIF 文件，需事先下载阅读软件。

2. 检索入口及检索模块

中国知识产权局网站数据库提供专利号、作者、专利代理人、分类查找等多个检索入口。从首页可以进入专利检索与查询页面，如图 6-13 所示。

专利检索与查询页面有专利检索与服务系统（公众部分）、中国专利查询系统、专利公布公告及专利查询四个专利检索模块，如图 6-14 所示。

图 6-13　SIPO 专利检索与查询入口

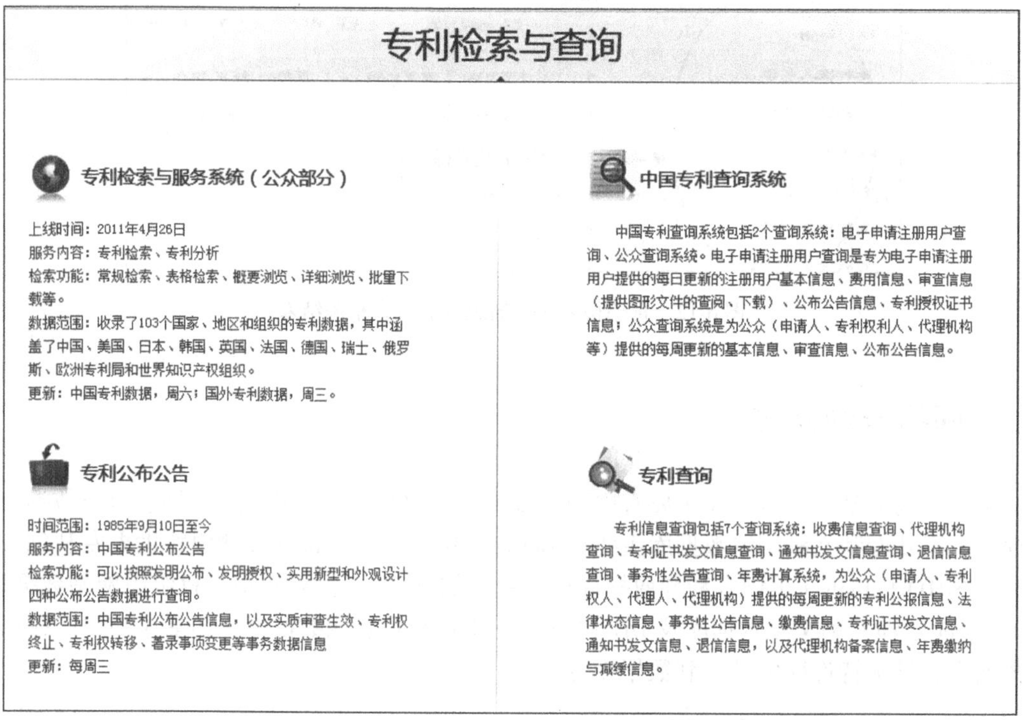

专利检索与查询

专利检索与服务系统（公众部分）

上线时间：2011年4月26日
服务内容：专利检索、专利分析
检索功能：常规检索、表格检索、概要浏览、详细浏览、批量下载等。
数据范围：收录了103个国家、地区和组织的专利数据，其中涵盖了中国、美国、日本、韩国、英国、法国、德国、瑞士、俄罗斯、欧洲专利局和世界知识产权组织。
更新：中国专利数据，周六；国外专利数据，周三。

专利公布公告

时间范围：1985年9月10日至今
服务内容：中国专利公布公告
检索功能：可以按照发明公布、发明授权、实用新型和外观设计四种公布公告数据进行查询。
数据范围：中国专利公布公告信息，以及实质审查生效、专利权终止、专利权转移、著录事项变更等事务数据信息
更新：每周三

中国专利查询系统

中国专利查询系统包括2个查询系统：电子申请注册用户查询、公众查询系统。电子申请注册用户查询是专为电子申请注册用户提供的每日更新的注册用户基本信息、费用信息、审查信息（提供图形文件的查阅、下载）、公布公告信息、专利授权证书信息；公众查询系统是为公众（申请人、专利权利人、代理机构等）提供的每周更新的基本信息、审查信息、公布公告信息。

专利查询

专利信息查询包括7个查询系统：收费信息查询、代理机构查询、专利证书发文信息查询、通知书发文信息查询、退信信息查询、事务性公告查询、年费计算系统，为公众（申请人、专利权人、代理人、代理机构）提供的每周更新的专利公报信息、法律状态信息、事务性公告信息、缴费信息、专利证书发文信息、通知书发文信息、退信信息，以及代理机构备案信息、年费缴纳与减缓信息。

图 6-14　SIPO 专利检索与查询系统

（1）专利检索与服务系统（公众部分）　可以进行常规检索、表格检索、概要浏览、详细浏览、批量下载等。

（2）中国专利查询系统　包括两个查询系统：电子申请注册用户查询和公众查询系统。电子申请注册用户查询是专为电子申请注册用户提供的每日更新的注册用户基本信息、费用信息、审查信息（提供图形文件的查阅、下载）、公布公告信息、专利授权证书信息；公众查询系统是为公众（申请人、专利权利人、代理机构等）提供的每周更新的基本信息、审查信息、公布公告信息。

（3）专利公布公告　可以按照发明公布、发明授权、实用新型和外观设计四种公布公告数据进行查询。

(4) 专利查询　专利信息查询包括 7 个查询系统：收费信息查询、代理机构查询、专利证书发文信息查询、通知书发文信息查询、退信信息查询、事务性公告查询、年费计算系统，为公众（申请人、专利权人、代理人、代理机构）提供的每周更新的专利公报信息、法律状态信息、事务性公告信息、缴费信息、专利证书发文信息、通知书发文信息、退信信息，以及代理机构备案信息、年费缴纳与减缓信息。

3. 案例分析

以“专利检索与服务系统”子模块，检索“金属矿山尾矿库极端气象预测预报、监测预警技术研究”课题为例。

检索式：(尾矿库 OR 尾矿坝) AND(预报 OR 监测 OR 预测 OR 预警) AND(气象 OR 天气)。

检索如图 6-15、图 6-16 所示。

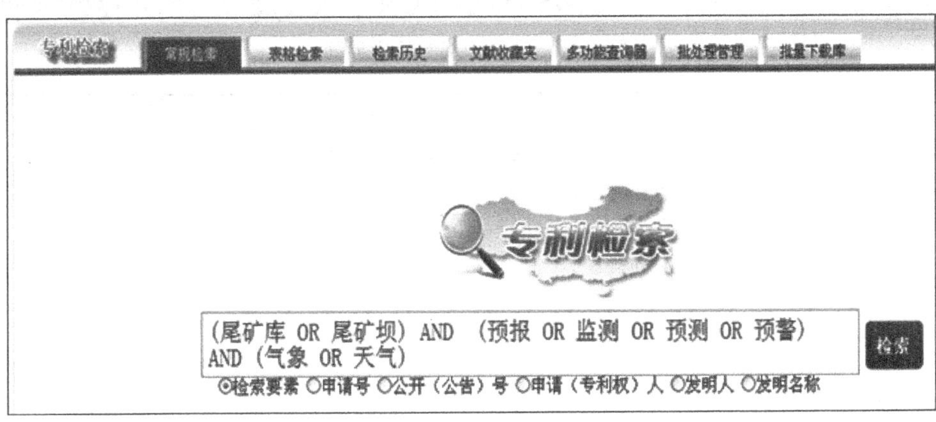

图 6-15　SIPO 专利检索与服务系统常规检索

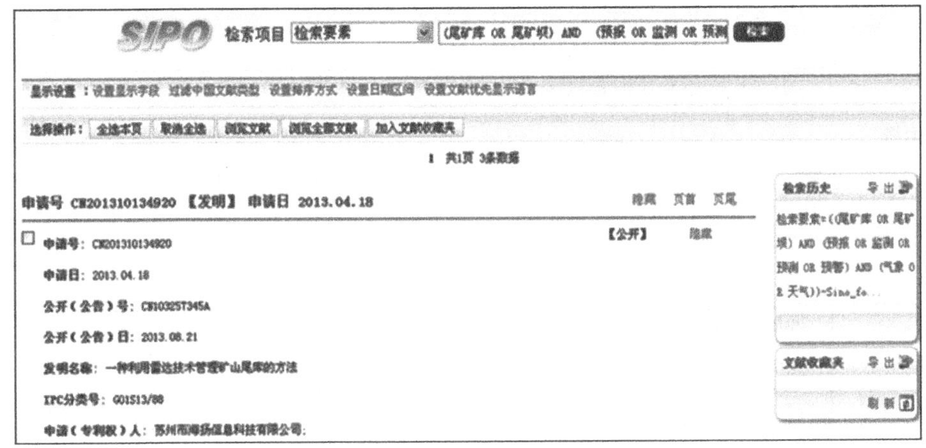

图 6-16　SIPO 专利检索与服务系统常规检索结果

6.3.2　中国知识产权网

1. 概况

中国知识产权网（http：//www.cnipr.com），可检索到中国和美、英、日、德、法、欧、WIPO 瑞士等国的专利文摘。用户可以通过在线下载、邮寄和电子邮件等方式获取 1985 年至今的专利说明书原文。

2. 检索方式

中国知识产权网具备三种检索方式：基本检索、高级检索及法律状态检索，其检索界面分别如图 6-17、图 6-18、图 6-19 所示。

图 6-17　CNIPR 基本检索界面

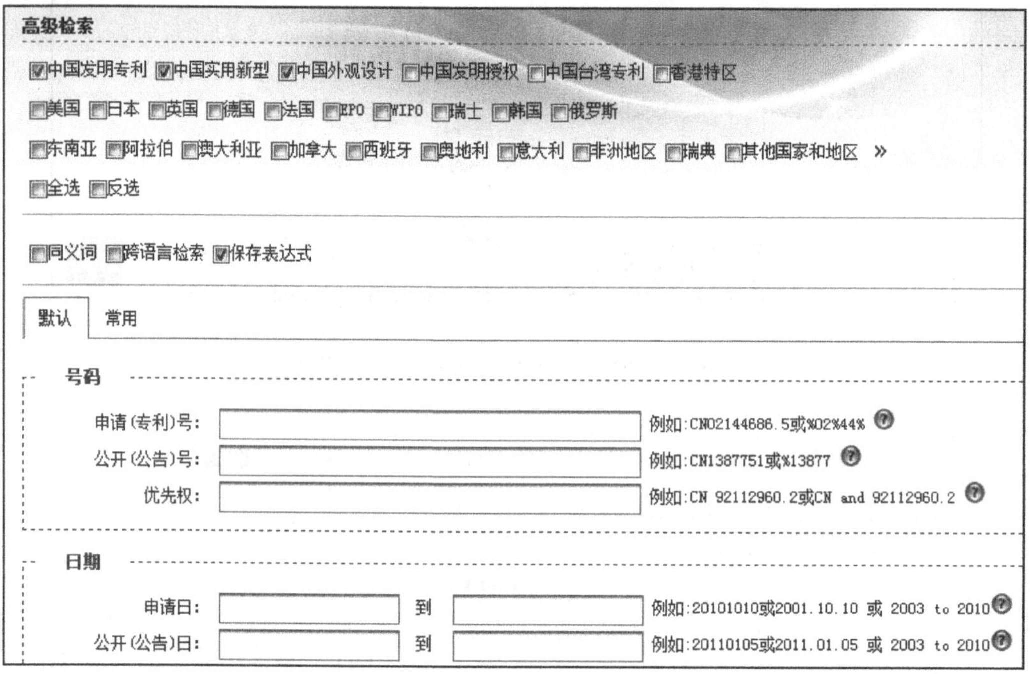

高级检索

☑中国发明专利 ☑中国实用新型 ☑中国外观设计 ☐中国发明授权 ☐中国台湾专利 ☐香港特区

☐美国 ☐日本 ☐英国 ☐德国 ☐法国 ☐EPO ☐WIPO ☐瑞士 ☐韩国 ☐俄罗斯

☐东南亚 ☐阿拉伯 ☐澳大利亚 ☐加拿大 ☐西班牙 ☐奥地利 ☐意大利 ☐非洲地区 ☐瑞典 ☐其他国家和地区 »

☐全选 ☐反选

☐同义词 ☐跨语言检索 ☑保存表达式

默认　常用

号码

申请(专利)号：　例如:CN02144686.5或%02%44%

公开(公告)号：　例如:CN1387751或%13877

优先权：　例如:CN 92112960.2或CN and 92112960.2

日期

申请日：　到　例如:20101010或2001.10.10 或 2003 to 2010

公开(公告)日：　到　例如:20110105或2011.01.05 或 2003 to 2010

图 6-18　CNIPR 高级检索界面

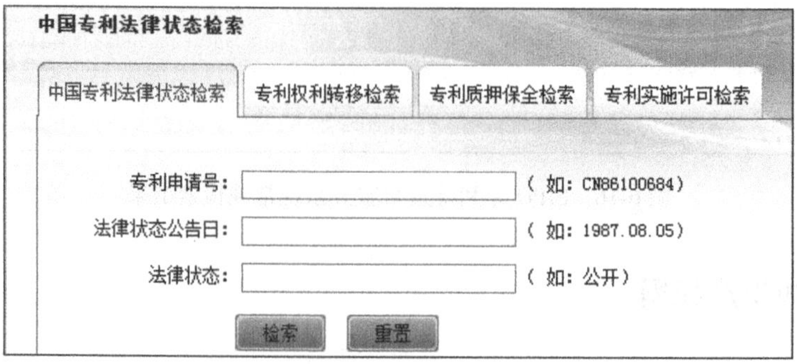

中国专利法律状态检索

中国专利法律状态检索　专利权利转移检索　专利质押保全检索　专利实施许可检索

专利申请号：　（如：CN86100684）

法律状态公告日：　（如：1987.08.05）

法律状态：　（如：公开）

检索　重置

图 6-19　CNIPR 中国专利法律状态检索界面

3. 案例分析

以高级检索方式，检索“金属矿山尾矿库极端气象预测预报、监测预警技术研究”课题。检索式：(尾矿库 OR 尾矿坝) AND (预报 OR 监测 OR 预测 OR 预警) AND (气象 OR 天气)。检索如图 6-20 所示。命中 2 条记录，检索结果如图 6-21 所示。

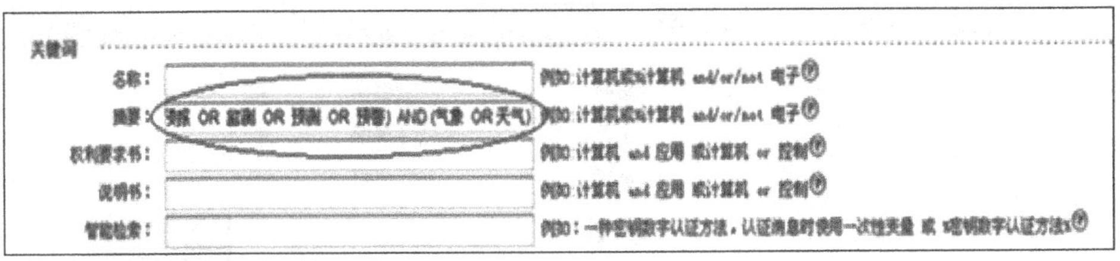

图 6-20　CNIPR 高级检索举例

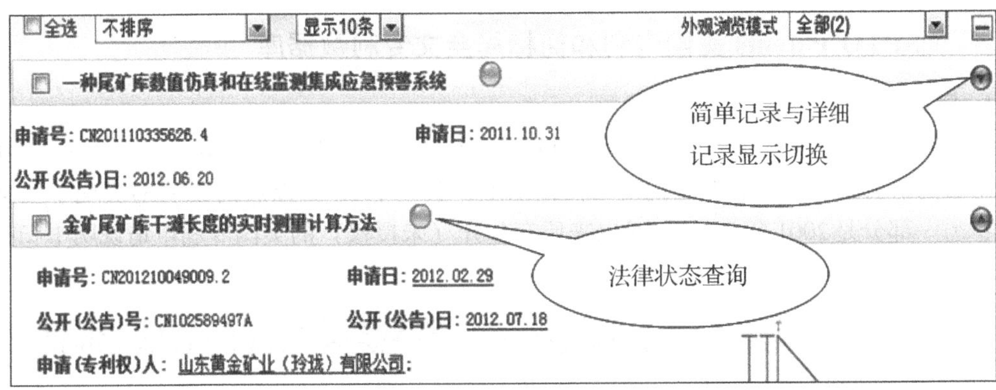

图 6-21　CNIPR 高级检索结果

6.3.3　万方数据专利数据库

1. 概况

万方数据专利数据库收录从 1985 年至今受理的全部专利数据信息，包含专利公开（公告）日、公开（公告）号、主分类号、分类号、申请（专利）号、申请日、优先权等。

2. 检索方式

万方数据专利数据库提供基本检索、高级检索及专家检索三种检索方式，如图 6-22、图 6-23所示。

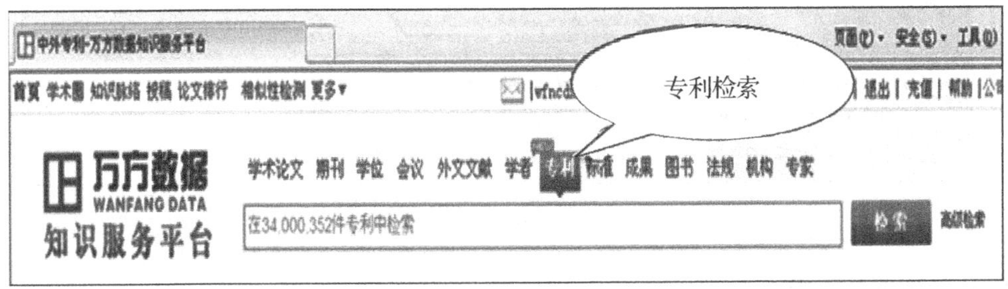

图 6-22　万方数据专利数据库基本检索

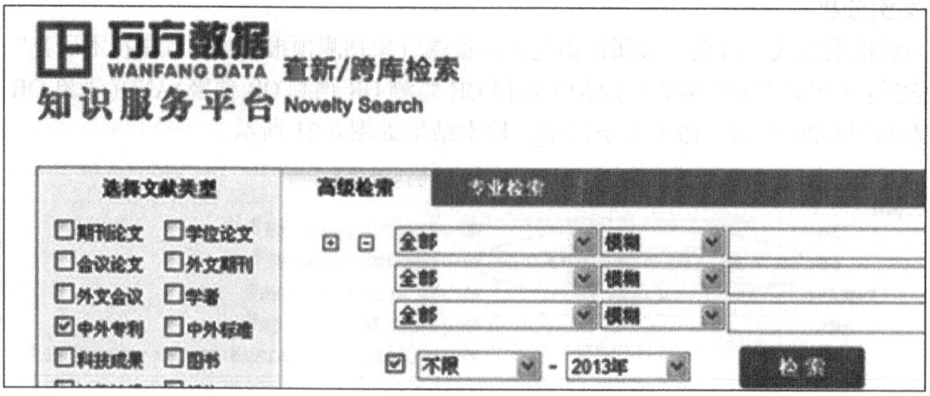

图 6-23　万方数据专利数据库高级检索和专家检索

6.3.4　USPTO Patents 美国专利和商标局全文专利数据库

1. 概况

USPTO Patents（www. uspto. gov）是免费专利数据库，由两部分组成。一部分是 1790 年以来出版的所有授权的美国专利说明书扫描图形，其中 1976 年以后的说明书实现了全文代码化；另一部分是2001 年3 月15 日以来所有公开（未授权）的美国专利申请说明书扫描图形。USPTO Patents 主界面如图 6-24 所示。

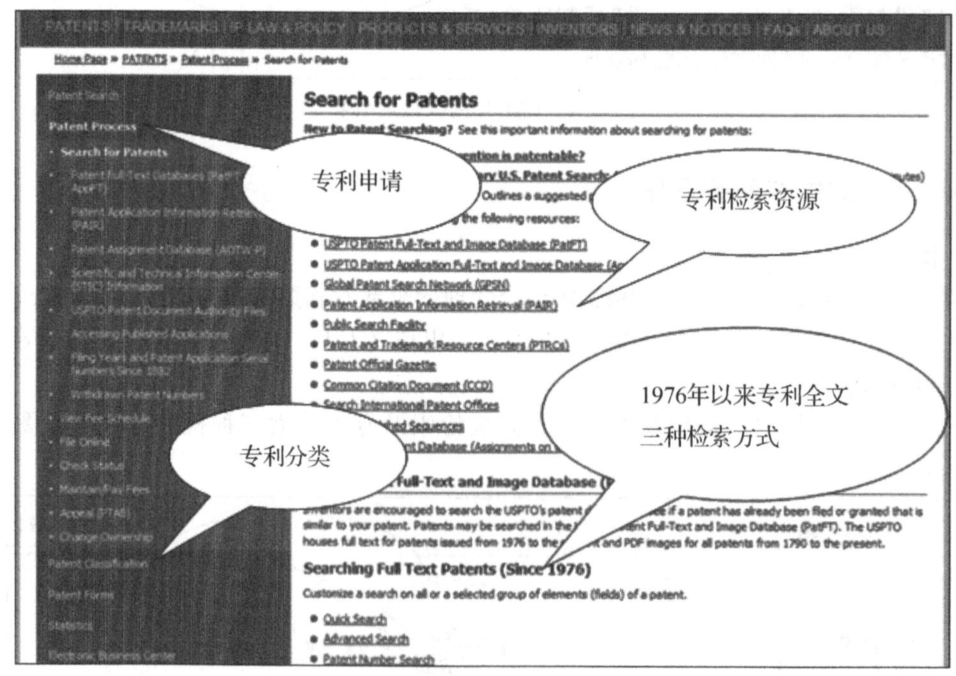

图 6-24　USPTO Patents 主界面

2. 检索规则及检索方式

（1）检索规则

1）支持布尔运算符："AND""OR""NOT"。

2）特定短语检索，在短语外加" "。

3）截词检索，在词根后加 $ 。

4）大小写不敏感。

5）字段限制检索用"/"，如（ttl/telecontrol）AND（ttl/breaker）。

（2）检索方式　检索方式包括快速检索、高级检索及专利号检索。

3. 案例分析

课题名称：金属矿山尾矿库极端气象预测预报、监测预警技术研究。

检索式：ABST/（tailing AND（prediction OR forecast OR monitoring OR monitor OR surveillance OR warning））。

检索方式：高级检索。

检索如图 6-25 所示。命中 4 条记录，检索结果如图 6-26 所示。

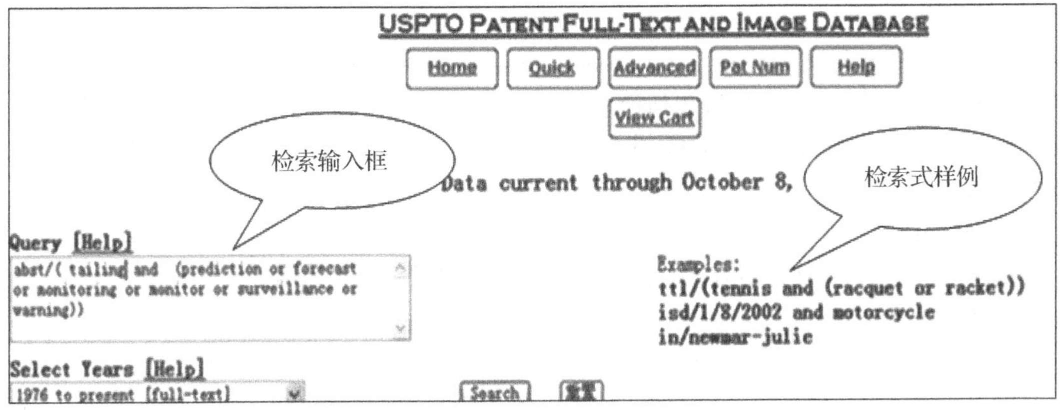

图 6-25　USPTO 高级检索

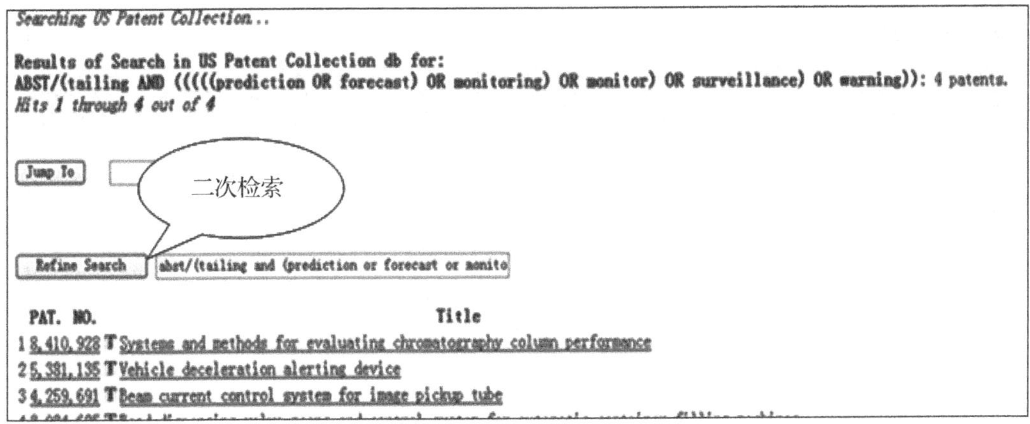

图 6-26　USPTO 高级检索结果

将图 6-26 中的第一条记录展开，如图 6-27 所示。

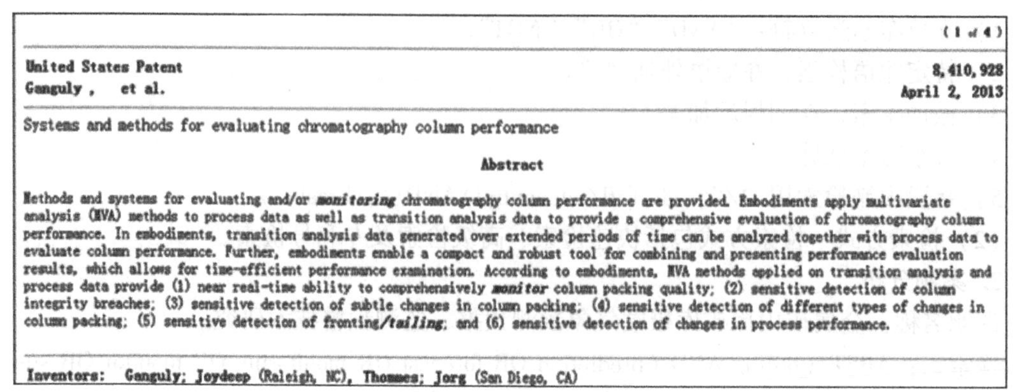

(1 of 4)

United States Patent　　8,410,928
Ganguly,　et al.　　April 2, 2013

Systems and methods for evaluating chromatography column performance

Abstract

Methods and systems for evaluating and/or ***monitoring*** chromatography column performance are provided. Embodiments apply multivariate analysis (MVA) methods to process data as well as transition analysis data to provide a comprehensive evaluation of chromatography column performance. In embodiments, transition analysis data generated over extended periods of time can be analyzed together with process data to evaluate column performance. Further, embodiments enable a compact and robust tool for combining and presenting performance evaluation results, which allows for time-efficient performance examination. According to embodiments, MVA methods applied on transition analysis and process data provide (1) near real-time ability to comprehensively ***monitor*** column packing quality; (2) sensitive detection of column integrity breaches; (3) sensitive detection of subtle changes in column packing; (4) sensitive detection of different types of changes in column packing; (5) sensitive detection of fronting/***tailing***; and (6) sensitive detection of changes in process performance.

Inventors:　Ganguly; Joydeep (Raleigh, NC), Thommes; Jorg (San Diego, CA)

图 6-27　USPTO 高级检索结果文摘显示

6.3.5　esp@cenet 欧洲专利文献数据库

1. 概况

1998 年欧洲专利局 EPO 的 esp@ cenet（http：//ep. espacenet. com）开始向用户提供免费的专利服务，服务的具体内容包括检索最近两年内由欧洲专利局和欧洲专利组织成员国出版的专利，世界知识产权组织 WIPO 出版的 PCT 专利的著录信息以及专利的全文扫描图像，格式为 PDF。

2. 检索方式

esp@ cenet 提供三种检索方式：快速检索、高级检索、分类检索。

3. 检索案例

在高级检索界面，“Title”框输入“tailing”，“Title or abstract”框中输入检索式“prediction OR forecast OR monitoring OR monitor OR surveillance OR warning”，如图 6-28 所示。命中 18 条记录，如图 6-29 所示。

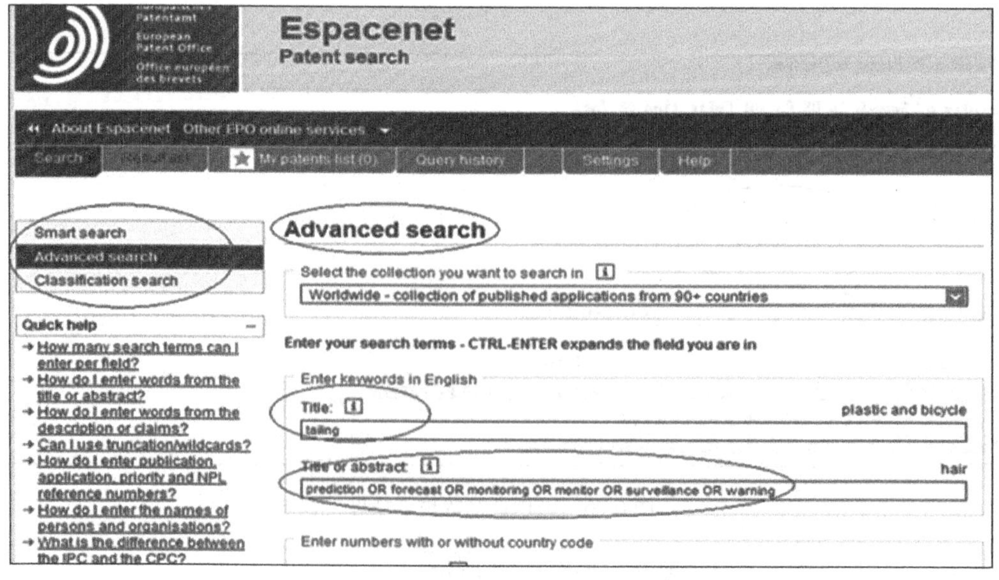

图 6-28　esp@ cenet 高级检索界面

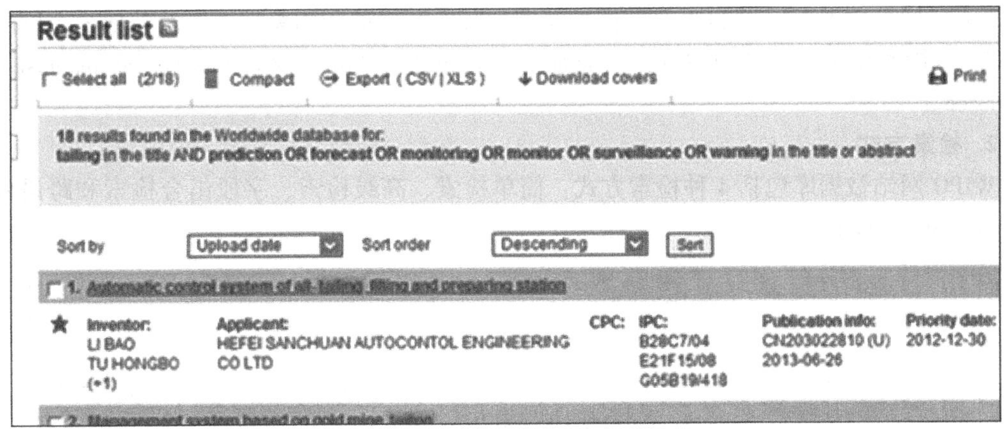

图 6-29　esp@ cenet 高级检索结果

单击第 4 条题名获取详细记录，如图 6-30 所示。

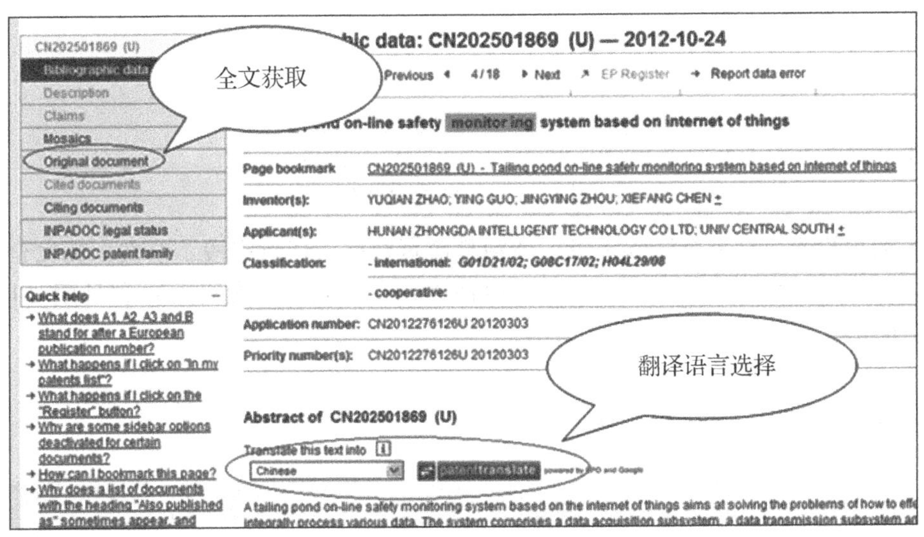

图 6-30　esp@ cenet 检索结果详细记录

6.3.6　世界知识产权组织网站数据库

1. 概况

WIPO 于 1967 年由“国际保护工业产权联盟”和“国际保护文学艺术作品联盟”的 51 个成员国在斯德哥尔摩共同建立。该组织现有 185 个成员国，管辖 24 个条约，PCT（Patent Cooperation Treaty，专利合作条约）是其中的一个条约，有 144 个签约国。1980 年 3 月 3 日，中国加入 WIPO，1980 年 6 月 3 日公约生效。1993 年 10 月 1 日，中国加入 PCT，1994 年 1 月 1 日条约生效。

WIPO 的主要职能：调节国际知识产权立法和程序；提供工业产权国际申请服务；交流知识产权信息；对发展中国家和其他国家提供法律和技术上的帮助；处理和解决知识产权纠纷；推广信息技术，作为储存、获取和使用知识产权信息的工具。

WIPO 网站数据库提供 PCT 签约国的所有国际专利申请和相关文件以及其他 3 个国际组织和 27 个国家申报专利的免费在线检索服务，其网址为 http：//www. wipo. int/patentscope/search/en。

2. 检索方式

WIPO 网站数据库包括 4 种检索方式：简单检索、高级检索、字段组合检索和跨语种检索，如图 6-31 所示。

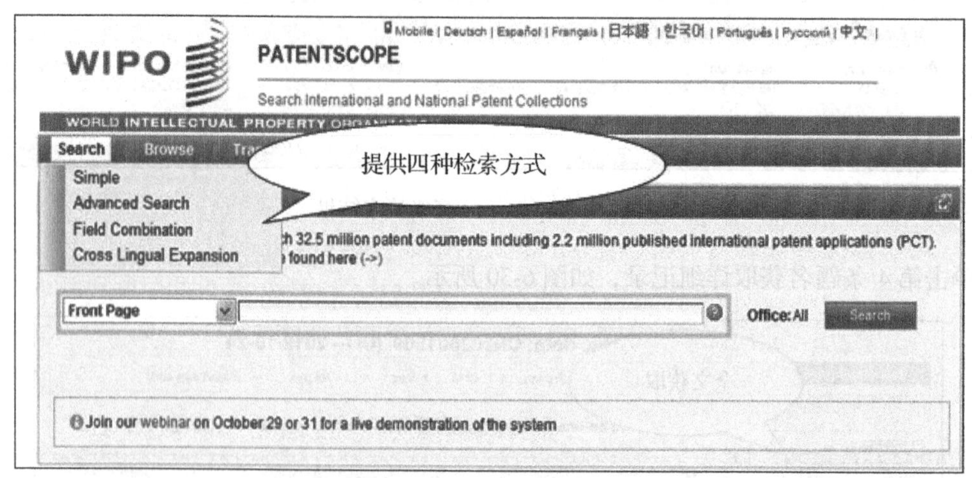

图 6-31　WIPO 检索界面

（1）简单检索　有 8 个检索字段，分别是前页数据、任意字段、全文、英文全文、专利号、国际专利分类检索（IPC）、名称（申请人、专利权人、发明人）和日期（申请日、公开日、优先权日）。简单如图 6-32 所示。

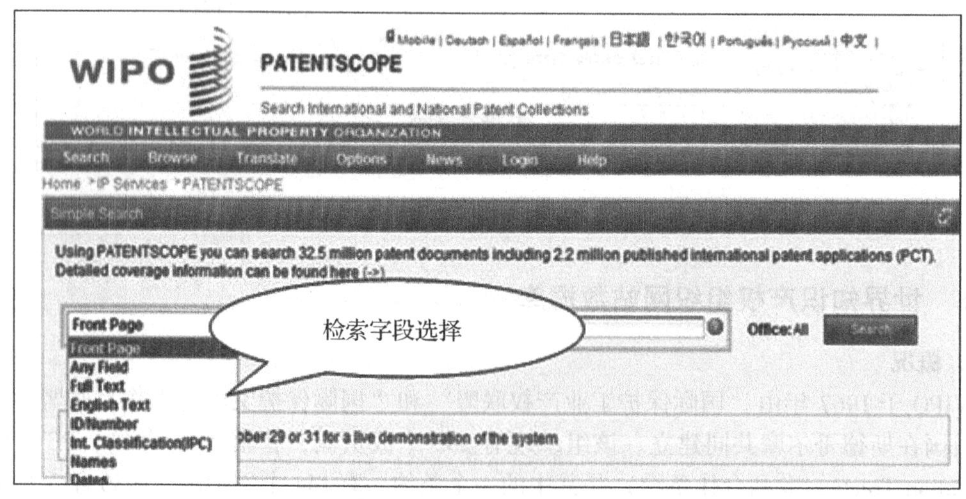

图 6-32　WIPO 简单检索

（2）高级检索　可以由字段代码、布尔表达式和关键词组成检索式进行检索。使用引号，进行精确检索。高级检索如图 6-33 所示。

（3）字段组合检索　有多个检索输入框，框内可输入检索词或检索式，每个检索框可以选择字段限定，布尔逻辑运算符，如图 6-34 所示。

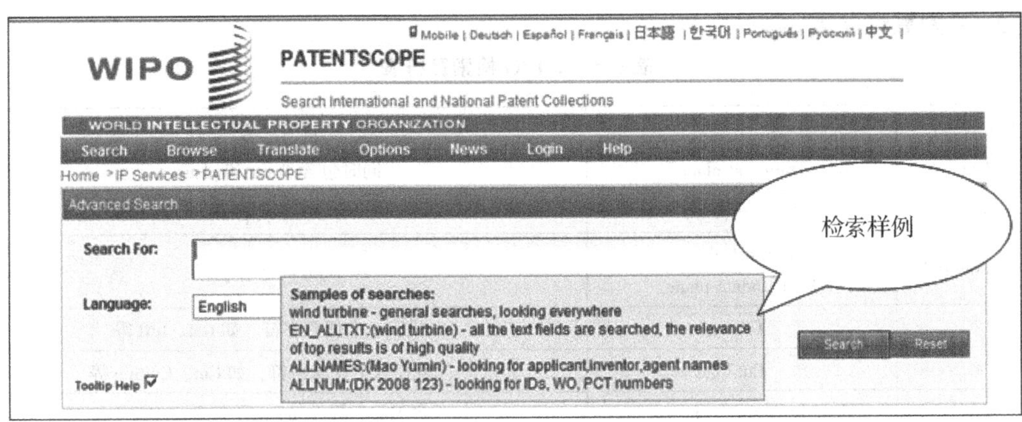

图 6-33　WIPO 高级检索

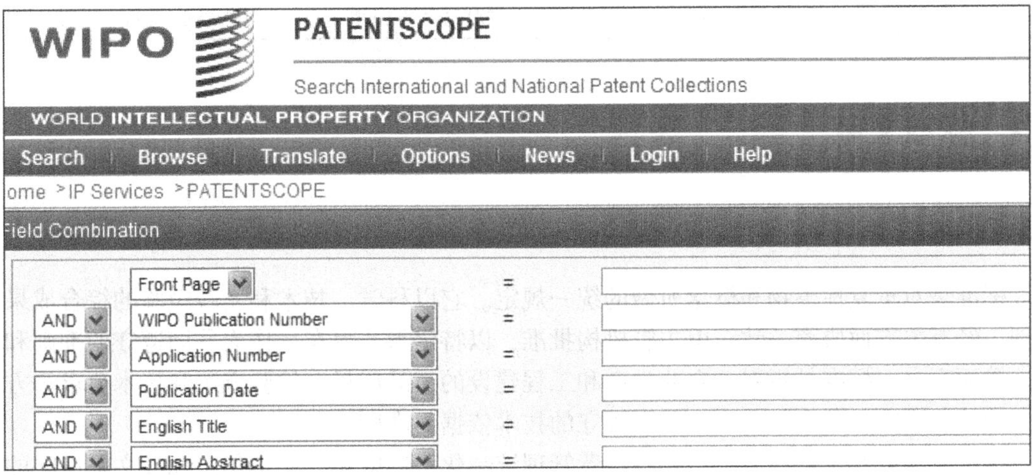

图 6-34　WIPO 字段组合检索

（4）跨语种检索　PCT 登记的国际专利申请的题目和文摘必须用英文和法文，申请书的其他部分（如说明书和权利要求书）可以使用其他语言。跨语种检索可以克服语言障碍，为获取专利信息提供便利。跨语种检索如图 6-35 所示。

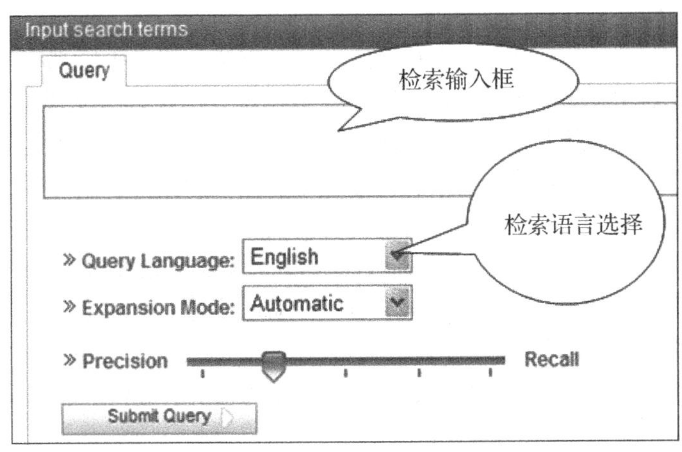

图 6-35　WIPO 跨语种检索

3. 检索算符（表6-4）

表6-4 WIPO检索算符表

符 号	举 例	说 明
And	Train and plane	同时包含Train和plane
Or	Train or plane	含Train或plane
Not（Andnot）	Train not plane Train andnot plane	含Train而不含plane
?	Te? t	?代表1个任意字符，如test、text等
*	Cut *	*代表任意个任意字符，如Cut、Cutting等
()	(Metal or cupper) and cutting	含Metal或cupper，并包含cutting
~10	"Metal cutting" ~10	同时包含Metal和cutting，两词之间可以隔10个词
near	Metal near cutting	同时包含Metal和cutting，两词之间可以隔5个词

6.4 标准文献

6.4.1 概况

标准是对重复性事物和概念所做的统一规定。它以科学、技术和实践经验的综合成果为基础，经有关方面协商一致，由主管机构批准，以特定形式发布，作为共同遵守的准则和依据。简而言之，标准是指对工农业生产和工程建设的产品质量、检验方法和技术要求等方面所做的统一规定，是有关方面应共同遵守的技术依据与准则。

标准文献有利于企业或生产实现经营管理统一化、制度化、科学化。标准文献反映的是当前的技术水平，国外先进的标准可以提高工艺技术水平、为开发新产品提供参照。另外，标准文献还可以为进口设备的检验、装配、维修和配置零部件提供参考。因此，标准文献可以说是世界重要的情报资源，它为整个社会提供了协调统一的标准规范，起到了解决混乱和矛盾的整序作用。

1. 标准文献的特征

标准文献体裁独特、文字简练，编写格式、分类方法、报批手续都有专门的规定和固定的标准代号；标准文献具有自己的检索系统和检索标志，一篇标准文献通常包括标准级别、标准名称、标准号、标准提出单位、审批单位、批准年月、实施日期、具体内容等著录项目；标准文献具有法律约束力，要求人们自觉遵守，如中国国家强制性标准是法律及行政法规强制执行的国家标准，不允许任何人以任何理由或方式加以违反、变更；标准文献时效性强，一般的标准文献寿命为10年左右，新技术领域的标准文献经过3~5年就要进行修改、补充和废除，以保持其新颖性。因此，标准是一种动态信息。

2. 实施标准的目的和作用

1）通过产品标准，统一产品的型式、尺寸、化学成分、物理性能、功能等要求，使产品品种得到合理的发展。

2）通过生产技术、试验方法、检验规则、操作程序、工作方法、工艺规程等各类标准统一了生产和工作的程序和要求，保证了各项工作的质量，使有关生产、经营、管理工作正规化。

3）通过安全、卫生、环境保护等标准，减少疾病的发生和传播，防止或减少各种事故的发生，有效地保障人体健康、人身安全和财产安全。

4）通过术语、符号、代号、制图、文件格式等标准，消除技术语言障碍，加速科学技术的合作与交流。

5）通过标准传播技术信息，介绍新科研成果，加速新技术、新成果的应用和推广。

6）促使企业实施标准，依据标准建立全面的质量管理制度，推行产品质量认证制度，健全企业管理制度，提高和发展企业的科学管理水平。

3. 标准的类型

技术标准可按使用范围划分为国际标准、区域性标准、国家标准、部标准及企业标准；还可按内容划分为基础标准、产品标准、零部件标准、原材料标准、工装标准及方法标准；也可按成熟程度划分为强制性标准、推荐性标准（/T）和指导性技术文件（/Z）。

一般来说，标准都是公开颁发的。但是，也有少数属于国防、军工及尖端科技的标准是保密的，仅在内部发行。

（1）国际标准　指经国际标准组织通过，或在一定情况下经从事标准化活动的国际组织所通过的标准，适用于世界范围。如国际标准化组织标准，代号为“ISO”；国际电工委员会标准，代号为“IEC”。

（2）区域性标准　经世界某一区域标准化组织通过，或在一定情况下经从事标准化活动的区域组织所通过的标准，适用于世界某一区域。如欧洲标准委员会标准，代号为“CEN”。

（3）国家标准　经国家标准化组织通过，适用于全国范围的标准。如我国国家标准，代号为“GB”。

（4）行业标准　指没有国家标准而又需要在全国某个行业范围内统一的技术要求。如我国化工行业标准，代号为“HG”，教育行业标准，代号为“JY”。

（5）企业标准　由企事业单位和部门或上级批准发布的适用于企事业单位和部门内的标准。我国企业标准的代号为“Q/企业代号”。

6.4.2　国际标准文献

ISO 国际标准化组织（International Organization for Standardization，简称 ISO）和 IEC 国际电工委员会（International Electrotechnical Commission，简称 IEC）是两个世界上规模最大、影响最广的国际标准化机构。IEC 专门负责研究和制定电工电子技术方面的国际标准，包括综合性基础标准、电工设备标准、电工材料标准、日用电器标准、仪器仪表及工业自动化标准、安全标准等。IEC 设有 79 个技术委员会（TC）和 27 个分委员会（SC）。1975 年以前 IEC 公布的标准为推荐标准，1975 年以后为 IEC 国际标准。

ISO 成立于 1947 年 2 月，是世界上最大的国际标准化机构，负责研究、制定除电工与电子技术以外的各种技术标准。成员国有 90 多个，下设技术委员会（TC）、分技术委员会（SC）以及工作组（WG）。ISO 标准每五年修订一次。我国于 1978 年重新加入 ISO 组织。

ISO 制定出来的国际标准除了有规范的名称之外，还有编号，编号的格式是：ISO + 标

准号 + [杠 + 分标准号] + 冒号 + 发布年号（方括号中的内容可有可无）。

例如，ISO8402：1987 和 ISO9000-1：1994。

常见 ISO9000 标准：ISO9000 是一族标准的统称，是由 ISO/TC176 制定的所有质量体系标准。TC176 即 ISO 中第 176 个技术委员会，专门负责制定品质管理和品质保证技术的标准。ISO9000 族标准是国际标准化组织（ISO）于 1987 年颁布的在全世界范围内通用的关于质量管理和质量保证方面的系列标准，1987 年第一版，1994 年第二版，2000 年第三版，2008 年第四版。目前使用的 2008 版 ISO9001：2008 是 ISO9000 族标准之一，该标准对 2000 版 ISO9001：2000 作了技术性修订，该标准发布时，代替 ISO9001：2000。

ISO9001 质量体系认证是指第三方（认证机构）对企业的质量体系进行审核、评定和注册活动，其目的在于通过审核、评定和事后监督来证明企业的质量体系符合 ISO9001 标准，对符合标准要求者授予合格证书并予以注册的全部活动。

ISO9000 核心标准：

ISO9000 质量管理体系——基本原理和术语

ISO9001 质量管理体系——要求

ISO9004 质量管理体系——业绩改进指南

ISO19011 质量和环境审核指南

ISO 标准和 IEC 标准的编号由“标准代号 + 顺序号 + 制定（修订）年份”组成：

ISO****:****

ISO/TR****:****

IEC****:****

ISO/IEC****:****

ISO/DIS****:****

ISO 标准的网址为 http：//www. iso. ch。提供 ISO 标准概况、世界成员、技术工作、ISO9000 与 ISO4000、世界标准服务网络等信息和服务。

IEC 标准的网址为 http：//www. iec. ch。提供 IEC 成员，重要的 IEC 国际标准、新闻、公共信息，提供技术委员会的有关信息；查询 IEC 数据库；服务中心、标准及文件订购；IEC 目录的检索、订购和下载以及常见问题与反馈等。

6.4.3 中国标准文献及其检索

标准编号的表示方法是代号 + 序号 + 年代，标准的代号采用两个大写的汉语拼音字母表示，其中：

“GB ×××××—××××”为强制性国家标准。

“GB/T ××××—××××”为推荐性国家标准。

“GB/Z ××××—××××”为国家标准化指导性技术文件。

此外，军用、卫生标准等都有专门的标准代号：

GB. n　　GB. w　　GJB　　GSB 等

例如，GB 19883—2005 为《果冻》国家标准。

行业标准编号由行业标准代号、标准发布顺序号和标准发布年代号组成。

×× ××××—××××

××/T ××××—××××

例如，SB/T 10401—2006 为商品售后服务评价体系的标准。

企业标准编号由“企业标准代号 + 企业名称代码 + 颁布标准的年份”组成。

例如，Q/BYP004—1994 为北京燕京啤酒集团公司生产的燕京啤酒的企业标准。

1. 纸质标准文献检索工具

若知道标准名称，可根据标准名来判断标准内容所属类别，然后用分类途径来查找。若已知标准号，可直接查到标准全文。一般，查找中国标准的纸质工具主要有：

1）《中国国家标准汇编》自 1983 年起陆续出版，是一部大型综合性国家标准全集，按国家标准号顺序编排。

2）《中国国家标准分类汇编》收录 1992 年前发布的各类标准。按专业分类，共 15 卷，每卷分若干分册，设一级类为卷，二级类按标准顺序号排列。

3）《中国标准化年鉴》由中华人民共和国国家技术监督局编辑出版，1985 年创刊，每年出一册，收录我国前一年标准化事业的现状、批准发布的国家标准分类目录及标准号索引。

4）另外还可利用《标准化通讯》等刊物，查找最近颁布的标准。

2. 网络标准文献检索数据库

（1）国内主要综合类标准数据库

1）国家科技图书文献中心标准数据库（http：//www. nstl. gov. cn）。该库包含中国国家标准数据库（标准代码为 GB）。国外标准数据库包含国际标准化组织数据库（标准代码为 ISO），国际电工委员会标准数据库（标准代码为 IEC），英国标准学会标准数据库（标准代码为 BS），德国标准化学会标准数据库（标准代码为 DIN），法国标准化协会数据库（标准代码为 NF），日本工业标准数据库（标准代码为 JIS），美国机械工程师协会标准数据库（标准代码为 ASME），美国电气电子工程师学会标准数据库（标准代码为 IEEE），美国机动工程师协会标准数据库（标准代码为 SAE），美国保险商实验室标准数据库（标准代码为 UL）。此外，该数据库以“规程名称”和“规程号”的形式报道我国从 1972 年以来公开发行的 2000 多种计量检定规程、计量检定系统、技术规范及计量基准、副基准操作技术规范等，涵盖已出版的全部国家计量检定规程及一些部门的计量检定规程。学科范围涉及自然科学各专业领域。

2）万方标准数据库（http：//c. g. wanfangdata. com. cn/Standard. aspx）。万方数据知识服务平台的标准数据库包含了中国国家标准、建设标准、建材标准、行业标准及国际标准、国际电工标准、欧洲标准以及美、英、德、法国国家标准和日本工业标准等各类标准题录。

（2）国内主要专业标准查询网站

1）国家标准文献共享服务平台（http：//www. cssn. net. cn/）。“国家标准文献共享服务平台”门户网站是在国家标准馆馆藏资源的基础上搭建的，由中国标准化研究院在整合全国已有标准文献资源的基础上，形成的标准文献题录数据库、全文数据库和专业数据库。国家标准馆是我国唯一的国家级标准文献、图书、情报的馆藏、研究和服务机构，是国家标准化管理委员会的基础信息支撑机构，它收藏国内外各类标准文献 110 万余件，包括齐全的中国国家标准和 66 个行业标准，60 多个国家、70 多个国际和区域性标准化组织、450 多个专业协（学）会的成套标准，160 多种国内外标准化期刊及标准化专著，是我国历史最久、资源最全、服务最广、影响最大的权威性标准文献服务机构，为社会各界提供标准文献查询

(查阅)、查新、有效性确认、咨询研究、信息加工、文献翻译、销售代理、专业培训以及其他专题性服务。通过门户网站提供各类在线服务。

2）标准信息网（http：//www.chinaios.com/）。中国标准信息网的标准信息主要依托于质检标准化管理委员会、中国标准化研究院标准馆及院属科研部门、地方标准化研究院（所）及国内外相关标准化机构。标准服务包括标准检索和标准资料提供、标准专题检索、标准查新和有效性确认、标准信息动态跟踪（有效性跟踪）、标准水平评价、制修订企业标准、采标标准确认（包括国际相关标准查询、检验委托、程序咨询）等。

3）标准网（http：//www.standardcn.com）。标准网是由机械科学研究院中机生产力促进中心建设并维护的我国工业行业的标准化门户网站。标准信息查询和检索包括标准目录、标准资料、标准化机构、标准出版发行机构、国际标准化组织、国外标准化组织以及国外标准、技术法规和合格评定程序等，并开展技术咨询服务。

目前，绝大部分标准网络数据库免费提供题录信息；文摘信息国内很少，且需付费查看；标准全文不能免费获取，需要通过原文传递、购买使用权限、付费下载或定购获得。

3. 检索实例

下面以“中国标准服务网”为例，查找有关“尾矿库的安全监测”方面的标准或技术规范。输入网址：www.cssn.net.cn，进入中国标准服务网国家标准文献共享服务平台，单击高级检索，输入关键词“尾矿库”，单击搜索，如图6-36所示。

图6-36　高级检索界面

检索结果共有4个尾矿库的安全技术规范，如图6-37所示。其中，一个是尾矿库安全设计规范的国家标准，另外三个是尾矿库安全方面的行业技术标准。

单击第四个行业标准《尾矿库安全监测技术规范》，查看其基本信息和适用范围等，如图6-38所示。详细标准全文内容需要订购才能获得。

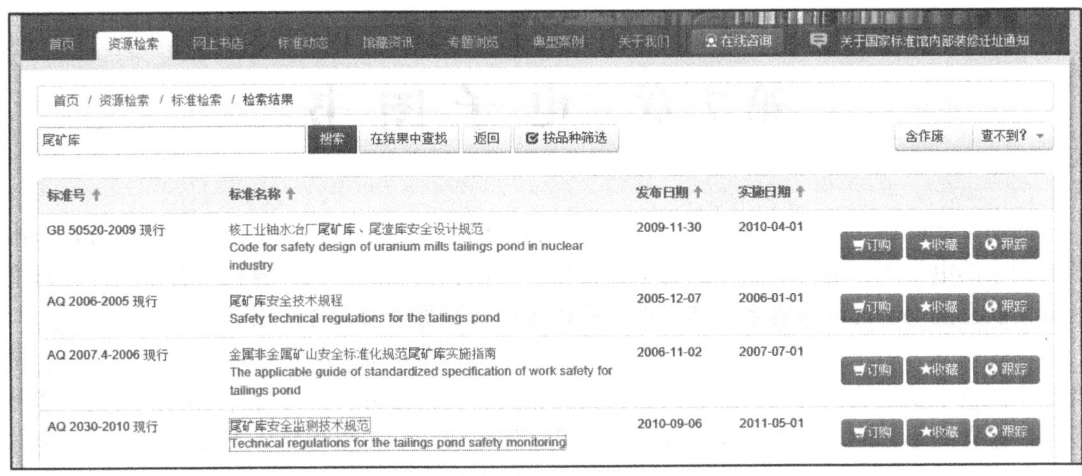

图 6-37 尾矿库的安全技术规范界面

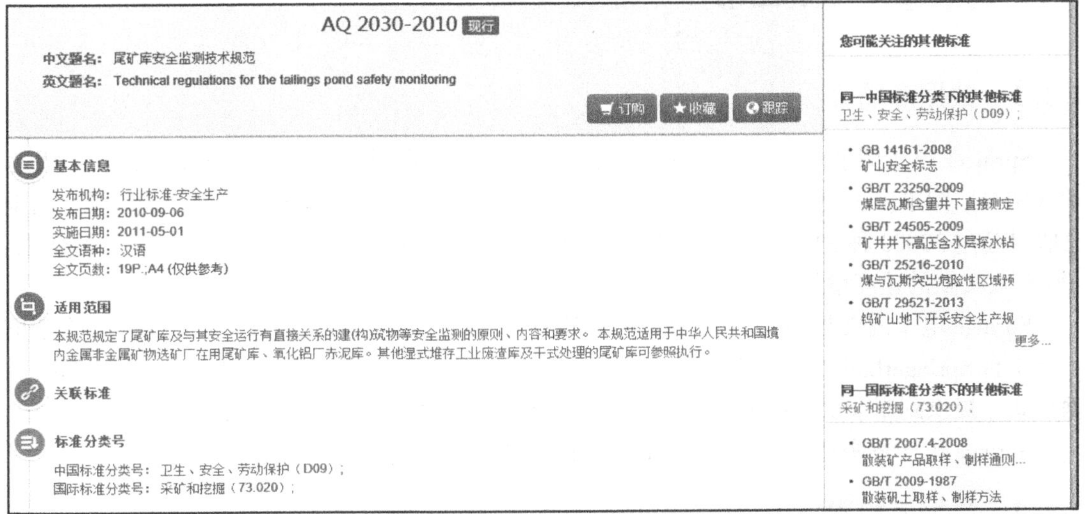

图 6-38 《尾矿库安全监测技术规范》界面

4. 网上查询国外标准信息的主要网站

1) IEEE Standards(IEEE 标准主页) http://standards.ieee.org。

2) International Labour Organization(ILO)(国际劳工组织) http://www.ilo.org。

3) The National Standards System Network(NSSN)(美国国家标准系统网络) http://www.nssn.org。

4) Standards Council of Canada(SCC)(加拿大标准委员会) http://www.scc.ca。

5) Standards Australia On-line(Web 上的澳大利亚标准) http://www.standards.com.au。

6) Standards New Zealand(新西兰标准组织) http://www.standards.co.nz。

7) National Standards Authority of Ireland(NSAI)(爱尔兰国家标准局) http://www.nsai.ie。

8) Standards and Metrology Institute of Republic of Slovenia(SMIS)(斯洛文尼亚共和国标准与计量所) http://www.usm.mzt.si。

第7章　电 子 图 书

简明牛津辞典的定义，电子图书（Electronic Book，简称 eBook）是以传统印刷方法出版的图书的电子版，是特别制作的为了方便读者可以在自己的个人计算机或者掌上计算机上阅读的新型图书。可以兼容多媒体文件，所以也可以被称为多媒体图书。

与传统图书相比，电子图书的优势主要表现在：信息量大；便于复制、检索、备份、统计等；阅读不受地域、时间、绝版限制；设计精美，灵活多样，有多媒体功能，图文声像并茂；所占空间小，便于携带，易于保存；降低了图书成本，价格便宜；直接面向读者，全球性同步发行，购买方便快捷；可按需随时下载，随时随地阅读。

7.1　Springer 电子图书

7.1.1　数据库简介

Springer 电子图书由学术出版商 Springer 出版发行，提供最具综合性的电子版科技及医学（STM）图书。主要学科为化学、计算机科学、地球科学、工程学、数学、物理学。目前已收录超过 30000 种 STM 书籍、丛书及参考工具书等电子图书，并且以每年 3000 种新书、100 万页文献的速度增加。

Springe 电子图书与 Springer 所有电子资源，包括在线期刊、在线参考工具书皆整合于同一个平台 SpringerLink，充分实现链接功能。融合数字图书馆的概念，采用 PDF 和 HTML 数据格式，提供到章节层面的 DOI，彻底革新电子图书查找结果的呈现方式。

Springe 电子图书还提供 MARC 21 编目格式和完整的使用统计数据。

7.1.2　数据库检索指南

1. 数据库首页

登录图书馆的电子资源网页，单击数据库进入数据库首页，如图 7-1 所示。选择 books，进入电子图书浏览检索页。

2. 检索方式

Springer 电子图书数据库与 Springer 电子期刊数据库一样，依托于 SpringLink 平台提供检索与服务，检索方式和检索规则与其基本相同，具体检索操作可参见“4.6 Springer 电子期刊数据库”。

Springer 电子图书数据库提供浏览和检索。

（1）电子图书浏览　图书浏览界面（图 7-2）可浏览所有的 Springer 电子图书。电子图书按出版时间进行排序，每页 20 条记录，可逐页浏览，也可选择学科、分学科、出版、语种分别浏览。

图 7-1　Springer 数据库首页

图 7-2　图书浏览检索界面

（2）简单检索　简单检索有两种方式：

1）直接在图书浏览界面上方的检索框中输入检索词，单击检索进行图书检索。

2）在数据库首页上方的检索框中输入检索词，单击检索得到检索结果，在检索结果界面左侧“Refine Your Search”下的“Content type”中选择“Book”，获得电子图书检索结果列表。

（3）高级检索　SpringerLink 高级检索不提供单种文献类型检索。综合检索后，在检索结果页左侧“Refine Your Search”下的“Content type”中选择“Book”，得到电子图书检索结果列表。

3. 检索实例

检索关于“weather forecast”的图书。

三种检索方式：

1）进入数据库平台，单击“books”进入电子图书检索。在检索框输入 weather forecast，单击检索，检索结果有 15 条，如图 7-3 所示。

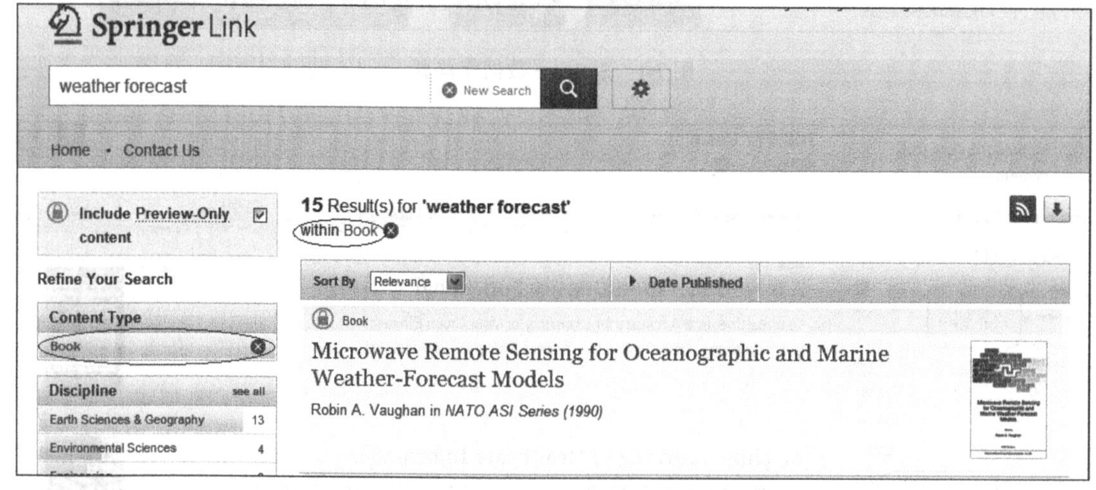

图 7-3　电子图书检索实例

2）在数据库首页的检索框输入 weather forecast，单击“Search”，获得检索结果 38215 条。在检索结果界面左侧的“Refine Your Search”下的“Content Type”中选择“Book”，获得电子图书检索结果 15 条。

3）单击“Advanced Search”进入高级检索页，在“with all of the words”下的检索框中输入 weather forecast，获得检索结果 38441 条；在检索结果界面左侧的“Refine Your Search”下的“Content Type”中选择“Book”，获得电子图书检索结果 15 条。

4. 检索结果处理

Springer 电子图书检索结果界面如图 7-4 所示。

电子图书检索结果可以选择是否只查看权限范围内的检索结果；可以通过学科、分学科、出版和语种进行限定；可以通过相关度及时间远近进行排序；也可以单击“Date Published”打开时间限定进行二次检索，以缩小结果范围。

每本书均显示题名（含副题名）、作者、出版时间，有丛书名的显示丛书名。单击作者打开数据库收藏此作者撰写的图书列表；单击丛书名，打开丛书包含图书列表；单击图书题名或图书封面，打开图书下载界面，如图 7-5 所示。

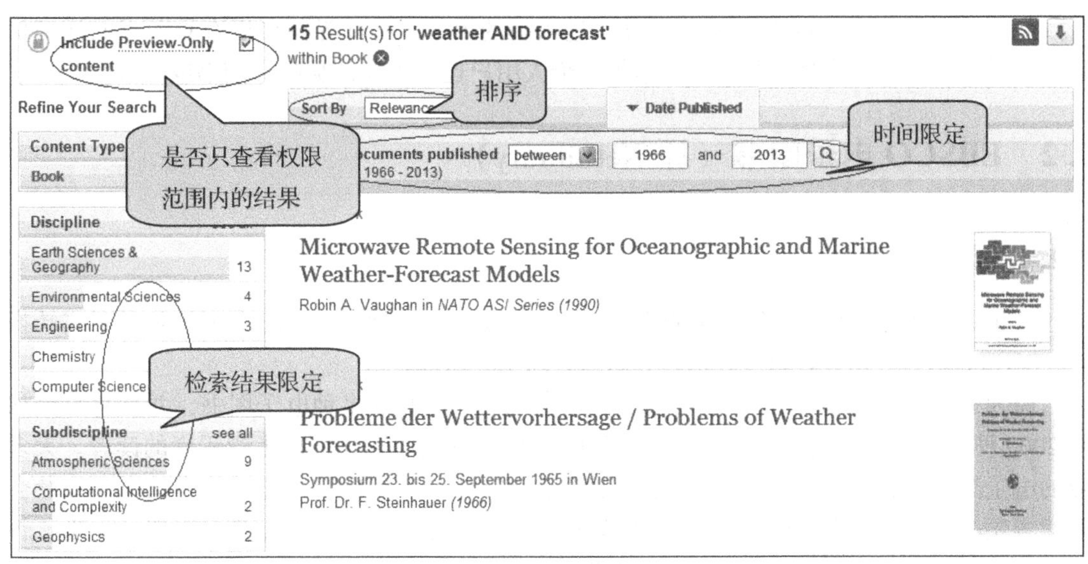

图 7-4　电子图书检索结果界面

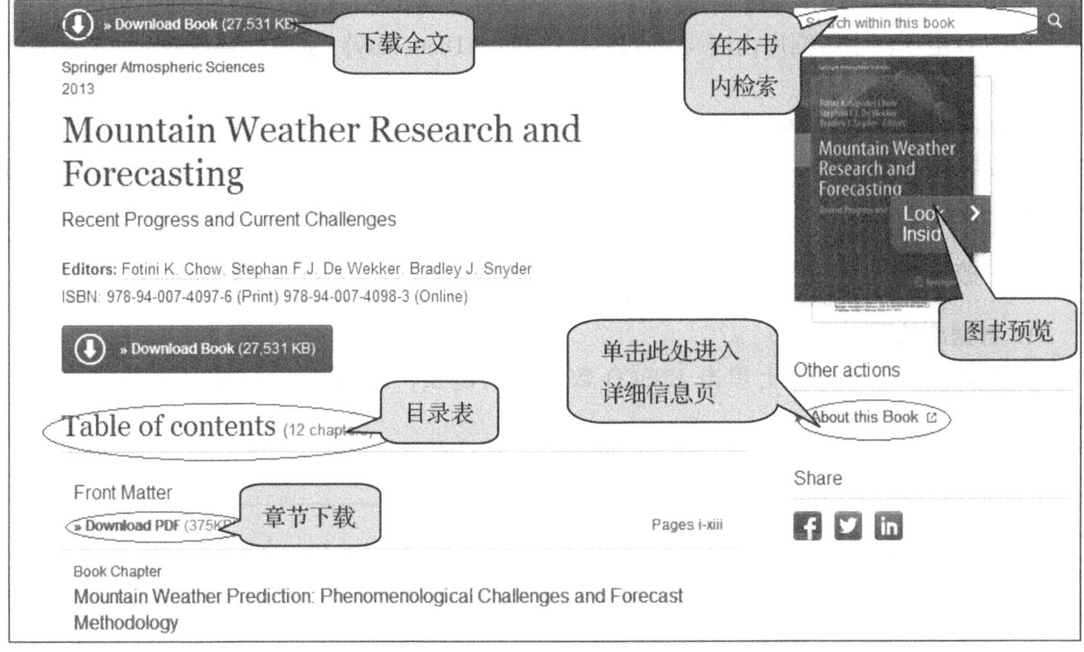

图 7-5　图书下载界面

在图 7-5 中，可以进行如下操作：

（1）图书预览　单击“Look Inside”，打开图书预览，一般只能浏览第一章节。

（2）图书全文下载　单击“Download Book”下载全书。

（3）章节下载　在 Table of contents 下有图书章节列表，每个章节下有“Download PDF”提示，单击下载此章节。

（4）在本书内检索　输入检索条件，单击检索，检索出本书内符合此检索条件的章节。

（5）“About this Book” 单击此处，进入新的界面。在此界面可以查看图书的详细信息，包括图书内容章节介绍及作者介绍等。个人用户也可以在此页购买图书或章节。

7.2 EBSCO 电子图书（原 NetLibrary）

7.2.1 数据库简介

NetLibrary 成立于1999年，2009年12月被EBSCO正式收购，于2011年8月正式转换至EBSCOhost平台并更名为“eBook collection on EBSCOhost”。

EBSCO电子图书目前提供550多家出版社出版的270000多种电子图书，并且每月增加约2000种。这些电子图书覆盖所有主题范畴，约80%的书籍是面向大学程度的读者。大多数的电子图书内容新颖，近90%的电子图书是1990年后出版的，内容涉及自然科学和社会科学各领域，收录学术性强的著名专业著作、最新出版的各类图书，其中语言、文学、哲学、宗教、商业、经济、政治和法律8个学科的图书占总量的60%以上。

国内用户可访问9000余种电子图书及3400多种无版权图书（Publicly-Accessible eBooks），主要包含美国历史、小说、诗歌、人物传记、哲学、宗教等主题。

EBSCO电子图书数据库内嵌《American Heritage Dictionary》字典（第四版），方便读者查询词义和读音。

数据库部分采用HTML格式，在线阅读无需下载专门阅读软件；部分采用PDF格式，阅读需安装Acrobat Reader软件。同一时间在线读者数不限，但每种图书只能供一个读者阅读。每种图书在线浏览时间为15min（如果连续15min内不动鼠标和键盘就会自动退出）。

7.2.2 数据库检索指南

1. 数据库首页

在图书馆的相关网页上单击EBSCO数据库的链接，进入EBSCO数据库登录页，如图7-6所示。

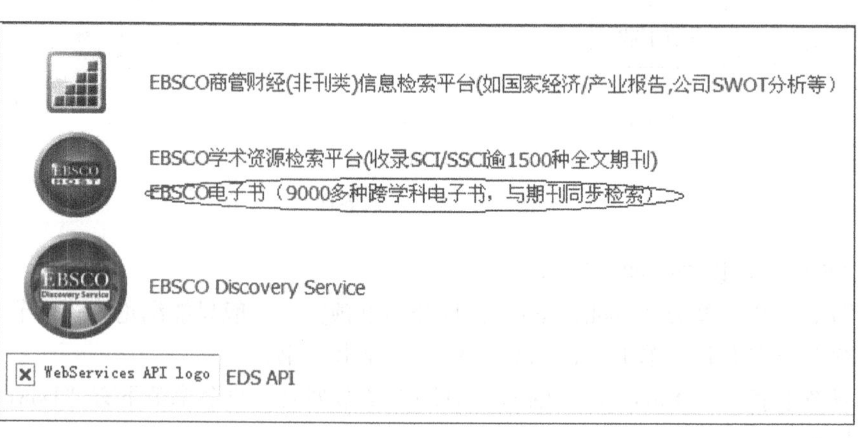

图7-6 EBSCO登录页

单击 EBSCO 电子书打开检索界面，单击选择数据库，打开数据库界面，选择 eBook Collection（EBSCOhost），进入电子图书检索，如图 7-7 所示。

图 7-7　电子图书检索界面

界面上方的含“新检索、词典和电子图书”的工具栏始终出现在 EBSCO-eBook 检索界面的最上方。

2. 检索方式

EBSCO 电子图书数据库提供浏览和检索。

（1）电子图书浏览　在检索界面单击最上方工具栏上的电子图书，进入图书浏览界面，如图 7-8 所示。

图 7-8　EBSCO 电子图书浏览界面

在图 7-8 中，左侧的“按目录浏览”即按主题类别浏览电子书；右上的“突出”即浏览最新添加作品；右下的“精选电子图书”可浏览热门书籍，单击左右箭头进行分主题学科浏览，单击“查看全部”进行所有学科的热门书籍浏览。

（2）基本检索　在检索文本框中输入检索词并选择检索选项。电子图书的检索选项只有检索模式和扩展条件、限制结果。单击搜索，与检索词汇相关的电子图书会显示于结果列表中。基本检索界面如图 7-9 所示。

图 7-9　EBSCO 电子图书基本检索界面

（3）高级检索　EBSCO 电子图书高级检索的入口包括全文（TX-All Text Fields）、题名（TI-Title）、作者（AU-Author）、主题（SU-Subject）、分类号（BS-Category）、标准号（IB-ISBN）、出版年（PY-Year of Publication）和出版者（PB-Publisher）。

用户可以使用检索词、布尔运算符（和、或、非）以及限定条件（年份、语种、格式）来建立较为复杂的检索策略，高级检索的限定结果比基本检索多了一项语种限定。

全文字段检索（All Text Fields）是从各电子图书中逐字查询所键入的检索词，目的是查看所要的词语是否出现在电子图书的文本中，但是全文字段并不查询书名或者其他的字段。

检索 2000 年后有关“metal”的可下载的电子图书。采用高级检索界面如图 7-10 所示。

输入后单击搜索，得到结果 26 条，如图 7-11 所示。

3. 检索结果

如图 7-11 所示，检索结果中，用户可以看到题录信息以及电子图书的封面图片。

题录页可进行如下操作：通过增加限制条件缩小结果范围；通过资源类型、主题、类别限定分析检索结果；结果排序、页面更改及注册用户共享服务；预览和打印、电邮、保存多个项目；单击电子图书全文链接，开启全文进行在线阅读；单击目录查看此书的各章节，单击各章节的链接以直接链接到图书该章节的页面内容；单击“此电子图书中最相关的页面”，显示电子图书段落中与关键词最相关的内容，单击“查看页面”可以看到相关的图书内容页面，如图 7-12 所示。

正在检索: eBook Collection (EBSCOhost) | 选择数据库
metal　SU Subject　搜索　清除
AND　2000-2014　PY Year of Publication
AND　选择一个字段(可选)
基本检索　高级检索　搜索历史记录

检索选项　重新设置
检索模式和扩展条件
检索模式　布尔逻辑/词组　查找全部检索词语　查找任何检索词语　智能文本检索　提示
应用相关字词
也搜索全文文章
限制结果
全文　可下载

图 7-10　EBSCO 电子图书高级检索界面

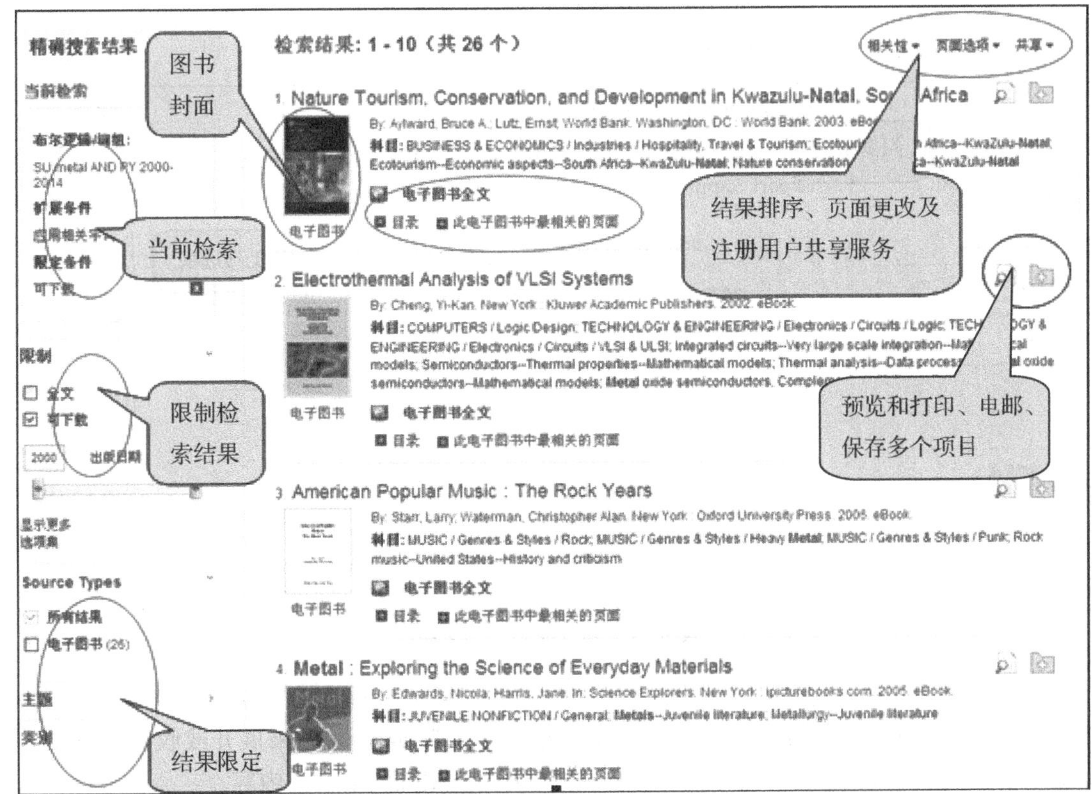

图 7-11　EBSCO 电子图书检索结果界面

目录 **此电子图书中最相关的页面**

...This report was created for the world market for **metal** cutting machine tools. Closely related reports published by ICON Group include the following: The 2002 World Forecasts of Converters, Ladles, and Ingot Moulds and Casting Machinery Export Supplies The 2002 World Forecasts of Machine Tools and Equipment for Working **Metal** and **Metal** Carbides Export Supplies The 2002 World Forecasts of **Metal** Cutting...

查看页面 9 - OUR APPROACH

...**Metal** Cutting Machine Tools 10 www.icongrouponline.com 2002 ICON Group Ltd. 1.2 THE WORLD MARKET: **METAL** CUTTING MACHINE TOOLS EXPORT SUPPLIES IN 2002 The following tables and graphs summarize the world exporters, by region of origin, of **metal** cutting machine tools for the year 2002. World Supplies of Exported **Metal** Cutting Machine Tools: 2002 Region of Origin Rank Value (000 US$) % of World Cumulative...

查看页面 10 - THE WORLD MARKET: METAL CUTTING MACHINE TOOLS EXPO...

...**Metal** Cutting Machine Tools 15 www.icongrouponline.com 2002 ICON Group Ltd. 2 AFRICA: EXPORT SUPPLIES OF **METAL** CUTTING MACHINE TOOLS 2.1 EXECUTIVE SUMMARY The following tables and graphs summarize the export supplies in Africa of **metal** cutting machine tools: **Metal** Cutting Machine Tools Export Supplies from Africa: 2002 Exporters Rank Value (000 US$) % of Africa Cumulative % ______________________...

查看页面 15 - EXECUTIVE SUMMARY

图 7-12　查看电子图书中最相关的页面

单击图书题名，进入图书详细记录，如图 7-13 所示。

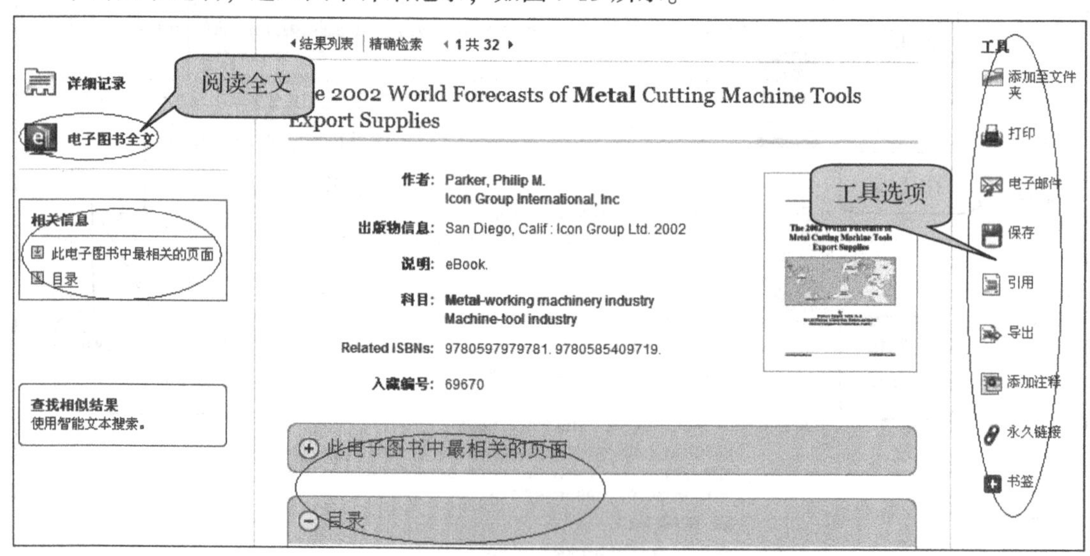

图 7-13　图书详细记录界面

“相关信息”中“此电子图书中最相关的页面”“目录”都直接连接下方的“此电子图书中最相关的页面”和“目录”，在下方可以点选“+”或“-”来展开或收拢显示更多信息内容，此处与题录页一样，可以通过单击链接阅读相关图书页面内容。

右侧工具选项，可将该书籍添加至文件夹、打印、通过电子邮件寄送、保存、引用、导出、添加注释，并可将该书籍的网址与他人共享及存储至个人账号中。有些操作需要个人注册登录。

单击“电子图书全文”可以于在线浏览器中阅读图书全文，阅读界面如图 7-14 所示。

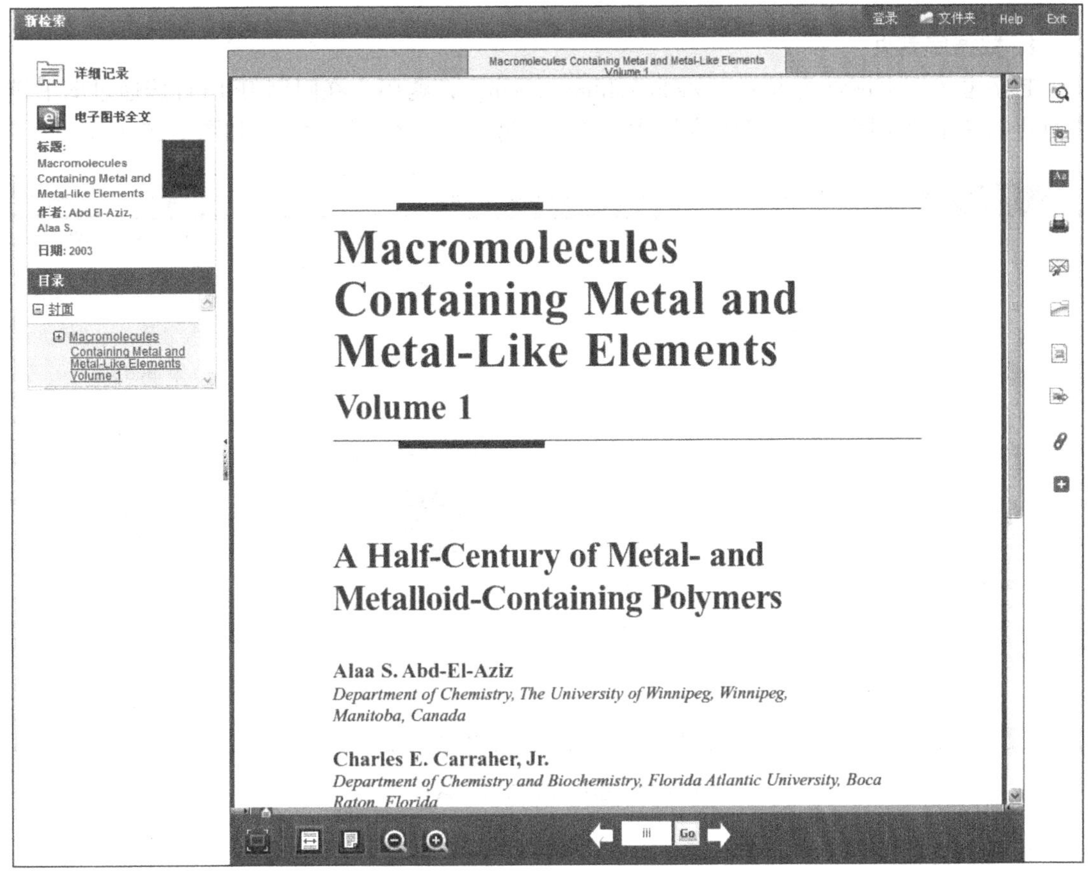

图 7-14　电子图书阅读界面

阅读界面中右侧的工具栏选项，可对图书内容进行检索、存储、打印、标记等操作。还可以单击字典图标开启在线字典功能，查询词汇的定义。

阅读页下方的图标分别为全画面阅读、缩放页面宽度、全页显示、缩小页面（ - ）、放大页面（ + ）。

可单击箭头进行上一页/下一页，或手动输入页数之后按下 Go 前往阅读页。利用鼠标拖拉可快速至任何页面，下方的页数信息则会同步更新。

还可以进行章节阅读：单击左侧的目录章节，页面直接链接到相关章节。

7.3　超星电子图书

7.3.1　数据库简介

超星数字图书馆成立于 1993 年，是目前世界上最大的中文在线数字图书馆，包括涉及文学、历史、地理、哲学、经济、艺术、自然科学、工业技术、军事、法律、农业等所有专业在内的图书，现有数字图书 100 万余册，提供全文浏览、下载。

7.3.2 数据库检索指南

1. 数据库首页

超星电子图书网址为 http：//edu. sslibrary. com，订购用户在限制 IP 内直接通过图书馆主页进入超星数字图书馆的镜像检索进行检索。超星电子图书检索首页如图 7-15 所示。

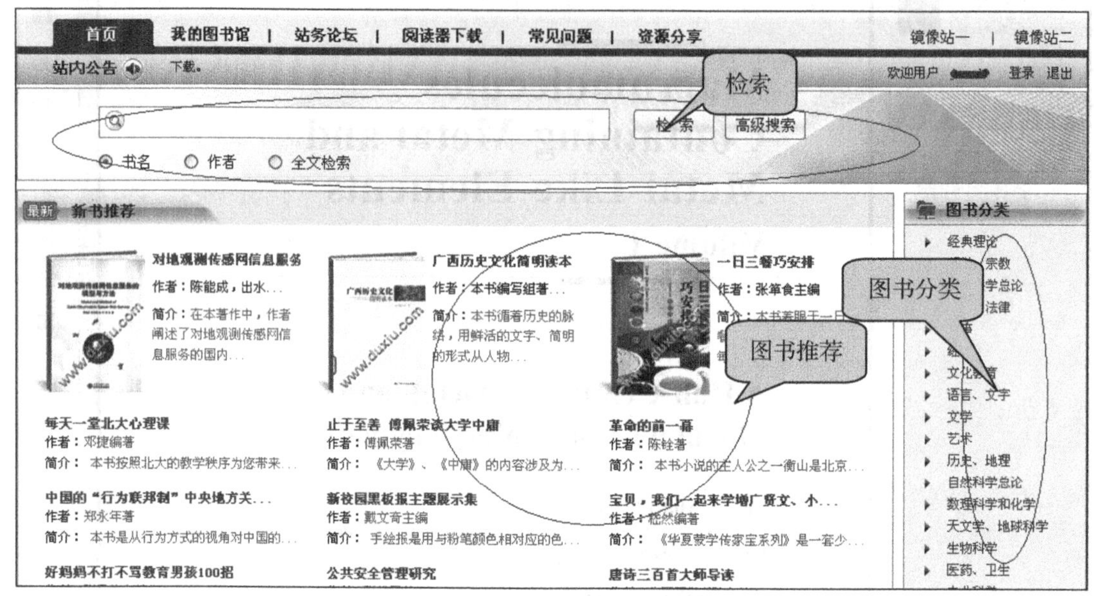

图 7-15　超星电子图书检索首页

2. 检索方式

超星电子图书的检索方式有三种：

（1）主题浏览和分类检索　数据库图书检索首页界面右侧有图书主题分类目录，如图 7-15所示。此主题分类目录根据中图法，将所有图书分为 22 个一级类目。通过此主题分类目录，可以进行主题浏览和分类检索。

1）主题浏览。单击主题分类目录中的一级类目，进入分馆图书列表界面。如单击“经典理论”，进入“经典理论图书馆”，如图 7-16 所示。

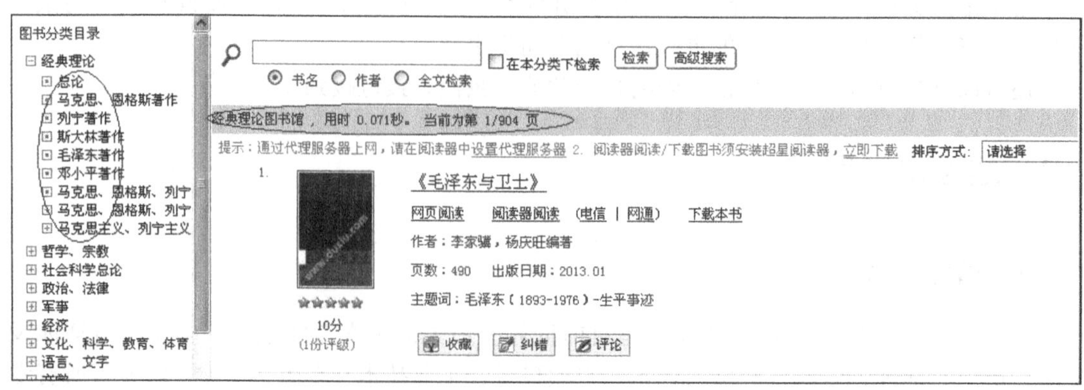

图 7-16　经典理论图书馆界面

经典理论图书馆总共有图书列表 904 页，“经典理论”类目下有 9 个二级类目，单击“毛泽东著作”，进入毛泽东著作类目下的图书列表，如图 7-17 所示。

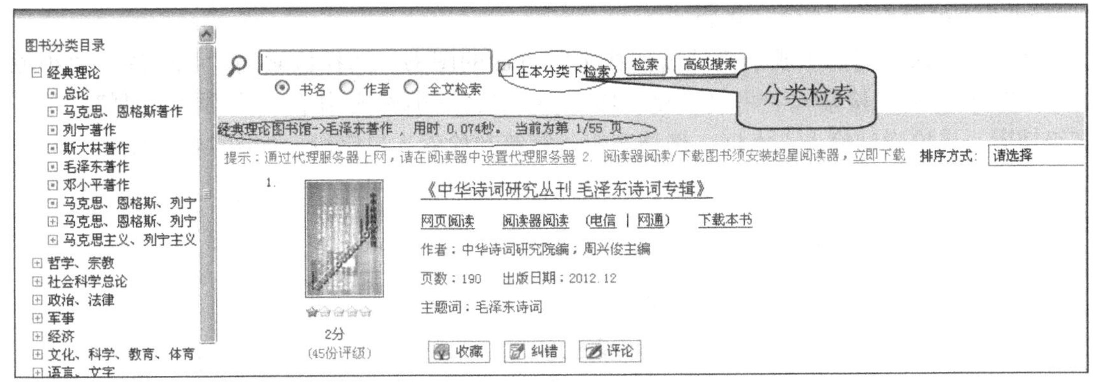

图 7-17　二级类目“毛泽东著作”

二级类目“毛泽东著作”的图书列表有 55 页。依此类推，类名前有“ + ”号的类目还可细分为三级类目，单击类目名，列表中会显示此类目下的图书，用户可逐页进行浏览。

2）分类检索。如果对所要检索的图书有明确的类目认识，可以直接单击图书分类目录中的类目名称，进入类目分馆后，在检索文本框输入检索词，勾选“在本分类下检索”，即可进行分类检索。分类检索可以缩短检索时间，提高检索效率。分类检索不能进行高级检索。

（2）快速检索　图书检索首页默认快速检索，有书名、作者、全文检索三个检索入口，如图 7-16 所示。

1）书名检索。可用全书名，也可用书名的一部分作检索词，检索结果的书名中一定含输入的检索词。

2）作者检索。可用全名，也可用作者名称的一部分，检索出的书籍的作者名中一定含输入的检索词。

3）全文检索。根据检索需求选择检索词，得出的检索结果不以书的形式出现，而是以章节形式出现，即内容中出现检索词的章节都会罗列出来，单击标题或本页阅读都可直接进入图书阅读页，如图 7-18 所示。

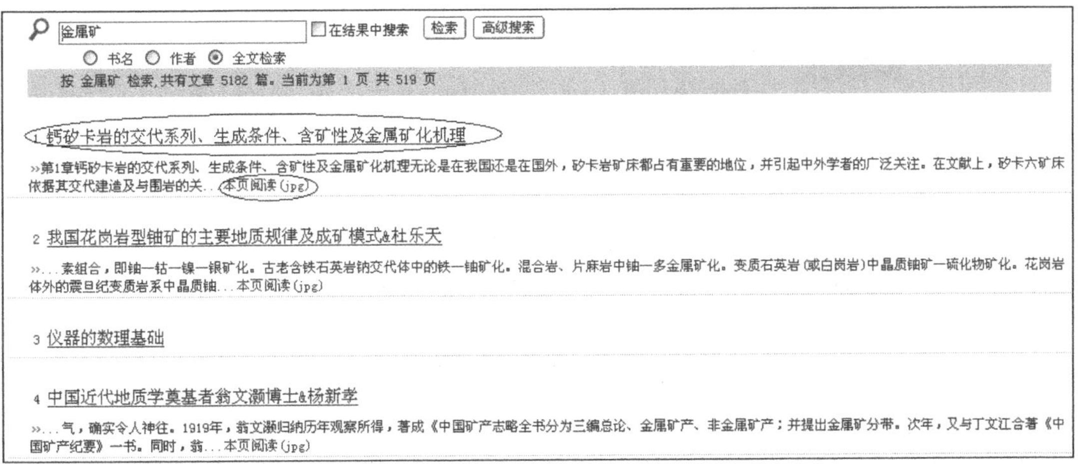

图 7-18　全文检索结果界面

（3）高级检索　与快速检索相比，高级检索增加了限制检索条件，对检索结果进行时间限定；对书名、作者、主题词三个检索入口字段进行逻辑运算。超星数据库逻辑运算有“逻辑与”“逻辑或”，不含“逻辑非”。

例如，查询“尾矿库或小流域监测技术”方面的图书。选择检索词“尾矿库”“小流域”“监测”，列出检索式“书名 = 尾矿库 或者 书名 = 小流域 并且 主题词 = 监测”。单击高级搜索，将检索词输入文本框，选择逻辑运算符和检索入口字段，如图 7-19 所示。

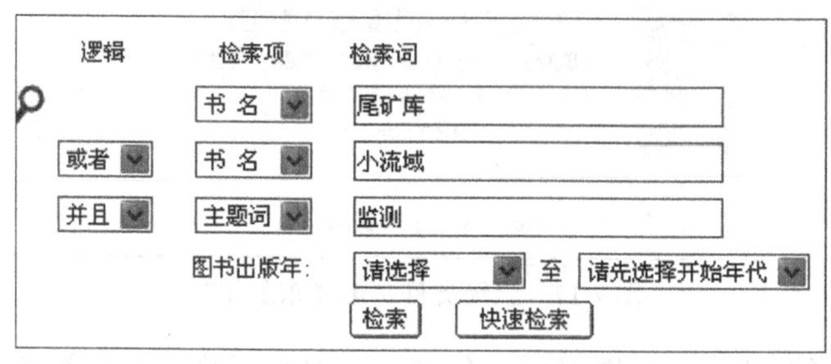

图 7-19　超星电子图书高级检索界面

单击“检索”，获得检索结果 4 个，如图 7-20 所示。

图 7-20　检索结果界面

3. 检索结果处理

除了全文检索，其他检索的结果都是以图书列表的形式显示，如图 7-20 所示。每个结果含封面、书名、作者、页数和出版日期，若是主题检索则会列上主题词。在每个书名下有三个选项：网页阅读、阅读器阅读和下载本书。

1）网页阅读即直接在网页上阅读，不能对图书内容进行处理。

2）阅读器阅读指在阅读后如果觉得图书内容符合自己所需，可以下载到本地计算机。

3）下载本书是将图书下载到本地计算机后，再通过阅读器进行阅读。可以通过阅读器的各项功能对图书内容进行阅读、编辑、复制、添加书签等操作，如图7-21所示。

例如，将上面查询到的图书《浙江省小流域致灾强风暴监测预警技术研究（暴雨卷）》下载到本地，打开阅读。可以通过上面工具栏的“T（选择图像进行识别）”字图形，将文章由图像文件转换为文本文件进行利用。单击书签图标则可以添加个人书签。

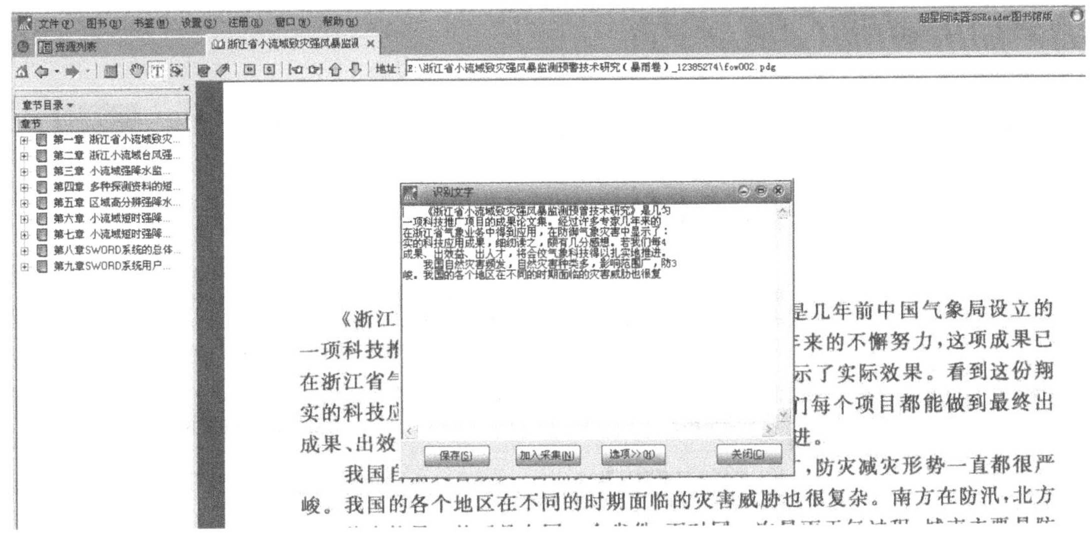

图7-21　阅读器阅读图书界面

在数据库镜像平台上还可以注册创建“我的图书馆”。注册后每本图书下都有“收藏到我的图书馆”的按钮，用户可以将图书添加到“我的图书馆”，以备日后阅读。

7.4　WISEBOOK电子图书

7.4.1　数据库简介

WISEBOOK外文电子图书数据库是由北京维思博文科技有限公司与美国德诺美集团（美国数字联盟成员）合作引入的高端电子图书数据库。数据库涵盖了CyberRead、OVERDRIVE集团及MIT PRESS、McGraw-Hill、Palgrave Macmillan等近百家知名出版社所出版的10万多种外文电子图书，权威领域覆盖计算机、通信、工业工程、生物科技、经济管理等，包含各个学科大量的经典著作，如50多位诺贝尔奖获得者的百余部著作，以及数学领域的“诺贝尔奖”——菲尔兹奖获得者的各类著作等，以每年5万种的新书速度不断更新。

7.4.2 数据库检索指南

1. 数据库首页

WISEBOOK 外文原版电子图书数据库分为网络版和镜像版，两者都以 IP 控制。

在控制 IP 段内进入图书馆电子资源网页，单击 WISEBOOK 外文原版电子图书数据库，直接进入数据库首页，如图 7-22 所示。

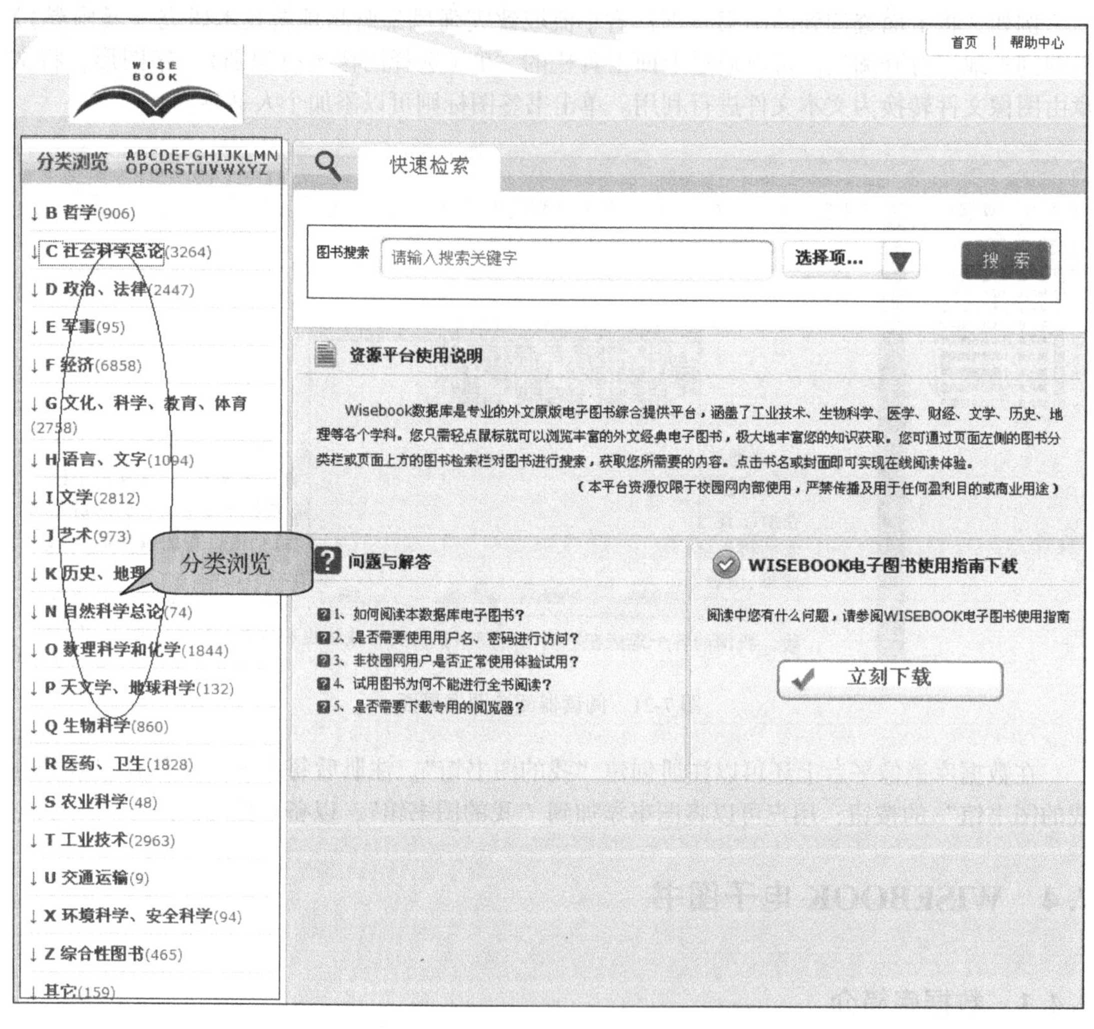

图 7-22 WISEBOOK 检索首页

2. 检索方式

WISEBOOK 外文原版电子图书数据库检索平台可以支持所有电子书之间的全文浏览和检索，也可按照关键词、作者、出版社等进行高级检索。

（1）分类浏览 分类浏览将所有图书仿照中图法分为 20 个一级类目及若干二级类目，每个类名后面括号中的数字表示图书种数。

数据库首页默认的是一级类目，单击类名前的箭头打开二级类目。单击类目名，打开此类目下的图书浏览列表，如图 7-23 所示。

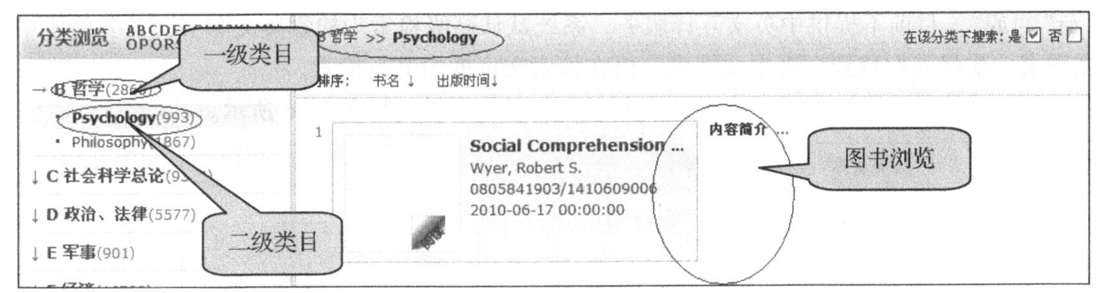

图 7-23　WISEBOOK 图书分类浏览

(2) 快速检索　快速检索可以直接检索，也可以按学科检索。

直接检索：在检索框中输入关键检索词，单击搜索。

按学科检索：单击检索框右侧选项后的三角，选择学科后再在检索文本框中输入关键词进行检索，如图 7-24 所示。

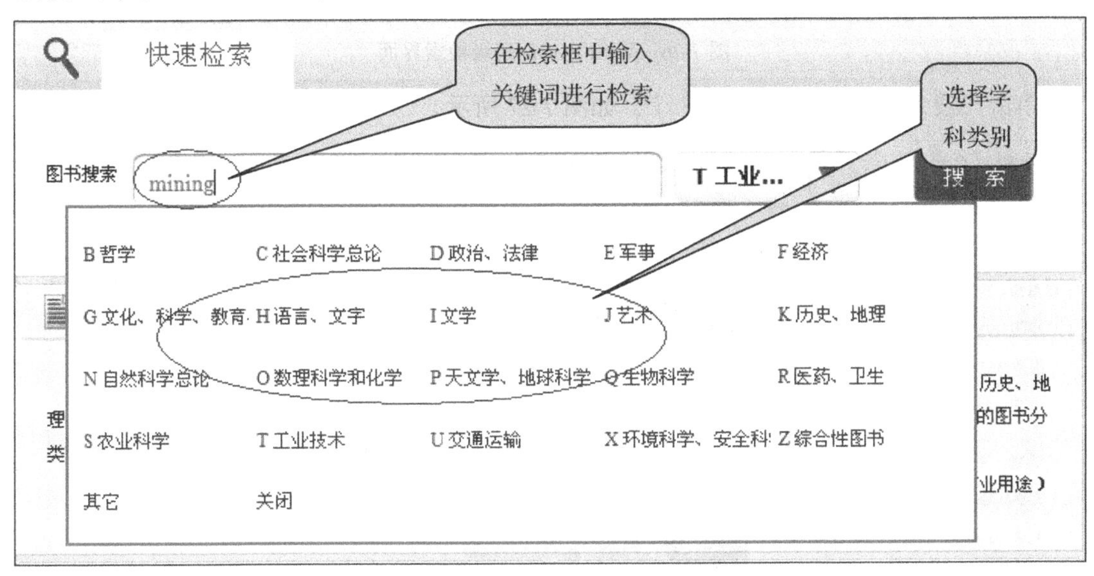

图 7-24　WISEBOOK 快速检索界面

(3) 高级检索　在 WISEBOOK 首页看不见高级检索提示，进行快速检索或直接单击“搜索”后，打开快速检索结果界面，此界面的快速检索后会出现“高级搜索”的按钮，如图 7-25 所示。

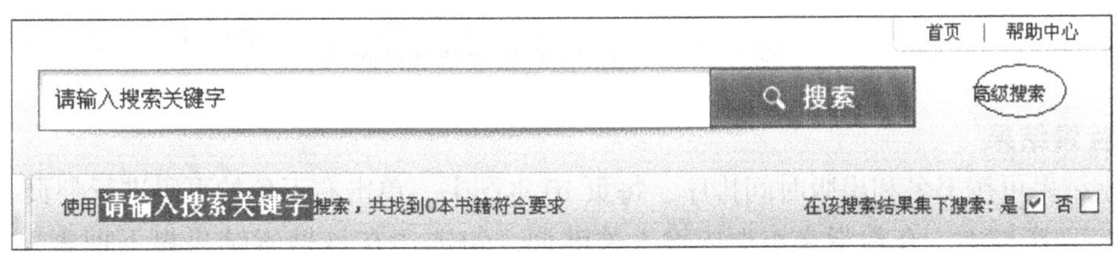

图 7-25　快速检索结果界面顶部的检索界面

单击“高级搜索”，进入高级检索界面。高级检索提供书名、作者、ISBN 号和全文搜索，可输入一项或多项信息（关键字或完整信息）进行检索。系统提供的逻辑运算符只有

“与”“或”。目前不提供中英文互译服务。系统默认高级检索为检索英文图书，若要检索中文图书，要将光标移到高级中文搜索，再在检索文本框中进行检索。

例如，检索涉及金属采矿方面的西文书，高级检索界面如图 7-26 所示。

高级搜索　高级中文搜索

书名：mining　与

作者：　与

ISBN：　与

全文搜索：metal

搜索

图 7-26　WISEBOOK 高级检索界面

单击“搜索”，获得检索结果 3 个，如图 7-27 所示。

图 7-27　WISEBOOK 检索结果界面

3. 检索结果

检索结果可按书名和出版时间排序，每页 10 本图书，单击右下角的页码进行翻页或跳转。

（1）二次检索　在检索文本框内输入关键词，勾选“在该搜索结果集下搜索”即可进行二次检索。

（2）图书阅读　每本图书都可以查看图书封面、书名、作者、ISBN 号、出版时间和内容简介，单击图书封面，直接进入图书阅读。

（3）图书细览　单击书名进入图书详细介绍界面，如图7-28所示。

图7-28　图书详细介绍界面

“简介”是对图书的内容进行介绍，“本书搜索”可通过关键词搜索图书内容页面，在搜索结果中单击关键词即可进行当页阅读。

单击题名、图书封面和“在线阅读”都可进入图书阅读界面，如图7-29所示。

图7-29　图书阅读界面

在图书阅读界面，系统支持全文检索，可查找书中内容；支持截图、文字拷贝、自动翻页等功能；支持个人书签功能，为下次阅读提供便利；支持仿真翻页、单双页切换、提升阅读感受，这些功能全在顶端的工具栏中实现。

7.5 不列颠百科全书在线英文学术版

7.5.1 数据库简介

不列颠百科全书在线英文学术版是世界上第一部在线百科全书数据库，收录文字、地图、插画、数字线条图、照片、影片、声音文档、动画等，其提供多元类型的百科资源，宛如一座多媒体图书馆。

2012 年，大英百科全书网络版（Encyclopedia Britannica Online，简称 EB online）包括 Encyclopedia Britannica 完整版、Britannica Student Encyclopedia 学生版、Britannica Elementary Encyclopedia 初级版、Britannica Concise Encyclopedia 简明版四部百科全书。收录 200000 多个词条，340000 多种词类变化，126000 多篇文章，23000 多篇传记，3400 多张的图解、地图、统计图，3300 多段影片、动画、声音文件等多媒体数据，可链接超过 700 种的电子期刊文章。还包括韦氏字典 & 辞典（Merriam-Webster Dictionary & Thesaurus）、大英精选网站（The Web's Best Sites）、大英知识部落（Britannica Blog）等。

数据库内容每季更新，支持 APA，MLA 或 Britannica 参考文献输出格式。

7.5.2 数据库检索指南

1. 数据库首页

不列颠百科全书网络版以 IP 形式认证登录，网址为 http：//www. britannica. com，数据库首页如图 7-30 所示。

2. 检索方式

EB Online 提供两种检索方式，标准检索（Standard Search）是系统默认的检索方式、高级检索（Advance Search），还提供浏览索引（Browse Indexes）和研究工具（Research Tools）等其他辅助检索功能。

（1）标准检索　在检索框内输入关键词，最后单击“Go”进行检索，标准检索具有自动模糊检索功能，如图 7-31 所示。

（2）高级检索　单击“Advanced Search”，打开高级检索界面，如图 7-32 所示。

检索框说明：

With all of these words 相当于布尔逻辑中的“AND”；With the exact phrase 表示“精确匹配”，含义是检索到的文章中包含所有输入的检索词组，且检索词组之间没有间隔，即没有插入其他的词；With any of these words 相当于布尔逻辑中的“OR”；Without these words 相当于布尔逻辑中的“NOT”，意思是检索到的文章不包含输入的检索词。

（3）资源浏览（Browse）　资源浏览包括按题名首字母 A ~ Z 浏览，传记（Biographies）浏览，编者（Contributors）浏览，经典文献（Ebooks & Primary Sources）浏览，延长播放视频（Extended Play Videos），多媒体集合（Media Collection），格言引用（Quotations），

主题（Subjects）浏览。

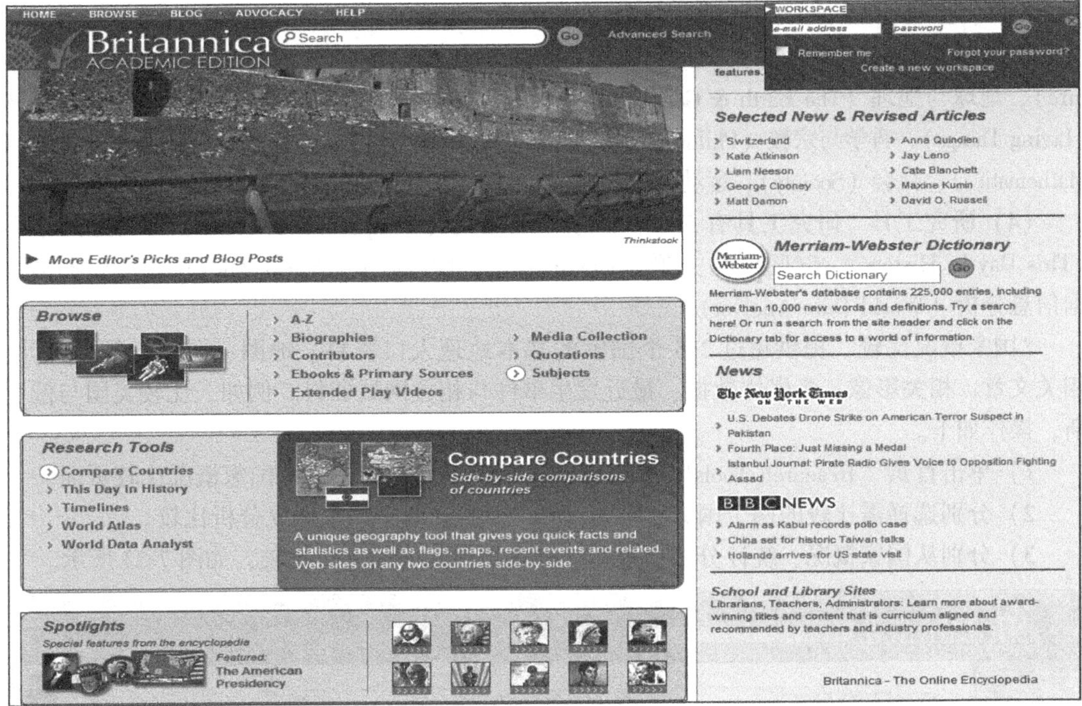

图 7-30　数据库首页

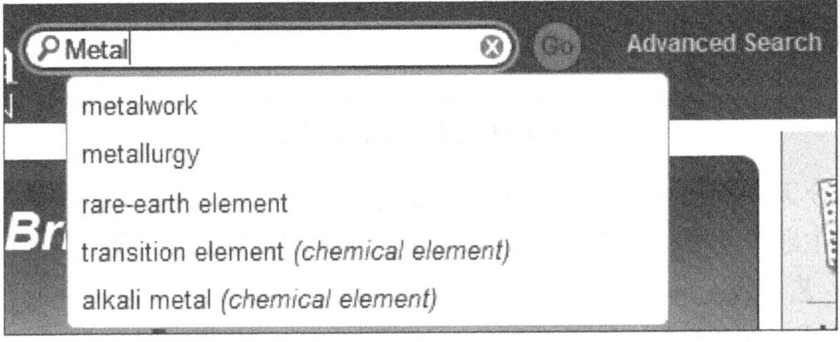

图 7-31　标准检索

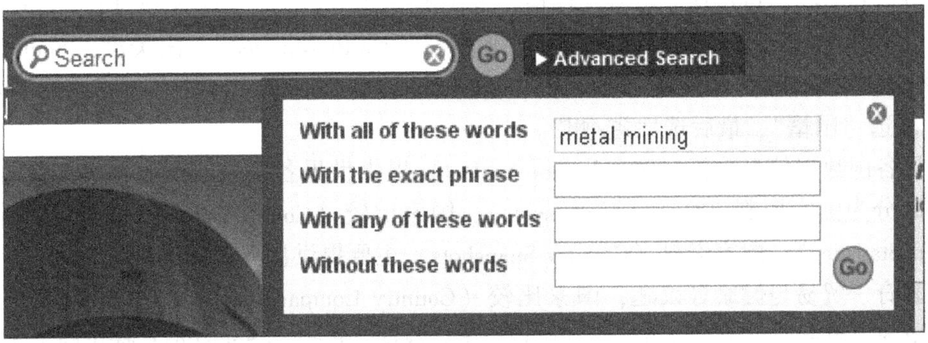

图 7-32　高级检索

经典文献浏览提供多位作者的文学、科学、历史与科学等主题的经典文献。可以作者（Author）、主题（Subject）或标题（Title）作浏览，以 PDF 档案格式呈现。

主题浏览主要按 10 个大类浏览，依次为动物学（Animal）、艺术与文学（Arts & Literature）、地球与地理（The Earth & Geography）、历史（History）、生命进程（Life Proesses）、生物（Living Things）、哲学与宗教（Philosophy & Religion）、植物学（Plant）、科学与数学（Science & Mathematics）、社会（Society）、运动与休闲娱乐（Sports & Recreation）、科技（Technology）。

（4）研究工具　研究工具有 5 个：国家概况比较（Compare Countries）、历史上的今天（This Day in History）、时间序列主题（Timelines）、世界地图（World Atlas）和世界各国数据信息分析（World Data Analyst）。

“国家概况比较”提供超过 215 个国家的基本地理人口资料、地图、国旗、各类统计、相关文章、相关影像、多媒体数据、最近发生事件与相关网站资料。例如，比较美国与俄罗斯，操作如下。

1）单击首页“Research Tools”下的“Compare Countries”，进入国家概况比较页面。

2）分别选择需比较的两个国家，单击“Go”，得到两个国家概况分析比较。

3）分别从国家概况、统计分析、地图、国旗历史几方面进行比较，如图 7-33 所示。

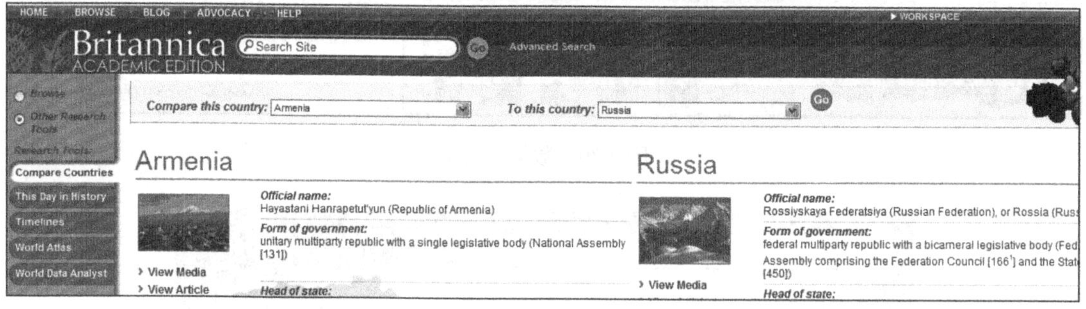

图 7-33　国家概况比较页

“历史上的今天”是历史上今天发生的大事纪。

“时间序列主题”主要以时间序列呈现公元前后的主题浏览。区分为 14 种类别：建筑（Architecture）、艺术（Art）、儿童时期（Childhood）、每日生活（Daily Life）、生态学（Ecology）、探险（Exploration）、文学（Literature）、医学（Medicine）、音乐（Music）、宗教（Religion）、科学（Science）、运动（Sports）、科技（Technology）、女性（Women）。

透过世界地图，可迅速了解各国国情、人民等信息。主要将全球区分为七大区块：亚洲（Asia）、非洲（Africa）、欧洲（Europe）、北美洲（North America）、南美洲（South America）、南极（Antarctic）及澳洲与大洋洲（Australia and Oceania）。主要浏览原则为：先选“洲”，次选“国籍”，最后选“省/州”。

世界各国数据信息分析（World Data Analyst）提供世界各国家的国家简介与统计资料，主要可区分为国家资料（Country Snapshots）、国家比较（Country Comparisons）、统计数据（Ranked Statistics）。国家资料（Country Snapshots）主要提供世界各国的地理、人口、经济、交通、教育、贸易与健康等议题；国家比较（Country Comparisons）主要提供国家的地理、经济、贸易、教育、健康、军事等议题比较；统计数据（Ranked Statistics）提供前十大、前百大（Highest Rankings）或后十大、后百大（Lowest Rankings）及特别收入（Special Attributes）

等排列方式，方便使用者编辑所需数据。

3. 检索结果处理

上述高级检索的检索结果如图 7-34 所示。

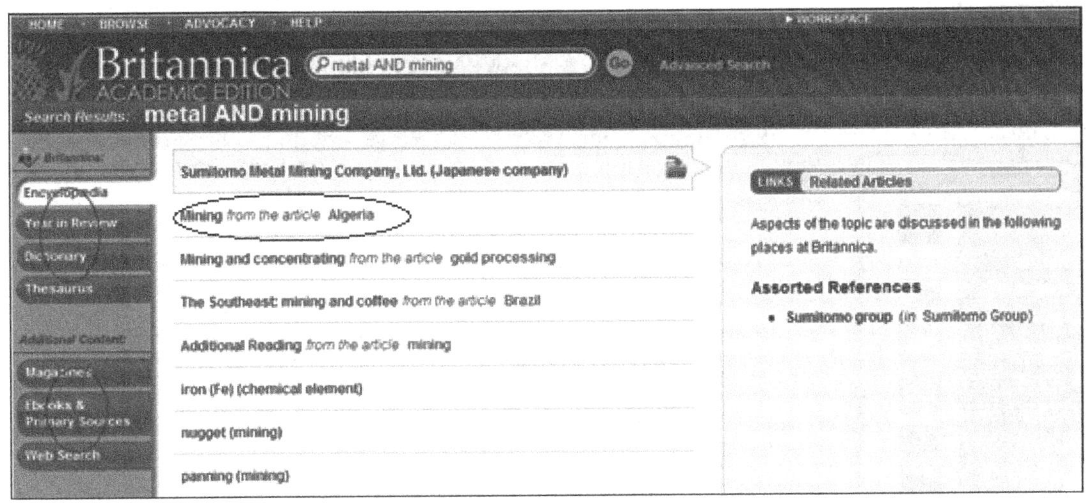

图 7-34　检索结果界面

EB Online 系统支持自动模糊检索功能，因此检索结果不仅提供与查询主题相关的检索结果内容，还提供来源于杂志、电子书籍、年鉴和网页中的相关文献。

单击不列颠百科（Britannica）下的百科全书（Encyclopedia）、年鉴（Year in Review）、词典（Dictionary）、同义词典（Thesaurus），查看与查询主题相关的检索结果内容；单击额外内容（Additional Content）下的杂志（Magazines）、电子书和原始资源（Ebooks & Primary Sources）、网络搜索（Web Search）查看来源于杂志、电子书籍、年鉴和网页中的相关文献。

（1）杂志文章　单击“Magazines”，打开相关界面，从中选择文献“Deep Sea Mining”，单击文献题名进入如图 7-35 所示界面。

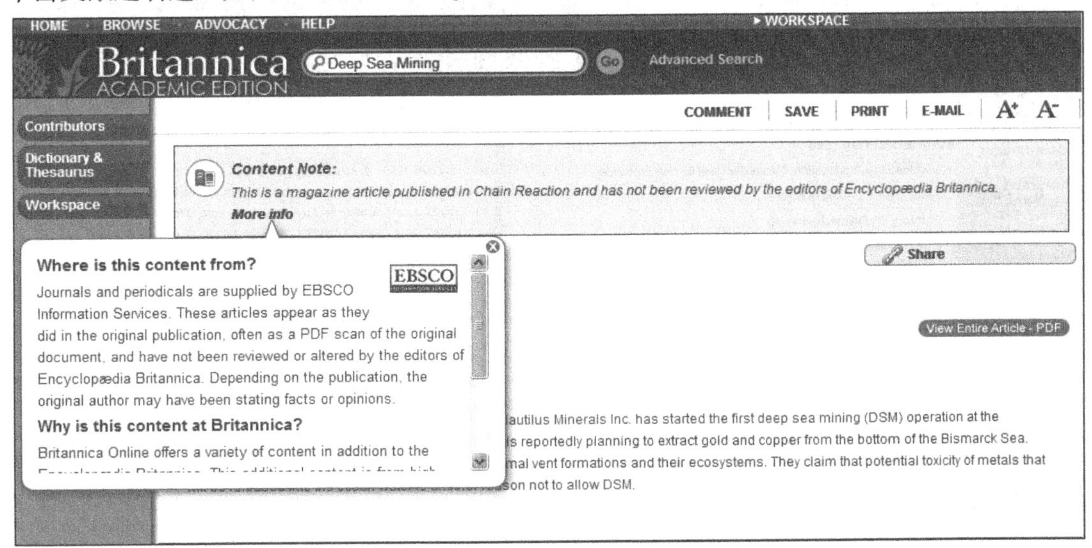

图 7-35　杂志文章“Deep Sea Mining”显示界面

单击“Content Note”下的“More info”，弹出小界面，介绍内容来自哪里及此内容为什么会出现在大英百科全书。

（2）数据库文献　在图 7-34 的界面中单击“Mining from the article Algeria”，打开界面如图 7-36 所示。

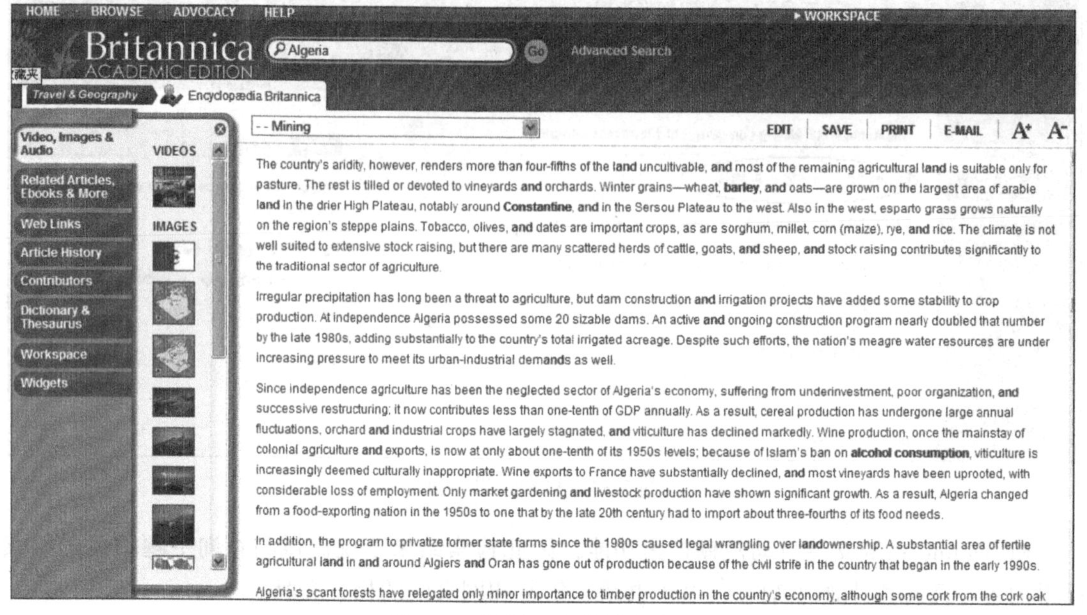

图 7-36　数据库文献浏览界面

从左侧的互动工具栏中可以查看结果文本、视频图片音频、相关文献、网站、文章历史、撰稿人、字/词典、个人文件夹等。

打开文章互动工具栏上的相关文献弹窗，可以看到系统提供的参考文献、相关文献、相关的电子书和杂志文章的链接，如图 7-37 所示。

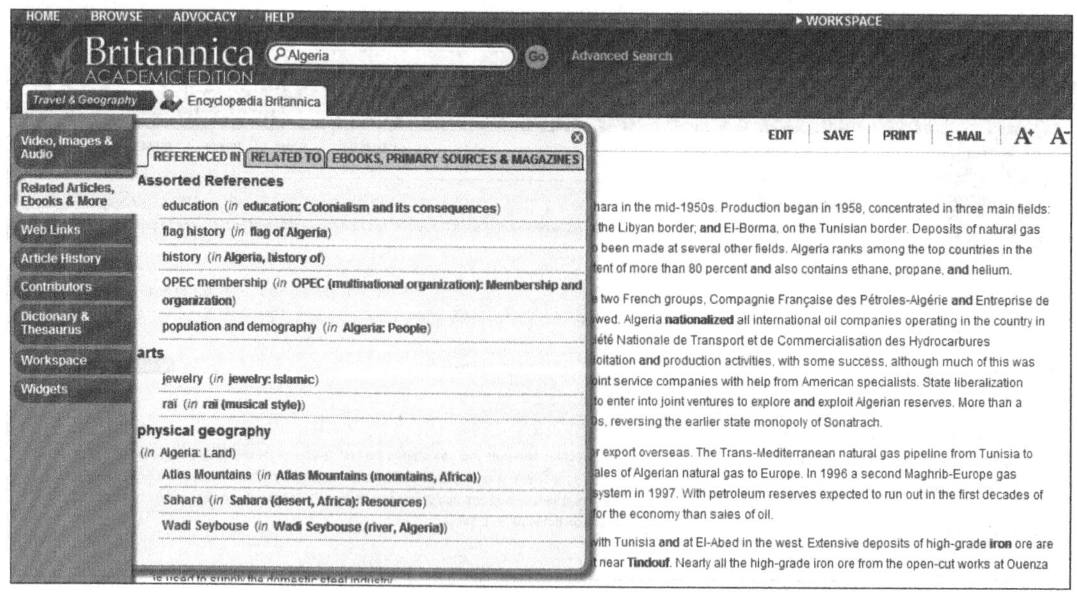

图 7-37　相关文献界面

打开文章历史和撰稿人界面，可以了解文章更新的情况；打开字/词典界面进行生词查询；打开个人文件夹界面，查看个人收藏文献及相关链接。

（3）文献处理　在结果界面右上方有工具栏，如图7-38所示。

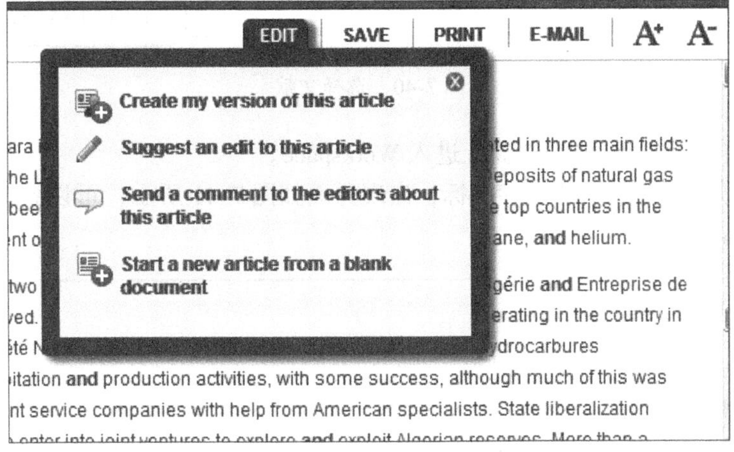

图7-38　结果操作工具

读者可以任何百科全书文章为研究基础进行编辑，并将修改过的文章收藏到个人文件夹。

7.5.3　个人文件夹

个人文件夹用于存储、检索和共享多媒体和数据。

（1）创建个人文件夹　在首页顶端右侧，有“Workspace”按钮，单击进入注册界面，如图7-39所示。按照提示创建个人文件夹账户，用户名和密码为4～6位数字或字母。

图7-39　创建个人文件夹账户界面

（2）将文献添加到个人文件夹　步骤如下：

1）选择文献，单击 Workspace 的保存图标，进入 Workspace 保存界面，如图 7-40 所示。

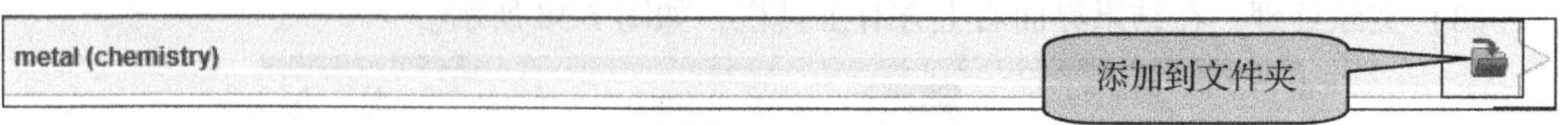

图 7-40　选择文献

2）输入用户名和密码，单击 Join 进入 Workspace。

3）重新单击 Workspace 的保存图标，出现界面如图 7-41 所示，可以添加描述，也可以不添，单击 Done 表示保存成功。

Add To My Workspace: Article

Title: metal (chemistry)

Description:

Project: Default

View Terms and Conditions

Done

图 7-41　文献保存

下次要查询所存储的词条时，只需要单击位于主页功能列的 Workspace，输入用户名、密码即可以查询所存储的词条。

7.5.4　其他

EB Online 还提供更深入且丰富的主题研究数据库（Spotlights），内容包含从远古时代的恐龙，到诺曼底登陆、泰坦尼克号，甚至于奥斯卡、美国总统全集，收录主题包罗万象。

观看演示（View Demos）：观看数据库工作人员对数据库功能的演示视频。

最新修订的文章（Select Newly Revised Articles）：查看最新修订的文献。

当日头条新闻（Daily Headlines）：提供当日 The New York Times 与 BBC NEWS 以及 SBS WORLD NEWS 的焦点新闻链接；不断添加随着时代性出现的新词条，对旧内容也依时代适切性等因素做出不同的修改与更正。

大英知识部落（Britannica Blog）：专为喜爱知识的朋友们建立的一个知识智能、互动分享为主体的博客空间。在内容上提供艺术、科学、时事等多元且实用的知识主题，同时由各专业领域的作者来写专栏主题，让用户能针对作者所撰写的文章，提出自己的观点与看法，进而与其他热爱此主题的朋友们相互交流。

第8章 其 他

8.1 ProQuest Dialog（PQD）

8.1.1 ProQuest Dialog 概况

Dialog 成立于1963，隶属美国洛克希德导弹与空间公司，1968 年开始为 NASA（美国宇航局）提供数据服务，1972 年正式对外提供商业服务，2000 年加入 Thomson 集团，2008 年加入 ProQuest（美国剑桥信息集团成员）。

ProQuest 公司（原名 UMI 公司）是全球顶尖的信息数据供应商之一。其成立于 1938 年，总部位于美国密歇根州的安娜堡。ProQuest 旗下有诸多高含金量的著名数据资源，如硕博论文全文库（PQDT）、剑桥科学文摘（CSA）、ABI/Inform 商业数据库等，这些数据库在 ProQuest Dialog 中均能检索到。

1. ProQuest Dialog 数据资源

ProQuest Dialog 包含 140 个一般数据库（工程科技、药学、新闻商业）以及 40 个专利数据库。

（1）工程与科技　工程与科技覆盖教育、电信与计算、航空航天与国防、化学、能源与环境、汽车、交通、食品与农业、卫生保健、诊断与医疗器械、生物、医学、材料等各个学科领域，可在统一的平台上跨库检索所有工程与科技类数据库，包括 EI，Inspec，SciSearch 和 ProQuest SciTech and Engineering 等数据库。

（2）专利　PQD 收录了全球 96 个国家和地区的专利数据，地域覆盖范围广泛。其中 31 个国家和地区的专利拥有英语翻译的可检索全文，特别是日本、俄罗斯、德国、韩国、印度、意大利等其他系统很难获取的英文全文译本及原始专利说明书下载。收录了 Inpadoc，Dewent 世界专利索引（DWPI），Derwent 专利引证索引等数据库。

（3）药学　涵盖了制药行业内优秀的综合资源，包含 Adis 和 IMS 两大系列药学数据库。

（4）商业与新闻　ABI/INFORM ® Professional 著名的商业、经济管理期刊全文数据库，包含了 Economist Intelligence Unit（EIU）、Business Monitor International（BMI）、Emerging Markets 的研究资源，提供行业市场研究报告。

Gale 贸易数据库包，可跟踪竞争对手，确认新技术和新产品发布，发现最新的合作关系，获取最新的市场评论和市场洞察力等信息。

ProQuest Newsstand Professional 包含了全球知名新闻报纸，可用来研究国内的商业活动，了解当前实事动态、消费者新闻和经济环境。

2. ProQuest Dialog 平台特点

1）中文检索界面，多种检索方式：基本检索、高级检索（含语义检索、快速查找文献）、指令检索。如图 8-1 所示。

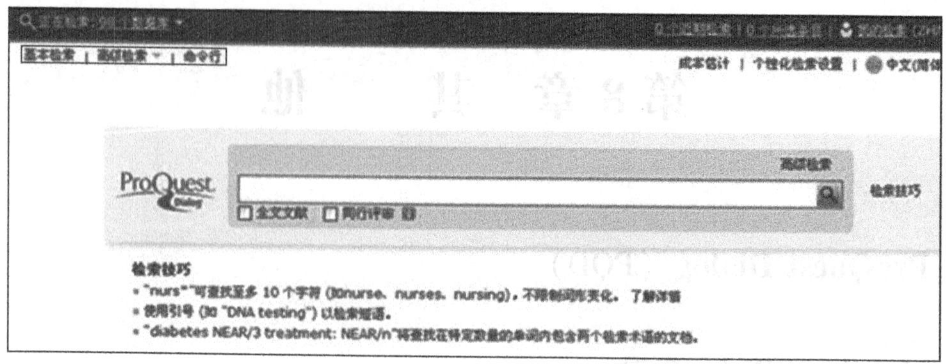

图 8-1　ProQuest Dialog 检索界面

2）有多种数据库选择方式，如图 8-2 所示。可根据个人检索习惯，自定义数据组库进行检索，如图 8-3 所示。

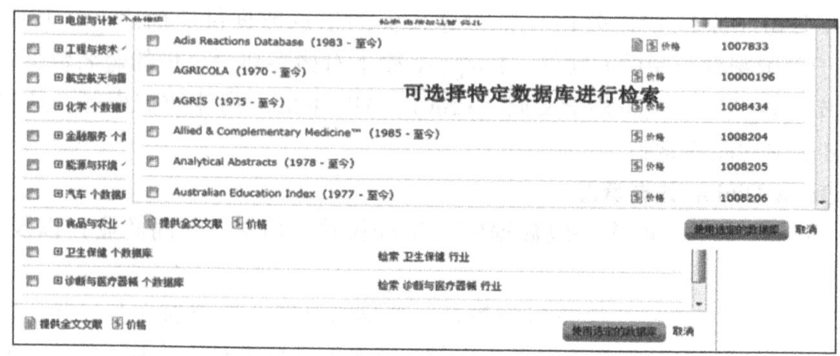

图 8-2　ProQuest Dialog 选择特定数据库

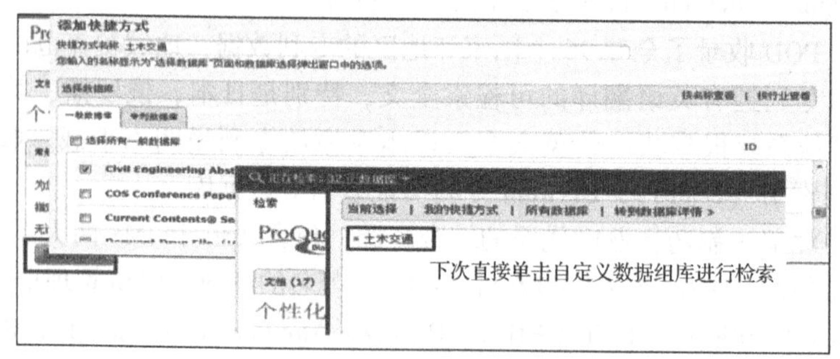

图 8-3　ProQuest Dialog 自定义数据组库

3）检索结果中，关键词将以黄色字体突出显示，能方便地对检索结果进行初步判断，如图 8-4 所示。

4）得到检索结果之后，可根据不同的检索入口对结果进行二次筛选，如同行评审、文档类型、语言、出版日期等，如图 8-5 所示。

5）多种文献导出格式和导出内容，如图 8-6 所示。

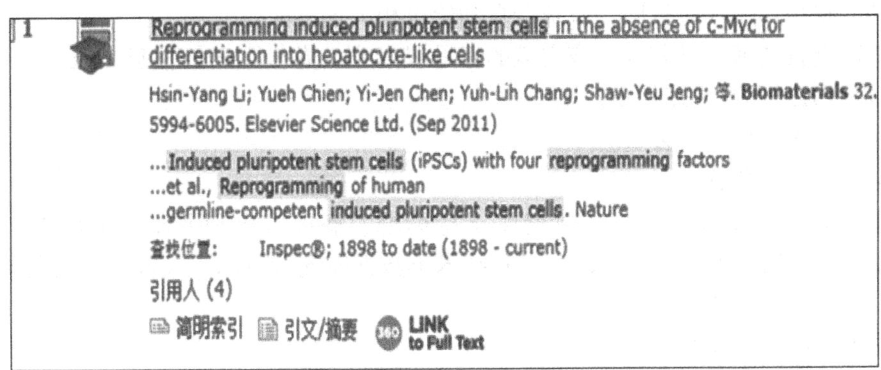

图 8-4　ProQuest Dialog 检索结果显示

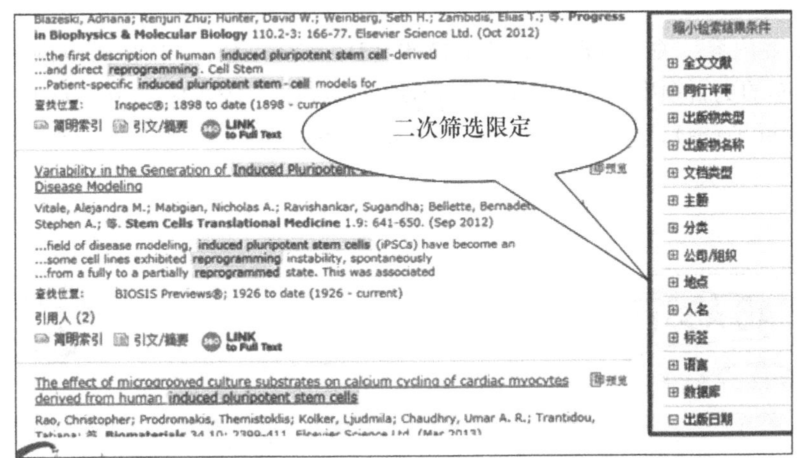

图 8-5　ProQuest Dialog 检索结果二次筛选

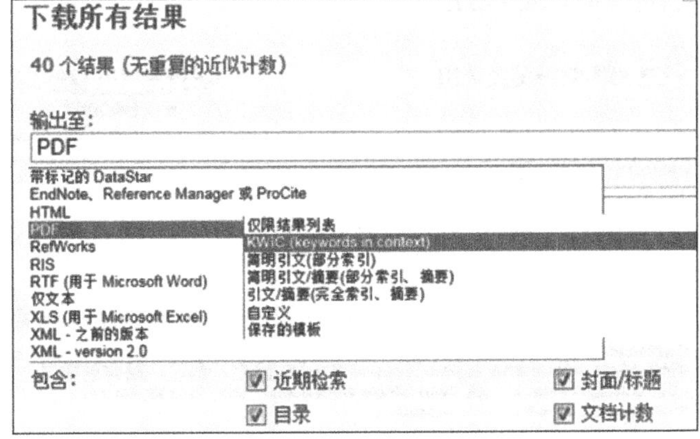

图 8-6　ProQuest Dialog 检索结果输出

3. ProQuest Dialog 检索特点

1）支持多并发数。

2）词语联想：输入检索词，系统会自动给出相关词语联想。

3）快速查找文献：只需输入该文献的标题或期刊、卷号页码等信息，通过“以引文查找全文”检索方式即可快速检索。

4）多库检索结果自动去重。

5）文献中文机器翻译。

6）提供更多字段检索：专利数据库支持标题、摘要、权利要求、申请人、专利号、IPC、文献种类代码等多种检索字段；工程技术类数据库支持标题、关键词、主题词、作者、机构、引文等多种检索字段。

4. ProQuest Dialog 的蓝页

在 PQD 平台中每个数据库都有一个蓝页（Prosheets），相当于每个数据库的说明书。打开数据库蓝页的途径为 http：//www. dialog. com/prosheets，可下载 PDF 查看，也可在线查看。

蓝页的重要内容：关于数据库的基本描述（Description），学科覆盖范围（Subject Coverage），数据库的更新频率以及回溯时间（Date Coverage、Update Frequency），数据库文献类型（Document Types），文献样本（Sample Document），检索字段（Search Fields）等，如图 8-7 所示。

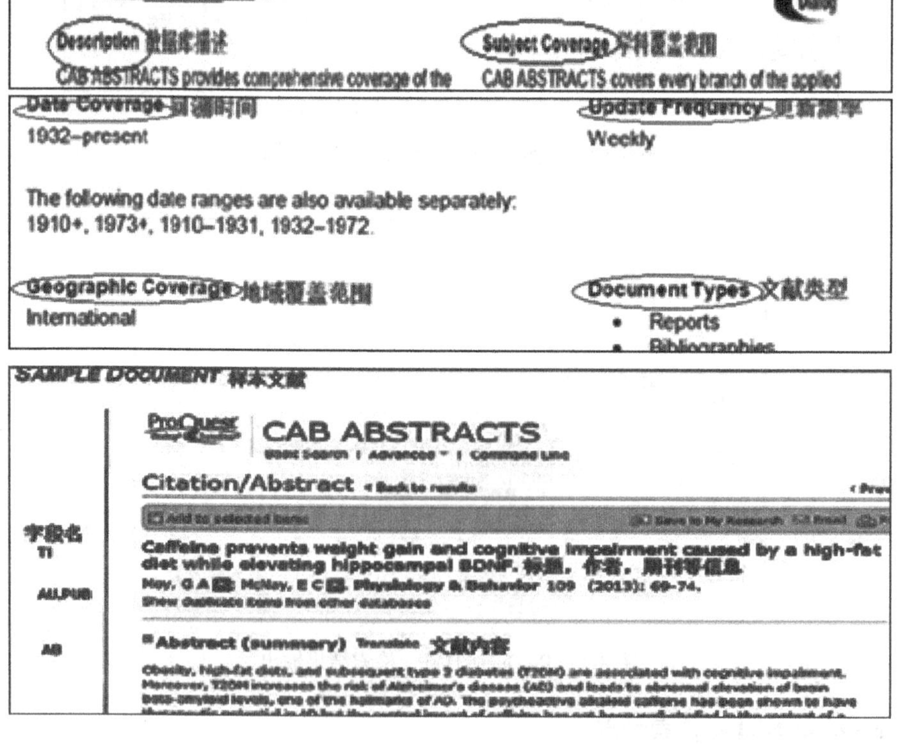

图 8-7　ProQuest Dialog 蓝页

8.1.2　ProQuest Dialog 检索

1. ProQuest Dialog 数据库选择

（1）自由组合数据库　打开数据库列表，单击按名称查看，在目标数据库前面的复选框中选中，单击“使用选定的数据库”，如图 8-8 所示。

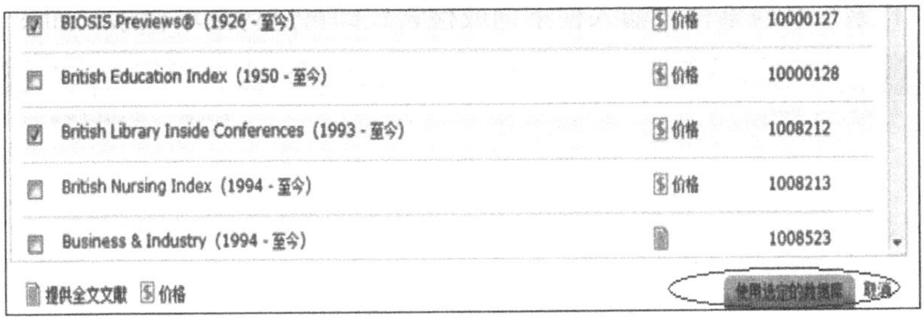

图 8-8　ProQuest Dialog 的使用选定的数据库

（2）按行业选择数据库　打开数据库列表，选择按行业查看，在复选框中选中一个或多个行业，单击“使用选定的数据库”，如图 8-9 所示。

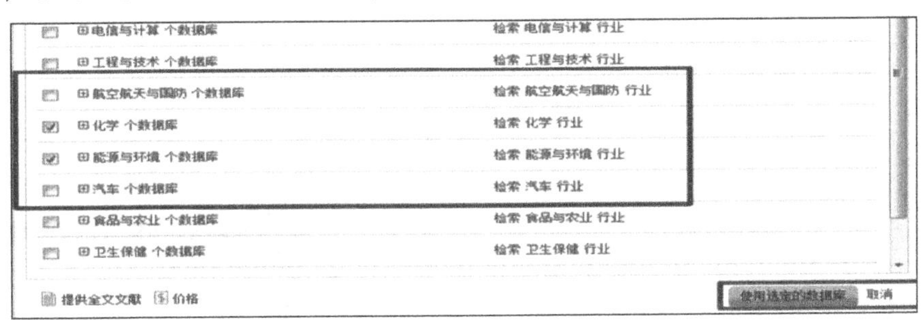

图 8-9　ProQuest Dialog 按行业选择数据库

（3）数据库快捷方式　通过在页面上选择“个性化检索设置”建立数据库快捷方式，可以自定义数据库，如图 8-10 所示。

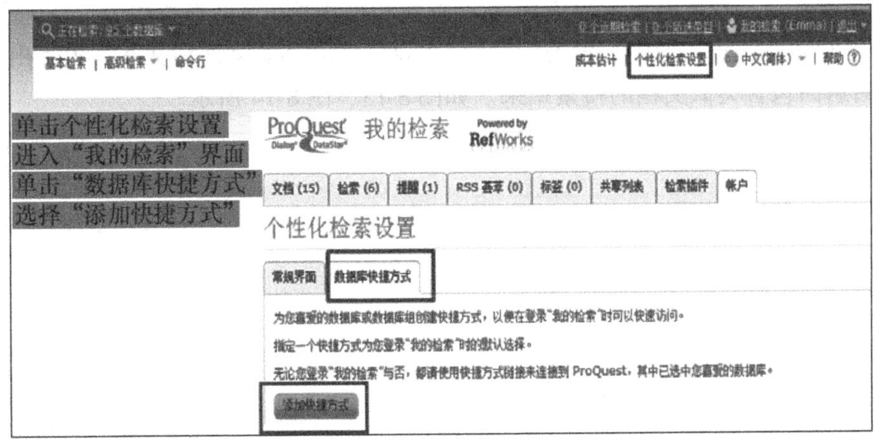

图 8-10　ProQuest Dialog 数据库快捷方式

设置完成后再打开数据库层，单击我的快捷方式，即可直接选择快捷方式名称打开这些数据库进行检索。

2. ProQuest Dialog 检索方式

ProQuest Dialog 提供五种检索方式：基本检索、高级检索、语义检索、快速查找文献、指令检索。

（1）基本检索　在检索框中输入检索词或检索式即可进行简单检索，如图 8-11 所示。

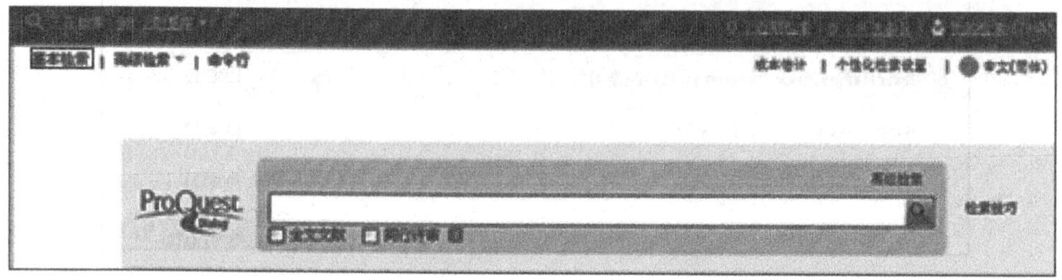

图 8-11　ProQuest Dialog 基本检索界面

（2）高级检索　可以选择检索字段和逻辑算符进行组合检索，如图 8-12 所示。

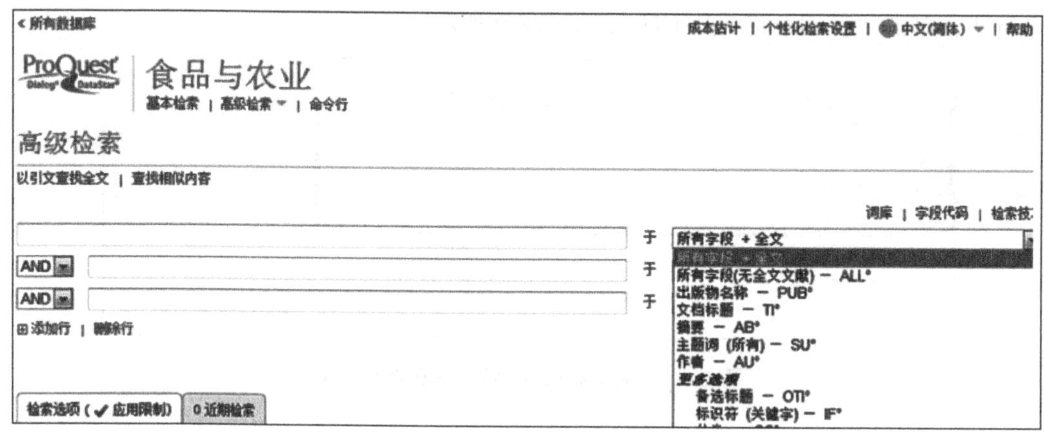

图 8-12　ProQuest Dialog 高级检索界面

（3）语义检索　在高级检索界面单击“查找相似内容”，将查找内容（一般输入多于 50 个词）复制粘贴到输入框中。单击检索后，ProQuest Dialog 将评估文本，提炼出确定的关键词，然后返回包含类似文档的检索结果。如图 8-13、图 8-14 所示。

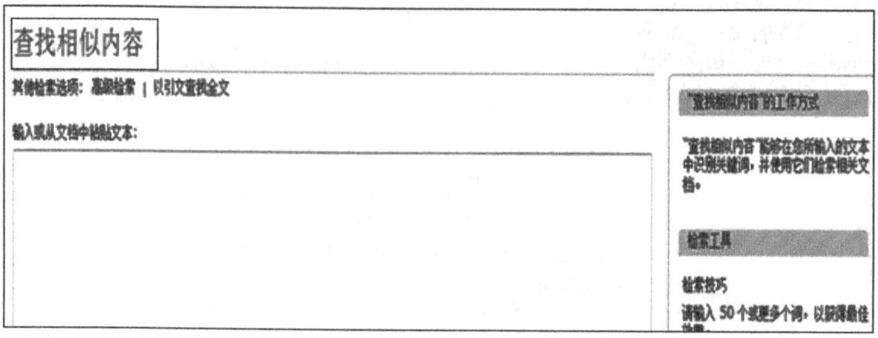

图 8-13　ProQuest Dialog 语义检索界面

1871143 个结果 *
搜索范围
创建定题通告
0 个所选条目 [清除]
保存到"我的检索"
"查找相似内容"在检索中使用以下检索词: Detecting the use of genetically modified feeds in milk has become important, because the voluntary labeling of milk and dairy products as "GMO free" or as "organically grown" prohibits the employment of genetically modified organisms (GMOs). The aim of this work was to investigate whether a DNA transfer from foodstuffs like soya and maize was analytically detectable in cow's milk after digestion and transportation via the bloodstream of dairy cows and, thus, whether milk could report for the employment of transgene feeds. Blood, milk, urine, and feces of dairy cows were examined, and foreign DNA was detected by polymerase chain reaction by specifically amplifying a 226-bp fragment of the maize invertase gene and a 118-bp fragment of the soya lectin gene. An intravenous application of purified plant DNA showed a fast elimination of marker DNA in blood or its reduction below the detection limit. With feeding experiments, it could be demonstrated that a specific DNA transfer from feeds into milk was not detectable. Therefore, foreign DNA in milk cannot serve as an indicator for the employment of transgene feeds unless milk is directly contaminated with feed components or airborne feed particles.
选择 1-100　精简查看 | 详细查看
1　Model studies on the detectability of genetically modified feeds in milk.
预览
Poms, R E; Hochsteiner, W; Luger, K; Glossl, J; Foissy, H. Journal of food protection 66. 2: 304-310. (February 2003)

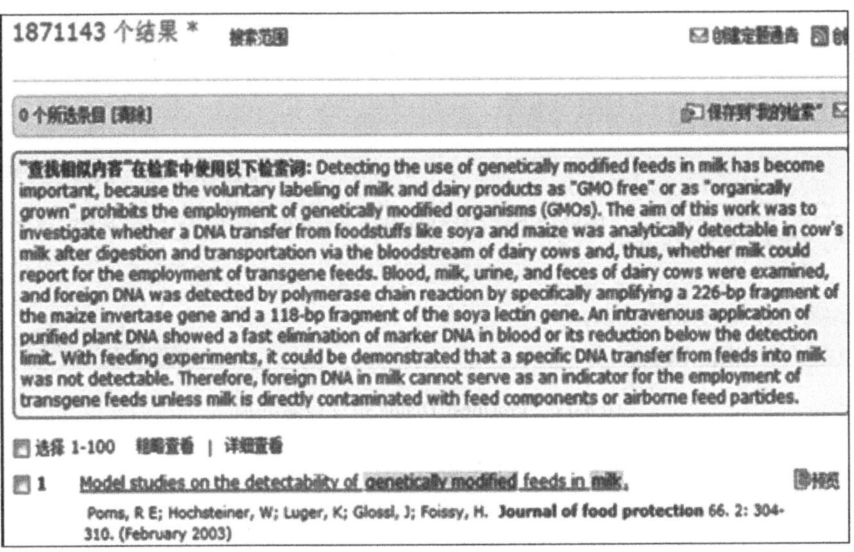

图 8-14　ProQuest Dialog 语义检索结果

(4) 快速查找文献　通过已知的文档标题、作者、出版物名称等字段来快速检索特定文献。如图 8-15、图 8-16 所示。

高级检索
以引文查找全文
以引文查找全文 | 查找相似内容
词库 | 字段代码 |
The Tailings Dam Monitoring and Pre-Alarm System (TDMPAS) and its applications in mines
于　文档标题 — TI
AND
于　所有字段和文本

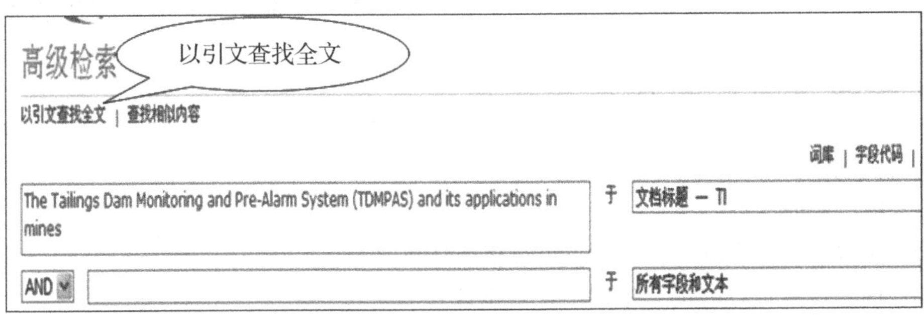

图 8-15　ProQuest Dialog 快速查找文献界面

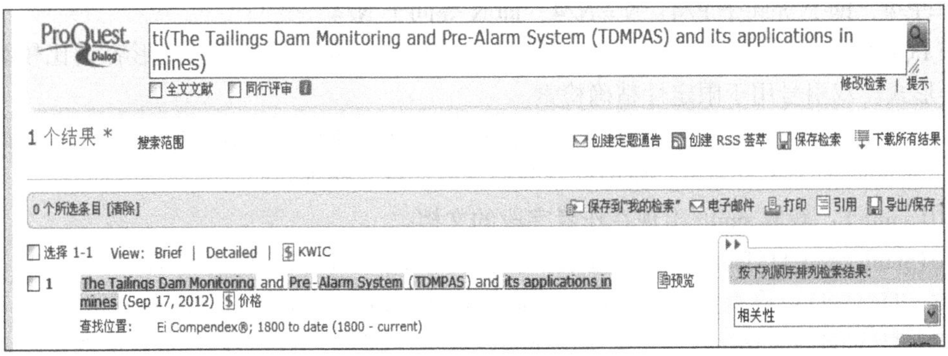

ProQuest Dialog
ti(The Tailings Dam Monitoring and Pre-Alarm System (TDMPAS) and its applications in mines)
全文文献　同行评审
修改检索 | 提示
1 个结果 *
搜索范围
创建定题通告　创建 RSS 荟萃　保存检索　下载所有结果
0 个所选条目 [清除]
保存到"我的检索"　电子邮件　打印　引用　导出/保存
选择 1-1　View: Brief | Detailed | KWIC
1　The Tailings Dam Monitoring and Pre-Alarm System (TDMPAS) and its applications in mines (Sep 17, 2012)　价格
预览
查找位置:　Ei Compendex®; 1800 to date (1800 - current)
按下列顺序排列检索结果:
相关性

图 8-16　ProQuest Dialog 快速查找文献结果

(5) 指令检索　使用检索字段和运算符在命令提示符处建立检索语句，如图 8-17 所示。

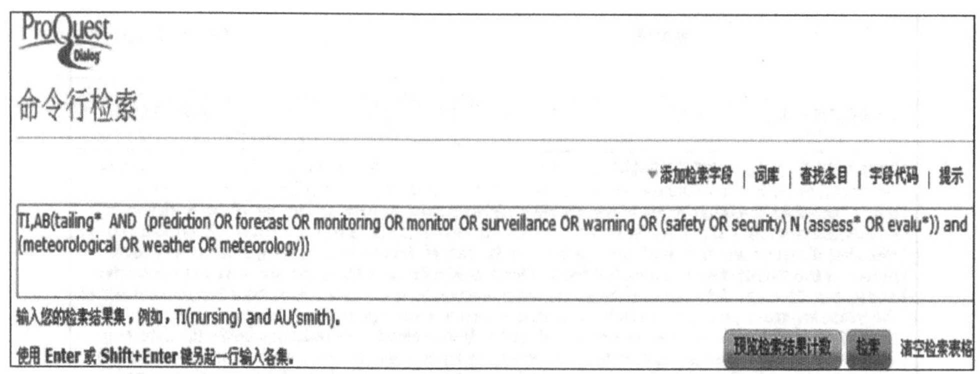

图 8-17　ProQuest Dialog 指令检索界面

3. ProQuest Dialog 指令算符及索引字段

（1）逻辑算符

AND：逻辑"与"，被连接的两个词要同时出现。

OR：逻辑"或"，被连接的两个词出现其中一个即可。

NOT：逻辑"非"，出现连接的前面的词去除含后面词的。

（2）截词符

?：一个"?"代表一个任意字符，*n* 个"?"代表 *n* 个任意字符，"?"可出现在词的任何位置。

*：代表 0 ~ 10 个任意字符。

[*n]或 $n：代表 0 ~ *n* 个任意字符，*n* 不超过 125。

（3）位置算符

P 即 Pre，N 即 Near。

P/0：前后位置不能颠倒，中间一个空格或任意字符。

N/0：前后位置可以颠倒，中间一个空格或任意字符。

P/n：前后位置不能颠倒，中间可以有 0 ~ *n* 个任意词。

N/n：前后位置可以颠倒，中间可以有 0 ~ *n* 个任意词。

P = P/4，即 P 等同于 P/4；N = N/4，即 N 等同于 N/4。

在 PQD 中检索时，系统会自动匹配单词的单复数、英美拼写变体、形容词比较级和最高级等形式。双引号用于限定性精确检索。

（4）索引字段　通过限制检索字段进行精确检索。使用格式为：字段名（检索词或检索式）。可同时限定多个字段，使用逗号分隔字段名称。例如：

AU(smith)：获取 smith 出现在作者字段的文档。

AU(smith)and TI(food)：获取标题字段含有 food，且作者字段含有 smith 的文档。

AB，TI(food)：检索标题字段含有 food 或摘要字段含有 food 的文档。

AB，TI(food or nursing)：检索标题字段或摘要字段中含有 food 或 nursing 的文档。

每个数据库的蓝页给出了该数据库支持的索引字段列表，具体可参考数据库蓝页的 Sample Document 或 Search Field 部分。常用索引字段表见表 8-1。

表 8-1　常用索引字段表

字段名称	字段名称	相应字段代码	示　例
摘要	Abstract	AB	AB(food)
文档标题	Title	TI	TI(food)
关键词	Identifier (Keyword)	IF	IF(crop * N/2 rotation)
主题词	Subject	SU	SU(higher education)
语言	Language	LA	LA(french)
出版日期	Publication Date	PD	年、月、日:PD(19900504) 年和月:PD(nov and 1990)PD(199011) 仅年份:PD(1990)
出版年份	Publication Year	YR	YR(2005) YR(< =2005)YR(2005-2008)
出版物	Publication Title	PUB	PUB(wall street journal)
作者	Author	AU	AU(smith)
第一作者	First Author	FAU	FAU(ZHANG WJ)
作者单位	Author Affiliation	AF	AF(PEKING UNIV)
化学物质登记号	CAS ® Registry Number	RN	RN(309-00-2)

(5) 运算符优先级　在没有其他限制的情况下，ProQuest 对于指令算符将按以下顺序进行运算：NEAR > PRE > AND > OR > NOT。

4. ProQuest Dialog 检索结果处理

检索结果出来后可以进行二次检索、可视化筛选、结果保存及导出等。

(1) 二次检索　直接在检索结果界面的最下方二次检索框中输入新的检索词，可对之前的检索结果进行限制，如图 8-18 所示。

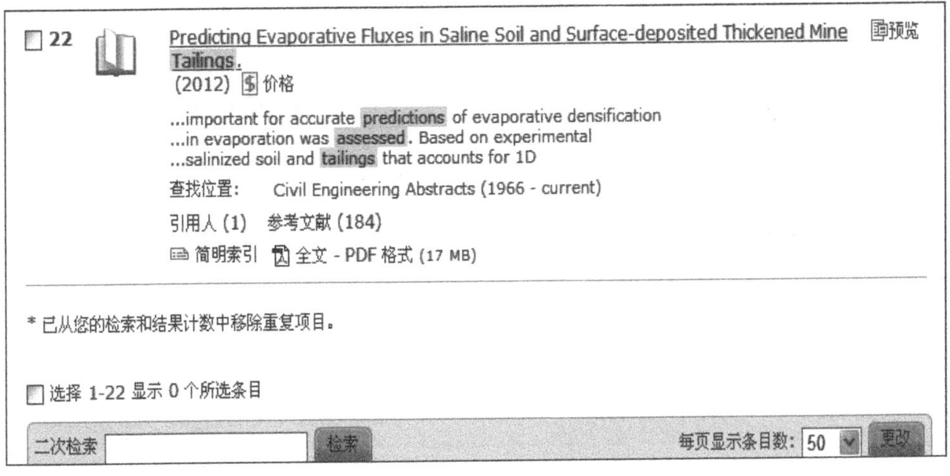

图 8-18　ProQuest Dialog 二次检索

(2) 更改数据库顺序　如果同一个文档被多个数据库收录，去重之后将优先保留“优先级数据库”中的文档，如图 8-19 所示。

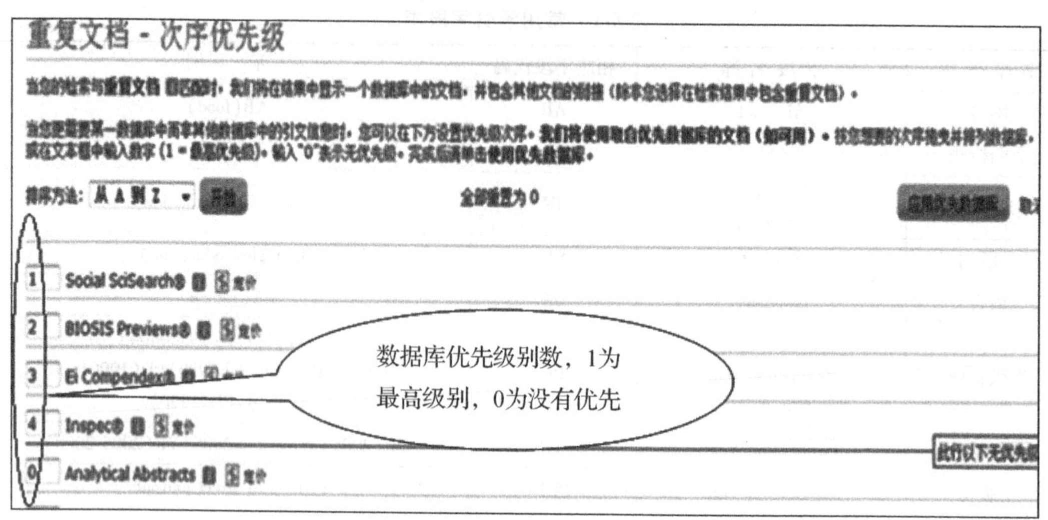

图 8-19　ProQuest Dialog 数据库优先级别设定

(3) 检索结果可视化筛选　可对检索结果是否全文文献、是否经过同行评审、出版物名称、文档类型、主题、分类、作者、语言、数据库、出版日期进行可视化筛选，如图 8-20 所示。

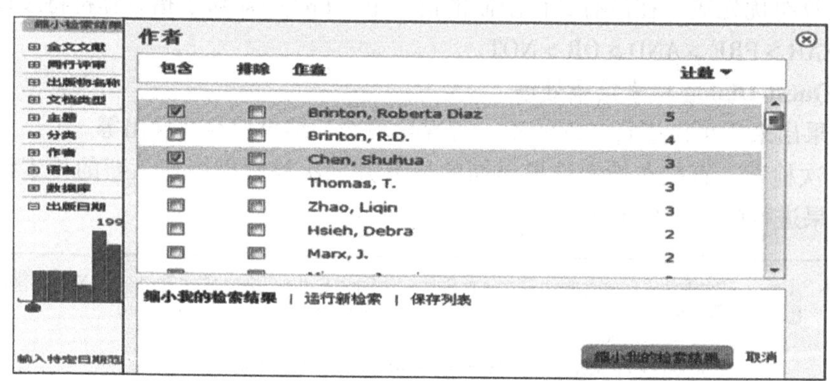

图 8-20　ProQuest Dialog 检索结果可视化筛选

(4) 检索结果输出　检索结果保存、下载、导出等，如图 8-21 所示。

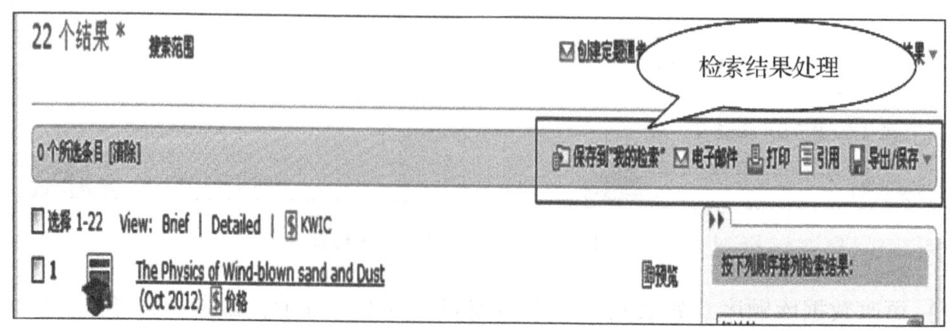

图 8-21　ProQuest Dialog 检索结果输出

8.1.3　ProQuest Dialog 案例分析

项目名称：极端气象条件下金属矿山尾矿库防灾技术研究——金属矿山尾矿库安全实时评估与预警体系研究。

检索式：Ti，ab(tailing * N(prediction OR forecast OR monitoring OR monitor OR surveillance OR warning OR(safety OR security) AND(assess * OR evalu *)) N(meteorological OR weather OR meteorology))。

数据库：默认的所有数据库。

检索方式：指令检索。

1. 初步检索

在检索输入框输入上述检索式，单击“预览检索结果计数”，显示命中 5 条记录，如图 8-22所示。

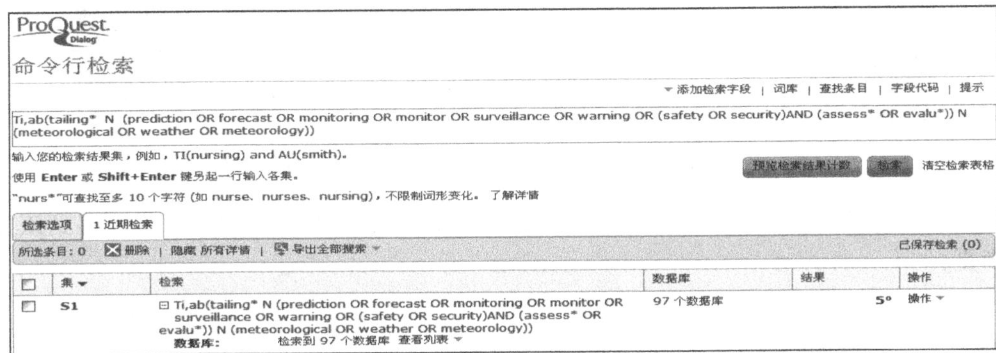

图 8-22　ProQuest Dialog 案例分析——命令行检索及检索结果计数

打开这 5 条检索结果，并预览第 3 条记录，如图 8-23 所示。

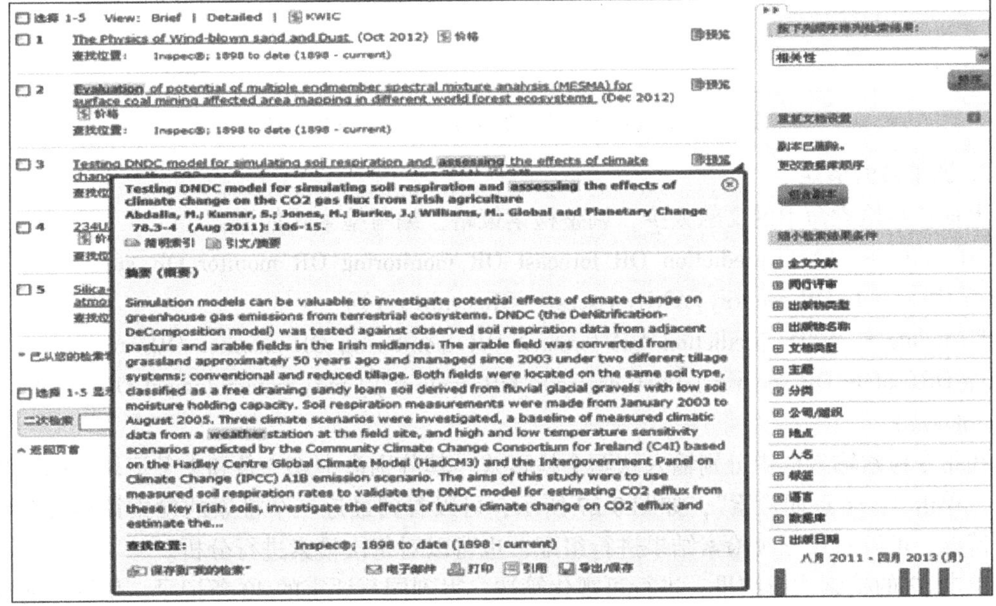

图 8-23　ProQuest Dialog 案例分析——检索结果及预览

从第 3 条记录预览判断该条记录较相关，选择该条记录，并单击“导出/保存”，如图 8-24所示。

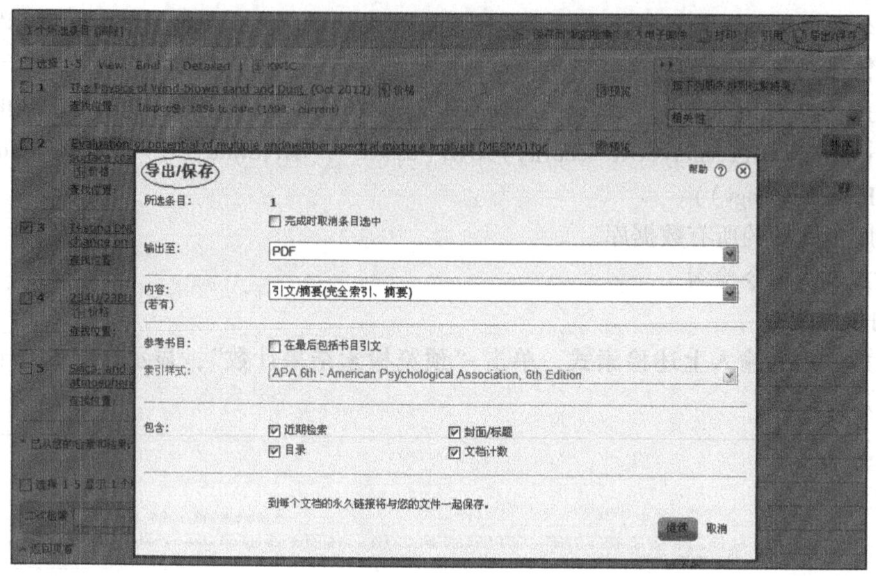

图 8-24　ProQuest Dialog 案例分析——检索结果导出/保存

单击“继续”，出现价格预览窗口，如图 8-25 所示。再单击“继续”，即可得到该文引文/摘要。

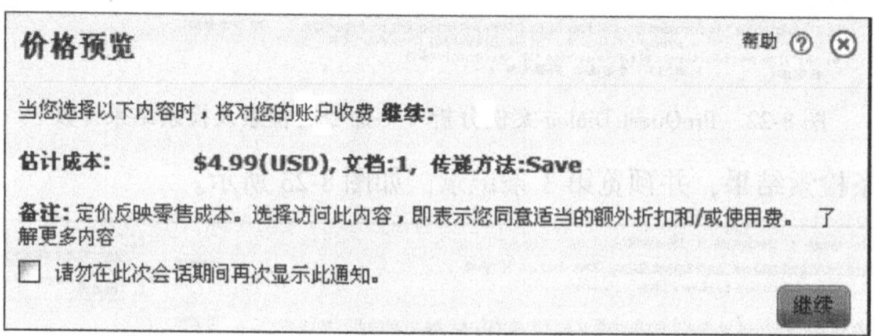

图 8-25　ProQuest Dialog 案例分析——检索价格预览

2. 调整检索策略

上面初步检索命中的文献太少，调整检索策略，编写检索式如下：

Ti(tailing * AND(prediction OR forecast OR monitoring OR monitor OR surveillance OR warning OR(safety OR security)AND(assess * OR evalu *)))

Ti(tailing * AND(prediction OR forecast OR monitoring OR monitor OR surveillance OR warning OR(safety OR security)AND(assess * OR evalu *))and(meteorological OR weather OR meteorology))

在指令检索输入框中分别输入这两个检索式，其分别命中 427 条和 2 条记录，如图 8-26 所示。单击“3 个近期检索”，如图 8-27 所示，可以看到最近三个检索的检索策略及命中记录等情况，可以对这三次检索结果进行组配，也可以对每次检索进行分析。

单击 S2 的检索式或结果，进行可视化筛选，得到同行评审的 40 条记录，供课题研究参考。如图 8-28 所示。

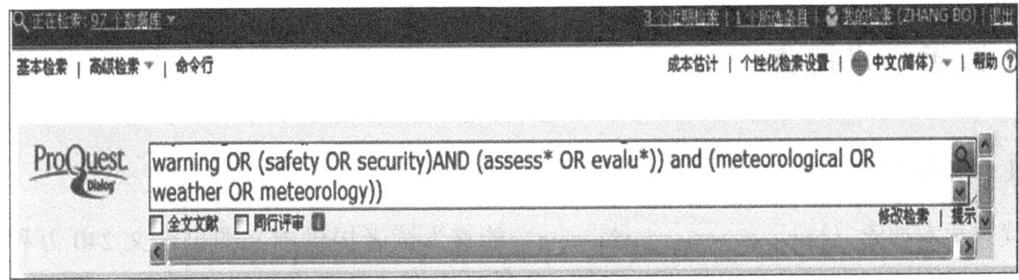

图 8-26　ProQuest Dialog 案例分析——近期检索查看

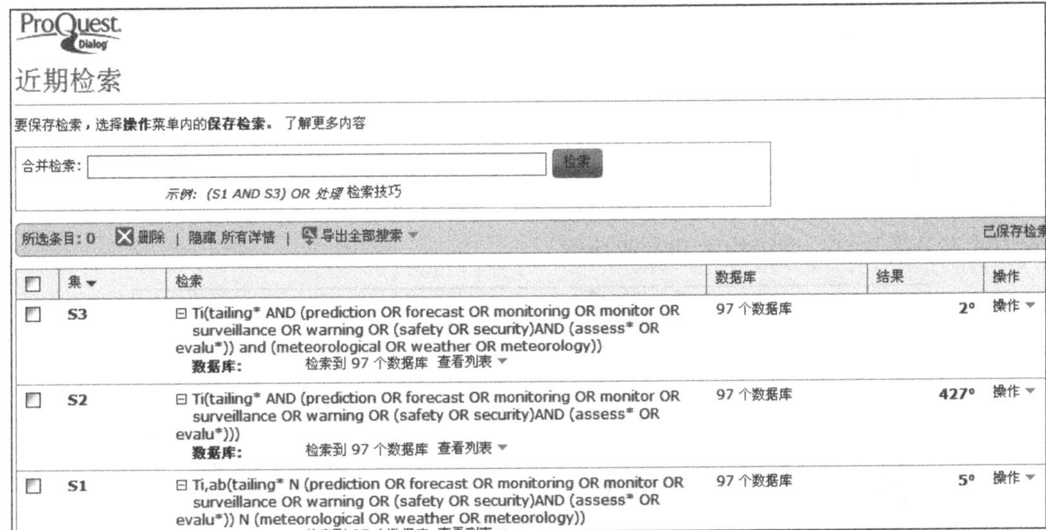

图 8-27　ProQuest Dialog 案例分析——近期检索展开

缩小方式
同行评审: 同行评审

选择 1-20　View: Brief | Detailed | KWIC

1 Forecast Models of Heavy Metal Contamination near Tailing Dam and Their Application (Dec. 2004) 价格　预览
查找位置:　2 个数据库 查看列表

2 Karst landform tailings dam disaster appraisal and setting of safety monitor threshold.　预览
He, Yue-Guang; Yang, Xiao-Li; He, Ji-Shan. **Zhongnan Daxue Xuebao (Ziran Kexue Ban) / Journal of Central South University (Science and Technology)** 38.4: 778-783. Central South University of Technology, Changsha, Hunan, 410012, China. (26 Aug. 2007)
查找位置:　5 个数据库 查看列表

3 Monitoring technique for seepage line of tailings dam. (June 2003) 价格　预览
查找位置:　2 个数据库 查看列表

4 Prediction of water-soluble metal concentrations in fluvially deposited tailings sediments, upper Clark Fork valley, Montana, U.S.A (1991) 价格　预览
查找位置:　Aqualine (1960 - current)

5 Multivariate statistical analysis and 3D-coupled Markov chain modeling approach for the prediction of subsurface heterogeneity of contaminated soil management in abandoned Guryong Mine Tailings, Korea　预览
Moon, Yonghee; Zhang, Yong-Seon; Song, Yungoo; Park, Eungyu; Moon, Hi-Soo. **Environmental Earth Sciences** 68.6: 1527-1538. Springer Science+Business Media, Van Godewijckstraat 30 Dordrecht 3311 GX Netherlands. (Mar 2013)
查找位置:　Meteorological & Geoastrophysical Abstracts (1974 - current)

按下列顺序排列检索结果:
相关性
排序
重复文档设置
副本已删除。
更改数据库顺序
包含副本
缩小检索结果条件
⊞ 全文文献
⊟ 同行评审
同行评审 (40)
⊞ 出版物类型
⊞ 出版物名称
⊞ 文档类型
⊞ 主题
⊞ 分类

图 8-28　ProQuest Dialog 案例分析——可视化筛选

8.2　读秀学术搜索

8.2.1　数据库简介

读秀学术搜索（http：//www. duxiu. com）能够为读者提供中文图书全文 240 万种，其中可以直接阅读、下载全文的是 130 万种，9 亿页图书、期刊资料以及报纸、论文、词条、人物和外文资料等一系列学术资源的检索。

通过读秀学术搜索，读者可以对图书和期刊进行目录和全文检索，检索结果直接定位到页，以最快的速度获取知识点相关信息。

8.2.2　学术搜索功能

1. 图书搜索

检索主页如图 8-29 所示，提供分类浏览入口（图 8-30）和关键词搜索入口（图 8-31），检索方式有分类导航、高级检索和专业检索。

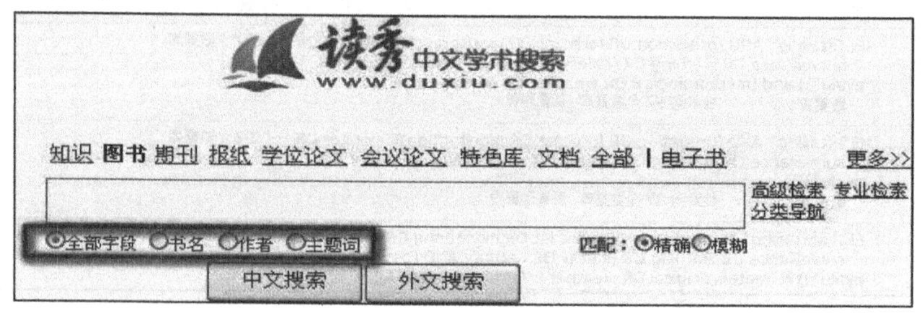

图 8-29　读秀学术搜索检索主页

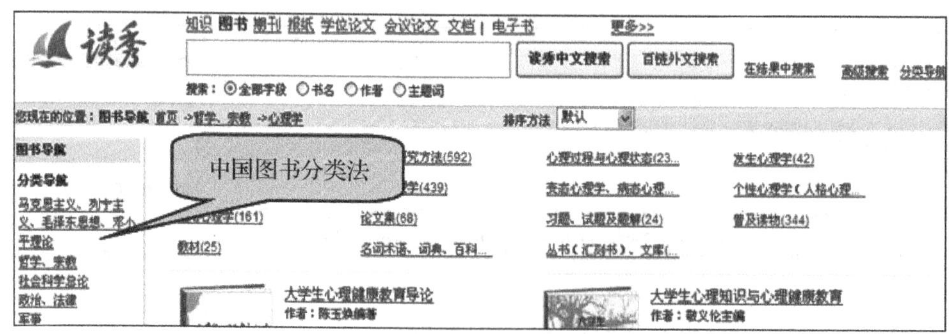

图 8-30　分类浏览入口

图书信息（图 8-32）在线阅读功能如同现场翻书，搜索可深入到目次级，可以看到封面、版权、目录、正文等。图书目录页如图 8-33 所示，图书版权页如图 8-34 所示。

获取图书的方式有本馆馆藏纸书，如图 8-35 所示。

如果检索到的图书本馆未收藏纸质或电子图书，则利用读秀“图书馆文献传递”（图 8-36、图 8-37、图 8-38）来咨询。读秀提供了 260 万种图书的自动文献传递，实现了电子图书与纸质图书的整合。

文献传递结果反馈至邮箱，用户登录邮箱后，单击文献阅读超链接，即可阅读全文。

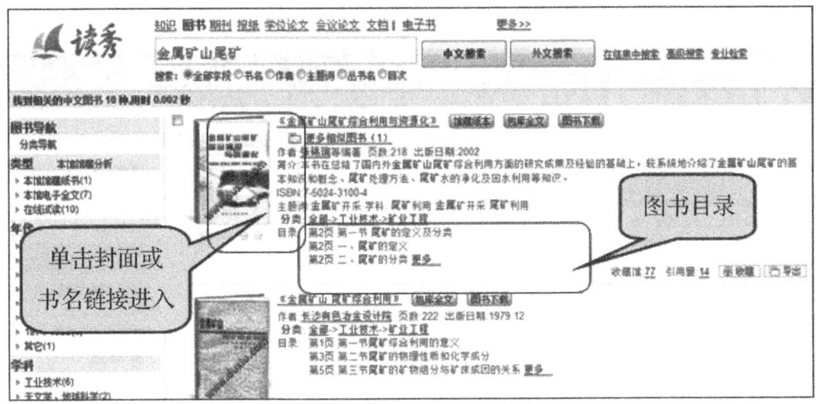

图 8-31　关键词搜索入口

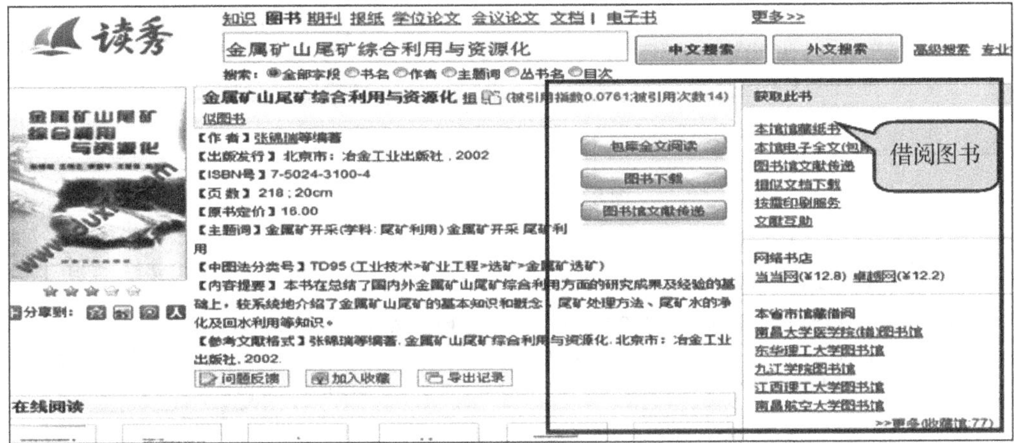

图 8-32　图书信息

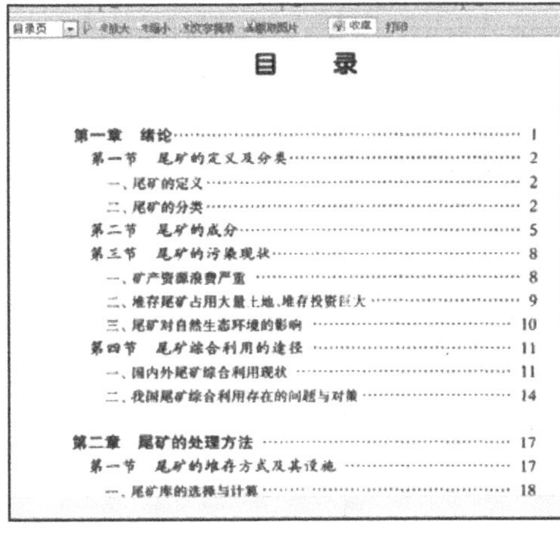

目　　录

图 8-33　图书目录页

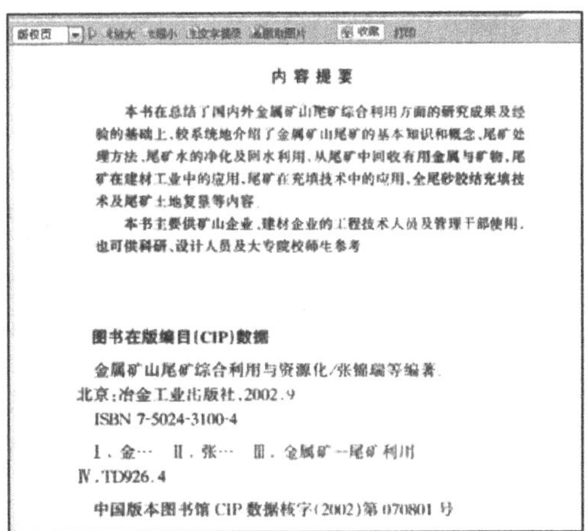

内容提要

本书在总结了国内外金属矿山尾矿综合利用方面的研究成果及经验的基础上，较系统地介绍了金属矿山尾矿的基本知识和概念、尾矿处理方法、尾矿水的净化及回水利用、从尾矿中回收有用金属与矿物、尾矿在建材工业中的应用、尾矿在充填技术中的应用、全尾砂胶结充填技术及尾矿土地复垦等内容。

本书主要供矿山企业、建材企业的工程技术人员及管理干部使用，也可供科研、设计人员及大专院校师生参考。

图书在版编目(CIP)数据

金属矿山尾矿综合利用与资源化/张锦瑞等编著.
北京：冶金工业出版社，2002.9
ISBN 7-5024-3100-4

Ⅰ.金…　Ⅱ.张…　Ⅲ.金属矿—尾矿利用
Ⅳ.TD926.4

中国版本图书馆 CIP 数据核字(2002)第 070801 号

图 8-34　图书版权页

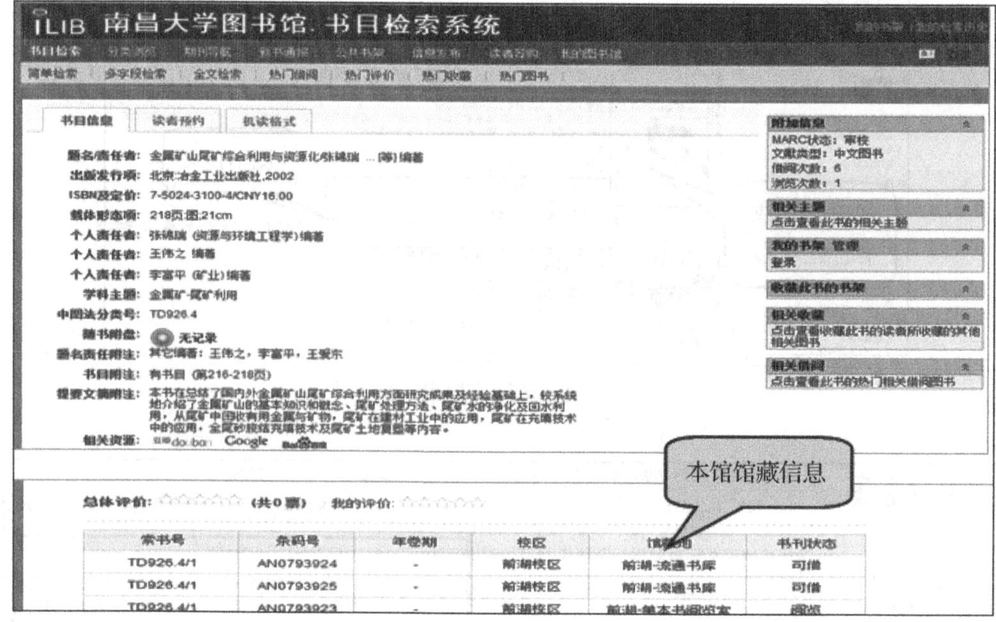

图 8-35　本馆馆藏纸书

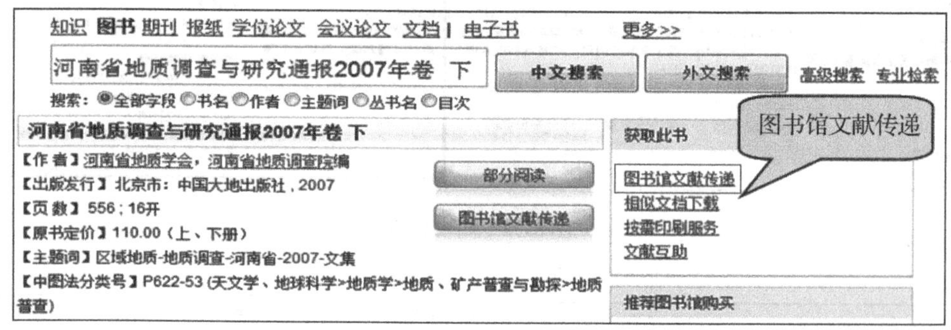

图 8-36　图书馆文献传递

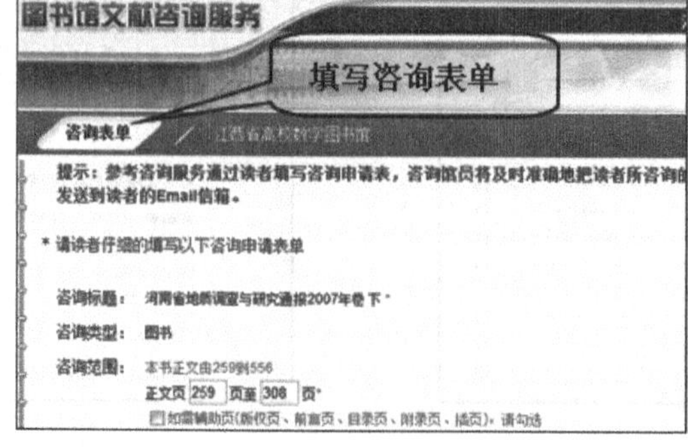

图 8-37　填写咨询表单

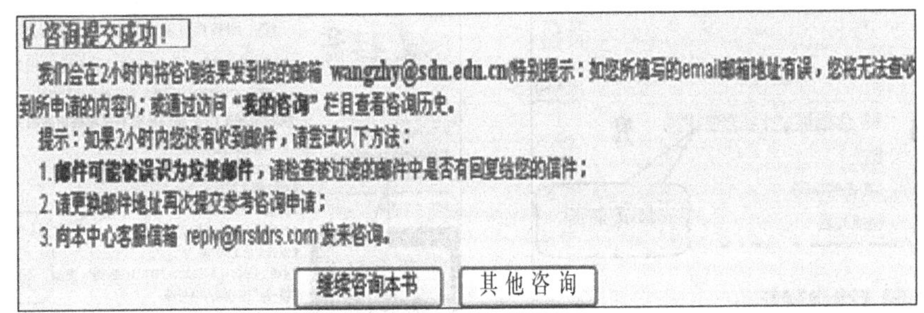

图 8-38　提交咨询

2. 知识搜索

读秀知识搜索是以检索文献所包含的知识为根本目标，将各类文献中所包含的同一内容知识检索出来。在海量的图书数据资源中，围绕该关键词深入到图书的每一页资料中进行信息深度查找。

例如，选择知识频道，在搜索框中输入关键词“尾矿库安全”，然后单击“中文搜索”。查出在文献某一页含有“尾矿库安全”的相关条目有 4803 条，如图 8-39 所示。

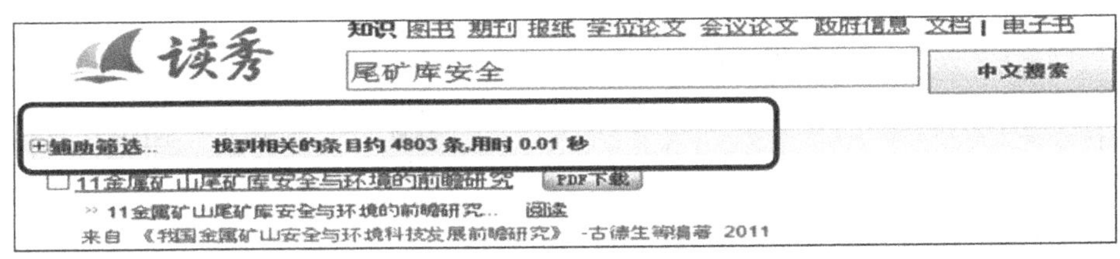

图 8-39　知识搜索检索结果

单击第 1 条记录找到相关的文字提取摘录，单击“选取文字”后，选择要识别的文字区域，单击“确定”，即可完成文字摘录提取，如图 8-40 所示。

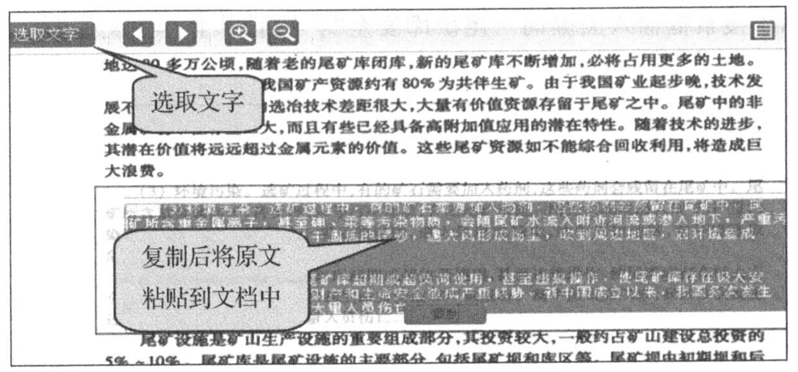

图 8-40　选取文字与复制粘贴

从“本页来源”找到来自本页的图书相关信息，如图 8-41、图 8-42 所示。

3. 其他文献搜索

读秀可搜索的学术资源类型众多，不仅有图书、知识，还有专利、标准、期刊、论文、报纸、视频、词条等，可以在“更多”中找到相应的频道（如“专利”）进行搜索，如图 8-43 所示。

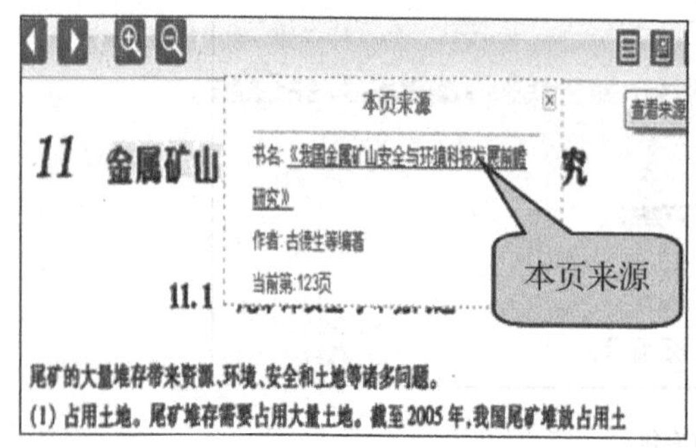

图 8-41　本页来源

图 8-42　图书相关信息

图 8-43　专利搜索界面

在“知识频道”搜索任意词时，可以同时得到相关的图书、期刊、报纸、会议论文、学位论文、人物、工具书等各种文献类型的资源。以《金属矿山尾矿库安全预警系统》课题为例。在知识搜索框输入关键词“尾矿库安全”，然后单击“中文搜索”，检索结果如图 8-44所示。

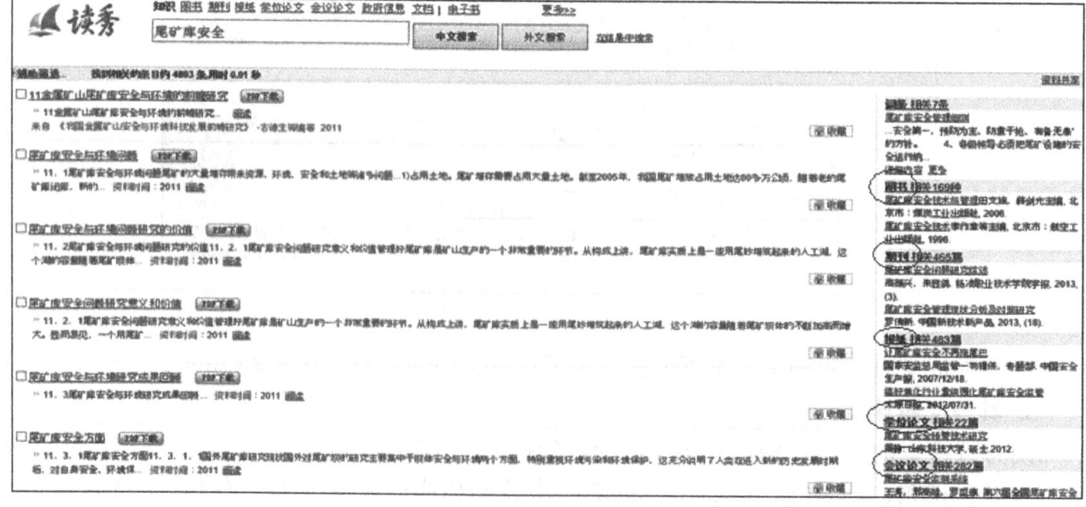

图 8-44　文献资源类型

单击期刊文献，切换到期刊界面，再输入关键词“预警系统”，选择标题字段，缩小检索范围，再单击“在结果中搜索”，进行二次检索，如图 8-45 所示。

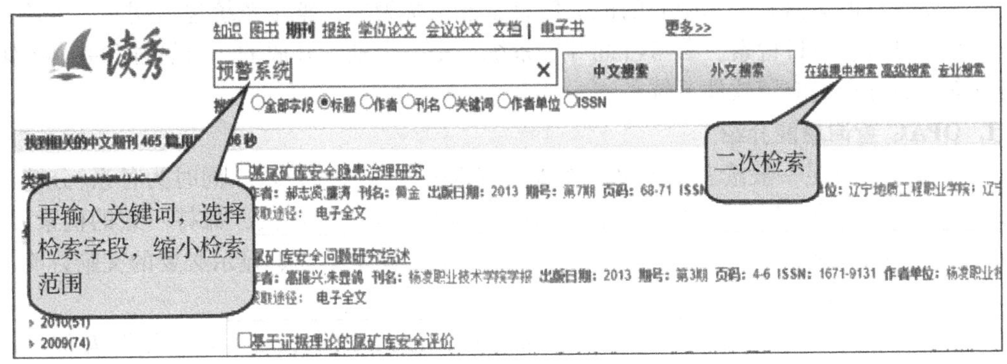

图 8-45　期刊论文二次检索

最终查得有关《金属矿山尾矿库安全预警系统》的期刊论文 6 篇，如图 8-46 所示。

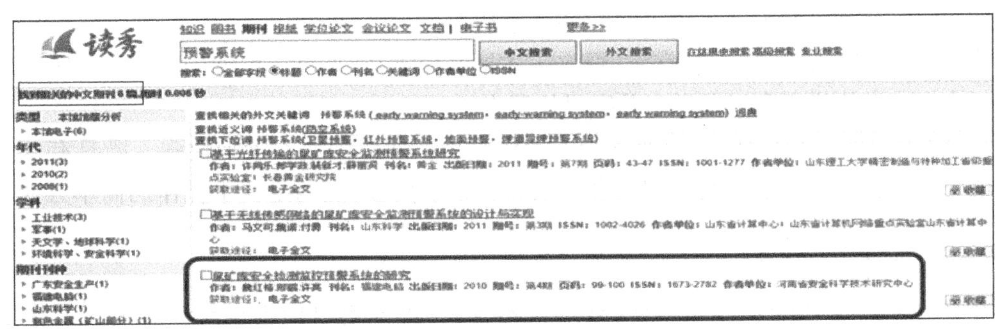

图 8-46　检索结果

单击第 3 篇论文的标题《尾矿库安全检测监控预警系统的研究》，即可得到该论文题录信息，再单击“获取此文方式”下的电子全文，则可阅读全文。

8.3　馆藏书目检索系统

馆藏书目检索系统又称联机公共书目查询系统（Online Public Access Catalog 简称 OPAC），是在因特网上对馆藏信息资源进行查询的工具。读者通过因特网可在任何地方对提供 OPAC 服务的图书馆馆藏资源进行远程检索。馆藏书目检索系统除了能够满足馆藏书刊查询外，还可以实现预约服务、读者借阅情况查询、发布图书馆公告、读者留言等一系列功能。

馆藏书目检索系统有收录单个图书馆的馆藏；有收录全国高校图书馆的馆藏，如 CALIS 联合书目数据库、CASHL 联合目录等；有收录世界范围图书馆的馆藏和网络资源，如 OCLC WorldCat。尽管收录馆藏的范围不同，但各系统的主要功能基本相同。

下面分别介绍大学图书馆、中国国家图书馆和中国高校文献保障体系（CALIS）的联合目录及公共检索系统的使用方法。

8.3.1　大学图书馆馆藏书目检索系统

以江苏南京汇文信息技术中心的汇文信息服务系统为例，整个系统包括期刊、采访、编目、流通、典藏、书目检索、参考咨询等子系统，是一个基于开放的、可管理和共享分馆文献信息资源的分布式应用软件系统。

1. OPAC 查询功能介绍

1）OPAC 可满足一般读者和图书工作人员查询公共目录的要求，同时为各系/分馆提供公共目录查询。系统可以与其他数据库（本馆、本校、校外）连接，保持一致的检索界面，并与系统中的相关模块，如采访、编目、期刊、流通等模块集成。显示必要的文献订购、签到、加工和流通信息。

2）允许读者自己执行某些流通功能，如续借、预约/取消预约、申请馆际互借等。读者能浏览自己的流通记录，查看借阅的资料和了解过期、罚款、停借、违章等信息。

3）OPAC 提供实时信息服务。编目子系统或流通子系统一旦建立了一个新的馆藏记录，OPAC 立即能显示；文献一旦办理了归还手续，OPAC 立即显示更新后的状态信息，并根据规定的时间，自动改变为“可供借阅”的流通状态。

4）OPAC 提供的检索点：著者、题名、主题、分类/索书号、关键词等；中文著者和题名包括全拼式汉语拼音和汉语拼音首字母检索点。

5）OPAC 提供图形界面，功能齐全，操作简便，术语简明，助记性强。既具有基本检索功能，也具有高级检索功能（如组合、限制、布尔）；既能满足新手操作的简单方便，又能满足熟练者的高效要求。

2. 检索指南

登录网站，进入主页，单击“馆藏书目检索”，进入书目检索系统，输入“尾矿库”，如图 8-47 所示；单击“检索”，检索结果如图 8-48 所示；单击书名《尾矿库事故案例分析

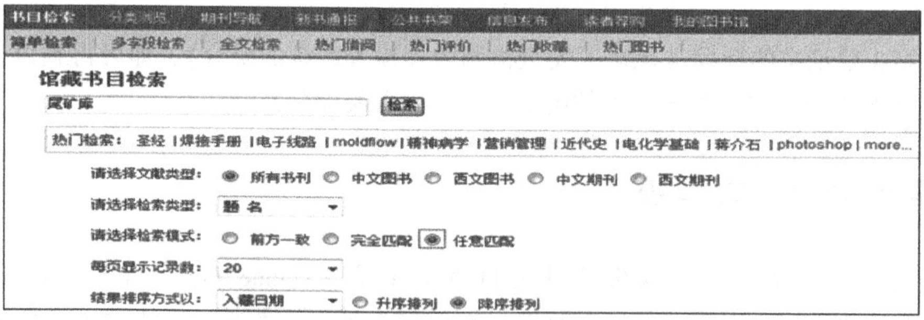

图 8-47　书目检索系统

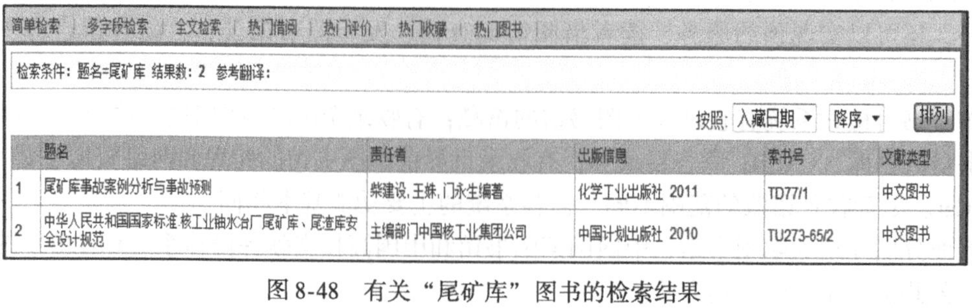

检索条件：题名=尾矿库 结果数：2 参考翻译：

	题名	责任者	出版信息	索书号	文献类型
1	尾矿库事故案例分析与事故预测	柴建设, 王姝, 门永生编著	化学工业出版社 2011	TD77/1	中文图书
2	中华人民共和国国家标准.核工业铀水冶厂尾矿库、尾渣库安全设计规范	主编部门中国核工业集团公司	中国计划出版社 2010	TU273-65/2	中文图书

图 8-48　有关“尾矿库”图书的检索结果

与事故预测》就可得到该书的馆藏信息，如图 8-49 所示。

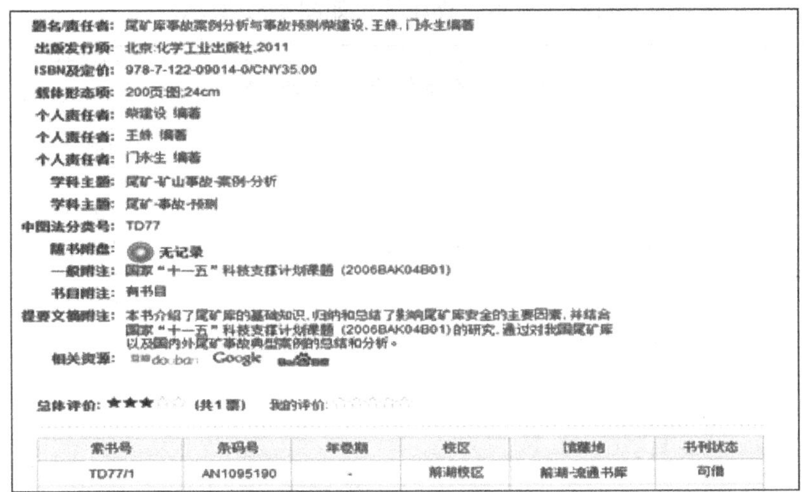
题名/责任者：尾矿库事故案例分析与事故预测/柴建设，王峰，门永生编著
出版发行项：北京:化学工业出版社,2011
ISBN及定价：978-7-122-09014-0/CNY35.00
载体形态项：200页:图;24cm
个人责任者：柴建设 编著
个人责任者：王峰 编著
个人责任者：门永生 编著
学科主题：尾矿-矿山事故-案例-分析
学科主题：尾矿-事故-预测
中图法分类号：TD77
随书附盘：无记录
一般附注：国家“十一五”科技支撑计划课题（2006BAK04B01）
书目附注：有书目
提要文摘附注：本书介绍了尾矿库的基础知识，归纳和总结了影响尾矿库安全的主要因素，并结合国家“十一五”科技支撑计划课题（2006BAK04B01）的研究，通过对我国尾矿库以及国内外尾矿事故典型案例的总结和分析。
相关资源：douban Google

总体评价：★★★（共1票）　我的评价：

索书号	条码号	年卷期	校区	馆藏地	书刊状态
TD77/1	AN1095190	-	南湖校区	南湖-流通书库	可借

图 8-49　《尾矿库事故案例分析与事故预测》的馆藏信息

根据馆藏信息中该书的馆藏地和书刊状态等去图书馆借阅，如果是“已借”状态，则可进行预约。

8.3.2　中国国家图书馆联机公共目录查询系统

1. 概述

中国国家图书馆联机公共目录查询系统的网址为 http：//opac. nlc. gov. cn/F。新版 OPAC 即 Web OPAC 是通过 HTTP Internet 标准访问 ALEPH 500 联机目录的一个界面。

Web OPAC 基本功能有：检索馆藏书目记录，查看单册的馆藏信息，查看流通信息，提交预约、续借和复印请求，文献传递和馆际互借功能。此外还具有读者荐购馆藏书目或者新书荐购、读者为馆藏图书添加评论评级等功能。

2. 检索指南

Web OPAC 检索方式有高级检索、多字段检索、多库检索、组合检索、通用命令语言检索等 7 种。检索字段包括所有字段、正题名、其它题名、著者等 18 个字段，如图 8-50 所示。

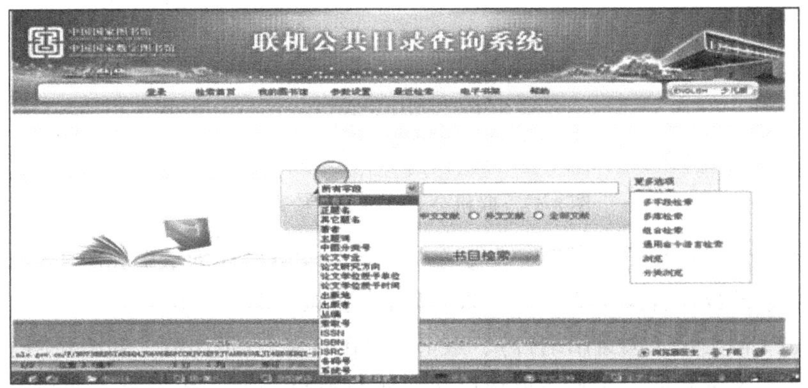

图 8-50　中国国家图书馆联机公共目录查询系统主页

在联机公共目录查询系统的帮助栏中，新版 OPAC—使用手册详细地介绍了其功能、登录、检索方式以及检索结果列表、显示、排序等，如图 8-51 所示。

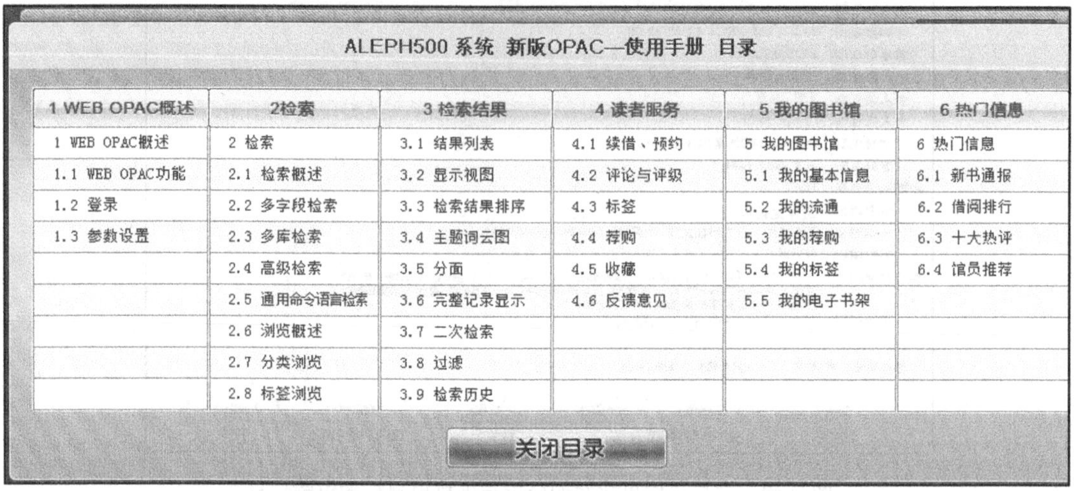
ALEPH500 系统 新版OPAC—使用手册 目录
1 WEB OPAC概述
2检索
3 检索结果
4 读者服务
5 我的图书馆
6 热门信息
1 WEB OPAC概述
1.1 WEB OPAC功能
1.2 登录
1.3 参数设置
2 检索
2.1 检索概述
2.2 多字段检索
2.3 多库检索
2.4 高级检索
2.5 通用命令语言检索
2.6 浏览概述
2.7 分类浏览
2.8 标签浏览
3.1 结果列表
3.2 显示视图
3.3 检索结果排序
3.4 主题词云图
3.5 分面
3.6 完整记录显示
3.7 二次检索
3.8 过滤
3.9 检索历史
4.1 续借、预约
4.2 评论与评级
4.3 标签
4.4 荐购
4.5 收藏
4.6 反馈意见
5 我的图书馆
5.1 我的基本信息
5.2 我的流通
5.3 我的荐购
5.4 我的标签
5.5 我的电子书架
6 热门信息
6.1 新书通报
6.2 借阅排行
6.3 十大热评
6.4 馆员推荐
关闭目录

图 8-51　联机公共目录查询系统新版 OPAC—使用手册

多库检索可以同时检索多个数据库，如图 8-52 所示。多库检索界面反映中国国家图书馆收藏了中外文图书期刊、民语文献、缩微文献、古籍文献、联合国资料等各种文献。

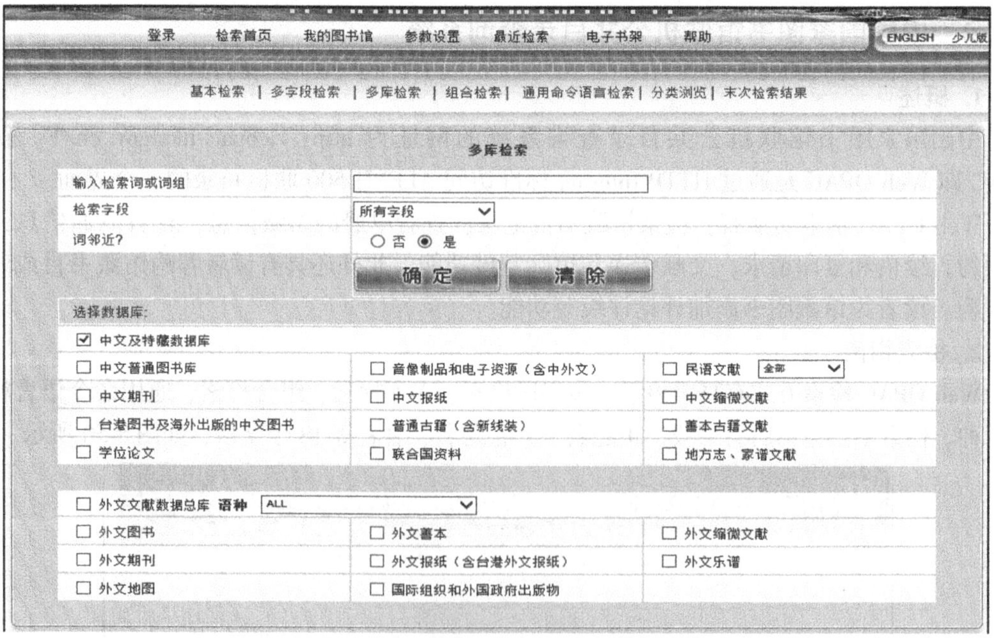
登录
检索首页
我的图书馆
参数设置
最近检索
电子书架
帮助
ENGLISH
少儿版
基本检索 | 多字段检索 | 多库检索 | 组合检索 | 通用命令语言检索 | 分类浏览 | 末次检索结果
多库检索
输入检索词或词组
检索字段
所有字段
词邻近?
否 是
确 定
清 除
选择数据库:
中文及特藏数据库
中文普通图书库
音像制品和电子资源（含中外文）
民语文献
全部
中文期刊
中文报纸
中文缩微文献
台港图书及海外出版的中文图书
普通古籍（含新线装）
善本古籍文献
学位论文
联合国资料
地方志、家谱文献
外文文献数据总库 语种
ALL
外文图书
外文善本
外文缩微文献
外文期刊
外文报纸（含台港外文报纸）
外文乐谱
外文地图
国际组织和外国政府出版物

图 8-52　联机公共目录多库检索界面

利用组合检索，查找有关“尾矿库安全”方面的文献，检索结果如图 8-53 所示。

单击命中记录数查看这 6 条记录，选中第 4 条记录，单击“馆藏复本 1”显示该硕士论文的馆藏位置（博士论文阅览出纳台）、索书号及馆藏总数/借出数，如图 8-54 所示。

直接单击“文献索取”按钮索取该论文，如图 8-55 所示。单击论文题目，得到该论文详细出版信息，如图 8-56 所示。

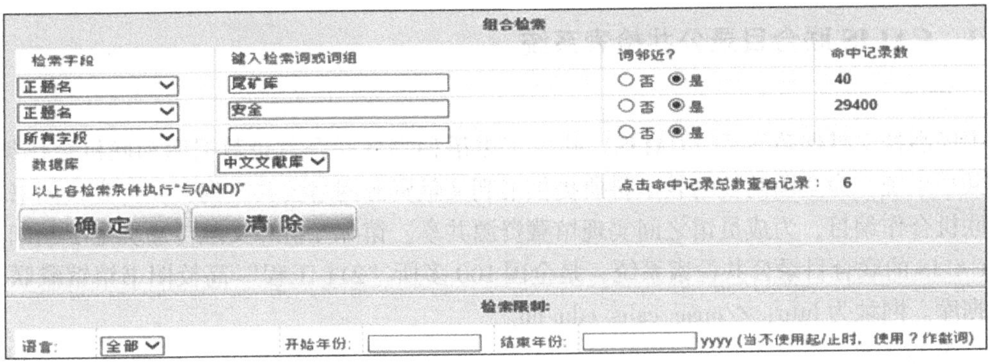

图 8-53 联机公共目录组合检索结果

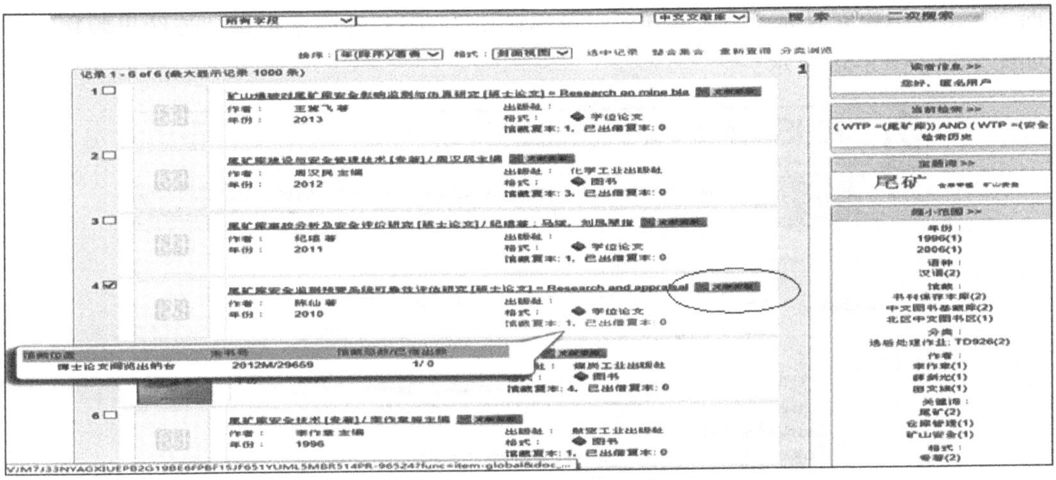

图 8-54 命中记录的详细信息

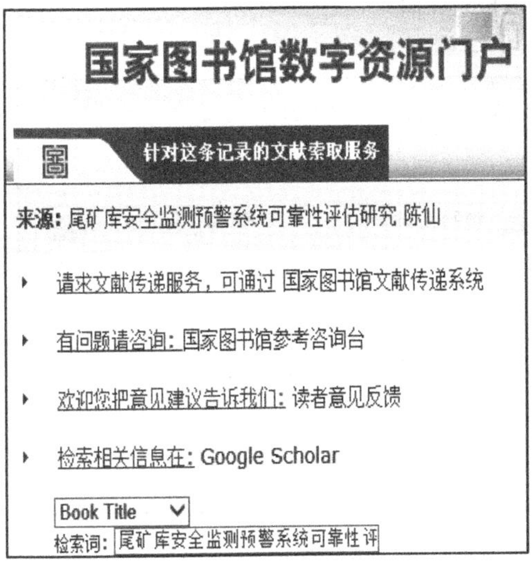

图 8-55 索取论文

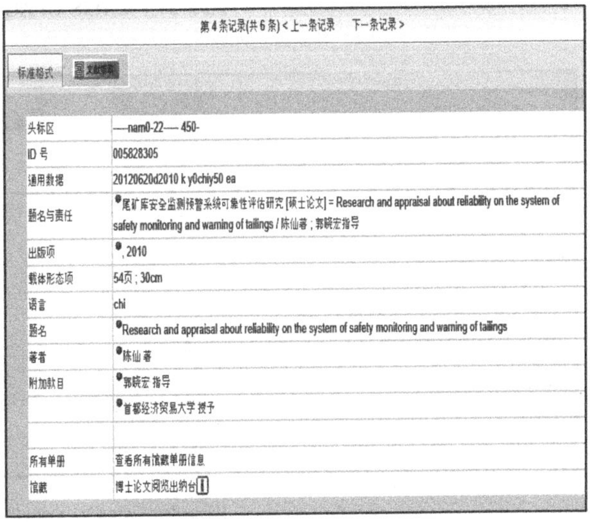

图 8-56 论文详细出版信息

单击“博士论文览阅出纳台”查看该论文的状态、索取号、架位导航等信息。通过架位导航即可得到该学位论文的收藏地，予以借阅。

8.3.3 CALIS 联合目录公共检索系统

1. 概况

中国高校文献保障体系（CALIS）建立了多语种书刊联合目录数据库和联机合作编目、资源共享系统，为全国高校的教学科研提供书刊文献资源网络公共查询，支持高校图书馆系统的联机合作编目，为成员馆之间实现馆藏资源共享、馆际互借和文献传递奠定了基础。

CALIS 的联合目录公共检索系统，是全国 100 多所“211 工程”高校图书馆馆藏联合目录数据库。网址为 http：//opac. calis. edu. cn。

2. 检索方式

CALIS OPAC 系统具有简单检索和高级检索两种检索方式。系统的默认界面为简单检索界面。单击高级检索界面，输入期刊名“金属矿山”，限制性检索选择“连续出版物”，检索如图 8-57、图 8-58 所示。

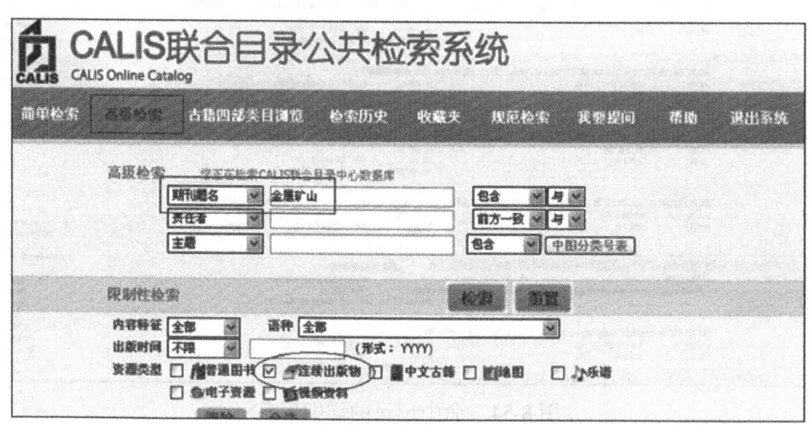

图 8-57　CALIS OPAC 高级检索界面

简单检索　高级检索　古籍四部类目浏览　检索历史　收藏夹　规范检索　我要提问　帮助　退出系统

当前检索条件：期刊题名 = 金属矿山　　检索结果 1　保存检索式　重新检索

数据库：中文(1)
责任者：冶金工业部(1)　夏绍柱(1)
资源类型：连续出版物(1)
学科分类：工学(1)　矿业工程(1)　采矿工程(1)

全选　重置　输出　加入收藏夹　当前页号：1　总页数：1　上一页　下一页　跳转到第：1 页　题名　排序

序号	题名	责任者	出版信息	资源类型	馆藏
1	金属矿山 = Metal mine	夏绍柱总编辑	马鞍山：马鞍山矿山研究院，1973~		Y

图 8-58　CALIS OPAC 高级检索结果

单击刊名《金属矿山》，得到该期刊的出版周期、ISSN 号、CALIS 控制号等，如图 8-59 所示。

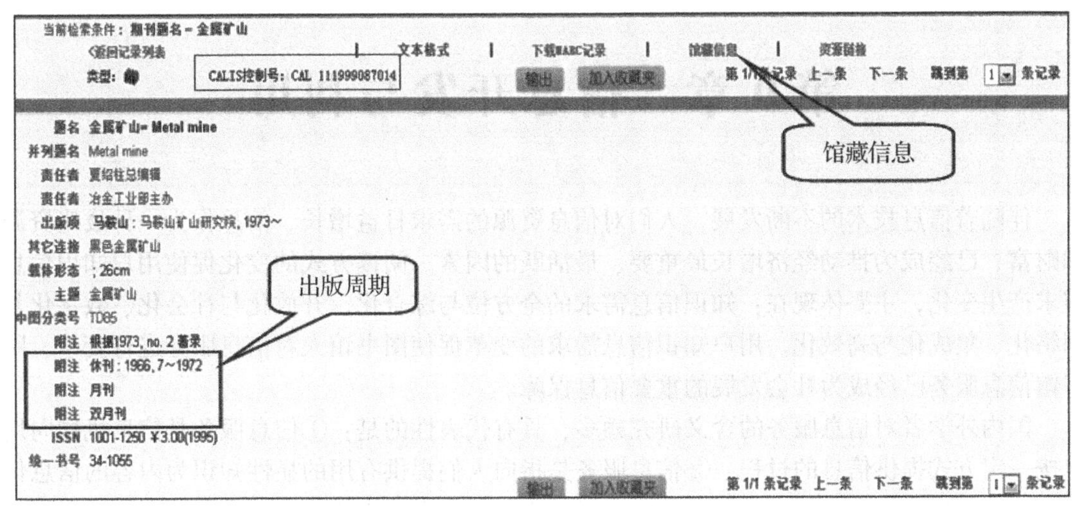

图 8-59　《金属矿山》期刊出版信息

单击馆藏信息，得到收藏该期刊的馆藏机构等信息，如图 8-60 所示。

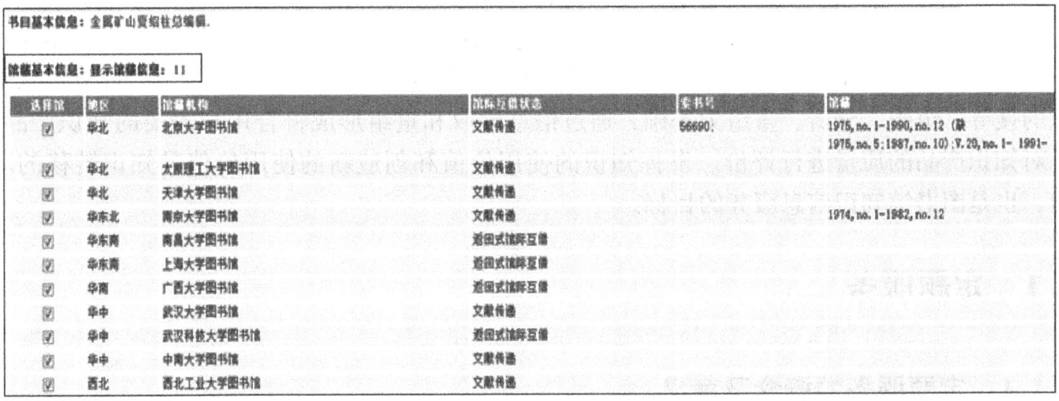

书目基本信息：金属矿山夏绍柱总编辑.

馆藏基本信息：显示馆藏信息：11

选择馆	地区	馆藏机构	馆际互借状态	索书号	馆藏
☑	华北	北京大学图书馆	文献传递	56690:	1975, no. 1-1990, no. 12 (缺 1975, no. 5;1987, no. 10) ;V. 20, no. 1- 1991-
☑	华北	太原理工大学图书馆	文献传递		
☑	华北	天津大学图书馆	文献传递		
☑	华东北	南京大学图书馆	文献传递		1974, no. 1-1982, no. 12
☑	华东南	南昌大学图书馆	返回式馆际互借		
☑	华东南	上海大学图书馆	返回式馆际互借		
☑	华南	广西大学图书馆	返回式馆际互借		
☑	华中	武汉大学图书馆	文献传递		
☑	华中	武汉科技大学图书馆	返回式馆际互借		
☑	华中	中南大学图书馆	文献传递		
☑	西北	西北工业大学图书馆	文献传递		

图 8-60　馆藏信息

第 9 章　信息开发与利用

伴随着信息技术的不断发展，人们对信息资源的需求日益增长。信息作为一种战略资源和财富，已经成为推动经济增长最重要、最活跃的因素。阅读方式的变化促使用户知识信息需求产生变化，主要体现在：知识信息需求的全方位与综合化、开放化与社会化、数字化与网络化、集成化与高效化。用户知识信息需求的变革促使图书馆人对信息服务进行变革，图书馆信息服务已经成为社会发展的重要信息保障。

国内外学者对信息服务的含义研究颇多，具有代表性的是：①信息服务是信息机构向用户按一定方式提供信息的过程；②信息服务是指向人们提供有用的显性知识为内容的信息传播过程；③现代社会中信息服务可理解为以用户的信息需求为依据，面向用户开展的一切服务性活动；④信息服务大多是基于用户简单提问的文献物理检索和传递服务。

知识信息服务是基于知识层面的结果形成的、知识范畴下的信息服务，不仅需要科研部门从事知识的发明、生产，还需要专门机构和人员从事知识信息的收集、采用、组织、整合与利用。它是一种创造性劳动，根据用户的信息需求，为用户提供有效的知识信息应用和知识创新服务。图书馆知识信息服务的本质在于它实现了知识信息的转移与增值，即以信息知识的搜寻、组织、分析、重组为基础，通过信息析取和重组形成符合用户需要的知识产品，并对知识产品的质量进行评价。发挥知识的使用价值和创造新的使用价值是知识转移的动力，也是图书馆知识信息服务的目标。

9.1　定题服务

9.1.1　定题服务的概念及意义

定题服务又称跟踪服务、对口服务（个性化服务）、SDI 服务（Selective Dissemination of Information service）。它是图书情报部门根据用户研究课题需要或急需解决的问题为目标，通过对信息的收集、筛选、整理，并定期或不定期地提供给用户，以书目、索引、文摘、全文、译文、综述等方式提供检索结果直至协助课题完成的一种连续性的服务。针对研究人员各自的研究课题，情报服务单位定期将检索到的最新文献信息提供给研究人员，使他们得以随时了解学科研究工作的进展情况，掌握最新发表的相关文献。

图书馆提供的定题服务应是通过检索手段获取用户研究课题的相关信息，并对相关信息从内容到形式上进行加工，为用户研究课题的开展提供权威的信息参考。定题服务的关键是提供给用户的信息应比用户自己获取的信息更全面、更准确，确实能为用户的研究节省时间与精力。随着网络技术的不断发展，定题服务是图书情报机构利用自身资源优势，结合专业知识为科研人员快速提供全面、准确、详尽文献资料的信息服务过程。这种服务具有专业性、科学性和时代性等特点。

9.1.2 开展定题服务的原则及方法

1. 开展定题服务应遵循的原则

目前定题服务多以电子学术期刊和其他电子出版物为主要信息源，开展定题服务主要遵循以下5种原则：

（1）针对性与实用性相结合的原则　定题服务提供的电子信息内容必须实用，且具有较强的针对性，始终围绕着课题研究中急需解决的问题。电子信息实用价值的高低，决定了定题服务的质量，因此，图书情报人员在加工电子信息时应遵循实用性原则，有针对性地科学地筛选电子信息。

（2）广泛性与多样性相结合的原则　高校图书馆通过电子学术期刊提供定题服务的对象应具有广泛性，即在定题条件下的多向主动传递，形成多层次的服务格局。提供定题服务的形式应具有多样性，即不拘泥某一固定的服务模式，形式灵活多样，既有题录、文摘，又有索引、全文等。

（3）时效性与效益性相结合的原则　电子学术期刊和其他电子出版物，其特点是信息量大，传输和发行速度快。必须严格把握电子信息的时限，以保证为读者提供最新的信息。同时电子信息产量的生产是以一定的成本耗费作为经济前提的，因此利用电子学术期刊进行定题服务还必须遵循效益性原则，以尽可能低的耗费，提供更多的优质服务。

（4）可靠性与拓展性相结合的原则　定题服务所提供的电子信息必须准确、可靠，否则，错误的电子信息会对读者产生误导，从而影响教学和科研活动。在注重电子信息可靠性的同时，还应注意电子信息的拓展性。电子学术期刊蕴藏着大量的显信息及隐藏信息，将隐藏在电子学术期刊中的新发现、新成果、新思想、新见解、新问题拓展出来，为读者提供高效益的服务，是提高定题服务水平的关键。

（5）主动性与持续性相结合的原则　主动性是指服务人员主动按照用户的信息需求提供相应的服务。情报人员深入实际，主动了解教学及科研进展情况，选择服务课题；主动与教学及科研人员沟通，加强与各方面的联系；主动收集调研文献、情报动态，编制专题文摘、索引，以及专题综述、述评、专题参考资料；主动向教学科研人员提供相关课题研究所需的新资料通报等重要的实时信息并立即推送给用户。持续性是指要在一段时间内用跟踪课题研究全过程的方式不断进行。自始至终、连续不断地提供文献资料服务，才能满足课题研究不断深化的情报需求，才能保证课题研究持续有效地进行。网络环境可以保证文献资料及时发送到用户信箱中，使用户能够及时掌握课题最新的研究文献。

2. 定题服务的方法

（1）情报超前提供法　一是提供的内容要超前。必须提供最新发表和出版的反映学科前沿最新进展与发展方向的理论与发现，必须是真正切合课题需要的代表学科最高水平与发展方向的图书情报。二是提供的时间要超前。在深入调查研究的基础上，情报人员要潜心研究课题研究者的潜在需求，充分挖掘现有馆藏的潜在价值，真正让图书馆情报服务工作走在课题研究者提出文献情报需求的前头。

（2）直接对话调研法　就是情报人员直接向科研者了解其课题的背景和内容，针对其需求搜集文献，了解其课题关键，所需资料类型等。然后检索与其相关的各种文献资料，提供给用户，使科研人员在课题方案论证阶段就占有充分的主动性。

（3）集中分散检索法 集中检索是指定期全面检索。根据课题的综合要求，确定多个主题词或关键词，大范围地进行追溯检索。分散检索又称随机检索，即在日常的阅读检索过程中，留心与课题相关的文献信息，对重要的主题词长期跟踪检索。

（4）情报提供反馈法 定题服务本身就是能经常与情报用户保持一种情报提供与反馈的关系。一种是情报人员对有关学科内容，系统地积累二次文献，粗略认定后，先交予课题人员选择。然后反馈给情报人员，作为检索一次文献的重点。另一种是课题人员把自己掌握的文献情报信息提供给情报人员，情报人员去索取一次文献，然后反馈给课题人员。这种情报选择与反馈的交替进行，加强了情报的主动传递。

（5）情报行为渗透法 情报人员的活动贯穿于课题研究的始终，情报人员的行为全方位地渗透到课题研究的各个环节，这样可促进科研人员思维敏捷，且在获得丰富的素材后，产生深刻的理性提纯——情报研究分析报告，反过来服务于科研。

定题服务的基本程序一般为：确定课题检索词→构造检索表达式→上机检索→选择整理检索文献结果→传送课题用户。课题必须围绕学校教学和科研中心，深入、全面了解课题内容、意义、目的、方向及课题研究的历史与现状，寻找出该课题的关键词或主题词作为检索词，构造检索表达式。其中，准确的主题分析是定题服务的前提，对检索词进行检索表达式的构造和调试则是计算机检索的关键。

例如，“极端气象条件下金属矿山尾矿库安全预报、预警技术研究”课题，首先要与课题研究人员进行沟通，了解课题研究的主要内容。分析什么是金属矿山尾矿库？什么是气象条件？等。尾矿库，也称尾砂库或尾砂坝。矿山开采出的矿石，经选出有价值的矿产品后产生大量废渣，即尾矿或尾砂，为堆存尾矿砂所建的构筑物系统称为尾矿库，通常包括尾矿坝、库区、排洪设施等。一般情况下，尾矿库在堆存尾矿砂的同时，也储存选厂废水以供循环利用，在极端气象条件下，尾矿库灾害具体表现为：溃坝或垮坝、泄流、泄漏或渗流、滑坡或塌陷、泥石流等。根据上述分析，构建主要的检索式为：

CS1：（气象 OR 气候 OR 天气）AND（金属矿山 OR 铁 OR 铜 OR 铅 OR 锌 OR 金 OR 银 OR 钨 OR 锡 OR 钼 OR 铍 OR 锂）AND（尾矿库 OR 尾砂库 OR 尾砂坝 OR 尾矿坝 OR 尾矿场 OR 小流域）AND（防灾 OR 防护 OR 保护 OR 应急 OR 预测 OR 预报 OR 监测 OR 预警）

CS2：（金属矿山 OR 铁 OR 铜 OR 铅 OR 锌 OR 金 OR 银 OR 钨 OR 锡 OR 钼 OR 铍 OR 锂）AND（尾矿库 OR 尾砂库 OR 尾砂坝 OR 尾矿坝 OR 尾矿场 OR 小流域）AND（溃坝 OR 垮坝 OR 泄流 OR 泄漏 OR 渗流 OR 滑坡 OR 塌陷 OR 泥石流）AND（防灾 OR 防护 OR 保护 OR 应急 OR 预测 OR 预报 OR 监测 OR 预警）

在实际的检索过程中，可以根据检索结果在上述检索式的基础上进行检索词的调整，以满足课题文献的查全和查准率。不同的检索数据库其检索技术有所不同，在检索过程中应当遵照具体数据库的要求构建检索策略实现检索。

信息的查全率和查准率，决定着信息服务产品的质量。如果直接按读者提出的检索词进行简单检索操作，往往得不到理想效果。要想得到读者满意的检索结果，就需要构造出科学的检索表达式，就需要检索人员根据需要反复推敲、多次测试，并根据读者的反馈进行修改，方能接近最佳效果。调试好检索表达式以后，计算机就可显示所查信息的题录、摘要或全文，然后对所检索的文献进行选择整理，并打印出检索服务的产品。

9.1.3　个性化信息服务和 RSS 技术在定题服务中的应用

网络环境下，定题服务方式呈现多元化。网络定题服务对于用户信息需求的获取不再是简单的接受委托和确定课题，而是“针对网络环境下信息用户需求的特点，依托相应技术，建立面向用户的基于智能代理的用户服务模块”，为用户提供个性化的服务。推行个性化的定题服务必须积极运用先进的技术手段。PUSH 技术被称为“委托 SDI 在网络时代的深层次发展”。PUSH 技术在定题服务中的应用使得信息的检索和传递过程更加个性化、智能化。它一方面可以主动地为用户推送最新、最准确的信息，避免了信息滞后的现象，大大满足了用户对定题服务及时性的要求；另一方面在充分体现用户个性化的基础上，大大减少了用户的重复操作，使得 SDI 中用户和信息服务人员之间的信息流动更加畅通。RSS 技术就是 PUSH 技术中的典型代表，国内的学者提出了 RSS 应用于网络 SDI 服务的构想，建立了基于 RSS 技术理论的定题服务模型，并将其应用于个性化电子期刊订阅。研究表明，构建的 MJFB 定题服务系统运行稳定，可以满足各学科专家或专业课题研究的信息需求，深受定题服务用户的欢迎。

9.1.4　NoteExpress 管理软件在定题服务中的应用

NoteExpress（NE）提供了以文献的题录为核心的科研模式，SDI 工作人员可以利用 NoteExpress 管理软件的文献检索、文献管理、文章撰写等功能对定题服务的文献进行高效有序的管理。

1. 选题

选题阶段要求 SDI 工作人员做到既要了解课题所涉及的学科领域，又要了解课题的研究内容以及科研人员对文献信息的需求。检索并筛选出有价值的相关文献资料。

（1）建立 SDI 数据库　通过单击 NE 工具栏上的图标，或者选择菜单“文件 > 新建数据库”新建一个 SDI 数据库。数据库名称可以使用课题负责人名，也可采用课题项目题名作为数据库名称。

图 9-1 所示为 SDI 主界面左侧数据库目录树。SDI 主界面的右上为题录区，右下为文献细览区。在数据库目录树的根节点下有 5 个文件夹：题录、笔记、检索、组织和回收站，且在题录、笔记以及检索的子目录“最近检索”下均可自由增减文件夹，以便于文献的分类管理。这样，在题录下便可针对每个课题相关内容新建对应的文件夹。例如，金属矿山尾矿库安全、金属矿山尾矿库灾害等，然后将检索到的相关文献题录信息分别导入对应的文件夹下，方便 SDI 工作人员对相关文献进行有针对性的分析和管理。

（2）文献检索　在了解课题需求的基础上，选择恰当的检索词，制订准确的检索策略，然后到相关学科数据库进行检索。NE 提供了国内外 181 个常用数据库的检索链接文件，单击工具栏上图标右侧的小箭头，或单击菜单“检索 > 在线检索”（图 9-2），选择“选择数据库”（NE 会记录最近的检索记录，如果记录中有需要检索的数据库请直接选择）。在检索结果中筛选相关文献，便可以利用导入题录功能将题录信息导入到指定的文件夹下（图 9-3）。另外，NE 还提供过滤器导入功能，可以方便登录数据库 Web 网站，进行文献检索的 SDI 工作人员将筛选后的检索结果题录导入进来。NE 的手动添加功能可以将那些自动录入困难或零散的文献资料，根据工作的需要补充到系统软件当中。

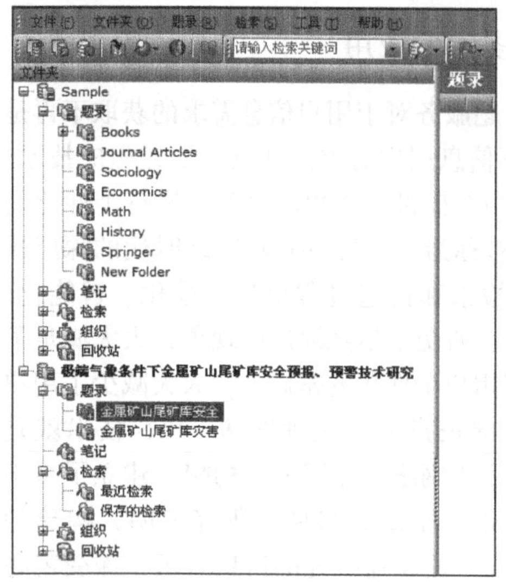

图 9-1　SDI 主界面左侧数据库目录树

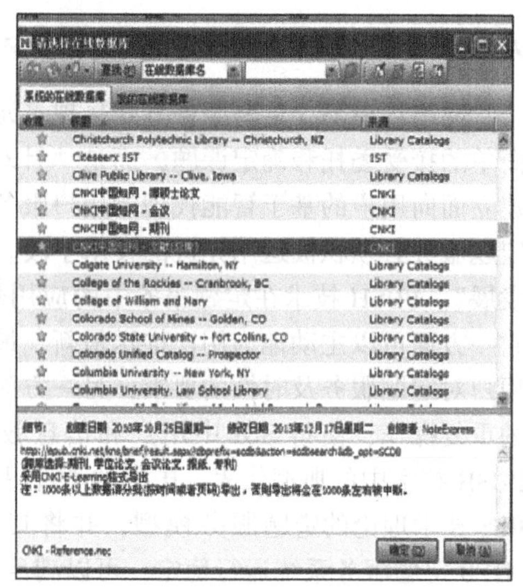

图 9-2　“在线检索”功能

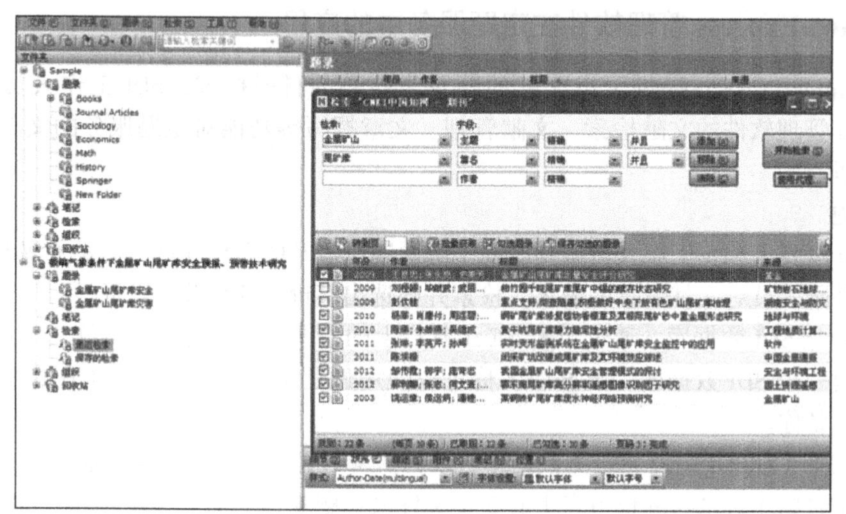

图 9-3　将题录信息导入到指定的文件夹下

(3) 查重　不同数据库收录的期刊会有重复，如 VIP 与 CNKI 的重复期刊就占了 VIP 的 43.795%，且占 CNKI 高达 86.956% 之多。NE 具有查重和去重功能，避免重复下载和重复阅读。单击“工具”菜单，选择“查找重复题录”（图 9-4），在弹出窗口中，选择需要查找重复题录的虚拟文件夹，定义重复题录的字段设置，如默认时 NE 通过题录类型、作者、年份、标题字段进行重复题录查询，还可以

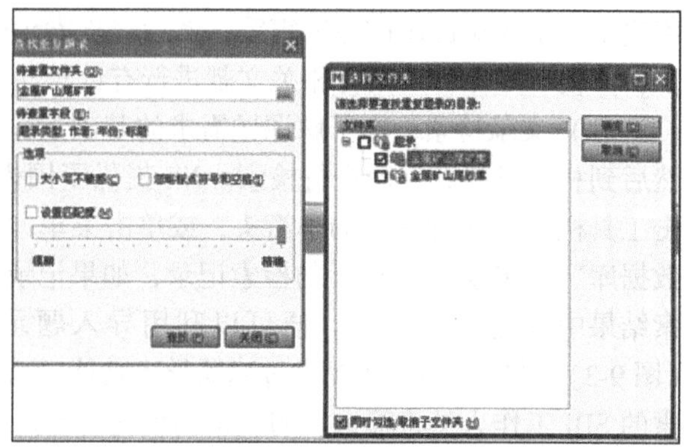

图 9-4　查找重复题录

根据需要添加或勾选其他字段。单击“查找”，NE将自动推送重复题录信息。对查出的重复数据，利用键盘的Delete键即可一次性予以删除。

（4）文件夹信息统计　SDI工作人员需要就课题创新点近几年的发展现状进行归纳总结，方便研究人员对已形成的阶段性研究成果进行对比分析。如果需要对某个虚拟文件夹进行统计，右击该文件夹，从列表中选择“文件夹统计信息”。在弹出查看中，选择需要统计的字段进行统计（图9-5），NE将会推送相应的统计结果（统计结果可输出另存）。NE“文件夹统计信息”可以帮助SDI工作人员按作者、年份、题录类型等统计某项创新点近几年的研究现状，可将统计结果以文字说明或表格的形式提供给研究人员，一定程度上提高了课题选择的准确率。

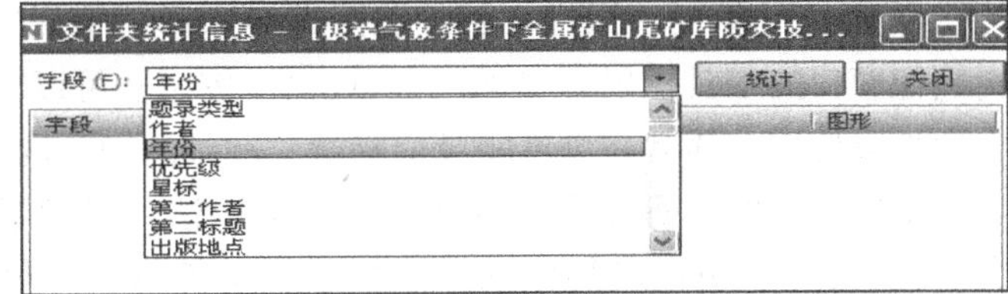

图9-5　文件夹统计信息

2. 文献信息检索及分析

在课题方向确定后，SDI工作人员应加大信息检索的深度和广度，同时增加对课题涉及内容的前沿信息的检索。

（1）更新题录　由于各数据库导入的题录信息不完整，SDI工作人员可以借助NE的在线更新将不完整的信息补充完整。操作如下：

1）选择需要更新的题录（按下“Ctrl”选择多个题录），单击“检索”菜单，从中选择“在线更新题录”，再选择“自动更新”，如图9-6所示。

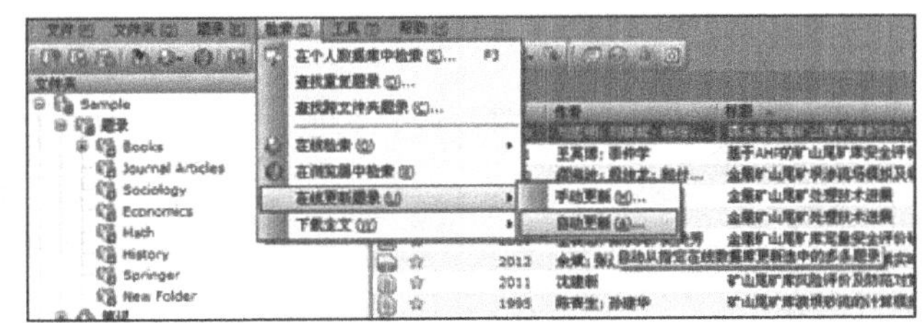
图9-6　更新题录

2）在弹出的“在线更新题录”对话窗口中，单击“更新自”下文本框后的选项，选择更新数据库（如中国期刊网），然后单击“查找更新”。如果自动更新后没有找到对应题录信息，建议尝试其他可能数据库进行更新，如图9-7所示。

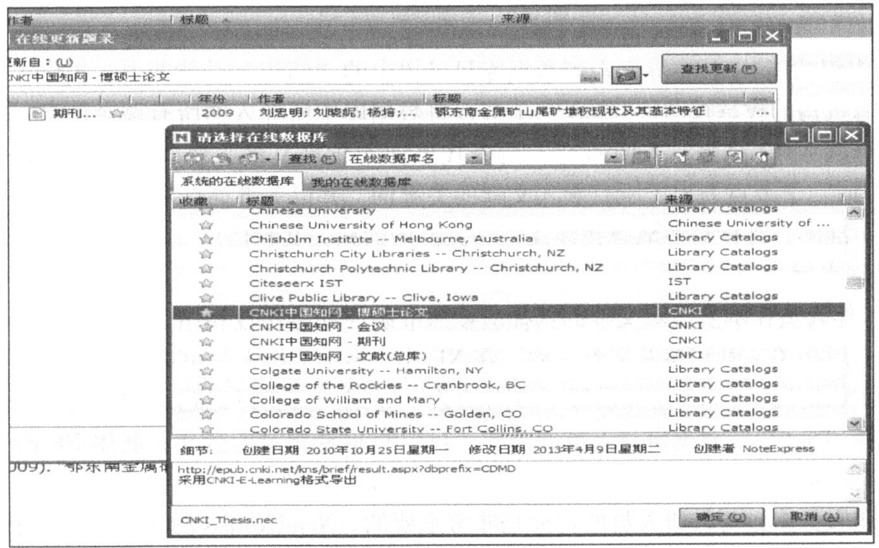

图9-7　查找更新

3）当 NE 找到匹配的信息后，请选择“应用更新”补充完整题录信息。

（2）笔记及添加附件　在分析文献的时候，可以通过 NE 自带的笔记功能，随时将研究的新思想、新想法记录下来，加强了思路与文献的关联性，易于 SDI 工作人员与研究人员对相关文献的对比研究。操作方法为：选择某条题录信息后，单击右键选择“为题录新增笔记”功能（图 9-8），或在文献细览区直接选择“笔记”图标来实现笔记功能。此外，在编辑笔记窗口的工具栏里有“插入到 Word”按钮，可以非常方便地将笔记插入到课题研究报告中加以使用。通常在浏览题录信息时，题录的摘要内容往往不能满足研究人员的需要，或者摘要内容激发了研究人员看文章内容的想法，对题录想进一步的了解，需要阅读文献全文。在 NE 中，可以对每条题录添加多个附件信息，最简单直接的方法是：单击某条题录后，单击右键选择“添加附件”，内容包括网络链接、关联题录信息、笔记等，方便研究人员在需要的时候快速打开，省去在计算机中手动查找的麻烦。

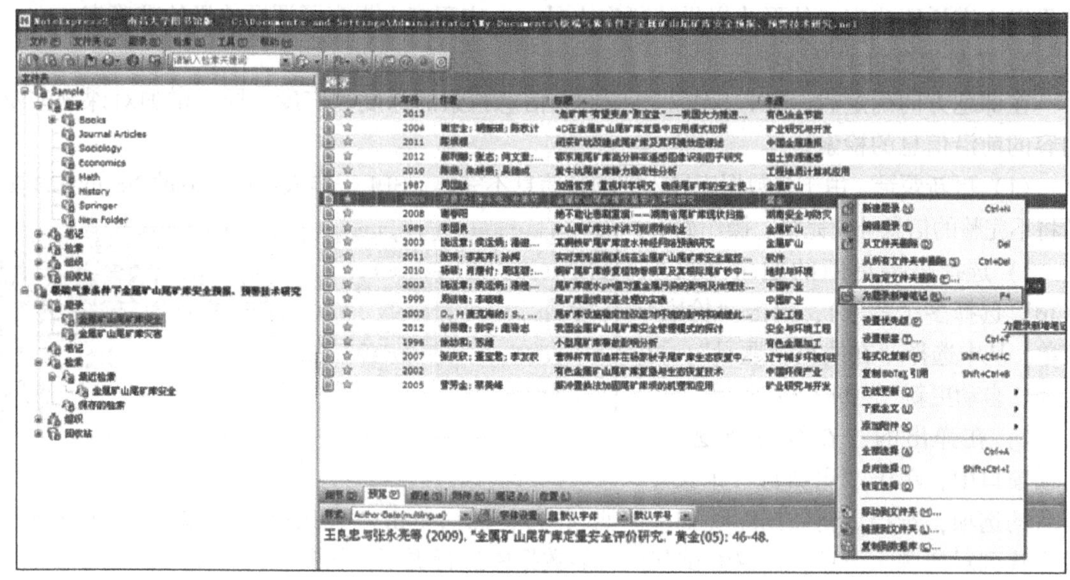

图 9-8　为题录新增笔记

（3）组织功能　NE 主界面左侧数据库目录树中的“组织”功能节点，提供了作者、关键词及作者机构的枚举视图。“作者”子节点将数据库中所导入的所有题录信息，以作者姓氏英文字母从 A ~ Z 排序。方便研究人员查找该课题领域其他主要研究人员发表文章的情况；“关键词”子节点列出了所有导入文献的关键词，并以关键词首字母从 A 字母排序，方便研究人员准确、有针对性地查找涉及某一关键词的相关文献信息。

3. 整理文献

SDI 工作人员在本阶段对文献的选择应依照准确性和运用性相结合的原则，分为密切相关文献、一般相关文献和参考文献三种。在 NE 中，SDI 工作人员可以对题录使用标记以突出题录。默认情况下，NE 已经设置了带圈的数字标记。需要标记题录时，右击该题录，从列表中选择“标记”。根据研究人员的需要，可以将重要题录的全文，利用 NE 的“下载全文”新功能下载到本地。免去了到相应数据库中的重复查找。

在定题服务中，与科研人员的沟通是非常重要的。NoteExpress 的数据共享功能方便 SDI 工作人员与研究人员之间的业务交流。由于一个单纯的题录信息数据库大小只有几十 kb，在 SDI 工作人员与研究人员不能及时面对面交流的情况下，可以运用 Email 或 QQ 等传输工具将数据库文件相互传递，解决了远距离沟通困难的问题。

9.2 学科服务

9.2.1 学科服务与 IC 服务

学科服务是一项开拓性的主动参与式的创新服务。它要求学科馆员深入到用户的科研或教学活动中，帮助他们发现和提供更多的专业资源和信息导航，为用户的研究和工作提供针对性很强的信息服务，是图书馆创新精神和个性化服务特征的具体体现。随着国内图书馆学科馆员制度的建立和不断完善，学科服务成为图书馆读者服务的一项重要内容。

IC 起源于 1992 年美国爱荷华大学（University of Lowa）图书馆宣布成立的“信息拱廊”（Information Arcade，简称 IA），是英文“Information Commons”的简称。目前，IC 主要有两种具有代表性的思想：一种以 ALA（American Library Association，美国图书馆协会）前主席 NancyKranich 为代表，着眼于开放获取运动，强调了它的公共性，把 IC 作为社会公共资源；另一种以 Donald Beagle 为代表，立足于高校图书馆，把 IC 作为一种综合性服务设施和协作学习环境，他认为，“IC 是一种新的基础设施，是围绕综合的数字环境而特别设计的组织和服务空间。作为一个概念上的教育空间实体，IC 涉及从印刷型到数字型信息环境组织的重新调整以及技术和服务功能的整合。”

尽管国内外学者对 IC 服务的内涵有不同的理解，但他们的基本观点大致相同。即 IC 服务模式是在“以读者为中心”“以学习为中心”的服务理念指引下，使信息资源、设施、网络等得到最优化的组合，给读者创造一个理想学习环境的服务模式。它是信息经济时代，利用各种现代科学技术手段，从现实物理环境到虚拟网络环境进行系统的建设，充分发扬现代人文精神进行管理和服务的新模式。

IC 服务的引入给图书馆界带来了新的活力。之后，美国、加拿大、澳大利亚、爱尔兰等国多所高校图书馆纷纷推出 IC 服务。我国的 IC 服务起步比较晚，2005 年，香港岭南大学和台湾师范大学相继宣布实施 IC 服务计划。学科 IC 为学科用户提供了信息资源共享的物理空间和虚拟空间。一方面图书馆为服务学科专门设立学科馆，学科馆内配置丰富的专业图书、期刊及其他配套硬件和软件。同时学科馆根据用户的不同需求分设多个区，如个人学习区、小组讨论区、参考咨询区、文献复制区、休闲阅览区、文献资源区、视频演示区等。另一方面，图书馆以学科为单位向服务学科提供更多的专业性更强的数字资源。除了提供专业性的数据库、专业信息导航之外，还提供学科介绍、学科动态、重要人物、会议通知、核心期刊、精品课程、课堂服务、参考咨询的学科资料库等多项特色服务信息。

9.2.2 服务模式

学科服务是图书馆面向院系开展的一种全方位、多层次的服务，对学科馆员素质有较高的要求。图书馆单靠某一个学科馆员来完成对口学科的服务是不太现实的。因此，学科服务由学科团队来完成，是符合我国当前图书馆馆情的，也是知识管理环境下图书馆管理的必然要求。美国德示富集团创始人之一卡尔费拉保罗曾说过：“知识管理就是运用集体的智慧提高应变和创新能力”。在知识管理环境下，如何挖掘和利用知识人才的隐性知识是管理的焦点，而团队是提供隐性知识积累、共享、创新环境的一种有效形式。在国内图书馆界，也有很多学者早已提出学科知识服务团队的建议。

1. 基于人员构成的学科服务模式

基于学科服务队伍组建的不同，学科服务模式可分为单一学科馆员服务模式和复合学科馆员服务模式。单一学科馆员服务模式的学科服务人员就是图书馆设立的学科馆员，以北京大学、复旦大学为代表。这种模式设立学科馆员服务梯队，配备“学科馆员－咨询馆员－馆员（阅览室管理员）”的服务梯队，推出一系列学科创新服务项目。复合学科馆员服务模式的主要特点是学科服务人员组成的多元化，不仅有学科馆员、咨询馆员，还有被称之为图情教授/专家/顾问/联络员、学科联络员、馆员助理等不同层次的人员参加学科服务。如清华大学的学科馆员－教师顾问－学生顾问队伍，其学科服务是全馆参与，但学科业务实行挂靠式管理，统一挂靠于图书馆信息咨询部；武汉大学学科服务人员几乎散布于学校各部门，学科业务由专门机构学科工作组跨部门管理；上海交通大学图书馆的学科馆员嵌入学院学科服务等模式多种。

2. 基于工作方式的学科服务模式

各高校图书馆学科馆员设置数量及对口服务单位数量的差异会导致工作方式的不同，以此来划分学科服务工作模式，主要分为以下四种：一对一模式，即一名学科馆员对口服务一个院系；一对多模式，即一名学科馆员对口服务两个或两个以上的院系；多对一模式，即两名或两名以上的学科馆员对口服务一个院系；多对多模式，即两名或两名以上的学科馆员对口服务两个或两个以上的院系。

3. 基于资源建设的学科服务模式

根据学科馆员资源建设的介入程度，学科服务模式可分为联络式、参与式和主导式。联络式是学科服务的初级阶段，在资源建设方面学科馆员（联络员）负责学科资源联络、收集、传递对口院系师生们对图书馆资源和服务的建议，并反馈采访部门的处理结果，主要是联络、传递、评价的作用；参与式指学科馆员除上述职责外，还参与部分类型文献资源的采选工作，有相应部分资源的采选决策权；主导式为学科馆员全面参与对口学科的资源建设工作，承担学科资源建设的统筹责任，学科馆员有充分的话语权。参与式和主导式在实际工作中不少时候是难以严格区分的。

4. 基于用户需求的学科服务模式

不同层次教学科研用户呈现多样性、差异性、动态性的信息需求，图书馆采取不同的服务策略，推行的学科服务模式可采取个体式、群组式。个体式学科服务通常由一个专职或兼职学科馆员服务一个或多个院系的用户。此模式的学科服务特点是以宣传学科服务和院系联络沟通为主要职责，能最大限度满足用户个性化要求；但其学科服务开展的深度和影响力则与学科馆员的能力、个人努力直接相关。群组式模式是根据用户不同层次（方向）需求或者用户所在相近学科将学科服务人员划分为不同的小学科服务群或组。此模式能缓解一个学科馆员服务多个院系时面临的专业、背景、能力和精力的限制问题；组内学科馆员沟通和协作的障碍少，能开展某些较深层次服务；各组之间既存在合作也存在竞争。如中国人民大学设置人文学科、经济学科、社会学科、法政学科、理工学科和机关 6 个学科服务组。群组式还可按学科服务人员的特点、服务工作性质的侧重进行合理的分工协作，力求最大限度达到馆员能力的发挥、提升和共享。

5. 基于整体发展的学科服务模式

从学科服务工作的整体发展来看，学科服务模式可分为岗位式、协同式和嵌入式。刚开展学科服务时，各高校馆大多是先在重点学科设立学科馆员，制订学科服务的初期目标，拟订学科馆员的岗位职责、工作内容等，这个阶段的学科服务称为岗位式；随着学科服务的推进，高校馆领导和学科馆员个人均意识到学科服务的知识性、专业性需求非学科馆员个人能满足，进而在所服务的各个院系间遴选合适人员搭建信息服务桥梁；接着增进图书馆各个部门之间、各分馆之间、服务用户之间的分工协作，建立相关学科服务管理、业务机构，进行学科服务的协同。这种协同又可分为个体协同、部门协同、学科分馆协同等形式。实施学科分馆协同服务模式的典型代表是清华大学、上海交通大学。

在现阶段，为能更好地满足用户个性化、多元化、知识化的需求，学科服务正融入用户、逐渐向嵌入式过渡，或者通过图书馆自身服务手段的改进、沟通方式的增多已经采用嵌入式模式。嵌入式学科服务的最突出特点，在于其“嵌入性”。体现在物理空间的嵌入、数字空间的嵌入、社会关系的嵌入和组织结构的嵌入，充分体现了以用户为中心的服务理念。这种服务模式的代表有北京大学、武汉大学、厦门大学等。

9.2.3　学科服务平台

学科服务平台可分三个层次：学科馆员或学科服务网页，学科导航，学科服务网站。维普建立的 LDSP 图书馆学科服务平台，是一个学科馆员的网络服务平台。它整合利用了图书馆的各类电子资源，集成了各种在线服务手段来提供灵活多样的学科服务功能。基于 LDSP 平台，学科馆员可以帮助用户利用好各类电子资源，以专业的素养面向用户，开展多样的个性化服务。

图书馆应与科研处、人事处、研究生院等相关职能部门通力合作，充分发挥学科服务人员的智慧，使学科服务平台同时也成为教师项目申报、学校专业建设、学科建设、科研技术成果介绍、展示和转化的重要平台。另外，开辟多渠道、多途径的学科服务方式，深化学科服务细节，打造形式多样、上手简单、功能强大的一站式学科服务平台，并充分利用和挖掘其功能。

9.3　科研产出

9.3.1　科研成果概述

科研成果是科学技术工作者在从事与各科学技术领域，即自然科学、工程和技术、医学、农业科学、社会科学及人文科学中科技知识的产生、发展、传播和应用密切相关的全部有计划的活动时取得的，具有一定学术意义、技术水平或实际应用价值的成功结果。一项科学研究活动在一定时期内能被称为获得了成果，必须同时满足下述三个条件：①科研成果必须具有创造性和先进性，凡是重复性的工作，理论上没有新的创见，技术上没有新的提高和革新，不能作为科研成果；②科研成果必须具有一定的学术、技术或实用价值，没有价值的结果不能称为成果；③任何科研成果都必须有科学的依据，符合科学原理，或者被科学实验和生产实践所证实，毫无根据的假设、猜想不能称为科研成果；除了上述三个条件以外，一般来说，科研成果还应该以在出版物上公开发表、在实践中应用等形式接受同行和各界检验，以获得社会认可。

根据一定的标准，科研成果可以分为不同的种类。例如，国家科技部按照成果的性质，将科研成果分为基础理论成果、应用技术成果和软科学成果；按照大的学科门类划分，科研成果可以分为自然科学成果和人文社会科学成果；按照研究项目的进度，科研成果可以分为阶段性成果和最终成果等。

高校的科研成果主要有以下几种表现形式：一是在各种学术期刊上发表的学术论文以及科技报告；二是出版的学术专著；三是申报的国家发明专利；四是获得国家、各部委、各省、市、自治区、各单位设立的各种科研成果奖。从科研成果的几种表现形式可以看出，科研成果是比较偏重于学术价值和技术创新的一项指标。

9.3.2　科研产出能力

科研产出，其有多种形式，包括公开发表的论文和技术报告、著作、专利以及可转移的技术成果、满足国家战略需求的咨询报告以及培养的人才等。“运用文献计量学的方法评价研究产出，针对的产出形式主要是论文，研究内容侧重于论文的分布、比重、引用情况。”随着文献计量学的发展应用，对科研产出尤其是论文产出和影响力的研究在科研评价中显现出越来越重要的作用。

1. 论文产出的度量

科技论文产出是科研产出的主要形式，应具备以下三个条件：①首次发表的研究成果；②作者的结论和试验能被同行重复并验证；③发表后科技界能引用。产出的度量，主要就以论文的数量来表现，“论文数量是描述科学家、期刊、机构、国家/地区发表论文能力的一个基本指标，是在给定的时期或给定领域内发表或刊载论文的数量，表现的是科学家、期刊、机构、国家/地区科学产出的能力。”

2. 论文影响力

论文影响力指论文的引用情况。论文引用率是指科学论文对文献的引用次数，是衡量一个国家科研文献被其他国家或机构的认可度的标志（或数据等）。客观反映了国家/地区在科学发展和文献交流中的作用，反映了国家/地区研究成果的反响水平以及该国/地区在世界范围内传播和影响的深度和广度。

论文产出反映了国家/地区论文的量，被引频次就反映了国家/地区论文的质。论文产出和影响力分别从量和质的角度反映科研成果，是衡量以论文主要产出形式的科研活动的两类重要计量评价指标。国内外已经把学术论文的数量、质量及学术影响作为客观评价高等学校等学术科研机构学科水平和学术地位的主要指标之一。

科研能力已成为高校核心竞争力的主要体现，科研论文是高校科研发展历程的宝贵记录，是科研人员知识的结晶，也是衡量高校科研生产力和科研水平的重要指标。通过对高校科研论文数量和质量的年度动态变化统计分析，可以考察高校科研生产能力的高低和变化规律。科研产出能力分析一般是用发表论文、出版著作的数量来计算科研成果得分（称为“Publication Index”），利用中文期刊数据库、EI、SCI、ISTP 等工具，对某一机构或学科发表的论文及其被引证情况进行统计和分析，以论证某学科或机构的科研投入/产出比。

9.4 科技查新

9.4.1 基础知识

1. 查新及查新报告

查新是科技查新的简称，是指查新机构根据查新委托人提供的需要查证其新颖性的科学技术内容，按照本规范操作，并作出结论。科技查新应当坚持实事求是、客观公正的原则，保证查新活动的独立性和查新结论的准确性。

查新报告是查新机构根据查新委托书的要求，通过查新项目的查新点与所查文献范围内的文献信息进行比较分析，对查新点作出新颖性判别后，以书面形式撰写的客观、公正的技术文件。

2. 查新工作的目的和作用

1）为科研立项提供客观依据。

2）为科技成果的鉴定、评估、验收、转化、奖励等提供客观依据。

3）为新药研发与报批提供依据。

4）为科技人员进行研究开发提供丰富可靠的信息。

5）提高科研项目立项和科技成果评定的水平，避免课题立项的盲目性和不必要的重复，同时也避免成果鉴定、评奖的失准现象，使科研成果得到客观、公正、准确的评价。

3. 查新的性质

1）对项目的新颖性作出结论。

2）影响查新新颖性的方式只有出版物公开。查新以文献作为依据，只有出版物公开才能影响查新新颖性的结论。

3）查新有别于文献检索。文献检索针对具体课题的需要，仅提供文献线索和文献，对课题不进行分析和评价，侧重于对相关文献的查全率；查新是文献检索和情报调研相结合的情报研究工作，它以文献为基础，以文献检索和情报调研为手段，以检出结果为依据，通过综合分析，对查新项目的新颖性进行情报学审查，并需要写出有依据、有分析、有对比、有结论的查新报告。有查全、查准的严格要求。

4）查新有别于专家评审。查新是以通过检出文献的客观事实来对项目的新颖性作出结论。专家评审主要是根据专家本人的专业知识、实践经验以及所了解的专业信息，对被评对象的创造性、先进性、新颖性、实用性作出评价。

5）查新具有鉴证性。查新报告是一种公正性的技术文件，客观反映查新课题的真实情况。

4. 查新新颖性的判断原则

（1）相同排斥原则　若查新项目的科学技术领域和目的相同、技术解决手段实质上相同、且预期效果与现有科学技术相同，则该项目缺乏新颖性。

（2）单独对比原则　将查新项目的查新点与每一篇对比文献中与该查新项目相关的科学技术内容单独地进行比较，不得将其与几篇对比文献内容的组合进行比较。

（3）具体（下位）概念否定一般（上位）概念原则　在同一科学技术主题中，具体

（下位）概念的公开即可使一般（上位）概念的查新项目丧失新颖性。例如，对比文献公开某产品是"用铜制成的"，就使"用金属制成的同一产品"的查新项目丧失新颖性。

反之，一般（上位）概念的公开并不影响具体（下位）概念的查新项目的新颖性。例如，对比文献公开的某产品是"用金属制成的"，并不能使"用铜制成的同一产品"的查新项目丧失新颖性。

（4）突破传统原则　若在现有技术中公开的某个数值范围是为了告诫所属技术领域的技术人员不应当选用该数值范围，而查新项目却正是突破这种传统而确立该数值范围，则该项目具有新颖性。

5. 查新工作流程

（1）委托　拟委托查新的单位或个人，须填写《科技查新委托单》，并提供项目申报书、标书、结题报告、技术报告等附件材料。

（2）受理　受理人员必须与用户面谈，了解课题查新咨询要点、检索范围、年限、有无特殊要求等。

（3）查新检索　查新人员在委托人的密切配合下，了解查新课题的实质内容，确定查新点、主题词、检索范围、检索年限和检索策略。根据检索策略进行检索，根据实际检索情况对检索策略甚至查新点进行调整，尽量检索出相关文献，以提供对比分析。

（4）撰写查新报告　根据项目的查新要点，将检索得到的文献分为密切相关文献和一般相关文献，并将相关文献与项目的查新咨询要点进行比较，确定查新项目的新颖性，草拟查新报告。查新报告应如实反映检索过程和检索结果，避免使用定性词语和语气。

（5）审核查新报告　审核人员根据查新规范、相关文献与查新项目的科学技术要点的比较结果，对查新程序和查新报告进行初步审核。审核人员应对检索词、检索工具或数据库、检索范围、检索年限等方面的确定是否恰当，以及查新报告的内容是否符合题意，能否客观反映检索结果等方面认真审查、复核。对审核不合格的查新报告，审核人员有权要求重查，并提出改进的措施。

（6）出具正式查新报告　查新人员打印正式查新报告，《科技查新报告》由查新人员和审核人员共同签字，加盖"科技查新专用章"。加盖查新专用章后，该报告即成为具有法律效力的证明文件。

9.4.2　科技查新案例分析

项目名称：极端气象条件下金属矿山尾矿库防灾技术研究——金属矿山尾矿库安全实时评估与预警体系研究。

检索范围：国内外。

1. 制订检索策略

检索词：

尾矿库/尾矿坝/tailing

气象/天气/meteorological/weather/meteorology

预报/监测/预测/预警/forecast/prediction/monitor/survey/warning

安全/safety/security

评估/assessment/evaluation

中文检索式：

CS1：（尾矿库 OR 尾矿坝）AND（预报 OR 监测 OR 预测 OR 预警 OR 安全 AND 评估）AND（气象 OR 天气）

CS2：（尾矿库 OR 尾矿坝）AND（预报 OR 监测 OR 预测 OR 预警 OR 安全 AND 评估）

英文检索式：

ES1：tailing* AND (prediction OR forecast OR monitoring OR monitor OR surveillance OR warning OR (safety OR security) AND (assess* OR evalu*)) AND (meteorological OR weather OR meteorology)

ES2：tailing* AND (prediction OR forecast OR monitoring OR monitor OR surveillance OR warning OR (safety OR security) AND (assess* OR evalu*))

2. 选择数据库

（1）国内数据库检索范围

1）中国学术期刊网络出版总库	1915-2014/1
2）中国博士学位论文全文数据库	1999-2014/1
3）中国优秀硕士学位论文全文数据库	1999-2014/1
4）中国重要会议论文全文数据库	1953-2014/1
5）中国重要报纸全文数据库	2000-2014/1
6）中国数字化期刊全文数据库	1983-2014/1
7）中国学位论文全文数据库	1977-2014/1
8）中国学术会议论文全文数据库	1983-2014/1
9）中文科技期刊数据库	1989-2014/1
10）国家科技成果网数据库	1978-2014/1
11）中华人民共和国国家知识产权局专利检索数据库	1985-2014/1
12）中国科技论文在线	2003-2014/1
13）中国学术会议在线	2005-2014/1
14）百度（www.baidu.com）	2014/1

（2）国外数据库检索范围

1）INSPEC 英国科学文摘数据库	1898-2014/Jan
2）Ei Compendex 美国工程索引数据库	1884-2014/Jan
3）Embase	1947-2014/Jan
4）SciSearch(R) Cited RefSci	1990-2014/Jan
5）Pascal	1973-2014/Jan
6）Springer	1973-2014/Jan
7）Elsevier	1950-2014/Jan
8）ProQuest	1990-2014/Jan
9）欧洲专利数据库	1978-2014/Jan
10）美国专利数据库	1790-2014/Jan
11）Google　http：//scholar.google.com	1979-2014/Jan
12）SCIRUS　http：//www.scirus.com	1963-2014/Jan

3. 进行全面检索，筛选相关文献

筛选原则为：①相关文献尽可能全；②相关文献内容与委托项目技术内容尽可能贴切；③最密切的相关文献不能少；④不要冗余文献。

4. 撰写查新结论

根据查新技术要点，将检出文献分为一般相关文献和密切相关文献，将相关文献与查新点进行比较分析，确定项目新颖性，然后草拟报告。查新结论要以文献中的事实、数据为依据，不受各种主观、客观因素影响。文字要简明、扼要，不要给人以含糊、不确定的感觉。若查新点的内容过于具体或属于细节，无法检索到相应文献作对比，就要说明相关文献未提及相关内容，而不要简单地给出未见报道的结论。举例项目的查新结论片断如图 9-9 所示。

依据与查新委托人签订的“科技查新委托书”的有关要求，针对“极端气象条件下金属矿山尾矿库防灾技术研究”项目，在上述检索范围内，摘录相关文献***篇（其中中文文献***篇，英文文献***篇），其中密切相关文献***篇，通过对检索到的相关文献进行分析对比，可得出以下查新结论：

有关***研究，检索到的文献报道了***，但此项目是研究***。

有关***研究，检索到的文献报道了***，但此项目是研究***。

有关***研究，检索到的文献报道了***，但此项目是研究***。

该查新项目的主要技术特点在于：***。

经检索并对相关文献分析对比结果表明：上述国内外分开以表的中英文文献报道分别涉及该查新项目的部分研究内容，但国内外均未见与该查新项目以上技术特点相符的中英文文献报道。

图 9-9　查新结论片断

9.5　科研评价的方法和工具

9.5.1　科研评价的内容

科研评价是指评价主体根据特定的评价标准，对科研活动中的相关要素进行价值评定，以获得对多数人而言均可接受的评价结果。

高校的科研评价是在一定科研目标的基础上，采用科学的方法对学校内部科研活动及其投入产出情况进行价值判断，以对科研活动进行管理、监督、预测和调控，并为决策提供依据的一种认识活动。

科研评价是目前我国各级科研管理部门为实施有效管理、监督而采取的重要手段之一，往往与资源配置以及用人制度和分配制度的有关政策挂钩，具有很强的导向性。

9.5.2　科研评价的功能

1. 选择功能

科研评价的选择功能主要表现为根据主体的评价要求，对若干个客体所具有的价值在满足主体评价要求的程度上进行比较、排序或选择出满足程度最高的对象。通过判断区分优劣、分等定级，为认可、选拔、评优、管理服务。在一些选拔性评选（如院士评选、科技奖励、科技项目招标等）中，评价的选择功能表现得尤为突出。

2. 导向功能

评价是一种管理工具，评价活动的目的不仅是描述和判断实践活动的价值，而且也是对被评价者的一种引导，使之向着符合价值主体目标的方向发展。在科研评价中，无论是制订科研评价的方案、建立评价指标体系，还是对于评价结果的运用，对高校科研的发展方向、科研质量的提高都会起到重要的导向作用。

3. 诊断功能

科研评价的过程，不仅是利用一切可行的技术和手段来获取有关评价对象的各种信息，也是对这些信息进行全面的统计分析处理，对得出的评价结果给予科学的解释与运用，包括指出科研活动所取得的成就以及科研活动中仍然存在的问题，需要改进的方面等。

4. 激励功能

高校科研人员从事科研工作的积极性，促进高校科研质量的提高。同时，也促进了高校之间的竞争，高校为争取到更多的科研经费和更高的学校声誉，从而不断提高其科研质量。

9.5.3　科研评价指标与方法

指标从定义上来看是反映具体现象的数量概念及具体数值，一系列相互联系的指标所形成的整体，组成指标体系。每一种统计指标只能反映文献情报的一个侧面。为了从各个不同的角度对其进行比较全面的描述，为了通过指标间的对比来研究其内在规律，因此必须设置一系列统计指标，以构成一个科学的指标体系。

对科研评价方面的主流研究，基本上侧重采用某个时间段内，论文数、影响因子和引文次数这几个指标。文献计量学的统计指标主要包括文献数量、类型、学科、引文、著者数、主题词、著者单位等。随着科研的发展，越来越多的指标被建立并引入研究，指标体系同样也经历了由单一指标到复合指标的发展过程。尽管不同的文献研究有着不同的文献统计指标，但这些指标的内容、范围、单位要明确，而且要较为简便易行，便于取得数据。在建立指标体系时，同样有着相应的准则。

国内学者认为，科研成果评价指标体系应该满足公正性、操作性和战略性三项原则。并提出了建立评价指标体系的指导思想：必须以客观事实为依据；应体现科研机构体制改革的政策导向；指标体系各要素应尽量彼此独立；各个孤立的指标组成一个有机联系的统一指标体系等。

1. 同行评议

在科学界，同行评议（Peer Review）是指利用若干同行（即有资格的人）的知识和智慧，按照一定的评议准则，对科学问题或科学成果的潜在价值或现有价值进行评价，对解决科学问题方法的科学性及可行性给出判断的过程，是科学界对科研项目进行评审和对科研成果进行评估的一种基本方法，也是科学基金项目评审过程科学化和民主化的一个重要环节。同行评议成为三百多年来科学共同体科研评价的主要方法。

同行评议是维护科学制度自主性的方式，并被视为科学自主性的象征。同行评议的方式主要有通信评议和召开评审会评议两种。在通信评议中，每一项成果有若干专家按照给定的评分标准打分并给出书面评语，根据通信评议是否隐匿成果署名和专家评审签名，又可以分为单向匿名评审和双盲评审。在会议评审中，专家委员会召开会议对送审的成果集中审议，或对申请人当面答辩并进行评议，进行投票表决。在坚持公平公正的前提下，同行评议针对每一个对象也有明确的参考标准，以对同行专家的评价给予提示和引导，便于对不同专家的评价进行比较。

同行评议的首要标准是按照公平公正的原则对评价对象的质量和重要性进行判断，而不应受到作者与评审人之间存在的利益冲突（如专业领域受到侵犯、资源竞争等）、作者与评审人之间相对地位的差异、作者外在的一般特征（如学术资历、专业声望或知名度、供职单位等）的影响。

2. 科学计量学方法

科学计量学（Scientometrics）或文献计量学（Bibliometrics）运用数学和统计学方法对科学活动的产出（如论文数量、被引数量）和过程（如信息传播、交流网络的形成）进行定量分析，从中找出科学活动规律性的一门学科。

对科研产出的定量评价包括数量和质量两个方面。数量是个明确的概念，而质量则相对模糊，不同的时期用不同的名称来描述它，如“重要性”（Significance）、“影响”（Impact）、“效用”（Utility）等。加菲尔德认为，质量是研究工作内在的品质，是一种客观存在的，但它并不是一个具有物理性质的客观实在物体。莫伊（H. F. Moed）认为，时间将证明某一研究工作的学术价值和持久性，其历史始于发表的学术成果被阅读和引用。引用其他学者的文献是学术共同体成员之间的一种社会行为，一篇论文被引用的次数可以被认为是其“影响”“重要性”、或者说“质量”的精确测量。一篇文章的引用率越高，它的影响力就越大。对科学家来说，经常被引用的研究成果显然比很少被引用的研究成果更为有用。

经济合作与发展组织出版的一本著作总结了评价科学技术活动的主要科学计量学指标，其中包括：

（1）论文数量　论文数量是对一位科学家、一个实验室、一所大学、一个国家科研工作成果数量的原始、简化和近似的测量。论文数只是粗略的科学计量学指标，但只有把握了这一初始数据，才能获得其他更有意义的相对指标，把论文总数根据研究人员数量或者经费数量等进行标准化，可以得到描述生产率的相关指标。但是简单的论文数量显然不能成为评价该主体对科研发展贡献的全部。

（2）被引次数　可以用来测量被引用论文的影响或者质量。引文分析不仅能给出研究对象科研行为的静态图景，而且可以提供论文影响的动态趋势。已有研究表明，根据学科不同，一般从文献发表到随后 3 ~5 年的时间跨度内的被引次数能够最好地满足对论文影响力发展趋势的测量。但是，直接比较不同研究主体的被引次数是不合适的。某些领域的论文平均被引次数非常高，但有些领域即使是高质量的论文，被引次数也不高。因此，被引次数必须根据专业和学科的不同进行正确的标准化。

（3）影响因子　即某期刊前两年发表的论文在统计当年的被引用总次数除以该期刊在前两年内发表的论文总数。这是一个国际上通行的期刊评价指标。一本期刊的声望越高，其影响因子越高，在该期刊上发表的论文被引用的可能越大。作为一个研究工具，影响因子帮助解决了科研评价中的很多问题。首先，期刊影响因子每年都可以便利地获得，不需要为获得论文被引用数据等待很长时间；其次，它的成本和工作量比引文分析小；最后，数据来源可能存在的错误也被最小化。影响因子并非是一个最客观的评价期刊影响力的标准。一般来说，影响因子高，期刊的影响力就越大。对于一些综合类，或者大项的研究领域来说，因为研究的领域广，所以引用率也比较高。例如，生物和化学类的期刊，这类期刊一般情况下就比较容易有较高的影响力。影响因子虽然可在一定程度上表征其学术质量的优劣，但影响因子与学术质量间并非呈线性正比关系。如不能说影响因子为 5.0 的期刊一定优于影响因子为

2.0的期刊，影响因子不具有这种对学术质量进行精确定量评价的功能。

（4）合作者数量　一篇论文合作者的数量是测量国内或国际层面合作研究状况的指标。合作论文如何在各个作者间分配有三种方法：一是把合作论文与单一作者论文等同，合作论文只计算在第一作者名下；二是合作论文被重复计算到每个合作者名下；三是把合作论文按合作者数量分比例分到各作者名下。

（5）h指数　h指数（也称h-index）是一个混合量化指标，最初是由美国加利福尼亚大学圣地亚哥分校的物理学家乔治·赫希（Jorge Hirsch）在2005年提出的，其目的是量化科研人员作为独立个体的研究成果。h指数被认为是对先前众多衡量指标的一大改进；先前的衡量指标都倾向于关注科研人员在其发表论文的期刊，因而，它们都假定作者的贡献等同于期刊的平均值。如果一位科学家的出版成果以它们被引生命周期的数字进行排序的话，那么h指数就是一个最大值，这个最大值是指每篇论文至少被引了h次的h篇文章。《自然》（Nature）杂志曾专文报道并肯定h指数将对科学家的科研评价起到重要作用。该指数将科学家发表论文的数量和被引次数有机地结合起来，引起了广泛关注。有学者进一步将h指数拓展到对团队机构的评价，也取得了积极的成果。

当然，利用科学计量学指标评价科研工作也存在一些值得注意的问题。莫伊对此做过归纳，主要包括五个方面：①数据采集与数据精确性。应根据正确的匹配程序收集文献被引用次数，要注意自引和多作者合作文献被引用次数计算问题。②科学引文索引收录文献的覆盖范围与偏好。科学引文索引对不同学科文献和不同语种文献的覆盖程度不同，英语期刊是主体，如仅利用该数据库对非英语国家开展科研评价会产生消极影响。③一般效度。科学家都具有多个任务和职责，被引次数并没有把他所做的全部活动考虑进去。作者引用动机有很多，有些动机与被引用文献的质量联系很小。④评价指标及其效度。要区分不同学科之间引用行为的差异，对指标进行标准化。⑤引文分析应用与解释过程中要注意的问题，主要涉及引文分析在科研评价中的角色，引文分析与同行评议的关系，引文分析在宏观、中观和微观层面使用的效果比较等。这个归纳较为系统地梳理了引文分析的局限和注意事项，对更好地应用和理解科学计量学指标有一定帮助。

3. 指标体系评价方法

为了减少学术评价的主观性、随意性，增加评价的客观性，20世纪80年代末，特别是90年代初，同行评议逐步由纯粹的专家定性评价，发展为在成果评价中由同行专家使用某种评价指标体系来进行定量的评价，以此作为定性评价的补充。这种方法称为指标体系评价方法。指标体系评价方法具有两个明显的特点：一是为成果评价工作提供了一个可参照的、统一的评价标准；二是采用以量化评价为特征，以定性评价为依据的评价方法。将指标体系评价方法引进同行评议后，使得同行评议在形成一致的评价标准和将定性与定量评价有机地结合起来这两个方面有了很大的改观。

指标体系评价方法中，核心是针对评价的领域和对象建立一系列评价指标和评价标准。指标体系可根据其指标与评价对象的内在表现和外在表现紧密联系的两方面，分为直接指标和间接指标。直接指标是直接对成果本身进行评价的指标，主要包括成果理论与方法的独创性、科学性、可靠性、有效性、系统性、逻辑严密性，研究难度，复杂程度，学术价值和社会价值等。而间接指标是通过其他载体间接评价的指标，主要包括被报刊转载的情况、他人研究的引用率、获奖情况、课题来源、发表报刊的权威性等级、进入领导决策的层次等。每一类指标又可分为若干小项，对每个小项给出不同的权重和不同等级的评分，然后汇总到各个指标的分值，最后再根据这些不同等级的评分，得到一系列“量化”指标，对科学成果进行综合评价。可见这种对指标分等级评分的“量化”过程，既具有定性也具有定量的特征，即指标体系评价方法具有定性评价和定量评价相结合的特征。

由此可见，使用指标体系评价方法，也是比较复杂的过程。要确保科学研究成果评价的客观性、科学性、有效性和公正性，在科学研究评价工作中，还需在遵循科研管理界普遍认同的几个评价原则的前提下灵活运用指标体系评价方法。这些评价原则是：直接指标和间接指标相结合，主观评价与客观评价相结合，学术价值和社会效益相结合，科学性与易操作性相结合，重点评价与一般评价相结合，专家评价与科研管理部门评价相结合。

9.5.4　科研评价的工具

1. 国内工具

在国内科技期刊评价领域，《中文核心期刊要目总览》《中文科技期刊引证报告》《中国学术期刊综合引证报告》和《中国科学引证数据库》是具有代表性的并被普遍使用的4种工具。虽然这4种工具的功能有相似之处，但其比较方法、来源期刊、学科分类、计量指标和网络服务等都各有特色，不尽相同。

（1）4种常用工具简介

1）中文核心期刊要目总览。《中文核心期刊要目总览》（Guide to Core Journals of China，GCJC）是北京大学图书馆和北京高校期刊研究会的系列科研项目研究报告及成果。第一版始于1992年，每4年更新一版，目前流通的是2011年版（第六版），是中国社科基金项目/学术期刊评价及文献计量学研究的成果报告和统计数据，本版核心期刊定量评价，采用了被索量、被摘量、被引量、他引量、被摘率、影响因子、被国内外重要检索工具收录、基金论文比、Web下载量等9个评价指标，选作评价指标统计源的数据库及文摘刊物达60余种，统计文献量达221177余万篇次（2006年至2008年），涉及期刊14400余种。

2）中国科技期刊引证报告。中国科学技术信息研究所每年发布的年度《中国科技期刊引证报告》（CJCR），分为核心版及扩刊版。其核心版选用的是中国科技论文统计源期刊，即中国科技核心期刊，是经过严格的定量和定性分析选取的各个学科的重要科技期刊。为了全面、准确、公正、客观的评价期刊，《中国科技期刊引证报告》核心版结合中国期刊实际情况选用了如总被引频次、影响因子、即年指标、他引率、引用刊数、扩散因子、学科扩散指标、学科影响指标、被引半衰期等多种指标，根据不同的权重系数对期刊进行综合评价。《中国科技期刊引证报告》（核心版）每年11月出版。

3）中国学术期刊综合引证报告。《中国学术期刊综合引证报告》（Chinese Academic Journal Comprehensive Citation Report，CAJCCR）由中国学术期刊（光盘版）电子杂志社、清华大学图书馆和中国科学文献计量评价研究中心共同主办，以CNKI中国知识资源总库/中国期刊全文数据库（CJFD）为数据基础。CAJCCR按年编卷书本式和光盘版同时出版，至2006年已经连续编制5卷，并且自2005版（总第4卷）起由科学出版社正式出版。

4）中国科学引文数据库。《中国科学引文数据库》（Chinese Science Citation Database，简称CSCD）创建于1989年，收录我国数学、物理、化学、天文学、地学、生物学、农林科学、医药卫生、工程技术和环境科学等领域出版的中英文科技核心期刊和优秀期刊千余种，目前已积累论文记录 3714291 条，引文记录 38942322 条。中国科学引文数据库内容丰富、结构科学、数据准确。

中国科学引文数据库是我国第一个引文数据库。1995 年 CSCD 出版了我国的第一本印刷本《中国科学引文索引》，1998 年出版了我国第一张中国科学引文数据库检索光盘，1999 年出版了基于 CSCD 和 SCI 数据，利用文献计量学原理制作的《中国科学计量指标：论文与引文统计》，2003 年 CSCD 上网服务，推出了网络版，2005 年 CSCD 出版了《中国科学计量指标：期刊引证报告》。2007 年中国科学引文数据库与美国 Thomson-Reuters Scientific 合作，中国科学引文数据库以 ISI Web of Knowledge 为平台，实现与 Web of Science 的跨库检索，中国科学引文数据库是 ISI Web of Knowledge 平台上第一个非英文语种的数据库。

CSCD 分为核心库和扩展库，数据库的来源期刊每两年进行评选一次。核心库的来源期刊经过严格的评选，是各学科领域中具有权威性和代表性的核心期刊；扩展库的来源期刊也都是经过大范围遴选的各学科优秀期刊。《中国科学引文数据库来源期刊》是 CSCD 的附属产品之一，由中国科学院文献情报中心编制出版，被国内很多单位视为核心期刊目录使用。

2009-2010 版本，中国科学引文数据库共遴选了核心库期刊 669 种，扩展库期刊 378 种。

2011-2012 版本，中国科学引文数据库共遴选了 1124 种期刊，其中英文刊 110 种，中文刊 1014 种；核心库期刊 751 种（以 C 为标记），扩展库期刊 373 种（以 E 为标记）。

CSCD 现是推荐“中国科学院院士”、申请“国家杰出青年基金”等多项国家级奖项人才选拔的指定查询库。

（2）评价方法　虽然 4 种工具书都能够为用户指出哪些期刊是核心期刊，但它们各自的评价方法是不一样的。核心期刊评价方法分为“指标评价”和“多指标评价”两种。GCJC 是选取多个指标，应用模糊数学计算并结合专家组的定性评价意见，最终得出“核心期刊”。CJCR 和 CAJCCR 也是选择多个指标，然后分别按几个主要指标对来源期刊进行排序，从而比较出哪些期刊更“核心”。而 CSCD 来源期刊的选择标准主要考核期刊自身学术性的展现（主编、编委会、著者、机构、期刊影响力、已有专家评价等）和基于引文数据统计的系列引证指标。利用来源文献的学科属性统计每个学科引用期刊的品种，同时利用期刊的学科属性统计其引用频次，再将这两个统计集合综合计算得到某个学科领域的按应用频次倒序排列的期刊列表。在此基础上进一步从期刊使用的角度对来源期刊的学科平衡进行调整，确定哪些期刊能够成为来源期刊。

（3）学科分类　为使评价结果更加客观，避免特点不同的学科相互比较影响最终的评价结果，4 种期刊评价工具都采用了分学科评价的方法。GCJC2004 版以《中国图书馆分类法》（第 4 版）为基础设置了七大编，74 个学科类目。增加了综合性经济学类、军事和自然科学总论，将“马列主义毛泽东思想”“政治理论”和“国际政治”“中国政治”合并为“政治学”。CJCR2005 版是按照《中国图书资料分类法》（第 4 版）的学科分类原则将 1608 种来源期刊分为数学、信息科学与系统科学、物理学、力学、化学、天文学、地学、生物学、医药卫生、农业科学、工业技术、电子与通信、计算技术、交通运输、航空航天、环境科学等 16 类，并增设了综合类、理工大学学报、工业综合类和管理学 4 个学科类别，即总共 20 个大的学科类目。

CAJCCR2006 版则保持了自创始以来一致的编制风格和特点。依照“同类相聚，同级相比”的原则和“以人类生活为中心”的期刊功能理念并参照期刊的学科、专业、地区和主办单位等特征设计了 A 辑（大学学报类期刊）、B 辑（社会科学类期刊）、C 辑（自然科学类期刊）、D 辑（医药科学类期刊）和 E 辑（农业科学类期刊）5 大专辑，在 B 辑和 C 辑下面又划分两个部类，部类下再设若干类目。

CSCD2005 版以《中国图书资料分类法》（第 4 版）为参考将来源期刊分为数学、物理学、化学、地球科学、生物学、综合、农林科学、医药卫生、工程技术、环境科学、管理科学等 11 大类。无论是《中国图书馆分类法》（第 4 版），还是《中国图书资料分类法》（第 4 版），都不是针对期刊分类而编制的，借用来做参考难免有的地方不适合。

（4）计量指标　计量指标分为期刊引用计量指标和来源期刊计量指标两类，目前国际文献计量学界通用的计量指标主要有总被引频次、影响因子、被引半衰期等。GCJC 选用了被索量和被摘量。CJCR 和 CAJCCR 直接以国际通用的影响因子、总被引频次等作为关键字对来源期刊进行排序；而 GCJC 则是用选定的计量指标计算期刊的隶属度，来源期刊按照隶属度的降序排列表即为初选核心期刊表，专家组再对初选表进一步筛选得出最终结果，但 GCJC 只公布遴选指标、统计源、计量方法，不公布各刊的指标值、加权后的综合值及相关排序。

CSCD 作为专业的引文数据库，为用户提供了作者、第一作者、题名、刊名、ISSN、文摘、机构、关键词、基金名称、第一机构等 10 个检索字段，对于普通用户来说，利用这些检索字段的检索结果，经过简单统计计算，就可以得出总被引频次、影响因子、被引半衰期等通用评价计量指标值。

（5）网络服务　全球网络技术的发展，对期刊评价工具是否具备网络服务功能，开通的网络服务功能是否实用，是否提供个性化的服务等问题，都成为了影响期刊评价工具生存和持续发展的重要因素。CJCR、GCJC 和 CAJCCR 没有网络版，但 CJCR 主办单位中国科学技术信息研究所提供“中国科技论文统计分析数据库”和“中国科技论文引文分析数据库”供用户在线使用。CAJCCR 依托国家知识基础设施（CNKI）平台，提供“中国学术期刊综合评价数据库”“中国学术期刊引证报告数据库”给用户使用。对于普通用户来说，只要在互联网上访问“CNKI 知识搜索”便可以随时获得所需要的文摘、全文、引文等信息，并可以按照被引次数、相关度等多个指标对检索结果排序。

CSCD 网络版提供来源文献和引文两种途径的检索，还提供了内部链接和开放外部链接功能，用户可以从单篇论文链接到全文或从引文链接到论文文摘或者直接链接到全文。“我的数据库”可以提供个性化的服务，使用户可以方便地存储检索结果和进行信息过滤。

2. 国外评价工具

（1）《科学引文索引》（SCI）　SCI 是现阶段科研评价中广泛应用且不可替代的文献计量分析评价工具，但不是唯一的全面的评价工具。

首先，SCI 具有作为科研评价工具的客观性和权威性。SCI 的建立和收录本身遵循了多学科性、客观性。SCI 收录了全世界 170 个学科近 6000 多种核心学术刊物，它依据科学计量学方法选刊，基本上包含了全世界最好的科技刊物。由于 SCI 能提供独特的文献引证关系，涉及学科范围齐全和涵盖国家地区广泛，因此受到世界各地科学计量学专家及科研管理者的普遍重视。享有“科学计量学”之父美称的美国科学家普赖斯（D. J. Price，1921—1983），首先将 SCI 用于科学活动规律性的研究，美国国家科学基金会编辑出版《科学及工程指标》，其基础数据就是来自 SCI，美国科学院 1999 年在《美国免疫学研究的国际对比》

报告中，也依赖 SCI 提供的数据。再之，利用 SCI 数据可对评价对象进行一定深度和广度的定量分析。大量的 SCI 的应用研究和实践证明了 SCI 在科学评价中定量分析的作用。匈牙利著名《科学计量学》杂志总编 T · 布劳温教授根据 SCI 数据，利用科学计量指标和引文分析方法来评价某些国家、地区和科研机构的科研水平及学术地位排序，绘制世界科学地理图，取得了很好的结果。他所开创的科学计量评价方法也得到了广泛的重视和应用。

SCI 具有多方面、多学科的科学评价功能，主要体现在下述 5 个方面：①对科研成果的评价；②对科技人才的评价；③对科研机构的评价；④对科学出版物的评价；⑤对科学学科本身的评价。因此，应用 SCI 数据可以涵盖科学研究评价对象的全部方面，包括科学研究成果、成果的创造者（即作者）、成果产生的单位或机构、成果的载体（即刊物）、成果产生的总环境—国家等的评价。当前，SCI 广泛应用于我国的科研项目的结题验收、科技奖评选、职称晋升、国家自然科学基金申请、申报院士等涉及科研成果评价的活动中。

但是，SCI 也有其局限性。主要表现在如下几个方面：①学科分布不均匀。SCI 对于有些学科的期刊收录和关注比较少，即便是自然科学领域，仍集中在少数几个学科领域里。②国家分布不均。SCI 收录 44 个国家和地区的期刊，我国大陆地区的 1000 多种自然科学核心学术性科技期刊 SCI 只收录 11 种，仅占 SCI 收录期刊数的 0.31%，收录期刊数排在第 18 位。③语种分布不均。SCI 收录我国国内核心期刊，大部分仍以英语版为主。语言成为 SCI 筛选我国期刊的主要障碍。可见，SCI 的局限性和科学评价的多样性、复杂性，决定了 SCI 不可能是科学研究评价中唯一的全面的评价工具，不能仅依据和过度依赖 SCI 数据。

（2）《期刊引用报告》（JCR）《期刊引用报告》（Journal Citation Reports，简称 JCR），是美国科学情报研究所（ISI）继编辑出版 SCI 之后出版的另一种新型期刊评价分析工具。从 1975 年开始，JCR 成为 SCI 索引中的一个新的组成部分，以后逐渐单独成册，按年度出版，并有光盘版和网络版。JCR 是专门对期刊的引用与被引关系进行系统归类、整理、分析，并通过计算机自动处理编辑而成。利用 JCR 所提供的统计数据，可以清楚地了解期刊引用和被引用的情况、引用频率、引用网络，以及自引的情况。同时，JCR 可以方便地定量评价期刊的相互影响和相互作用，正确地评估某种期刊在科学交流体系中的作用和地位，确定核心期刊群等。因此，JCR 是开展文献计量学、科学计量学研究，以及科研系统管理的有力武器和应用工具。目前，JCR 已涵盖自然科学和社会科学 6600 多种期刊参考文献的引用数据。书本式的 JCR 由期刊排队部、来源期刊数据表、期刊半衰期表、引用期刊表和被引期刊表等五大部分组成；光盘版和网络版包括总被引频次、影响因子、即年指标、被引半衰期等重要指标，并可按任一指标进行排序。

第 10 章　合格论文的撰写

10.1　学术论文的撰写

作为学术工作者，应当掌握学术论文写作的一般方法，了解编辑出版部门对文稿质量和规格的要求，熟悉有关的国家标准和规定，并通过写作实践，不断提高自己的写作能力，从而使自己能够得心应手地写出符合要求的论文。

10.1.1　学术论文的概念

学术论文是对某个科学领域中的学术问题进行研究后表述科学研究成果的理论文章。学术性论文反映了该学科领域最新的、最前沿的科学水平和发展动向，对科学技术事业的发展起着重要的推动作用。这类论文应具有新的观点、新的分析方法和新的数据或结论，并具有科学性。学术性论文的结构安排和规范有一定的严谨性，它要求人们在对问题作出理解的基础上进行结构性论证，在进行判断或推理时，既要关注逻辑学理，也要关注现实与判断或推理之间的关联。

从一个国家、地区、单位和个人发表这类论文的数量和质量，可以看出他们的科技水平。

学术论文是研究人员提供给学术性期刊发表或向学术会议提交的论文，它以报道学术研究成果为主要内容。学术性论文反映了该学科领域最新的、最前沿的科学水平和发展动向，对科学技术事业的发展起着重要的推动作用。这类论文应具有新的观点、新的分析方法和新的数据或结论，并具有科学性。学术性论文的结构安排和规范有一定的严谨性，它要求作者在对问题作出理解的基础上进行结构性论证，在进行判断或推理时，既要关注逻辑学理，也要关注现实与判断或推理之间的关联。

10.1.2　学术论文的分类

按研究的学科，可将学术论文分为自然科学论文和社会科学论文。每类又可按各自的门类分下去。如社会科学论文，又可细分为文学、历史、哲学、教育、政治等学科论文。

按研究的内容，可将学术论文分为理论研究论文和应用研究论文。理论研究，重在对各学科的基本概念和基本原理的研究，理论性的学术论文常见的形式有学术评论、理论探讨、经验总结等；应用研究，侧重于如何将各学科的知识转化为专业技术和生产技术，直接服务于社会。

按写作的目的，可将学术论文分为交流性论文和考核性论文。交流性论文，目的只在于专业工作者进行学术探讨，发表各家之言，以显示各门学科发展的新态势；考核性论文，目的在于检验学术水平，成为有关专业人员升迁晋级的重要依据。

在科学技术研究工作中，人们的研究内容和方式是不同的，有的以实验为研究手段，通过实验发现新现象，寻找科学规律，或验证某种理论和假说。按研究的方式和论述的内容可对科技论文作如下分类：

(1) 实（试）验研究报告　实（试）验研究报告是对自己所从事的某项研究的陈述，由反映研究过程各阶段的内容组成。这类论文不同于一般的实（试）验报告，其写作重点应放在“研究”上。它追求的是可靠的理论依据，先进的实（试）验设计方案，先进、适用的测试手段，合理、准确的数据处理及科学、严密的分析与论证。

(2) 理论推导　理论推导是对提出的新的假说通过数学推导和逻辑推理，从而得到新的理论，包括定理、定律和法则。其写作要求是数学推导要科学、准确，逻辑推理要严密，并准确地使用定义和概念，力求得到无懈可击的结论。

(3) 理论分析　对新的设想、原理、模型、机构、材料、工艺、样品等进行理论分析，对过去的理论分析加以完善、补充或修正。其论证分析要严谨，数学运算要正确，资料数据要可靠，结论除了要准确之外，一般还须经实（试）验验证。

(4) 设计计算　一般是指为解决某些工程问题、技术问题和管理问题而进行的计算机程序设计；某些系统、工程方案、机构、产品的计算机辅助设计和优化设计，以及某些过程的计算机模拟；某些产品（包括整机、部件或零件）或物质（材料、原料等）的设计或调、配制等。对这类论文总的要求是相对要“新”，数学模型的建立和参数的选择要合理，编制的程序要能正常运行，计算结果要合理、准确；设计的产品或调、配制的物质要经试验证实或经生产、使用考核。

(5) 专题（研究）论述　专题论述是指对某专项课题的研究。专题研究论文是对其创造性的科学研究成果所作的理论分析和总结。专题研究论文与科技报告和学术论文有所不同。科技报告侧重过程记录；学术论文主要体现创造性成果和理论性、学术性。通俗地说，专题研究论文介于两者之间。

(6) 综合评论（综述）　综述是以当代某领域科学技术成果为对象，通过对广泛的国内外资料的鉴别、整理、重新汇编组合，并反映自己见解观点的文章。其目的是使读者在短期内了解某问题的历史、现状、存在问题、最新成果以及发展方向等。评论是在综述基础上进行分析、推断、评论、预测未来和提出建议的文章。一般来说综述和评论合为一体写作，只“综”不“评”的文章多不受欢迎。综述和评论可以节约科技工作者查阅专业文献时间，了解动态，提供文献线索，从而帮助选择科研方向，寻找科研课题等。

在高校里，学位论文是完成一定学位必须撰写的论文，是学术论文的一种形式。还有从其他角度对学术论文进行分类的，如根据学科不同的分类，按作者多寡的分类，按不同文种的分类等，这里不作赘述。

10.1.3　学术论文的特点

1. 创新性

创新性，或称创造性、创见性、独创性，这是衡量学术论文价值的根本标准。学术论文应提供新的科技信息，其内容应有所发现、有所发明、有所创造、有所前进，而不是重复、模仿、抄袭前人的工作。

理论型科技论文是新的科学研究成果或创新见解和知识的科学记录。技术型科技论文是已知原理应用于实际中取得新进展的科学总结。也就是说没有新的观点、见解、结果和结论，就不称其为科技论文。创新性是学术论文同其他文章的基本区别。如科技报告和综述等具备科学性、学术性等特点，但可不具备创新性特点。创新性或新意是写作与发表每篇科技论文必备的条件，但只有创新性或新意还不够。

在学术论文写作中，要特别谨慎使用“首创”“首次提出”“首次发现”等词。“首次提出”等词一般是指具有重大价值的研究成果。

2. 科学性和准确性

学术论文的科学性，要求作者在立论上不得带有个人好恶的偏见，不得主观臆造，必须切实地从客观实际出发，从中引出符合实际的结论。应以最充分的、确凿有力的论据作为立论的依据。在论证时，必须经过周密的思考，进行严谨的论证。准确性主要是指科技论文的实验过程、实验结果具有可重复性。在学术论文中，不要用“据估计、据统计、据报道、据观察”等词。

3. 学术性或理论性

学术论文的理论性，是学术论文与其他类议论文章根本区别之所在。学术论文在形式上属于议论文，但它与一般议论文不同，它必须是有自己的理论系统的，不能只是材料的罗列，应对大量的事实、材料进行分析、研究，使感性认识上升到理性认识。一般来说，学术论文具有论证色彩，或具有论辩色彩。论文的内容必须符合历史唯物主义和唯物辩证法，符合“实事求是”“有的放矢”“既分析又综合”的科学研究方法。一篇科技论文的学术价值一般包括两个方面：一方面对实验、观察或用其他方式所得到的结果，要从一定的理论高度进行分析和总结，形成一定的科学见解，包括提出并解决一些有科学价值的问题；另一方面对自己提出的科学见解或问题，要用事实和理论进行符合逻辑的论证与分析或说明，要将实践上升为理论。

4. 规范性

不同的期刊论文虽然在语种、版面上有区别，但都具有相似的基本格式。世界发达国家对学术论文的撰写和编辑制定了各种国家标准。国际标准化组织也制定了一系列的国际标准，不同学科和专业的学术机构还制定了本学科和本专业的国际标准。联合国教科文组织于1968 年公布了《关于公开发表的科学论文和科学文摘的撰写指导》。我国国家标准局陆续发布的 GB 7713—1987《科学技术报告、学位论文和学术论文的编写格式》中的第 2 部份《学术论文编写规则》、GB 7713. 1—2006《学位论文编写规则》、GB 7713. 3—2009《科技报告编写规则》、GB/T 7714—2005《文后参考文献著录规则》、GB 6447—1986《文摘编写规则》、GB/T 3179—2009《期刊编排格式》等国家标准，在撰写论文时，必须严格遵守，并且熟练地加以运用，以使所著的学术论文符合要求。

5. 专业性

专业性是区别不同类型论文的主要标志，也是论文分类的主要依据。学术论文的专业性不仅表现在研究内容和手段上具有明显的专业特色，而且表现在文章的结构、专业术语、图表、公式等方面。

10. 1. 4 学术论文的规范表达

学术论文规范表达的要求来自科学技术期刊编排的标准化和规范化。标准就是衡量事物的准则。在科学技术和生产领域中，国家机关或社会团体为了适应科学技术发展和合理组织生产的需要，在产品质量、品种规格、零部件通用等方面规定了统一的若干技术要求，这些技术要求就是标准。我国现在通行的有国家标准、地方标准、行业标准和企业标准等四种标准，同时还有国际标准化组织发布的国际标准。标准在某一范围内的具体化，或者把约定俗成的技术要求整理出来，在一定的范围内实施的明文规定，就是规范。标准与规范的区别在于，标准是明文规定的准则，在我国，国家标准是由国家质量技术监督局批准并发布的一种国家法规，具有权威性、标准性和严肃性；规范虽然也是明文规定的一种“标准”（从衡量事物的“准则”角度说），但它不是国家法规，而是某些部门或团体根据约定俗成和从导向的意愿出发所提出的某种规定或建议，具有指导性、规范性和导向性。当然，规范趋于成熟，若有必要则可通过一定形式的批准和发布即上升成为标准。

科技期刊是社会产品，是科学技术重要文献的载体，是科学技术的新信息源。随着科学技术的高速发展，科技信息量猛增，长期以来人们习惯用的手工收集、整理、储存、传播信息的方式已远远不能满足要求，而电子计算机的普遍应用，则为科技信息的加工、传播、储存、检索、利用提供了极大方便。信息从“人”识别进入“机”识别，必然要求科技期刊的编排实现标准化和规范化。

学术论文表达规范，不仅能提高论文本身的水平，而且可以反映出作者具有严谨的治学态度和优良的写作修养。这为论文被期刊编辑部门选中发表提供了有利的条件。一篇论文能否被期刊采用，主要决定论文报道的研究成果是否有发表价值，但是，表达规范与否也是不能忽视的因素。尤其是对于稿源丰富的期刊，当在两篇都有发表价值的论文中只能选用 1 篇时，被选中的肯定是表达比较规范的那一篇，因为它的编辑加工量小，或者不必要经过作者再修改，从而可以保证出版质量，缩短发表周期。因此，为了使确有发表价值的论文能得到及时发表，避免因表达不规范被退稿或推迟发表，作者应努力提高论文的写作质量，使之达到规范表达的要求，这是很有实际意义的。

学术论文的规范表达涉及如下主要内容：①编写格式的标准化；②文字细节和技术细节表达的标准化或规范化，主要包括名词名称、数字、量和单位、数学式、化学式等的规范表达，以及插图和表格的合理设计；③科技语言和标点符号的规范运用。

10.1.5　学术论文的结构及写作要求

所谓格式，即一定的规格式样。学术论文的撰写和编排格式，就是撰写和编排学术论文时应满足的规格和式样方面的统一要求。在撰写学术论文时，需遵守我国国家标准局发布的 GB 7713—1987《科学技术报告、学位论文和学术论文的编写格式》中的第 2 部份《学术论文编写规则》、GB 7713. 1—2006《学位论文编写规则》、GB 7713. 3—2009《科技报告编写规则》、GB/T 7714—2005《文后参考文献著录规则》、GB 6447—1986《文摘编写规则》、GB/T 3179—2009《期刊编排格式》等有关学术论文编写格式的国家标准。

有了标准，但是，论文的主题如何确立，论据如何选取，论证如何进行，结构如何安排，节、段如何划分，层次标题如何拟定，具体材料如何到位等，则需要论文作者和刊物编者根据研究对象、研究的目的和方法，以及论文内容的不同，即根据实际情况来处理；只要按照学术论文的撰写和编排格式进行创造性的写作和编辑，论文就不会千篇一律，刊物也不会千刊一面，相反，却能使它们既符合规定的格式要求，又各自具有独立的主题思想、表达手法、写作风格和编排特色，这正是一篇高质量的论文或一份高水平的刊物所必需的。

一般说，学术论文的组成部分和排列次序为：题名、署名、摘要、关键词、前言、正文、结尾、致谢、参考文献、附录和注释。

1. 题名

题名又称文题、标题或题目。用于概括文章主题，简单明了，一般不超过 20 个字，放在文章的最前面，一般都用大号字印出。它也是文摘、索引或题录等信息资料的重要组成部分。题名是否确切、简洁、鲜明是衡量一篇文章标题好坏的准则。因此，在题名表达中要注意如下几种常见的毛病：

1）英文题名与中文题名不一致。在题名表达中，切记英文题名应与中文题名一致，并要符合英文表达方法；不要轻易使用未得到科技界公认的缩略词语；字母必须全部大写。

2）题名反映的面大，而实际内容包括的面窄。如题名为“金属矿山极端气象预测预报技术研究”，由于金属矿山研究领域很多，显然原题过于泛指和笼统。若以金属矿山的“尾矿库”为研究主题，则题名应为“金属矿山尾矿库极端气象预测预报技术研究”。

3）标题一般化，不足以反映文章内容的特点。如题名“金属矿山尾矿库的研究”，没有明显的特征。若是讨论极端气象条件下的金属矿山尾矿库的安全方面的问题，则将原题改为“极端气象条件下金属矿山尾矿库安全预报、预警技术研究”，就反映了这篇论文的特定内容，即有别于其他的一般性论述文章。

4）不注意分寸，题目过高过大。如有的作者，其课题的研究深度并不大，却常常把“……的机理”“……的规律”一类词语用在题名上。比较客观的做法是，除确实弄清了“机理”、掌握了“规律”以外，一般地取名为“……现象的（一种）解释”“……的一种机制”等比较恰当。

题名应简明，应把“20 字”视为上限，在保证能准确反映“最主要的特定内容”的前提下，题名字数越少越好。这里介绍几种减少题名字数的方法。

① 尽可能删去多余的词语。例如，“金属矿山尾矿库安全实时评估与预警体系相关研究”可改为“金属矿山尾矿库安全实时评估与预警体系研究”，将“相关”删去。

② 避免将同义词或近义词连用。例如，“尾矿库安全实时评估与预警体系研究分析与示范”，“分析”与“研究”义近，保留其一即可。据文章内容可以删去“分析”。

③ 题名不易简化时，可用加副题名的办法来减少主题名的字数（当然，列副题名不单是为了减少主题名的字数）。例如，“江西省金属矿山尾矿库安全实时评估与预警体系研究”可改为“金属矿山尾矿库安全实时评估与预警体系研究——以江西省为例”。采用了副题名，整个字数可能还不少，但不会使读者感到题名过长，而且编排页眉也很方便（按惯例，页眉可以不排副题名）。

其他可以采用副题名的情况：题名语意未尽，用副题名补充说明论文的特定内容；一系列研究工作用几篇论文报道，或者是分阶段的研究结果，各用不同的副题名区别其特定内容；其他有必要用副题名作为引申或说明的情况。

题名所用词语必须有助于选定关键词和编制题录、索引等二次文献，以便为检索提供特定的实用信息。题名中一定要有反映文章内容的关键词，关键词多一些更好。

题名中应当避免使用非共知共用的缩略词、首字母缩写字、字符、代号等。

题名比内容的行文要求更高，即一定要符合现代汉语的语法、修辞和逻辑规则，不能出现语病，同时还要尽量做到给人以美感。

2. 署名

（1）署名的意义

1）署名作为拥有著作权的声明。1991 年 6 月 1 日起施行的《中华人民共和国著作权法》中规定："著作权属于作者"；著作权包括"署名权，即表明作者身份，在作品上署名的权利"。署名是作者通过辛勤劳动所应得的一种荣誉，以此表明他们的劳动成果和作者自己得到了社会的承认和尊重。署名本身即向社会声明，作者对该作品拥有了著作权，任何个人和单位不能侵犯。

2）署名表示文责自负的承诺。所谓文责自负，就是论文一经发表，署名者即应对论文负法律责任，负政治上、科学上的责任。如果论文中存在剽窃、抄袭的内容，或者政治上、科学上或技术上存在错误，那么署名者就应完全负责，署名即表示作者愿意承担这些责任。

3）署名便于读者与作者联系。读者阅读文章后，若需要与作者商榷，或者要询问、质疑或请教，以及求取帮助，可以直接与作者联系。署名即表示作者有同读者联系的意向，署名也为读者同作者联系提供了可能。

（2）署名对象　署名者只限于那些参与选定研究课题和制订研究方案、直接参加全部或主要部分研究工作并做出主要贡献，以及参加论文撰写并能对内容负责，同时对论文具有答辩能力的人员；仅参加部分工作的合作者、按研究计划分工负责具体小项的工作者、某一项测试任务的承担者，以及接受委托进行分析检验和观察的辅助人员等，均不应署名，但署名者可以将他们作为参加工作的人员一一列入"致谢"段，或注于篇首页地脚处。

个人的研究成果，个人署名；集体的研究成果，集体署名（一般应署作者姓名，不宜只署课题组名称）。集体署名时，按对研究工作贡献的大小排列名次。

（3）署名的位置与格式　通常，学术性期刊中将署名置于题名下方（见图 10-1）。

3. 摘要

（1）摘要的概念和作用　摘要又称概要、内容提要。摘要是以提供文献内容梗概为目的，不加评论和补充解释，简明、确切地记述文献重要内容的短文。其基本要素包括研究目的、方法、结果和结论。具体地讲就是研究工作的主要对象和范围，采用的手段和方法，得出的结果和重要的结论，有时也包括具有情报价值的其他重要的信息。

摘要，位于标题和前言之间，是文章主要内容的摘录，起报道和检索作用。摘要有三大特点：短、精、完整。短，指篇幅短、字数少。短则几十字，长也就 300 ~ 500 字。除非另有要求，一般摘要的字数应为正文的 5% ~ 10%。精，指内容精，囊括了文章的精华。完整，是指它可独立成篇，可供检索性刊物-文摘杂志专门刊登。

摘要应具有独立性和自明性，并且拥有与文献同等量的主要信息，即不阅读全文，就能获得必要的信息。针对一篇完整的论文都要求写随文摘要。摘要的主要功能有：

1）让读者尽快了解论文的主要内容，以补充题名的不足。

2）为科技情报文献检索数据库的建设和维护提供方便。论文发表后，文摘杂志或各种数据库对摘要可以不作修改或稍作修改而直接利用，从而避免他人编写摘要可能产生的误解、欠缺甚至错误。论文摘要的索引是读者检索文献的重要工具。所以论文摘要的质量高低，直接影响到论文的被检索率和被引频次。

（2）摘要的分类

1）报道性摘要。报道性摘要即资料性摘要或情报性摘要，它用来报道论文所反映的作者的主要研究成果，向读者提供论文中全部创新内容和尽可能多的定量或定性的信息。尤其适用于试验研究和专题研究类论文，多为学术性期刊所采用。篇幅以400字左右为宜。

2）指示性摘要。指示性摘要即概述性摘要或简介性摘要。它只简要地介绍论文的论题，或者概括地表述研究的目的，仅使读者对论文的主要内容有一个概括的了解。篇幅以250字左右为宜。

3）报道—指示性摘要。报道—指示性摘要是以报道性摘要的形式表述论文中价值最高的那部分内容，其余部分则以指示性摘要形式表达。篇幅以400字左右为宜。

以上三种摘要形式都可供作者选用。一般地说，向学术性期刊投稿，应选用报道性摘要形式，只有创新内容较少的论文，其摘要可写成报道—指示性摘要或指示性摘要。摘要形式选用不合适，尤其是对价值较高的论文若采用指示性摘要形式，往往会给文献检索带来麻烦，可能失去较多的读者，将直接妨碍研究成果的应用和推广。有人认为随文摘要可以写得“概括”或“简短”一些，理由是“全文就在后边”。实际上，摘要的形式及其字数的多少不能依随文不随文而定，即使是随文摘要，也应根据论文价值的大小、刊发刊物的类型和论文中有用信息的多少来决定，否则摘要就可能失去应有的作用。

（3）摘要段的内容　摘要中应写的内容一般包括研究工作的目的、方法、结果和结论，而重点是结果和结论。

（4）摘要的写作要求　根据有关规定，可以把摘要的写作要求归纳成如下几点。

1）用第三人称。作为一种可供阅读和检索的独立使用的文体，摘要只能用第三人称而不用其他人称来写。

2）简短精练，明确具体。简短，指篇幅短，一般要求50～400字（依摘要类型而定）；精练，指摘录出原文的精华，无多余的话；明确具体，指表意明白，不含糊，无空泛、笼统的词语，应有较多而有用的定性和定量的信息。

3）格式要规范。尽可能用规范术语，不用非共知共用的符号和术语；不得简单地重复题名中已有的信息，并切忌罗列段落标题来代替摘要；一般不出现插图、表格，以及参考文献序号，一般不用数学公式和化学结构式；不分段；摘要段一般置于作者及其工作单位之后，关键词之前（图10-1）。

4）文字表达上应符合“语言通顺，结构严谨，标点符号准确”的要求。摘要中的语言应当符合现代汉语的语法规则、修辞规则和逻辑规则，不能出现语病。

4. 关键词

关键词源于英文“keywords”，特指单个媒体在制作使用索引时，所用到的词汇。关键词通常是未经规范化处理的名词，主要用以标识文章的主题内容和范围，关键词可以是单元词、标题词、叙词，是图书馆学中的词汇。关键词搜索是网络搜索索引主要方法之一，就是希望访问者了解的产品或服务或者公司等的具体名称的用语。关键词的内容可以是人名、网站、新闻、小说、软件、游戏、星座、工作、购物、论文、视频等。

关键词包括主题词和自由词两个部分。主题词是专门为文献的标引或检索而从自然语言的主要词汇中挑选出来并加以规范了的词或词组，自由词则是未规范化的即还未收入主题词表中的词或词组。

每篇论文中应专门列出3～8个关键词，它们应能反映论文的主题内容。其中主题词应尽可能多一些，它们可以从综合性主题词表（如《汉语主题词表》）和专业性主题词表（如

NASA 词表、INIS 词表、TEST 词表、MeSH 词表等）中选取。那些确能反映论文的主题内容但现行的主题词表还来不及收入的词或词组可以作为自由词列出，以补充关键词个数的不足或为了更好地表达论文的主题内容。

无论是直接从题目中抽取的名词，还是从小标题、正文或摘要里抽取的部分词汇，要适“度”，都必须标注单一的概念，切忌复合概念，因此，在选取关键词时，一定要对所选的词或词组进行界定。

关键词作为论文的一个组成部分，列于摘要段之后。图 10-1 所示为题名、署名、摘要与关键词的位置与格式范例。

标题（居中，二号黑体，一般在20字以内）

（——如有副标题，则为小二号黑体）

作者[1]，作者[2]（四号楷体）

（1. 学校和院系，省市　邮编；2. 单位全称，省市　邮编）（五号楷体，单位全称，非省会城市前加省名）

摘要：简要说明论文研究工作的主要内容、研究目的、采用方法和主要结论。“摘要”两字宜用小五号黑体，摘要内容宜用小五号仿宋体，不用第一人称做主语，一般为250~400字。

关键词：关键词1（该文内容所属二级学科名称）；关键词2；关键词3；关键词4；如有需要，第5及其后的关键词是有利于检索的其他关键词。

中图分类号：查阅《中国图书馆分类法》　**文献标识码：**　**文章编号：**

图 10-1　题名、署名、摘要与关键词的位置与格式范例

5. 前言

（1）前言的概念　前言，又称引言、绪言、引子和绪论等，是文章的开场白，说明写文章的理由，以引起读者的注意，为读者看完标题、摘要后决定是否读正文提供必要的信息。

前言一般包括以下几项内容：

1）研究背景。指出前人或他人在该领域内已经做了哪些工作，还有哪些问题尚未得到解决，或者是原有科学体系本身的弊端所隐藏着的问题，使读者知道文章的来龙去脉，对所论述的问题有全面的认识，从而掂量出该项研究成果的分量。

2）研究目的。说明从事该项研究的理由。目的与背景是密不可分的，可以顺理成章地写下去。这也是读者判断是否读该论文的重要依据，同时也便于读者去领会作者的思路，从而准确地领会文章的实质。

3）研究范围。指研究所涉及的范围或所取得成果的适用范围。它既可进一步限制标题，也可客观地告诉读者，该论文讨论的内容对哪些读者适用。

4）研究方法。指研究采用的实验方法或实验途径。前言中只提及方法的名称即可，无须展开细述。

5）取得成果的意义。这部分内容的有与无，视文章的性质而定。多数文章没有这部分内容，因为它带有自我评价的性质。

（2）前言的写作要求

1）言简意赅，突出重点。共知的、前人文献中已有的不必细写。主要写好研究的理由、目的、方法和预期结果，意思要明确，语言要简练。

2）开门见山，不绕圈子。注意一起笔就切题，不能铺垫太远。

3）尊重科学，不落俗套。有的作者在论文的引言部分总爱对自己的研究工作或能力表示谦虚，寻几句客套话来说，如“限于时间和水平”或“由于经费有限，时间仓促”，“不足或错误之处在所难免，敬请读者批评指正”等。这是不必要的。确实需要作说明或表示歉意的，可以在文末处写，但要有分寸，实事求是；同时要具体写，不能抽象和笼统。必要时引言中可以交待方法和结果等可以供哪些人、干什么作参考。

4）如实评述，防止吹嘘自己和贬低别人。

6. 正文

正文，是文章的主体。这一部分的形式主要根据作者意图和文章内容决定，不可能也不应该规定一个统一的形式。下面只介绍两种主要的有代表性的形式。

以实验为研究手段的论文或技术报告，包括以下几部分：

1）实验原材料及其制备方法、质量分数与力学性能。

2）实验所用设备、装置和仪器等。如果是通用设备，只注明规格、型号即可。如果是自己特制的，需给出示意图，并详细说明测试、计量所用仪器的精度，使读者知道实验结果的可信度和准确程度。

3）实验方法和过程。说明实验所采用的是什么方法，实验过程是如何进行的，操作上应注意什么问题。要突出重点，只写关键性步骤。如果是采用前人或他人的方法，只写出方法的名称即可；如果是自己设计的新方法，则应写得详细些。

上述三点的详略程度应以别人能再现文中的实验结果为标准。但是，涉及保密和专利的内容不要写进去。因为科技文章既有理论上（学术上）的馈赠性，又有技术上的经济性（专利性）。要正确处理学术交流与技术诀窍保密的关系，对于技术上的要害问题应含而不露、引而不发。

4）实验结果与分析（讨论）。实验结果就是实验过程中所测取的数据和所观察到的现象。写文章时，需对实验结果进一步加以整理，从中选出最能反映事物本质的数据或现象，并将其制成便于分析（讨论）的图或表，有的还要拍成照片。分析是指从理论（机理）上对实验所得的结果加以解释，阐明自己的新发现或新见解。

实验结果与分析可以合在一起写，内容较多时，也可以分开写，各成一节。这部分内容是论文的重点，是结论赖以产生的基础。写这部分时应注意以下几个问题：

① 选取数据时，必须严肃认真，实事求是。数据一要准确，二要有代表性，决不可按照个人的好恶决定数据的取舍，更不能伪造数据沽名钓誉。选取数据要从必要性和充分性两方面去考虑，使读者根据所提供的数据，能做出与作者相同的判断。对于异常的数据，不要轻易删掉，要反复验证，查明是因工作差错造成的，还是事情本来就如此，还是意外现象。

② 描述现象时要分清主次，抓住本质。

③ 图和表，要一目了然，看出规律。

④ 分析问题时，必须以事实为基础，以理论为依据。所得结论必须经得起同等条件下多次实验的考验。分析必须一丝不苟，公式推导要严密，分析问题要切中要害。基础理论无须赘述，中间步骤可以省略。

总之，在结果与分析中既要包含所取得的结果，还要说明结果的可信度、再现性、误差，以及与理论或分析结果的比较、经验公式的建立、尚存在的问题等。

理论或解析文章应包括以下几项内容：

1）解析方法。包括前提条件、提出的假设、解析的对象、适用的理论和计算的程序等。

2）解析结果。可用图、表和公式等来整理。

3）分析（讨论）。分析的内容有结果的可信度、误差的评价、所得结果与其实验结果的比较。针对实用对象的有效性，提出自己的见解，指出问题和以后努力的方向等。在工程应用中的解析，应该尽可能地加上实验验证。只有用实验验证了的理论，才能称得上是正确的理论。

对正文部分写作的总的要求是：明晰、准确、完备、简洁。具体要求有如下几点：

1）论点明确，论据充分，论证合理。

2）事实准确，数据准确，计算准确，语言准确。

3）内容丰富，文字简练，避免重复、繁琐。

4）条理清楚，逻辑性强，表达形式与内容相适应。

5）不泄密，对需保密的资料应作技术处理。

正文即论证部分，是论文的核心部分。论文的论点、论据和论证都在这里阐述，因此它要占主要篇幅。由于论文作者的研究工作涉及的学科、选题、研究对象和研究方法、工作进程、结果表达方式等差异很大，所以对正文要写的内容不能作统一规定；但是，总的思路和结构安排应当符合“提出论点，通过论据（事实和（或）数据）来对论点加以论证”这一共同的要求。图 10-2 所示为前言、正文等的位置与格式范例。

▪0 前言（四号，黑体）

应简要回顾本文研究工作的背景和研究目的，一般400~600字，不超过800字。

1 一级标题（同上）（参考文献出处及注释序号不可标注在文中题目、摘要及一二三级标题上）

1.1 二级标题（五号，宋体，加粗） 科技论文一般用至三级标题，个别有的用至四级标题。

1.1.1 三级标题（五号，宋体，加粗）

图表名称的格式：图片名称标注在下方，表格名称标注在表格上方，居中，汉字用黑体，数字英文用Time New Roman，罗马字用Symbol，字号小五。

图 10-2　前言、正文等的位置与格式范例

7. 结尾

（1）结尾的概念　结尾，指正文之后的结论或结语（结言）。它是以结果和讨论（或实验验证）为前提，经过严密的逻辑推理做出的最后判断，是整个研究过程的结晶，是全篇论文的精髓。它又以自身的条理性、明确性、客观性反映了论文或研究成果的价值。

（2）结尾的写作要求　结论与前言相呼应，同摘要一样，其作用是便于读者阅读和为二次文献作者提供依据。读者可以据此看出研究成果的水平。如文章内容多，其中每一节的小标题就是该节的结论，其全篇的精髓又概括在摘要中，结尾可省略。写结论时应注意以下

几点。

1）要抓住本质，揭示事物发展的客观规律和内在联系。

2）用词要准确，不要用“或许”“可能”“大约”之类模棱两可的词。

3）要突出重点，观点鲜明。

4）要恰如其分，不要言过其实。

5）文字要精练，不要复述前面的结果和讨论。

有的文章根据情况或作者的习惯，结尾可以写结语（结言）、讨论与结论。结论不是研究结果的简单重复，而是对研究结果更深入一步的认识，是从正文部分的全部内容出发，并涉及前言的部分内容，经过判断、归纳、推理等过程，将研究结果升华成新的总观点。其内容要点如下：

1）本研究结果说明了什么问题，得出了什么规律性的东西，解决了什么理论或实际问题。

2）对前人有关本问题的看法作了哪些检验，哪些与本研究结果一致，哪些不一致，作者作了哪些修正、补充、发展或否定。

3）本研究的不足之处或遗留问题。

对于某一篇论文的“结论”，上述要点1）是必需的，而2）和3）视论文的具体内容可以有，也可以没有；如果不可能导出结论，也可以没有结论而进行必要的讨论。

结论段的格式安排可作如下考虑：如果结论段的内容较多，可以分条来写，并给以编号，如1)，2)，3）等，每条成一段，包括几句话或一句话；如果结论段内容较少，可以不分条写，整个为一段，几句话。结论里应包括必要的数据，但主要是用文字表达，一般不再用插图和表格。

撰写的结论应达到如下要求：

1）概括准确，措词严谨。结论是论文最终的、总体的总结，对论文创新内容的概括应当准确、完整，不要轻易放弃，更不要漏掉一条有价值的结论，但也不能凭空杜撰。肯定和否定要明确，一般不用“大概”“也许”“可能是”这类词语，以免使人有似是而非的感觉，怀疑论文的真正价值。

2）明确具体，简短精练。结论段有相对的独立性，专业读者和情报人员可以只看摘要和（或）结论而能大致了解论文反映的成果和成果的价值，所以结论段应提供明确、具体的定性和定量的信息。一般不单用量符号，而宜用量名称，例如，说“T与ρ呈正比关系”不如说“××温度与××压力呈正比关系”易读。行文要简短，不再展开论述，不对论文中各段的小结作简单重复。

3）不作自我评价。研究成果或论文的真正价值是通过具体“结论”来体现的，所以不宜用如“本研究具有国际先进水平”“本研究结果属国内首创”“本研究结果填补了国内空白”一类语句来进行自我评价。

“建议”部分可以单独用一个标题，也可以包括在结论段，如作为结论的最末一条。如果没有建议，也不要勉强杜撰。

8. 致谢

现代科学技术研究往往不是一个人能单独完成的，而需要他人的合作与帮助，因此，当研究成果以论文形式发表时，作者应当对他人的劳动给以充分肯定，并对他们表示感谢。凡对本研究直接提供过资金、设备、人力，以及文献资料等支持和帮助的团体和个人都可以是致谢的对象。“致谢”段可以列出标题并贯以序号，如“8. 致谢”放在“7. 结论”段之后，也可不列标题，空 1 行置于“结论”段之后。

9. 参考文献

参考文献附在结论之后，它有三个作用：其一，反映作者的科学态度和求实精神，表示作者对他人成果的尊重。科技论文既有为全人类所公有的一面，又有作者具有优先权的一面。所以在文章中必须分清楚哪些是别人的研究成果，哪些是自己的研究所得。其二，便于读者了解该领域的情况，它是读者进行追溯性检索的有效途径，读者可以根据所列文献找到原文。其三，它从一个侧面反映出作者对本课题的历史和现状的了解程度，便于读者衡量论文的水平和可信度。有的综述文章只列几篇参考文献，读者一定会对该文的全面性发生怀疑。也有的作者把自己没有读过的文献也列入参考文献，这也是不对的。文献的来源有期刊、图书、论文集、论文和其他。

（1）参考文献著录的原则

1）只著录最必要、最新的文献。

2）只著录公开发表的文献。

3）采用标准化的著录格式。

（2）参考文献著录的方法和要求　论文中参考文献的著录方法，国际上流行的有多种，而我国国家标准 GB/T 7714—2005《文后参考文献著录规则》中规定采用“顺序编码制”和“著者-出版年制”两种。其中，顺序编码制为我国科学技术期刊所普遍采用。

（3）文内标注格式　采用顺序编码制时，在引文处，按它们出现的先后用阿拉伯数字连续编码，并将序码置于方括号内，视具体情况把序码作为上角标，或者作为语句的组成部分。

（4）著录格式　参见第 2 章 2.6 节。

（5）图解要素　科学论文中的各种图形、表格、照片合称为图解要素，是表达实验结果、说明实验原理等的有效方法，具有简明、直观、容易理解等优点。①插表：它比文字叙述简洁、鲜明，容易对比。与图相比，作表格不需要特殊的纸张、工具；数据精确、紧凑，也可以有效地反映规律性（如元素周期表）；可以表示多个变数。但是，表不如图直观、明了。凡是用文字和图说明和表示有困难的都可以考虑用插表。②插图：文稿中所用的图应在正文中的相应处留出空白位置，并画出框线。框内上方留三行，作贴打样图用，从第四行开始写上图号、图名、图注或其他说明等，借用的图要注明出处，图名和图注后不加标点。图框中的分图号用 a)、b) 表示。正文中引用图号时，用“见图 1-1a、b”，注意图号不加括号，分图号不加半括号。

照片也可以看做是图的一种，常用的有以下几种：

1）新的机械、设备、仪器、装置的外观和运转状态等，只看文字内容，不容易理解，辅以照片可以增加其报道效果。

2）保密的结构图常用照片代替。

3）全相微观组织结构要用光学显微镜照片或电子显微镜照片表示。这种照片应给出放大倍数（如放大 500 倍，用 ×500 表示）。

4）显示应力分布状态的照片。

5）X射线或电子衍射花样照片。

6）产品或零件照片。

上面介绍的是自然科学论文的一般构成及基本要求。由于学科门类繁多，其论文格式和要求也各有不同，作者应根据本学科的特点进行撰写。初写论文的人可以参照与自己内容相近的名家名篇，模仿其格式及表达方法，而赋予自己的新内容。

10. 附录

附录是论文主体的补充项目，对于每一篇科技论文并不是必需的。为了体现整篇论文材料上的完整性，但写入正文又可能有损于行文的条理性、逻辑性和精练性，这类材料可以写入附录段。

附录段大致包括如下一些材料：

1）比正文更为详尽的理论根据、研究方法和技术要点更深入的叙述，建议可以阅读的参考文献题录，对了解正文内容有用的补充信息等。

2）由于篇幅过长或取材于复制品而不宜写入正文的资料。

3）不便于写入正文的罕见珍贵资料。

4）一般读者并非必要阅读，但对本专业同行很有参考价值的资料。

5）某些重要的原始数据、数学推导、计算程序、框图、结构图、统计表、计算机打印输出件等。

附录段置于参考文献段之后，依次用大写正体A，B，C，…编号，如以“附录A”“附录B”做标题前导词。

附录中的插图、表格、公式、参考文献等的序号与正文分开，另行编制，如编为“图A1”“图B2”；“表B1”“表C3”；“式（A1）”式（C2）；“文献［A1］”“文献［B2］”等。

11. 注释

解释题名项、作者及论文中的某些内容，均可使用注释。能在行文时用括号直接注释的，尽量不单独列出。

不随文列出的注释称为脚注。用加半个圆括号的阿拉伯数字1），2），3）等，或用圈码①，②，③等作为标注符号，置于需要注释的词、词组或句子的右上角。每页均从数码1）或①开始，当页只有1个脚注时，也用1）或①。注释内容应置于该页地脚，并在页面的左边用一短细水平线与正文分开，细线的长度为版面宽度的1/4。

10.1.6　学术论文的文法与表达

1. 标题层次

各层次标题一律用阿拉伯数字连续编码，不同层次的两个数字之间用下圆点（.）分隔开，末位数字后面不加点号；各层次的第1个序码均左顶格书写，最后一字序码之后空1个字距接写标题。如果需要，也可有四级标题等，如“2.1.2.3”“2.1.2.4”。

此外，“要点”序码全文甚至全刊也应统一，如第1层用“1）”“2）”“3）”等，第2层用“（1）”“（2）”“（3）”等，第3层用“①”“②”“③”等，第4层（一般可能不用）用“a.”“b.”“c.”等。

2. 量名称和量符号

（1）量名称

1）通用的量名称，按国家标准 GB 3100～3102—1993《量和单位》规定的选用，切勿使用已废弃的量名称。

2）学科或专业的量名称，按全国科学技术名词审定委员会审定公布的选用。目前全国名词委已公布出版了 40 多个学科的名词术语，请作者注意选用。

（2）量符号　在强制性国家标准 GB 3100～3102—1993《量和单位》中，对每个基本物理量都给出了 1 个或 1 个以上的符号，这些符号就是标准化的量符号，如 l（长度）、d（直径）、A 或 S（面积）、V（体积）、t（时间）、v（速度）、λ（波长）、m（质量）、F（力）、M（力矩）、p（压力，压强）、E（能［量］）、P（功率）、T 或 Θ（热力学温度）、t 或 θ（摄氏温度）、Q（热量）、w（质量分数）、φ（体积分数）等。

国家标准规定，非普及性科学书刊，尤其是在数理公式中，必须使用量符号。使用量符号时请注意以下几点：

1）应尽量采用标准规定的量符号。若采用的量国家标准中没有，可以参照标准自行拟定量符号。自拟时要注意，量符号一般是由单个拉丁字母或希腊字母表示的（25 个特征数符号例外，它们由两个字母构成，如雷诺数 *Re*、普朗特数 *Pr* 等，另一个例外是 pH 值），不能用多个字母做量符号，如把“临界高温”的量符号写作 CHT（Critical High Temperature）是错误的，正确表达应为 $T_{c,h}$。当然，类似 CHT 这样的英文缩词用在文字叙述中而不是作为量符号用在公式或图表中是允许的。

2）文稿若是打印件，量符号必须用斜体字母（pH 值除外，它用正体字母）。

3）量符号的大小写也有规定。例如，T 是热力学温度，t 是摄氏温度；V 是体积，v 是速度；P 是功率，p 是压力等。

4）在全文中某一个字母代表的量应是唯一确定的。例如，t 不能在这里表示“时间”，在那里又表示“摄氏温度”；在这里表示“初始温度”，在那里又表示“终了温度”。解决办法是：t 已经定为表示“时间”，就用 θ 表示“摄氏温度”；用 t_i（i 为 initial（初始的）首字母）表示“初始温度”，用 t_e 表示“终了温度”。类似地，用 p_A 表示 A 点的压力，用 p_B 表示 B 点的压力，用 p_C 表示 C 点的压力等。总之，为了表示量的特定状态、位置、条件或测量方法等，可以在量符号上附加上下角标，如星号（＊）、外文字母、阿拉伯数字及其他符号，个别情况下允许加汉字角标（如 $h_{小麦}$表示“小麦株高”）。

5）不能把化学元素符号作为量符号使用。把化学素符号当做量符号来用的现象比较普遍，包括过去很多教科书。例如，“$H_2:O_2=2:1$”，这很不规范，含义也不清楚。正确的表达方式如下：

若指质量比，应为 $m(H_2):m(O_2)=2:1$。

若指体积比，应为 $V(H_2):V(O_2)=2:1$。

若指物质的量的比，应为 $n(H_2):n(O_2)=2:1$。

还有把元素或分子式等符号后加“%”当做量符号使用的，如 $MnO_2\%=58.4\%$，也是不正确的。这里指的是 MnO_2 的质量分数，所以规范的表示为 $w(MnO_2)=58.4\%$。

3. 关于计量单位

按规定，计量单位一律采用《中华人民共和国法定计量单位》。我国法定计量单位是以国际单位制（SI）单位为基础，根据我国情况加选的一些非 SI 单位构成的。

（1）使用法定单位的原则

1）全文只能使用法定单位，不能使用非法定单位，如市制单位、公制单位、寸制单位，以及其他旧杂制单位。注意，土地面积不能用“亩”。大面积用 hm^2（读作“公顷”），很大面积用 km^2（读作“平方千米”），小面积（如宅基地、小试验地等）用 m^2（读作“平方米”）。

2）全文只能采用单位的国际通用符号（简称国际符号），而不采用单位的中文符号。国际符号指用拉丁字母或希腊字母表示的单位或其词头，如 μm（读作“微米”）、kg（读作“千克”）、N（读作“牛顿”）、kPa（读作“千帕”）、W（读作“瓦特”）、J（读作“焦耳”）等。

（2）使用法定单位的要点

1）文稿若是打印件，单位符号（指单位的国际符号，下同）用正体字母。

2）要注意区分单位符号和词头符号的大小写。一般单位符号为小写体，如 m（米）、t（吨）、g（克）等；来源于人名的单位，其符号的首字母大写，如 A（安培）、Pa（帕斯卡）、J（焦耳）等，例外的是 L（升）虽不是来源于人名，也大写。词头符号中表示的因次为 10^6 及以上的，用大写体，如 M（10^6，兆）等；表示的因次为 10^3 及以下的，用小写体，如 k（10^3，千）、h（10^2，百）、d（10^{-1}，分）、c（10^{-2}，厘）、m（10^{-3}，毫），μ（10^{-6}，微）、n（10^{-9}，纳）等。

（3）法定单位和词头的使用规则　词头是为了避免过大或过小的数值而加在 SI 单位之前构成十进倍数或分数单位的因数符号。

1）单位与词头的名称，一般只宜在叙述性文字中使用。单位和词头的符号，在公式、数据表、曲线图、刻度盘和产品铭牌等需要简单明了表示的地方使用，也可用于叙述性文字中。应优先采用符号。

2）单位的名称或符号必须作为一个整体使用，不得拆开。

例如，摄氏温度单位“摄氏度”表示的量值应写成并读成“20 摄氏度”，不得写成并读成“摄氏 20 度”。

例如，30km/h 应读成“三十千米每小时”。

3）选用 SI 单位的倍数单位或分数单位，一般应使量的数值处于 0.1 ~ 1000 范围内。

例如，1.2×10^4 N 可以写成 12kN，0.00394m 可以写成 3.94mm，11401Pa 可以写成 11.401kPa，3.1×10^{-8}s 可以写成 31ns。

某些场合习惯使用的单位可以不受上述限制。例如，大部分机械制图使用的长度单位可以用“mm（毫米）”；导线截面积使用的面积单位可以用“mm^2（平方毫米）”。

在同一个量的数值表中或叙述同一个量的文章中，为对照方便而使用相同的单位时，数值不受限制。

词头 h、da、d、c（百、十、分、厘），一般用于某些长度、面积和体积的单位中，但根据习惯和方便也可用于其他场合。

4）有些非法定单位，可以按习惯用 SI 词头构成倍数单位或分数单位。如 mCi，mGal，mR 等。

法定单位中的摄氏度以及非十进制的单位，如平面角单位“度”“〔角〕分”“〔角〕秒”

与时间单位“分”“时”“日”等，不得用 SI 词头构成倍数单位或分数单位。

使用已废弃的非法定计量单位，如标准大气压(atm)、千克力(kgf)、卡(cal)、马力、高斯(Gs) 等，其法定计量单位依次为帕(Pa)、牛(N)、焦(J)、瓦(W)、特(T)。

5）词头不能独立使用。离开了单位而独立使用词头是错误的。在实践中常见独立使用的词头有 μ，k 和 M。例如，长度 $l=20\mu$、$R=8\mathrm{k}$、$R=10\mathrm{M}$，均属错误的。正确的写法是 $l=20\mu\mathrm{m}$、$R=8\mathrm{k\Omega}$、$R=10\mathrm{M\Omega}$。

6）不得使用重叠的词头。在实践中常见的 mμm、mμs、μμF 和 kWm 均属错误的。正确的应分别为 nm、ns、pF、GW。还有，不应写“天平感量 1×10^{-3}mg”，而应写作天平感量 1μg。

在纯叙述性文字中，常见的“毫微秒级”“微微米级”一类说法，也是不允许的。应分别改用“纳秒级”（或 ns 级）、“皮米级”（或 pm 级）。

由于历史的原因，质量的 SI 单位名称“千克”中，已经包含词头“千”，所以质量的十进倍数或分数单位应由词头加在“克”（g）之前构成，如微克(μg) 不得写作纳千克(nkg)。

7）单位不能与 SI 词头组合构成十进倍数或分数单位。这些单位是摄氏温度单位℃、热力学温度单位 K、平面角单位（°）、（′）、（″）、时间单位 h、d、min 以及量纲一的量的单位（符号为 1）。例如，不能写 15h℃(百摄氏度)、3ka(千年)、0.8mmin(毫分)，以及 $Re=1.32\mathrm{k}$、$\omega=15\mu$ 等。应该写作 500℃、3000a、8×10^{-4}min，及 $Re=1.32\times10\mathrm{a}$、$\omega=1.5\times10^{-5}$。

8）乘方形式的倍数单位的指数，属于包括词头在内的整个单位。新标准规定：词头符号与紧接的单个单位符号构成 1 个新的（十进倍数或分数）单位符号，它可以取正数或负数幂。这就是说，词头与紧接的单个单位构成一个整体，具有相同的幂次。例如，$10\mathrm{hm}^2=10\times(100\mathrm{m})^2=10^5\mathrm{m}^2$，而不是 $10\mathrm{hm}^2=10\times100\mathrm{m}^2=10^3\mathrm{m}^2$。

9）亿(10^8)、万(10^4) 等是我国习惯用的数词，仍可使用，但不是词头。习惯使用的统计单位，如万公里可记为“万 km”或“10^4 km”；万吨公里可记为“万 t · km”或“10^4 t · km”。

(4) 组合单位加词头的规则　新标准规定：组合单位的倍数单位一般只用 1 个词头，并尽量用于组合单位中的第 1 个单位。这是组合单位加词头的一条总原则。

组合单位的中文名称与其符号表示的顺序一致。符号中的乘号没有对应的名称，除号的对应名称为“每”字，无论分母中有几个单位，“每”字只出现一次。

例如，比热容单位的符号是 J/(kg · K)，其单位名称是“焦耳每千克开尔文”而不是“每千克开尔文焦耳”或“焦耳每千克每开尔文”。

1）单位相乘构成的组合单位。其符号有下列两种形式：如力矩单位 N · m，也可写作 Nm。词头通常加在第 1 个单位前。例如，对冲量单位 N · s 加词头 k，应为 kN · s，而不是 N · ks；电阻率单位 Ω · m，通常加词头应写成 kΩ · m，MΩ · m，mΩ · m；另一个特例是货运量单位“吨公里”，按习惯写成 t · km，词头 k 处在第 2 个单位之前。

由两个以上单位相乘所构成的组合单位，其中文符号只用一种形式，即用居中圆点代表乘号。例如，动力粘度单位“帕斯卡秒”的中文符号是“帕 · 秒”，而不是“帕秒”“〔帕〕〔秒〕”“帕 · 〔秒〕”“帕—秒”“（帕）（秒）”“帕斯卡 · 秒”等。

2）单位相除或乘除构成的组合单位。其符号可用下列三种形式之一：$\mathrm{kg/m^3}$，$\mathrm{kg\cdot m^{-3}}$，

kgm^{-3}，最末一种形式一般只用于数理公式中。当可能发生误解时，应尽量用居中圆点或斜线（/）的形式。

词头一般应加在分子的第 1 个单位前，分母一般不加词头。例如，对摩尔熵单位 J/(mol · K) 加词头 k，应写成 kJ/(mol · K)，不应写成 J/(mmol · K)，尽管 kJ/(mol · K) = J/(mmol · K)。由两个以上单位相除所构成的组合单位，其中文符号可采用以下两种形式之一：千克/米^3，千克 · 米$^{-3}$

3）当组合单位的分母为长度、面积、体积单位或分子为 1 时，分母可以按习惯与方便选用某些词头。例如，对 B 的浓度的单位 mol/m^3 加词头，可以加在分子上，如 kmol/m^3，也可以加在分母上，如 mol/dm^3。

4）一般不在组合单位的分子分母同时加词头。在组合单位的分子分母上同时加词头，实际上属于词头重叠使用的情况，这是不允许的。例如，kV/mm 应改为 MV/m；nmol/mL 应改为 μmol/L。

5）无论 kg 处于分子或分母中，都可以看作不带词头，如 mol/kg，kg/cm^3。

6）相除组合单位符号中的斜分数线“/”不能多于 1 条，当分母有两个以上单位时，分母就应加圆括号。如传热系数的单位 W/(m^2 · K)，不能写成 W/m^2 · K，也不能写成 W/m^2 · K。

7）组合单位中不能夹有单位的中文符号，例如，把流量单位写成 m^3/秒，把用药量单位写成 mg/(kg · 天)，都是错误的，应分别写成 m^3/s 和 mg/(kg · d)；但是，组合单位中允许有计数单位（如元、只、人、把、个、株、粒、颗等）和一般常用时间单位（如月、周（星期）等），如价格单位元/t，人均住房面积单位 m^2/人，劳动生产率单位kg/(月 · 人）等。

“万”和“亿”是我国特有的数词（但它们不是单位的“词头”），可以与法定单位符号连用，如可写作 20 亿 t，35 万 km^{2}等。

8）在计算中，建议所有量值都采用 SI 单位表示，词头应以相应的 10 的幂代替（kg 本身是 SI 单位，故不应换成 10^{3}g）。

9）将 SI 词头的部分中文名称置于单位名称的简称之前构成中文符号时，应注意避免与中文数词混淆，必要时应使用圆括号。

例如，旋转频率的量值不得写为 3 千秒$^{-1}$。如表示“三每千秒”，则应写为“3（千秒)$^{-1}$”（此处“千”为词头）；如表示“三千每秒”，则应写为“3 千（秒)$^{-1}$”（此处“千”为数词）。

例如，体积的量值不得写为“2 千米^3”。如表示“二立方千米”，则应写为“2（千米)^3”（此处“千”为词头）；如表示“二千立方米”，则应写为“2 千（米)^3”（此处“千”为数词）。

(5) 不应把一些不是单位符号的“符号”作为单位符号使用

1）单位英文名称的缩写不是单位符号，如 m(分)、sec(秒)、day(天)、hr(小时)、y 或 yr(年)、wk(星期)、mo(月) 等，它们的单位符号分别为 min、s、d、h、a（年)、周、月等。

2）长期以来用作单位符号的 ppm、ppb 等，只是表示数量份额的英文缩写，意义也不确切，而且其中有的在不同国家代表不同的数值，因此不能再用。怎么办？视具体情况，如可将 200ppm 改为 200×10^{-6}，或者改为 200mg/kg。

(6) 不能对单位符号进行修饰　即不能对单位符号采用复数形式、加下角标、在组合单位中插入修饰性字符等。常见的有插入化学元素符号等说明性记号。例如，0.15mg(Pb)/L，正确表示为 ρ(Pb) = 0.15mg/L；又如，1g 生药/mL，正确表示为 ρ(生药) = 1g/mL。

(7) 单位前的数值　单位前的数值一般应控制在 0.1～1000 之间，即不能太小，也不能太大，尤其在图表中，否则应当改换词头。例如，0.001m 应改为 1mm，1200g 应改为 1.2kg，32000kg 应改为 32t。

4. 关于数字

(1) 汉字数字与阿拉伯数字　什么情况使用汉字数字，什么情况使用阿拉伯数字，国家标准有规定。总的原则是：凡是可以使用阿拉伯数字而且又很得体的地方，均应使用阿拉伯数字。

1) 使用阿拉伯数字的场合。

① 公元世纪、年代、年、月、日、时刻。如 20 世纪 90 年代；1999 年 1 月 15 日；12 时 5 分 18 秒。

请注意：年份不能简写，如 1999 年在任何地方都不能写作 99 年。

"时刻"可用标准化格式表示，如"12 时 5 分 18 秒"可写为"12：05：38"。

日期与日的时间的组合，表示方法是：年-月-日 T 时：分：秒。T 为时间标志符。"时""分""秒"之间的分隔符是冒号（:）而不是比号（∶）。例如，"1999 年 1 月 15 日 12 时 5 分 18 秒"，可表示为"1999-01-15T12：05：18"。这种方式更多地用在图表中。

② 计量单位和计数单位前的数字。如食盐 200g，木料 $5m^3$；猪 15 头，羊 2 只，鱼 1 条；3 个特点，2 条意见，200 多人。

③ 纯数字。包括整数、小数、分数、百分数、比例，以及一部分概数。如 4，－0.3，4/5，56%，3∶2，10 多，300 余。

④ 产品型号、样品编号，以及各种代号或序号。

⑤ 文后参考文献著录中的数字（古籍除外）。

2) 使用汉字数字的场合。

① 定型的词、词组、成语、惯用语、缩略语，以及具有修辞色彩的词语中作为语素的数字，必须用汉字数字。例如，第一，二倍体，三氧化二铝，十二指肠，星期五，"十五"计划，第一作者，一分为二，三届四次理事会，他一天忙到黑。

② 相邻两个数字连用表示的概数。例如，一两千米，二三十公顷，四百五六十万元（注意：其间不用顿号（、））。

③ 带有"几"字的数字表示的概数。例如，十几，几百，三千几百万，几万分之一。

④ 各国、各民族的非公历纪年及月日。

⑤ 含有月日简称表示事件、节日和其他特定含义的词组中的数字。例如，"一二·九"运动，五四运动，"一·一七"批示。

(2) 数字的书写规则

1) 书写和排印 4 位和 4 位以上的数字要采用三位分节法，应从小数点起向左或向右每 3 位空出 1/4 个字距，不用千分撇"′"。例如，3 245，3.141 592 6。小数点前或后若超过 4

位数（含 4 位）要采用三位分节法。

2）小数点前用来定位的“0”不能省略。如 0. 85 不能写作 . 85。

3）阿拉伯数字不能与除“万”“亿”外的汉字数词连用。如“十二亿一千五百万”可写为“121 500 万”或“12. 15 亿”，但不能写为“12 亿 1 千 5 百万”。

4）数值的有效位数必须全部写出。例如，一组有 3 位有效数字的电流值“0. 250A，0. 500A，0. 750A”，不能写作“0. 25A，0. 5A，0. 75A”。

5）表示数值范围和公差时应注意以下几点。

① 表示数值范围采用浪纹号（～）。例如，120～130kg，70～80 头（羊）。不是表示数值范围，就不要用浪纹号。如“1995～2000 年”“做 2～3 次试验”表示都不妥。前者是两个年份（不是数值），其间“～”应改为连接号“—”（一字线）；后者“2 次”与“3 次”之间不可能有其他数值，应改为“两三次”，但“做 2～4 试验”这样的表述则可以。

② 表示百分数范围时，前一个百分号不能省略。如“52%～55%”不能写成“52～55%”。

③ 用“万”或“亿”表示的数值范围，每个数值中的“万”或“亿”不能省略。如“20 万～30 万”不能写成“20～30 万”。

④ 单位不完全相同的量值范围，每个量值的单位应全部写出，如“3h～4h20min”不能写作“3～4h20min”；但单位相同的量值范围，前一个量值的单位可以省略，如“100g～150g”可以写作“100～150g”。

⑤ 量值与其公差的单位相同、上下公差也相等时，单位可以只写 1 次，如“12. 5mm ± 0. 5mm”可写作“（12. 5 ± 0. 5）mm”，但不能写作“12. 5 ± 0. 5mm”。量值的上下公差不相同时，公差应分别写在量值的右上、右下角；量值与公差的单位不相同时，单位应分别写出。

⑥ 表示带百分数公差的中心值时，百分号（%）只需写 1 次，同时“%”前的中心值与公差应当用括号括起。如“（50 ± 5）%”任何时候都不得写作“50 ± 5%”，也不得写作“50% ± 5%”。

6）用量值相乘表示面积或体积时，每个数值的单位都应写出。如 60m × 40m，不能写作 60 × 40m，也不能写作 60 × 40m^2；50cm × 40cm × 20cm，不能写作 50 × 40 × 20cm，也不能写作 50 × 40 × 20cm^3。

7）一组量值的单位相同时，可以只在最末一个量值后写出单位，其余量值的单位可以省略。如“50mm，45mm，42mm，37mm”，可以写作“50，45，42，37mm”。各量值后的点号可以用“，”，也可以用“、”，但全书应统一。

5. 关于图表

插图和表格是论文的重要组成部分，对于它们的设计和制作，强调如下：

1）图表都应精省。一般能用文字表示清楚的内容就不必用图表，用大量文字还说不明白而用图或表能方便说明的内容才用图表；只用 1 幅或 1 个表就能说明的内容，就不要用两个或更多的图或表。

2）每个图表都应有图序或表序。图序的格式为“图 1”“图 2”“图 3”等，表序的格式为“表 1”“表 2”“表 3”等。

3）每个图表都应有图题或表题。图题或表题应是以最准确、最简练的并能反映图或表特定内容的词语的逻辑组合，一般是词组（很少用句子），而且绝大多数是以名词或名词性词组为中心语的偏正词组（很少用动宾词组），要求准确得体，简短精练，容易认读。

4）图表中的标目，采用量与单位比值的形式，即“量名称或（和）量符号/单位”，如“p/MPa”，或“压力/MPa”，或“压力 p/MPa”；而不用传统的、不科学并容易引起歧义的表示方法，如“p，MPa”，或“压力，MPa”，或“压力 p，MPa”，或者“p(MPa)”或“压力(MPa)”，或“压力 p(MPa)”。

百分号“%”虽然不是单位，但在这里也可按单位处理，如“相对压力/%”或“η_p/%”，传统的表示法是“相对压力,%”或“η_p,%”，或者“相对压力（%）”或 η_p（%）”。

6. 论文的录入与排版

稿件在录入与排版时在附合学术论文的规范与标准的基础上，应遵循拟投稿期刊的字数及形式要求。一般稿件的录入与排版还应注意下述事项：

1）尽量不要使用脚注。

2）A4 纸、Times New Roman 字体、12 号字、单面、通栏、隔行排印文稿（视要求决定是否附寄软盘文件）。

3）打印稿应留有足够的页边距（不少于 25mm）。

4）注意美国英语和英国英语拼写方面的不同。

5）文字处理软件视要求选用（备份一个纯文本格式）。

6）使用指定的绘图软件制作图件（>600dpi 的分辨率）。

7）避免使用连字符来分隔单词（各行的右端不必对齐）。

作者本人一定要仔细阅读打印稿（包括投稿信）；投稿前请一位或多位同事阅读稿件（检查一下稿件中是否还有拼写错误或表达不够明白的地方）；如有可能，请英语国家的合作者或朋友阅改；提高文字的表达质量，检查是否符合西方人的思维。

10.2 学位论文的撰写

10.2.1 学位论文的概念和分类

学位论文是指作者提交的用于获得学位的文献，包括学士学位论文、硕士学位论文、博士学位论文。学位论文撰写过程，既是学生获得学位的过程，又是教师的教学过程，也是训练和提高学生研究能力的重要方式和手段。一篇优秀的学位论文是学生进入研究领域的“里程碑”式的文章。所以，所有攻读学位的学生，都应十分重视此论文的撰写。研究生导师的一个重要任务就是指导撰写学位论文。

学位论文依学位的高低分为以下 3 种：

（1）学士论文　学士论文是攻读学士学位的本科生所撰写的学位论文。根据《中华人民共和国学位条例》第四条规定：“高等学校本科毕业生，成绩优良，达到下述水平者，授予学士学位：①较好地掌握本门学科的基础理论、专门知识和基本技能；②具有从事科学研究工作或担负专门技术工作的初步能力。”

工科大学生有的作毕业设计，毕业设计与科技论文有某些相同之处。论文或设计应反映出作者具有专门的知识和技能，具有从事科学技术研究或担负专门技术工作的初步能力。这种论文一般只涉及不太复杂的课题，论述的范围较窄，深度也较浅，因此，严格地说，学士论文一般还不能作为科技论文发表。

（2）硕士论文　硕士论文是攻读硕士学位的研究生所撰写的学位论文。根据《中华人民共和国学位条例》第五条规定：“高等学校和科学研究机构的研究生，或具有研究生毕业同等学历的人员，通过硕士学位的课程考试和论文答辩，成绩合格，达到下列学术水平者，授予硕士学位：①在本门学科上掌握坚实的基础理论和系统的专门知识；②具有从事科学研究工作或独立担负专门技术工作的能力。”强调具有独立从事科研的能力。

国务院学位委员会明确要求硕士学位论文应在导师指导下，研究生本人独立完成，论文具有自己的新见解，有一定的工作量。硕士学位论文的篇幅一般不受限制。但下列内容的论文，不能算有新见解，不能作为硕士学位论文：①只解决实际问题而没有理论分析；②仅用计算机计算，而没有实践证明、没有理论意义；③对于实验工作量比较大，但只探索了实验全过程，做了一个实验总结而未得出肯定的结论；④ 重复前人的实验或自己设计工作量不大的实验，得出的结论是显而易见的，或者只做过少量几个实验，又没有重复性和再现性，就匆忙提出一些见解和推论的；⑤资料综述性文章。

（3）博士论文　博士论文是攻读博士学位的研究生所撰写的学位论文。根据《中华人民共和国学位条例》第六条规定：“高等学校和科学研究机构的研究生，或具有研究生毕业同等学历的人员，通过博士学位的课程考试和论文答辩，成绩合格，达到下列学术水平者，授予博士学位：①在本门学科上掌握坚实宽广的基础理论和系统深入的专门知识；②具有独立从事科学研究的能力；③在科学或专门技术上做出创造性的成果。”强调具有独创性的成果。它可以是1篇论文，也可以是相互关联的若干篇论文的总和。

博士学位论文应是一本独立的著作，自成体系。有本课题研究历史与现状、预备知识、实验设计与装备、理论分析与计算、经济效益与实例、遗留问题与前景、参考文献与附录等，形成一个体系。博士学位论文的创造性从以下几条来衡量：①发现有价值的新现象、新规律、建立新理论；②设计实验技术上的新创造、新突破；③提出具有一定科学水平的新工艺、新方法，在生产中获得重大经济效益；④创造性地运用现有知识、理论，解决前人没有解决的工程关键问题。博士学位论文的结构是书的章节形式，每章节的写作均可按一般学术论文的格式写作。博士学位论文的摘要一般不要超过6000字。美国学者A. D. 罗伯特认为，博士学位论文应将自己的原始资料（不管是否发表），都收编进去，博士学位论文是对多年研究和所著论文的总结和评论。

学位论文要经过考核和答辩，因此，无论是论述还是文献综述，还是介绍实验装置、实验方法都要比较详尽，而学术性或技术性论文是写给同专业的人员看的，要力求简洁。

10.2.2　学位论文的选题、开题

（1）选题　选题“忌大、忌广、忌空、忌泛”，尽可能“小题大作”而不要“大题小作”。在选题的方向确定以后，还要经过一一调查和研究来进一步确定范围，以至最后选定具体目标。选题常见的两种方法如下：

1）浏览捕捉法。这种方法就是通过对现有的文献资料快速地、大量阅读，在比较中来确定题目的方法。这就需要对收集到材料作一全面的阅读研究，主要的、次要的、不同角度的、不同观点的都应了解，不能看一些资料，有了一点看法就到此为止，急于动笔。而应冷

静地、客观地对所有资料作认真的分析思考。在浩如烟海、内容丰富的资料中吸取营养。反复思考琢磨之后必然会有所发现。

浏览捕捉法一般可按以下步骤进行：

第一步，广泛地浏览资料。在浏览中要注意勤作笔录，随时记下资料的纲目，记下资料中对自己影响最深刻的观点、论据、论证方法等，记下脑海中涌现的点滴体会。

第二步，将阅读所得到的内容进行分类、排列、组合，从中寻找问题、发现问题，材料可按纲目分类如下：系统介绍有关问题研究发展概况的资料；对某一个问题研究情况的资料；对同一问题几种不同观点的资料；对某一问题研究最新的资料和成果等。

第三步，将自己在研究中的体会与资料分别加以比较，找出哪些体会在资料中有或部分没有；哪些体会虽然资料已有，但自己对此有不同看法；哪些体会和资料是基本一致的；哪些体会在资料基础上深化发挥等。经过几番深思熟虑的思考过程，就容易萌生自己的想法。将这种想法及时捕捉住，再作进一步的思考，选题目标也就会逐渐明确起来。

2）追溯验证法。这是一种先有拟想，然后再通过阅读资料加以验证来确定选题的方法。这种选题方法必须先有自己一定的想法，即根据自己平素积累，初步确定准备研究方向、题目或选题范围。但这种想法是否真正可行，还需按着拟想的研究方向，跟踪追溯。追溯可从以下几方面考虑：①如果自己的“拟想”虽然别人还没有谈到，但尚缺乏足够理由来加以论证，考虑到写作时间的限制那就应该中止再重新构思。②看“拟想”是否与别人重复。如果自己的想法与别人完全一样，就应马上改变“拟想”，再作考虑；如果自己的想法只是部分与别人研究成果重复，就应再缩小范围，在非重复方面深入研究。③看自己的“拟想”是否对别人观点有补充作用，自己的“拟想”别人没有论及或者论及得较少。如果得到肯定的答复，再具体分析一下主客观条件，只要通过努力，能够对这一题目作出比较圆满的回答，则可以把“拟想”确定下来，作为毕业论文的题目。④要善于捕捉一闪之念，抓住不放深入研究。在阅读文献资料或调查中，有时会突然产生一些思想火花，尽管这种想法很简单、朦胧也未成型，但千万不可轻易放弃，因为这种思想火花是在对某一问题作了大量研究之后的理性升华，如果能及时捕捉并顺势追溯下去，最终能形成自己的观点，这是很有价值的。

这种主观的“拟想”绝不是凭空想象，必须以客观事实、客观需要等作为依据。追溯验证的选题方法，是以主观“拟想”为出发点，沿着一定方向对已有研究成果步步紧跟，一追到底，从中获得“一己之见”的方法。

（2）开题报告格式　开题报告的篇幅不必过大，但要把计划研究的课题、如何研究、理论适用等主要问题说清楚，应包含两个部分：总述、提纲。

1）总述。开题报告的总述部分应首先提出选题，并简明扼要地说明该选题的目的、目前相关课题研究情况、理论适用、研究方法、必要的数据等。

2）提纲。开题报告包含的论文提纲可以是粗线条的，是一个研究构想的基本框架。可采用整句式或整段式提纲形式。在开题阶段，提纲的目的是让人清楚论文的基本框架，没有必要像论文目录那样详细。

3）参考文献。开题报告中应包括相关参考文献的目录。

4）要求。开题报告应有封面页，总页数应不少于 4 页。版面格式应符合图 10-3 所示的规定。

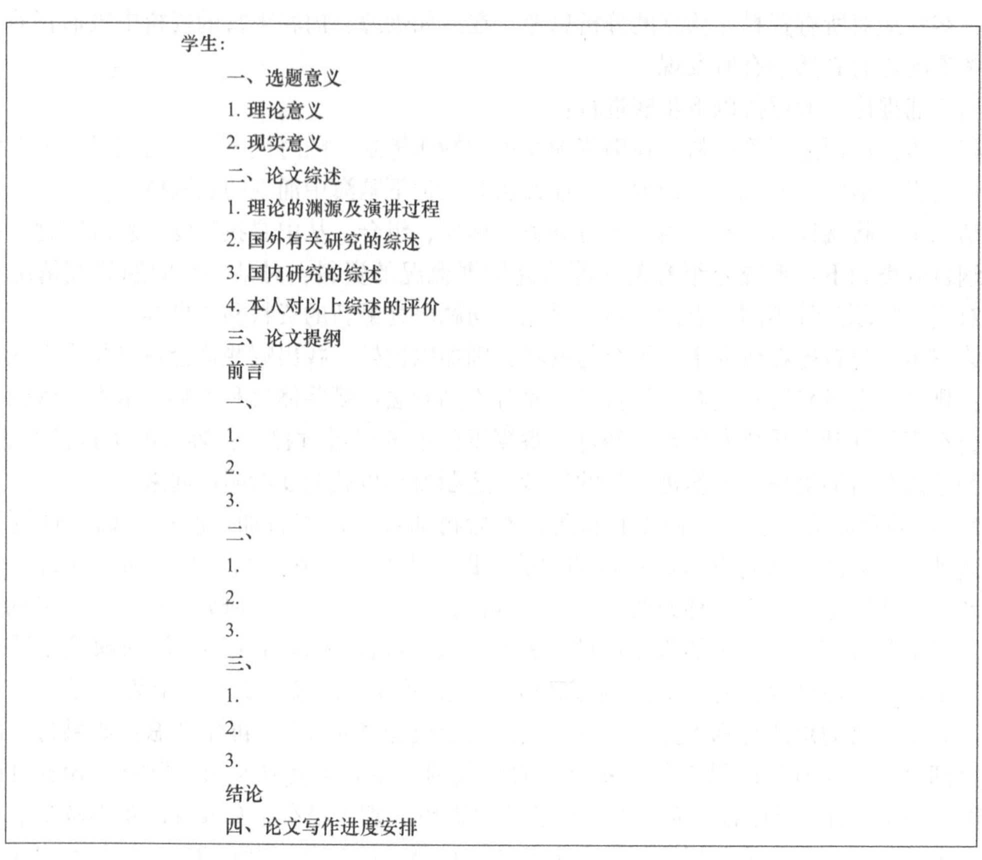

学生：

一、选题意义

1. 理论意义

2. 现实意义

二、论文综述

1. 理论的渊源及演讲过程

2. 国外有关研究的综述

3. 国内研究的综述

4. 本人对以上综述的评价

三、论文提纲

前言

一、

1.

2.

3.

二、

1.

2.

3.

三、

1.

2.

3.

结论

四、论文写作进度安排

图 10-3　开题报告模板

10.2.3　学位论文的结构

学位论文不能用散乱要素堆积，要形成结构。要素形成结构才能展现强大的逻辑力量，才能展开论题，才能发挥论文的功能与说服力。一般论文正文部分是单数结构。因为，文章和教师的职能一样要“传道、授业、解惑”，要“提出问题、分析问题、解决问题”，要“研究矛盾、研究矛盾的不同方面、找到解决矛盾的办法”，都要经过这样“三大步骤”，这“三大步骤”是单数，就是说论文正文至少要写三章。从哲学高度讲，论述命题要有“正、反、合”的逻辑结构，正题、反题、合题，也就是这样“三大段”，形式逻辑推理也还有“三段论式”。八股文讲：“破题、起、承、转、合”分为五部分，所以论文的正文多为3、5、7、9单数章。

一般学位论文正文的章节用3、5、7、9的奇数，当然也有用偶数的，但较少，只写两章的就更少，因为写一篇论文，总要经过：给出概念或范畴、讲述概念或范畴的历史沿革，正面论述、反面论述、合题论述，指出解决矛盾或问题的方法和途径，得出结论等步骤。要完成这些步骤，使文章写得丰满、充实，就要写3、5、7、9章，这其中，“正、反、合”是基本的，它的数字是“3”，可以把学位论文的章节数用3、5、7、9奇数来规范，称为学位论文篇章结构的“奇数定理”。“奇数定理”用于学位论文的谋篇布局，容易把握住论文结构，取得成功。

“奇数定理”主要是解决“章”的问题，还有“节和目”的问题；按照文章结构的“奇数定理”，节和目也应以3、5、7为宜，这体现了一系列大大小小“正、反、合”循环套叠，使论文环环相扣，主题连接，做到结构紧凑、严密。所以论文的节和目往往都写3节3目，3节5目，5节3目等，也按奇数定理进行谋篇布局。

对论文的结构和布局，应遵循国家标准GB 7713.1—2006《学位论文编写规则》，还应强调以下几点：①各章文字分量应尽可能匀称，体现文章的“结构美”。所谓“文章结构美”，就是指结构鲜明、匀称、和谐。鲜明指论文章、节、目的标题要简洁明快，有特色，引起注意；匀称指章、节、目分量和文字要匀称，体现对称美，尽量不要“比例失衡”，如“人体美”指头、颈、躯干、四肢甚至手、脚比例都符合“黄金分割”，同样，论文各部分章、节、目的比例都应均衡、匀称，这样就可以做到文章结构比例的“黄金分割”，体现文章的“结构美”。②正文和页下注，后记、文献、附录的字体、编排方式，要做到匀称和谐。③版式的天头、地脚、切口、钉口，比例都应适当，版心字体编排、图表配置要协调，要符合多层次的、远近程配置的“黄金分割”，从而使论文富有韵律感。④封面封底设计要与论文内容统一。学位论文的封面封底都应严肃而富学术感和书卷气，不应设计成“时尚杂志”的式样。⑤学位论文作者要自己进行“三审三校一通读”，反复进行“精修精改”，达到“信、达、雅、畅、齐、清、定”的要求，降低错误率。这五点的中心理念表明，学位论文“结构美是内容美的体现，并为内容美服务”。

学位论文的结构一般分为以下几个部分：

（1）题目　应能概括整个论文最重要的内容，言简意赅，引人注目，一般不宜超过20个字。

（2）责任者　包括研究生姓名，指导老师姓名、职称等。

（3）论文摘要和关键词　论文摘要应阐述学位论文的主要观点，说明本论文的目的、研究方法、成果和结论。尽可能保留原论文的基本信息，突出论文的创造性成果和新见解。而不应是各章节标题的简单罗列。摘要以500字左右为宜。

关键词又称主题词，从论文中选出，用以表示全文主题内容信息的单词或术语，一般为3~8个词，以显著的字体另起一行，排在摘要的左下方。

（4）目录　既是论文的提纲，也是论文组成部分的小标题，应标注相应页码。

（5）引言（或序言）　内容应包括本研究领域的国内外现状，本论文所要解决的问题及这项研究工作在经济建设、科技进步和社会发展等方面的理论意义与实用价值。

（6）正文　正文是毕业论文的主体。

（7）结论　论文结论要求明确、精炼、完整，应阐明自己的创造性成果或新见解，以及在本领域的意义。

（8）后记、致谢　论文的后记、致谢是学位论文的必要的辅文。撰写时，文字要尽量简洁明快，言简意赅。后记一般应简要写明成文过程；致谢则要对帮助过、指导过自己的教师、前辈、同学致谢。学位论文的后记和致谢，不仅是必要的辅文，还能表达作者的良好风范、道德人格，是“文德”成熟的展现。

（9）参考文献和注释　按论文中所引用文献或注释编号的顺序列在论文正文之后，后记、致谢之前，图表或数据必须注明来源和出处。

学位论文必须有充足、齐备的参考文献。参考文献作为学位论文的重要辅文，是由科学文化的继承性决定的。在著录参考文献时需遵循国家标准 GB/T 7714—2005《文后参考文献著录规则》。把参考文献作为辅文列于文后需注意以下几点：

1）作者在对论文进行研究的过程中，逐步形成自己的与论文相关的“文献系统”（文献树）。作者首先应围绕自己的选题，阅读相关、相近的权威文献，其中最权威、最新的文献，就是论文的一级文献：A1，A2，A3，…；每个一级文献后，必然有更多的文献：B1，B2，B3，…这是论文的二级文献；二级文献后面还有更多的三级文献：C1，C2，C3，…。依此类推，形成一个由近及远，由少到多，并包揽无遗的文献系统，此系统俗称“文献树”。

2）在参考文献中，要把中外文的文章、著作、网址分类列出，尽可能按由近及远的年代排列。

3）开列文献要规范，一般排列的顺序为：作者、文章、杂志（或书）、出版者、出版者地点、出版年代等。

4）突出重点。重要文献要突出，重点文献是论文的“核心文献”或“支撑性文献”，要放在突出位置，突出的办法是“引某些段落，精妙理论”放在该文献的下面（有的论文还把几句文献摘录放在论文前，规范的是放在后边的文献中），以示此文献与其他文献的不同。

5）学位论文的引语、引文多采取“页下注”方式，一般不采取“随文注”和“文后注”，目的是方便阅读，但在采用文献、引语的页下注时，要符合规范。

（10）附录　包括放在正文内过分冗长的公式推导，以备他人阅读方便所需的辅助性数学工具、重复性数据图表、论文使用的符号意义、单位缩写、程序全文及有关说明等。

为使论文完整丰满，有时在文后配置一些附件，主要有以下四类：①阶段性成果；②所承担的相关相近的研究项目；③围绕此论文中心发表过的文章；④围绕此课题的有关调研和调研报告。配置附件的目的是支撑论文，强化成果，扩大学术影响。

参考文献

[1] 张树忠，黄继东．信息检索与利用［M］．南京：东南大学出版社，2012.
[2] 李爱明，明均仁．信息检索教程［M］．武汉：华中科技大学出版社，2012.
[3] 饶宗政．现代文献检索与利用［M］．北京：机械工业出版社，2012.
[4] 邹广严，王红兵．信息检索与利用［M］．北京：科学出版社，2011.
[5] 胡琳，蔡书午．现代信息检索［M］．北京：科学出版社，2012.
[6] 朱江岭．网络信息资源检索［M］．北京：海洋出版社，2010.
[7] 何晓萍．数字文献信息检索与利用［M］．北京：机械工业出版社，2010.
[8] 任胜利．英语科技论文撰写与投稿［M］．2 版．北京：科学出版社，2011.
[9] 李曈．信息检索与利用［M］．南京：南京大学出版社，2006.
[10] 高烽．科技论文写作规则和写作技巧 100 例［M］．北京：国防工业出版社，2005.
[11] 陶富源．学术论文写作通鉴［M］．合肥：安徽大学出版社，2005.
[12] 中国大百科全书编辑部．中国大百科全书（图书馆学情报学档案学）［M］．北京：中国大百科全书出版社，1993.
[13] 冯敏．浅析我国高校科研评价的现状与完善措施［J］．中国电子教育，2013，(2)：19-22.
[14] 郭向飞，杜建杰，王景文．我国定题情报服务论文研究热点及发展趋势分析［J］．河北联合大学学报（医学版），2013，15（3）．419-421.
[15] 唐淑香．高校图书馆学科服务模式探析［J］．图书馆，2013，(4)：98-100.
[16] 严玮．图书馆知识信息服务之我见［J］．高校图书馆工作，2013，(04)：65-66，87.
[17] 朱军文，刘念才．科研评价：目的与方法的适切性研究［J］．北京大学教育评论，2012，10（2）：47-56.
[18] 张蓉婷．基于论文产出的科研评价研究进展［J］．农业图书情报学刊，2011，23（5）：55-58.
[19] 文忠，刘嫒筠．网络与数据库对定题服务的影响［J］．情报探索，2011，(7)：8.
[20] 张海营．基于 RSS 技术的图书馆定题服务系统研究——以图书馆个性化电子期刊订阅为例［J］．情报杂志，2011，30（6）：182-185，193.
[21] 李茂．NoteExpress 管理软件在图书馆定题服务中的应用［J］．科技情报开发与经济，2010，20（13）：6-9.
[22] 陈亦佳．数字图书馆中基于 RSS 的定题服务［J］．科技情报开发与经济．2009，19（17）：24.
[23] 田昊，贾玉文．4 种期刊评价工具的比较研究［J］．情报理论与实践，2007，31（6）：821-824.
[24] 肖剑平．信息用户、信息服务研究热点的分析［J］．农业图书情报学刊，2006，18（09）：69-72.
[25] 全国量和单位标准化技术委员会．GB 3100～3102—1993 量和单位［S］．北京：中国标准出版社，1993.
[26] 全国信息与文献标准化技术委员会．GB 7714—2005 文后参考文献著录规则［S］．北京：中国标准出版社，2005.
[27] 中国国家标准化管理委员会．GB 7713.1—2006 学位论文编写规则［S］．北京：中国标准出版社，2006.
[28] 全国信息与文献标准化技术委员会．GB 7713—1987 科学技术报告、学位论文和学术论文的编写格式［S］．北京：中国标准出版社，1987.